Applied Welfare Economics

应用福利经济学

（第二版）

谭 军 孙月平◎著

经济管理出版社
ECONOMY & MANAGEMENT PUBLISHING HOUSE

图书在版编目（CIP）数据

应用福利经济学/谭军，孙月平著 . —北京：经济管理出版社，2016. 10
ISBN 978 - 7 - 5096 - 4547 - 5

Ⅰ. ①应⋯　Ⅱ. ①谭⋯ ②孙⋯　Ⅲ. ①福利经济学　Ⅳ. ①F061. 4

中国版本图书馆 CIP 数据核字（2016）第 188970 号

组稿编辑：谭　伟
责任编辑：张巧梅
责任印制：黄章平
责任校对：王　淼

出版发行：经济管理出版社
　　　　　（北京市海淀区北蜂窝 8 号中雅大厦 A 座 11 层　100038）
网　　址：www. E - mp. com. cn
电　　话：（010）51915602
印　　刷：北京银祥印刷厂
经　　销：新华书店
开　　本：720mm × 1000mm/16
印　　张：20. 5
字　　数：375 千字
版　　次：2016 年 10 月第 1 版　　2016 年 10 月第 1 次印刷
书　　号：ISBN 978 - 7 - 5096 - 4547 - 5
定　　价：58. 00 元

目　　录

第一章 导论

[**内容提要**] 福利经济学的研究对象是社会的经济福利。福利经济学的研究方法应是规范研究与实证研究相结合的方法。而应用福利经济学更是必须把这两种方法结合起来。应用福利经济学应用现代福利经济学的基本原理，并结合中国国情，采用规范研究与实证研究相结合的方法，来研究社会经济福利中的一些突出问题及其政策措施。

第一节 福利经济学及其产生和发展

一、福利与福利经济学

福利分为个人福利和社会福利。个人福利是指一个人获得的满足，它可以看作是"幸福"或"快乐"的同义语，这种满足既包括个人物质生活需要的满足，也包括个人精神生活需要的满足。社会福利是指一个社会全体成员的个人福利的总和或个人福利的集合。在社会福利中，能够直接或间接地用货币来衡量的那部分社会福利，叫作经济福利。经济福利就是福利经济学的研究对象。本书中社会福利是指一个社会的经济福利。

福利经济学（Welfare Economics）是现代经济学的一个重要分支。西方经济学家对福利经济学下过各种各样的定义。早期的福利经济学家把福利经济学说成是研究社会幸福及其变化的经济原因的科学。福利经济学的代表人物之一庇古（A. C. Pigou）认为，福利经济学"研究增进世界的或某一国家的经济福利的主要影响"。① 后来的福利经济学家多从另一角度给福利经济学下定义。英国经济学家李特尔（I. M. D. Little）认为，"最好是把福利经济学看成是研究经济体系的一种形态比另一种形态是好还是坏，以及一种形态是否应当转变为另一种形态的问题"。② 美国著名经济学家萨缪尔逊（Paul A. Samuelson）给福利经济学下的定义是：福利经济学是一门关于组织经济活动的最佳途径，收入的最佳分配以及最佳的税收制度的学科。③

福利经济学研究的主要内容包括两个方面，其一是一个社会的资源配置在什么条件下能达到最优状态？如何才能达到最优状态？其二是国民收入如何进行分配才能使社会全体成员的经济福利达到最大化？

由于资源的最优配置意味着"效率"，国民收入分配的均等化意味着"公平"，所以"公平"与"效率"既是福利经济学所追求的基本社会目标，也是它的基本政策目标。从这个角度也可以说，福利经济学是研究一个国家如何实现公平与效率以及在这二者之间如何进行权衡选择的一门学科。福利经济学家一致认为，实现资源的最优配置是增进社会福利的基本途径，至于收入均等化是否是增进社会福利的必要条件，福利经济学家们仍然见仁见智，意见不一。

在市场经济制度下，资源配置和国民收入分配都是通过市场机制来实现的，因此，福利经济学把对市场经济的运行和市场机制的功能缺陷进行评价并纳入自己的研究范围。通过分析市场经济制度的缺陷，福利经济学提出如何通过政府的作用及其相应的政策措施来纠正这些缺陷以实现社会福利最大化。福利经济学试图利用他们所提出的道德标准和福利理论作为政府制定经济政策的指导原则。概括地说，福利经济学是从资源配置和国民收入分配这两个方面来研究市场经济国家实现最大的社会福利所需要具备的条件以及为了增进社会福利所应当采取的政策措施的经济学的一个分支。

二、福利经济学的产生和发展

19 世纪 20 年代，适应当时社会、经济、政治等状况的需要，哲学中的一个派别——功利主义或效用主义（Utilitarianism），在耶利米·边沁和詹姆斯·穆勒等的影响下逐渐流行起来，并成为当时心理学、政治学和经济学中的一种主流的意识形态，西方福利经济学也开始形成以效用主义为主的伦理道德传统。效用主

---

① 庇古：《福利经济学》，1932 年英文版，第733 页。
② 李特尔：《福利经济学评述》，陈彪译，商务印书馆1966 年版，第304 页。
③ 萨缪尔逊，诺德豪斯：《经济学》英文第13 版，第748 页。

义认为，人们道德行为的目的应该是个人自身福利的提高，这样做时，人们只考虑他个人的福利，社会行为的目的应该是最大限度地获得普遍的福利，或者应该是追求最大多数人的最大福利。效用主义反对歪曲个人福利，反对把社会福利仅仅看作是国王、贵族和教会等一部分特殊人群的利益。

西方经济学中的这一传统伦理到了19世纪70年代边际主义革命时期被很快地丢弃了。

19世纪70年代，西方经济学界出现了边际主义革命。革命引入了边际概念，使西方经济学能够很容易地处理增量问题，西方经济学的形式也变得简洁优美。结果，西方经济学的主要内容变成了对边际效益等于边际代价的论证和说明，整个西方经济学界被吸引到了研究资源配置的问题上，而伦理方面的问题却被丢在了一边。因此，虽然边际主义革命在西方经济学史上有着很重要的地位和影响，促进了西方经济学对资源配置问题的解决，使数学在西方经济学中得到了成功的应用；但是，不可否认的是，边际主义革命对西方经济学的发展也产生了一定的消极影响：资源配置问题的解决使西方经济学几乎变成了工程学，所有人都被假定为理性人，所有的西方经济学问题都成为在给定约束条件下的效用函数最大化，至于效用本身有什么性质、个人效用与其他人的效用以及与整个社会的效用有什么关系，则几乎所有的西方经济学家都不去考虑，他们都成了地道的工程师。这样，西方福利经济学的发展丢掉了伦理学的传统，福利问题不再被关注，西方福利经济学走入了低谷。这种状况一直持续到了20世纪初。

20世纪20年代，旧福利经济学的产生打破了西方福利经济学发展的沉寂。1920年，英国经济学家A. C. 庇古出版了代表作《福利经济学》，标志着旧福利经济学的产生，福利经济学重新受到重视，庇古也因此被称为"福利经济学之父"。庇古认为，个人的福利可以用效用来表示，整个社会的福利应该是所有个人效用的简单加总。在此基础上，庇古提出了两个福利基本命题：国民收入水平越高，社会福利就越大；国民收入分配越平均，社会福利就越大。庇古还定量地分析了当时英国社会政策方面的一些问题，例如税收等。

以庇古为代表的旧福利经济学，其主要特征是：①经济学是解决物质福利（Material welfare）问题的。②使用物质福利来表示效用概念。这样的效用概念基本上等同于生产能力，如人的健康状况等，它与人的生产能力有关，进而与经济效率有关。因此，这样的效用概念是客观的。③继承了英国效用主义伦理学的传统，认为个人的效用是可以用基数来度量的，是可以进行人际间比较的，边际效用是递减的。

但是，旧福利经济学也存在着一些问题。旧福利经济学以基数效用理论为基础，而当时的西方经济学家们认为，效用是人的主观感受，是不可以用基数来度量的；一个人的效用和另一个人的效用是不能够进行比较的；适用于所有人的基数效用的度量单位是不存在的；尤其是货币的边际效用递减意味着富人的货币应该转移一些给穷人，西方经济学家们对此最为忌讳；等等。这些问题在20世纪30年代引起了一场大争论，争论的结果是新福利经济学取代旧福利经济学。

　　当时大争论的焦点是关于经济学分析中要不要规范分析，要不要加入价值判断的问题。这场争论以罗宾斯的胜利而告终。罗宾斯（1932）认为，经济学和伦理学的结合在逻辑上是不可能的，经济学不应该涉及伦理的或价值判断的问题；经济学中具有规范性质的结论都来自基数效用的使用，因此经济学应该避免使用基数效用。罗宾斯的观点很快流行起来。不久，约翰·希克斯从帕累托的原始理论中发现了能够使福利经济学避免基数效用的思想——这就是对两个社会状态之间的福利进行比较的思想——并把它加以重新表述，成为了我们现在很熟悉的帕累托标准。在帕累托标准的基础上，希克斯和艾伦发展出了帕累托经济学或新福利经济学。因此，M. 布劳格把新福利经济学的流行称为"希克斯—艾伦革命"（Hicks - Allen Revolution）。

　　新福利经济学的主要特征是：①经济学是解决稀缺性问题的。②使用偏好来表示效用概念，相对地更具有主观性。③只使用序数效用，避免效用的人际间比较。④普遍使用帕累托标准及有关的边际条件。⑤关于补偿检验的争论。⑥伯格森对社会福利函数的讨论。

　　那么，为什么帕累托本人没有在自己思想的基础上进一步发展出新福利经济学体系呢？Cirillo（1973）认为，帕累托本人很清楚，他所提出的标准有很大的局限性：虽然它使用序数效用，避开了价值判断问题，但它只是一个关于效率的标准，根本不涉及分配问题；而对福利问题的分析必定离不开分配问题。因此，这一标准对福利研究的意义并不大。Cirillo认为，帕累托这么想倒不是因为别的，而是因为帕累托一向认为：经济理论只能解决部分问题而不是全部的问题；如果经济学家坚持严格的实证方法而不去分析分配问题，那么，他们就是放弃了对福利问题的研究。因此，所谓的帕累托标准在帕累托本人看来根本没有什么重要之处。而这一点，西方福利经济学界到了20世纪70年代才认识到。

　　西方福利经济学在经过了20世纪五六十年代的徘徊时期之后，从20世纪70年代开始进入了一个大的发展时期，这一时期以阿玛蒂亚·森的重要研究成果为起始标志。

流行于 20 世纪三四十年代的新福利经济学在五六十年代受到了阿罗不可能性定理所带来的严重质疑。作为新福利经济学的理论基础，帕累托标准有一个缺陷，即它只是一个关于效率的标准，根本不涉及分配问题。新福利经济学为了弥补这一缺陷，采取了两种办法：一种是提出了其他的福利标准，但是对这些标准的争议较多；另一种是提出社会福利函数。社会福利函数（Social Welfare Function）是新福利经济学中的一个重要概念，它试图指出社会所追求的目标应该是什么，应该考虑哪些因素：是某些人的利益或效用，还是所有人的利益或效用？当人们之间的利益或效用发生冲突时，应该如何处理这些不同的利益或效用？遗憾的是，阿罗于 1951 年提出的阿罗不可能性定理指出：阿罗所定义的社会福利函数即阿罗社会福利函数是不存在的。阿罗不可能性定理使西方福利经济学家们重新对古老的社会选择问题进行深入的研究，并试图寻找避免悲观的不可能性结论的方法。"围绕阿罗的结论，福利经济学中一个全新的领域（社会选择理论）已经发展起来了。"（Jha，1998，p57）

  到了 20 世纪 70 年代，研究有了重大进展，阿玛蒂亚·森等的研究成果揭示了导致不可能性结论的原因，即阿罗不可能性定理只适用于投票式的集体选择规则，该规则无法揭示有关人际间效用比较的信息，而阿罗式的社会福利函数实际上排除了其他类型的集体选择规则，因而不可能性的结果是必然的。阿玛蒂亚·森的研究实际上说明：新福利经济学取代旧福利经济学的功过需要重新认识和评价。采用序数效用的新福利经济学存在着不可克服的缺陷，阿罗不可能性定理揭示了这种缺陷：在缺乏其他信息的情况下，只使用序数效用提供的信息进行社会排序是不可能的，因为序数效用无法提供相对充分的人际间效用比较方面的信息；而使用基数效用却可以获得人际间比较方面的充分信息，从而可以得出一定的社会排序。

  这样，从 20 世纪 70 年代开始，西方福利经济学出现了一个大的发展时期，而向效用主义和基数效用理论的回归趋势则是这一时期的主流，例如新古典效用主义的社会福利函数的提出，等等。阿玛蒂亚·森于 1998 年获得诺贝尔经济学奖，一方面说明他的理论贡献；另一方面也说明西方福利经济学的发展已经成为整个西方经济学发展的一个重要内容，并且已经受到了整个西方社会的普遍关注。相信在未来，西方福利经济学的发展必定会对西方经济学本身的发展产生更为深刻的影响。

第二节 应用福利经济学的研究方法与内容

一、应用福利经济学的研究方法

西方经济学家按照经济理论是进行实证（或事实）表述还是进行规范表述（或价值判断）把经济学区分为实证经济学和规范经济学。实证经济学描述经济事实和经济行为，它是研究"是什么"或"不是什么"的科学。比如，当前失业率是否过高？多少人处于贫困状态？征收物业税对中等收入者有什么影响？这些都是实证经济学的问题。对这些问题的回答是否正确，可以依据经验或事实来进行检验。所以实证经济学中的命题和结论是可以证实或证伪的。

规范经济学包含道德和价值判断，它用一定的道德标准来评价经济事实或经济行为是"好"还是"坏"，是研究"应该"或"不应该"的科学。比如，政府应该建立失业保险吗？应当通过提高税收或减少开支来削减财政赤字吗？对于这些问题无法用事实来做出回答。这些问题是由政治决策而不是由经济科学来解决的。

福利经济学是哪一类呢？目前人们的意见并不一致。多数经济学家认为福利经济学是规范研究。但我们认为，福利经济学的研究方法应是规范研究与实证研究相结合的方法。而应用福利经济学更是必须把这两种方法结合起来。对中国人来说，福利经济学还是"舶来品"，应用福利经济学不仅要把规范研究与实证研究相结合，还要与中国国情相结合，这样才能得出有价值的结论。

由于市场经济的共性，我们可以充分引进发达市场经济国家的经济理论，但若想成功地把这些基于与我国不同的经济基础和社会环境上的成熟态的市场经济理论框架直接套在中国的经济现实上显然是不可能的。这就要求我国经济学者一方面要完整地把握西方经济理论，尤其是注意学习他们的研究方法和态度；另一方面要在扬其长、避其短的充分利用西方经济理论分析工具的基础上，大力强调实证研究精神。唯有立足于中国经济实践、进行认真老实的、全方位的实证研究，运用已有的西方经济理论分析工具，进行大胆的、创造性的思维活动，才能创立起能概括我国这些非成型、非规范态、极具特殊性的经济现象与问题的范畴、概念和理论模式，借此建立起能合理解释、预测和指导我国经济实践的经济理论框架，并搭起一座通向经济学国际交流的桥梁。

在市场经济条件下，规范经济学也有着不可替代的作用。现代市场经济是法制经济，在某种意义上就是规范经济。我国正处于市场经济初创时期，应在一开始就规范运作，此时，规范经济研究也十分重要。但这些规范研究的方法范式不是我国传统的规范法，而是与实证法协调互补、密切结合在一起的规范法，规范研究的前提假设都应当是经过实证检验的。在我们这么一个曾经过分强调精神力量传统的国度里，对价值判断等规范之前提更应注重实证检验。

现在，我们要向西方学习实证研究方法，固然要把握其引入数理统计学之后发展起来的严密精美的形式，更重要的是把握其实证精神。这种务实精神体现在经济理论研究当中，就是实证研究方法与规范研究方法互为基础，协调互补，融为一体，共同构建中国的应用经济理论体系。

二、应用福利经济学的研究内容

如前所述，应用福利经济学应用现代福利经济学的基本原理，并结合中国国情，采用规范研究与实证研究相结合的方法，研究社会经济福利中的一些突出问题及其政策措施。其基本内容涉及个人经济活动和社会经济福利之间的关系，实现社会福利最大化所必需的条件以及如何才能达到这些条件，对市场经济的运行状况和市场机制的优缺点进行评价，为政府在经济活动中应当发挥什么样的作用和采用什么样的政策提供理论依据。在这些研究中，既有对现代福利经济学基本理论的阐述，也有对经济事实和经济行为的描述，还有好的或坏的道德判断。什么样的政策措施是好的，什么样的政策措施是不好的，福利和道德标准是无法分开的。本书的一个重要特征是理论与应用之间的相互作用。

本书共十一章，除本章之外，第二章阐述了应用福利经济学的基础理论，第三章阐述了社会福利经济制度，第四至第十一章阐述了应用福利经济学的一些突出问题或热点、难点问题，如收入分配、贫困、教育、失业与就业、人口、环境、社会保障等。我们相信，这些问题的研究有助于理论界、决策层深化对现代福利经济学的认识，更好地理解中国市场经济发展中的福利制度变革，以此推进实践的发展。

[小结]

福利分为个人福利和社会福利。福利经济学的研究对象是社会的经济福利。庇古的代表作《福利经济学》标志着旧福利经济学的产生，在帕累托标准的基础上，希克斯和艾伦提出了新福利经济学。20世纪70年代开始，西方福利经济学出现了一个大的发展时期，未来西方福利经济学的发展必定会对西方经济学本身的发展产生更为深刻的影响。

福利经济学的研究方法应是规范研究与实证研究相并结合的方法，而应用福利经济学更是必须把这两种方法结合起来。

应用福利经济学应用现代福利经济学的基本原理，并结合中国国情，采用规范研究与实证研究相结合的方法，研究社会经济福利中的一些突出问题及其政策措施。

[思考题]

1. 福利经济学的研究对象是什么？
2. 应用福利经济学的研究方法是什么？
3. 新福利经济学与旧福利经济学有何不同？

第二章　福利经济学的基础理论

[内容提要] 介绍福利经济学所包含的基本概念，如效用、福利、消费者剩余和社会福利函数等；系统阐述帕累托标准、帕累托最优和补偿原理；在分析了完全竞争市场的合意性之后，引出福利经济学的基本定理；考察阿罗不可能定理和社会福利函数的类型，并对垄断、外部性和公共物品等市场失灵现象所导致的福利损失进行了分析。

福利经济学从微观经济主体的行为及其相互联系的角度出发，考察一个社会全体成员的社会福利问题，主要从资源配置效率和国民收入分配两方面来研究一个国家实现最大的社会经济福利应具备的条件和国家为了增进社会福利应有的政策措施，包括效率标准、分配标准以及社会最大福利决定等内容。

第一节　效用、福利和消费者剩余

一、效用和福利的基本含义

效用（Utility）是指消费者从消费某种物品中所得到的心理满足，是商品或劳务满足人们欲望的能力。任何一种物品的效用不仅在于物品本身具有的满足人们欲望的客观的物质属性（如面包可以充饥，衣服可以御寒），而且它有无效用和效用大小，还依赖于消费者的主观感受。例如，一个人在很渴的时候，水对他来说就具有很大的效用，但当他不渴时，水对他来说就不具有效用，或者效用很小。但是，效用（Utility）有时用来代表客观的选择或偏好。另外，效用在伦理上是中性的，因为衡量一种商品或劳务是否具有效用，只需要看它是否能满足人的欲望，而并不需要评论这个欲望是好还是坏，被满足的欲望可以是一种无聊的甚至是不道德的欲望。

一般来说，随着所消费的物品或服务的数量增加，个人需求的满足程度（即效用量）也会增加，但随着个人消费的某一种物品的数量增加，最后一个单位物品所带给消费者的效用是递减的，这就是边际效用递减规则。值得注意的是，这一规则只是对物品的消费适用，能否适用于收入（货币）的拥有量存在争议，即收入是否具有边际效用递减规则不被普遍认同。

通常，对效用的测量有以下两种方法：一是基数效用，认为效用可以用确切的数量衡量，每个人都可以给出他自己对不同物品的效用函数。这是庇古的旧福利经济学的基础，也是讨论收入再分配的合理性的基础；二是序数效用，认为效用是不可以具体量化的，但可以分出强弱程度，列出顺序，并进行比较。序数效用论者认为，尽管效用的实际测量存在困难，但可通过偏好或选择外显其强弱程度。序数效用是新福利经济学的基础性概念。

所谓"福利（Welfare）"，庇古（A. C. Pigou）认为，一个人的福利寓于他自己的满足之中；这种满足可以是由于对财物的占有而产生的，也可以是由于其他原因（如知识、情感、欲望等）而产生的；一个人的全部福利则应该包括所有这些满足。庇古又认为，含义如此广泛的福利是难以研究和计算的，为此，他把研究的主题局限于能够计量的那种福利，即与经济生活有关的、能够直接或间接同货币量有关的那部分社会福利[1]。以货币计量的那部分社会福利被称为经济福利，"效用就意味着满足，一个人的经济福利就是由效用构成的。"[2] 另外，黄有光指出：个人福利可以"看作是一种个人的幸福（Well being）或更明确地说，是他的快乐。快乐的有无可以归结为肉体上的愉快和痛苦，以及精神上的愉快和痛苦。"[3] 我们认为：福利是人生在世的各种各样的欲望或需要所获得的满足和由此感受到的生理的或心理的幸福（Well being）或快乐（Happiness）。所谓幸福或快乐可以看作是使用价值或效用，它涉及人的物质生活的需要，诸如音乐艺术的享受、家庭的天伦之乐、夫妻朋友的爱情和友谊，以及"自由"、"平等"、"公正"、"安全"乃至宽松和谐的社会环境等。

社会福利是指社会成员中个人福利的总和。由于个人效用有序数效用和基数效用之分，相应地，社会福利也有向量和矢量之分：①社会福利的向量概念。认

[1][2]　庇古：《福利经济学》华夏出版社 2007 年版，第 11 页。

[3]　黄有光：《福利经济学》，中国友谊出版社 1991 年版，第 3 页。

为社会福利是所有社会成员个人序数效用的向量。社会福利增进与否只能比较全体社会成员的变好或不变，而不能比较一部分成员变好，另一部分成员变坏的情况。②社会福利的矢量概念。认为社会福利是所有社会成员个人基数效用的加总。社会福利增进与否可以比较任何一种社会成员的个人效用变化。

那么，效用和福利究竟有没有区别呢？显然，庇古把福利等同于效用或效用的子集，黄有光则指出"由于对别人福利的考虑，由于无知，由于非理性，福利会偏离效用（或偏好）"①，持有类似观点的还有森（A. K. Sen）等。黄有光认为，福利和效用的偏离主要由于以下几点原因②：①个人的偏好不仅受他本人福利的影响，而且也可能受他对于别人的福利考虑的影响。换句话说，偏好可能大体上照顾自己的快乐，但在某些程度上也可能会照顾其他人的福利。例如，父母为了子女的福利可能愿意牺牲自己的快乐，等等。②由于无知或不完善的预见，偏好可能不同于福利。例如，有些人为了上班方便，偏好买车，但发现买车后，交通堵塞，结果上班更不方便。这时，偏好和福利发生偏差。③非理性偏好。如果有人偏好某些会减少自己福利的东西，但这种偏好不是由于"无知"，也不是为了他人的福利，那么就可以把这种选择称作"非理性"的。例如，抽烟吸毒会降低个人福利，但有些人却偏好它。

效用和福利尽管在有些情况下会出现偏差，但福利经济学还是假定在一般情况下，每个人是他自身福利的最好判断者，并且力图使他的福利最大化，或者说，效用和福利在重要方面是等同的，如福利的可测量性和效用的可测量性问题。

二、效用的可测性与人际间的可比性

基数效用论的代表人物，如德国的戈森（Gossen）、法国的瓦尔拉斯（L. Walras）等经济学家指出，效用是可以度量的，其大小可以用基数1、2、3……等具体数字来衡量并加以计算和比较，且边际效用具有递减规律。例如，消费者消费4块面包的效用可分别表示为 U_1、U_2、U_3、U_4 单位的效用，那么，$U_1 > U_2 > U_3 > U_4$。而将这些单位的效用加总起来就可以得到消费面包的总效用（Total Utility，UT）。庇古认为，效用意味着满足，而满足可以用"一个人为避免失去某种满足或快乐而愿意支付的货币量来计量"③。并且，庇古在假定货币边际

①　黄有光：《福利经济学》，中国友谊出版社1991年版，第22页。
②　黄有光：《福利经济学》，中国友谊出版社1991年版，第11－13页。
③　庇古：《福利经济学的几个方面》，载《美国经济评论》，1951年6月号，第288－289页。

效用不变的同时，还假定不同的阶级所支出的货币量与所得的满足量是相同的。他说："可以认为，一定量的东西不但在任何一个人与其他一个人之间，而且在不同集团代表成员之间，都得到同量的满足。"① 可见，庇古认为效用是可测的且具有人际间的可比性。

1932 年罗宾斯出版了《论经济科学的性质和意义》一书，对庇古的观点即个人间效用比较的可能性进行了批判。罗宾斯指出："没有办法能够检查出，在 和 B 比较之后，A 的满足的大小……内心省察不能使 A 衡量 B 的心理活动，也不能使 B 衡量 A 的心理活动。因此，没有办法对不同人的满足加以比较。"② 罗宾斯对庇古的批判在当时经济学界引起了很大反响。在批判过程中，罗宾斯借用了一个重要的分析工具即帕累托（V. Pareto）提出的"最优状态"概念。帕累托在分析最优状态时又采取了同时代的英国经济学家埃奇沃斯（F. Y. Edgworth）使用的"无差异曲线"（Indifferent Curve）和"契约曲线"（Contract Curve）的概念。埃奇沃斯在运用边际效用学说"研究各个人力求达到自己的最大效用以及各个人彼此之间的协议"时，应用几何图形画出无差别曲线和契约曲线，表示两个人各有一种商品在完全竞争的交换中达到最为有利的状态。这种分析方法为帕累托所采用。帕累托为了避免效用计量和加总困难，提出了以"偏好顺序"来代替效用计量，即认为只要根据在市场上观察到的消费者行为——对于不同商品组合的同等、较多或较少偏好，就可以确定各个人在既定的价格和收入条件下所达到的最大偏好状态。这样，就可以应用无差别曲线，以偏好顺序来表示各个人和全体的最大满足。帕累托给"最大偏好状态"下了一个定义："最大偏好状态就是这样一种状态，它的任何微小的改变必然使有些人的偏好增多和另一些人的偏好减少。"③ 后来，经济学家把以"偏好顺序"表示满足的理论叫作"效用序数论"，即假定消费者对于各种物品或各组物品都有一种偏好，效用只能用第一，第二，第三……等顺序数目来表示，并且，效用或满足不能相加而只能有水平高低。比如说，消费者对外衣的偏好胜过对面包，对面包的偏好胜过对苹果的偏好等。显然，序数效用论者所说的一个人福利的好坏，就是指无差异曲线的高低。不仅如此，序数效用论者认为效用不能相加，一个人所得的效用总量无法比较，各个人得到的效用或满足的大小，也是无法加以比较的，如富人和穷人从不同收入所得到的效用或满足无法比较。

① 庇古：《福利经济学的几个方面》，载《美国经济评论》，1951 年 6 月，第 292 页。
② 罗宾斯：《论经济科学的性质和意义》，1935 年第 2 版，第 139 – 140 页。
③ 帕累托：《政治经济学教本》，意文 1906 年版。引自法文译本 1927 年第 2 版，第 354 页。

序数效用论被认为是一种比基数效用更广泛和更能反映消费者行为的分析方法，并为后来的大多数福利经济学家（新福利经济学家）所接受。但是，序数效用无法提供相对充分的人际间效用比较方面的信息，而使用基数效用却可以获得人际间比较方面的充分信息，从而可以得出一定的社会排序。从 20 世纪 70 年代开始，西方福利经济学出现向效用主义和基数效用理论回归的趋势。

三、消费者剩余

消费者剩余的概念最初是由法国工程师杜皮特（J. Dupuit）在 1850 年左右提出的，但消费者剩余概念的真正普及是在马歇尔（A. Marshall）的《经济学原理》一书出版之后。马歇尔把消费者剩余定义为"人们不愿失去某种东西，而愿意支付的价格超过其实际支付的部分"。即消费者消费某种商品一定数量所获得的总效用超过其为此所花费的货币的总效用，表示了单一商品价格的升降引起消费者福利增减的额度。在几何上，马歇尔用了需求曲线之下与代表消费者实际支付的矩形面积之上的那个三角形面积来测度消费者剩余。如图 2 - 1 所示，消费者剩余由曲线三角形 $\triangle APB$ 所组成的面积表示，其中 OP 是物品的价格。

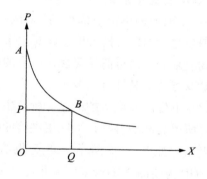

图 2 - 1

应该指出，上面关于消费者剩余的表示方法是一种简单、粗略的度量，再介绍一种最接近马歇尔原始定义的度量方法。在图 2 - 2 中，Y 轴表示货币量，X 轴表示所考虑问题中的商品量，AB 为预算线（满足方程 $Y + P_x X = C$，其中，C 为个人可支配收入，P_x 为 X 商品的价格）。于是，X 商品的价格就由 AB 直线的斜率的绝对值给出，即 $P_x = FP/AF$，由于 I_1 是与 AB 预算线相切的最高位置的无差异曲线，因而消费者将以 FP 的成本购买 ON (= AF) 的 X。但消费者是准备付出 FR 量的货币来购买 ON 量的 X 的，因为在 R 上，消费者处于与没有消费商品

X 的初始 A 相同的效用水平上。因此，按马歇尔的定义，消费者剩余等于 $FR - FP = RP$，即为消费者愿意付出的货币量和其实际付出的货币量之间的差额。

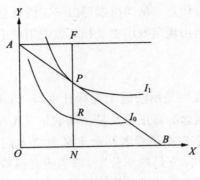

图 2 - 2

那么，消费者剩余是如何产生的呢？我们知道，消费者对每一单位商品所支付的代价只等于该商品最后一个单位的价格，但是，根据边际效用递减规律，对于消费者而言，前面的单位要比最后的单位具有更多的价值，即"物以稀为贵"。因此，消费者在每一个前面的单位中都得到了剩余。当交换进行到不再对其有利、不再使其得到剩余时，消费者便会停止购买。可见，消费者所得到的好处并不是从售卖者那里剥削来的，通过商品交换，一方的所得并不是另一方的所失。通过商品交换，交易双方的福利都可以增长。

下面，我们再来介绍一下生产者剩余的概念。所谓生产者剩余是指生产者的实际所得和生产者的期望所得之间的差额，可以用供给曲线之上和价格线之下价格轴右侧的那块面积来度量。如图 2 - 3 所示，SS' 为供给曲线，OQ 为商品 X 的供给量（在价格 P 下），OP 为商品 X 的价格（在供给量 OQ 下），生产者剩余为 PBS 的面积。之所以会产生生产者剩余，原因在于生产者出售每一单位的所得是按最后一单位商品的价格计算的，但是，根据相对边际成本递增的基本规律，最后一单位产品的成本（从而卖价）必然大于前面单位产品的成本（卖价），生产者在出售的每一个前面单位的商品中都将得到剩余。

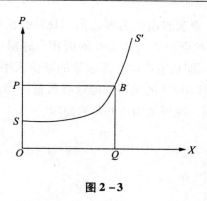

图 2 - 3

四、消费者剩余分析的应用

尽管有人认为消费者剩余的概念是多余的，至少被认为用消费者剩余来测量福利的变化的理论是有疑问的，但它仍被用于成本—收益分析和政策制定上。在此列举两个简单的例子，看看消费者剩余的作用。

（一）税收、补贴对社会福利的影响

先看看营业税类型的间接税对社会带来的损失。如图 2 - 4 所示，对商品 X 征收 AB 单位的营业税使价格从 P_1 上升到 P_2，价格上升使消费者剩余减少了四边形 P_1P_2AC 的面积，但税收所得仅仅是四边形 P_1P_2AB 的面积，而谁都没有获得 ΔABC，显然，ΔABC 是净社会损失。

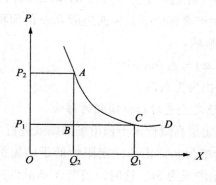

图 2 - 4

下面进一步考虑对生产者的影响。在图 2 - 5 中，SS' 是原来的供给曲线，征收 Ea 单位的间接税使供给曲线 SS' 平移至 ss'。这时，消费者剩余的损失为四边

形 *caAC* 的面积，生产者剩余的损失为四边形 *CAEF* 的面积，税收所得为四边形 *caEF* 的面积。于是，净社会损失为△*AaE* 的面积。这里，也可以从另外一个角度来推出社会净损失额，即从生产量和需求量的减少入手。减少 *Hh* 单位的 *X* 所节约的资源价值为四边形 *HhEA* 的面积，但这些数量的商品在消费者心目中的价值为四边形 *HhaA* 的面积，纯损失为△*AaE* 的面积。

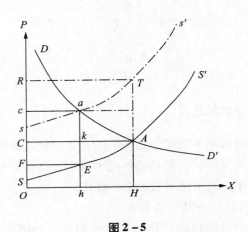

图 2－5

我们进一步来分析补贴对社会福利的影响。在图 2－5 中，假设原来的供给曲线是 *ss'*，通过 *aE* 单位的价格补贴，使供给曲线垂直下移到 *SS'*，均衡供给量从 *Oh* 增加到 *OH*。这时，补贴开支为四边形 *RTAC* 的面积，消费者剩余增加量为四边形 *caAC* 的面积，生产者剩余增量为四边形 *Rtac* 的面积，而四边形 *Rtac* 与四边形 *ACFE* 面积相等，显然：

$$RTAC - (caAC + RTac) = \triangle TaA > 0$$

即补贴带来社会净损失为△*TaA*。

（二）限定价格、限定产量对社会福利的影响

先来对政府通过制定最高限价来干预市场的绩效进行考察。如图 2－6 所示，最高限价为 *ob*，均衡价格为 *oc*。由于法定限价低于均衡价格，使得供给量从 *on* 减为 *om*，消费需求量则增至为 *oy*。这时，消费 *X* 商品的边际效用在均衡价格 *oc* 以下的取低边际效用值的消费者也能消费商品 *X*，导致 *X* 商品供给短缺量为 △*ym*，使得那些对商品 *X* 的边际效用高于均衡价格 *oc* 的消费者的消费欲望难以得到满足，最终，消费者的总效用值只能近似地等于 *om* 与 *oy* 之比与四边形 *oyhd* 面积的乘积，与制定最高限价前的均衡消费量 *on* 相比，损失等于 *oned* – *om/oy* ·

oyhd，只要需求曲线是向下倾斜的，就可证明此值大于四边形 *mneg* 面积，再减去减少产量节约的生产要素价值 *mnef*，则净损失将大于三边形 *feg* 面积。并且，如果需求曲线 *dd* 的 *d* 端非常高的话，则纯损失量会是三边形 *feg* 面积的许多倍。当然，对消费 *X* 商品拥有较高边际价值的消费者可能会更早地去搜寻、排队等待，因而这些人得到该商品的概率较大，*om* 量的商品 *X* 的实际总效用可能会大于 *om/oy · oyhd* 所示面积，但这是没有考虑搜寻、排队的成本、短缺引起的心理负担和不平等等成本因素。

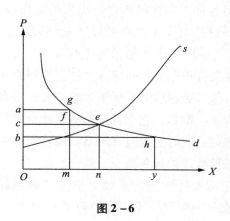

图 2 – 6

类似分析可应用到限定产量的情形。如图 2 – 6 所示，限定商品 *X* 的产量为 *om*，这时，商品 *X* 的价格上升至 *oa*，供给短缺为 *mn*，短缺引起的损失为四边形 *mneg* 面积。由于商品 *X* 价格高于均衡价格，原本亏损的低效率的生产商也能向市场提供商品，排挤高效率生产商，结果，过度竞争将导致资源的浪费。最终，资源节约量小于四边形 *mnef* 面积，纯损失大于三边形 *efg* 面积。

第二节　帕累托标准

一、帕累托法则

意大利经济学家帕累托在 1896 ~ 1897 年撰写的《政治经济学讲义》中，在基数效用论基础上考察社会效用极大化问题时提出了生产资源最优配置问题。后来，帕累托在 1906 年出版的《政治经济学教程》中，根据英国经济学家埃奇沃斯在《数学的心理学》（1881）一书中提出的契约曲线这一概念并引申出无差异曲线这一分析工具来分析资源配置问题。帕累托指出，一个社会的生产资源配置是否已达到最优状态，从而社会效用是否已达到极大值，可以按照如下标准来检验：在一种经济状况下，如果没有一种方法能在不使任何其他人境况变坏的前提下，使某（些）人的境况变得更好，这就意味着一个社会在既定的生产技术和每个消费者偏好函数的条件下，生产资源配置情况已达到最优状况，即耗用一定总量的生产资源，采用各种不同途径所生产出来的国民收入的"社会效用"已经达到最大值。通常，把检验一个社会的经济福利大小及其增减的准则，称为"帕累托法则"、"帕累托原理"或"帕累托标准"。

帕累托法则是一种条件很弱的判断标准。社会福利的判断标准是条件越弱越好，因为条件越弱，其包容性越广泛，便于为越广大的具有其他判断标准的人所接受，说明它越接近现实。例如，它包含了从一个社会成员的福利改善到全体社会成员的福利改善的序列；同时它也包含从略微改善到显著改善的不同程度，但绝不包含任何个人的任何程度的福利减少。

现在，我们可以在帕累托法则的基础上描述"帕累托最优"状态（Pareto Optimum）：如果资源在某种配置下不可能由重新组合生产和分配来使一个人或多个人的福利增加，而不使其他人的福利减少，那么，这种配置就已达到了"帕累托最优"状态。

"帕累托最优"状态本质上反映的是资源最优配置状态含义，换句话就是：生产资源的任何重新配置如果出现如下两种情况之一，就意味着这样的资源重新配置导致社会经济福利有所增进，这种重新配置就称为"帕累托改进"（Pareto Improvement）：①它使得每个人的处境都比以前更好；②至少有一个人的处境变好，同时没有一个人的处境变坏。在此基础上，还可以定义"帕累托无效率"（Pareto Inefficient），它是指一个经济在其他人效用（或产出）水平不变的情况下，通过重新配置资源和产品，还有可能使得一个或一些人的效用（或产出）水平有所提高。

帕累托最优的概念可借助效用可能性曲线加以说明，如图 2-7 所示，在一个只有消费者两种产品的简单模型中，A、B 二者从既定产量的不同分配和消费中获得不同的效用组合。图中，效用可能性曲线 UU' 反映了二者可能达到的各种最大的效用组合，曲线 UU' 把可能达到的效用水平与不可能达到的效用水平区分开来，任何在效用可能性曲线上或左下的点都是可能达到的，如 H、I、J、K 点；

任何位于效用可能性曲线右上的点都是不可能达到的，例如 L、M 点。而效用可能曲线上的任意一点，不仅是可能达到的满足程度，而且是"帕累托最优"状态。因为在曲线左下方，商品的分配没有达到"帕累托最优"状态，通过改变商品的分配至少能使一人受益。如 AB 两人的效用水平位于 H 点时，通过商品的重新分配，使 AB 两人的效用水平移到 I 点或 K 点，可使 B 或 A 的效用增加而对方效用不减；或移到 I 点与 K 点之间的任意一点上，此时，AB 两人的效用水平可同时提高。

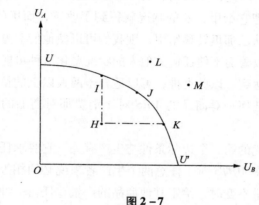

图 2-7

二、帕累托最优状态的三个边际条件

帕累托最优包括以下三方面内容：交换的帕累托最优、生产的帕累托最优以及包括交换和生产在内的帕累托全面最优。一个社会要达到最高的经济效率，得到最大的社会经济福利，必须符合交换的边际条件、生产的边际条件和高级条件。

首先，我们来分析交换的边际条件，即分析已经生产出来的不同数量的最终产品在经济中的个人之间是如何进行分配的。为了严格和准确，引入以下技术性假设：①可分性。产品和生产要素可以划分为任何所得的数量；②连续性。商品、要素和效用函数、生产函数等都是连续变化、没有跳跃的；③不考虑消费和生产的外部效应。

在上述假设条件下，帕累托最优的交换条件可表述为：任何两种商品（X，Y）间的边际替代率（MRS_{XY}）对所有消费这两种商品的人来讲必定是相同的。即

$$MRS_{XY}^i = MRS_{XY}^j, \quad i, j = 1, 2, \cdots, n。$$

其中，MRS_{XY}^i 是第 I 个个人对 X、Y 商品的边际替代率。以下简要说明可以证实该命题。

如果甲和乙两个人对商品 X 和 Y 的边际替代率不同，容易证明在一个人的境况没有变坏的前提下，另一位的境况可以变得更好，即经济并没有达到帕累托最优。例如，假设对甲而言，X 对 Y 的边际替代率为 1，对乙而言，此替代率为 2。换句话说，对甲来说，一个 X 在边际上（按照效用）等于一个 Y；而对乙来说，一个 X 却等于 2 个 Y。因此，如果我们从甲那里取走一个 X 而把它给乙，并且从乙那里取走一个 Y 而把它给甲，乙的状况就得到了改善，而甲的状况保持不变。如果我们把 1.5 个 Y 从乙那里转移给甲，则我们可以使他们双方的状况都得到改善。使一个人的状况改善而不使任何其他人的状况恶化这种可能性的存在意味着帕累托最优状况还未达到。以此类推，可以适合于两人以上的情况。因此，就帕累托最优状况而言，任何一对商品的 MRS 对于消费那对商品的所有个人来说必须是相等的。

其次，帕累托最优的第二个边际条件与生产有关，它要求任何两种生产要素之间的边际技术替代率 $MRTS$ 对于任意两个生产者来说必须相等，如果满足该条件，当要素禀赋的数量不变时，给定其他商品的产量，任何一种产品的生产将达到极大。反之，则有可能增加某（些）产品的生产，而不会减少其他产品的生产。这一命题的证明与交换最优条件的证明类似。

如果有两种生产要素 A、B 间的边际技术替代率对某两种产品 X 和 Y 而言是不同的，则不难证明在不削减其他产品产量的前提下，某一种产品的产量可以增加，即生产并未达到有效率的状态。例如，假设 A、B 间的边际替代率在 X 的生产中等于 1，在 Y 的生产中等于 2。换句话说，在 X 的生产中，A 和 B 的边际产出相等，在 Y 的生产中，A 的边际产出是 B 的两倍。这时，如果人们把一单位的 A 从 X 的生产中移到 Y 的生产中，并将一单位的 B 从 Y 的生产中移到 X 的生产中，则 Y 的产量会增加一单位 B 的边际产出，而 X 的产量保持不变。同时，其他产品的生产由于投入未变，所以产出也不会受到影响。由于 Y 的产量增加了，人们就能将这一增量分配给经济系统中的一部分或全部个人，使得他们的境况改善，而并不以其他人的境况恶化为条件。表明这时帕累托最优并未达到。

最后，帕累托最优的第三个边际条件是产品替代的边际条件（又称高级条件），它把生产与偏好联系起来。它要求，对各消费者而言，任意两种边际替代率相等；对各生产者而言，生产任意两种产品的边际技术替代率都相等；并且，MRS 与 MRT（MRT 称为边际转换率，是指在一经济系统中，通过资源的重新配置，将一定 X 产量转换为一定 Y 产量的边际比率）相等，即达到消费和生产领域的帕累托全面最优。如果对于任何一对商品来说，MRT 不等于 MRS，则我们多生产一种商品而少生产另一种商品，便可使每个人的状况都得到改善，例如，如果 $MRS_{XY}=1$，$MRT_{XY}=2$，经济可以将一个 X 转换为两个 Y，但消费者认为一个单位的 X 与一个单位的 Y 是无差异的。显然，通过多生产两单位的 Y 和少生产一单位的 X，经济中的某些人或所有人的状况能够得到改善。

三、福利经济学的基本定理

了解了帕累托最优的三个边际条件后，很自然会提出，在什么条件下，可满足帕累托最优的三个边际条件？众所周知，早在 200 多年前，亚当·斯密（A. Smith）在其著名的《国富论》（1776 年）中就提出了被称为"看不见的手"的原理，认为以利己为动机的资本主义制度可以实现资源的最优配置。自此以后，论证亚当·斯密的"看不见的手"的原理成为西方微观经济学论证的主要目标。经过数代人的努力，微观经济学给出一个肯定的答案：如果每个消费者都为了自身的效用最大化，每个生产者都追求最大利润，那么在完全竞争的经济中，他们的行为会不自觉地使社会达到资源配置的最优状态，即以利己为行为动机的完全竞争的市场经济将会导致帕累托最优。也就是说，完全竞争均衡满足帕累托最优的三个边际条件。下文对此做简要论证。

在单一产品的完全竞争市场中，供求双方有可能在价格的引导下达到供求相等的状态，这种单一产品的市场供求的均衡状态称为局部均衡状态。现在的问题是，局部均衡是否符合帕累托效率呢？

我们以马歇尔供求曲线剪刀图示来说明，在图中我们知道，当产量低于均衡产量 Q_1 时，厂商的边际生产成本为 P_S^1，消费者的边际支付价格为 P_D^1。我们会发现 P_D^1 大大高于厂商 P_S^1，说明消费者愿意以比厂商的边际生产成本较高的价格购买更多的产品，所以当产量扩大时，消费者可以满意地购买较多的产品，其总效用增多了，厂商也可以以较高的价格出售其产品，其利润也扩大了。显然，这符合"帕累托改进"。

当产量位于超过均衡产量的任一产量 Q_2 时，厂商的边际生产成本为 P_S^2，消费者的边际支付价格为 P_D^2，我们看到 P_D^2 小于 P_S^2，也就是说，消费者主观购买意愿小于厂商的生产成本，这样双方是不可能自愿交易的。如果强制规定产品价格为 P_S^2，则厂商得利、消费者受损，如果强制规定产品价格为 P_D^2，则消费者受益、厂商受损，这都违背帕累托改进，所以应减少产量。

当产量为均衡产量 Q' 时，供求双方的买卖意愿相等，已经不可能有任何一方在不损害对方利益的前提下改善自己状况的可能性，此时，市场处于均衡状态，并实现了帕累托最优。

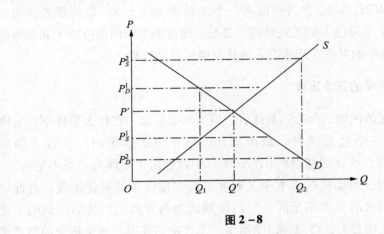

图 2-8

总体均衡又称一般均衡，是指全部的产品市场和要素市场都处于供求均衡的状态。下面我们借助艾奇沃斯盒状图和无差异曲线来解释总体均衡的帕累托改进和帕累托最优状况。

我们知道，从艾奇沃斯盒状图的任意一个初始分配状况如 W 出发，A、B 双方有一个共同偏好区，所谓偏好区就是相对于自己的初始状态比较能改善的区域，且 A、B 双方都朝着共同偏好区进行交易，将比初始状态更好，符合帕累托改进。

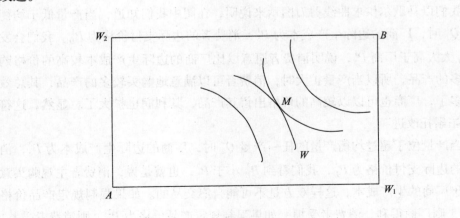

图 2-9

当交易达到 M 点时，我们发现 A、B 双方不再有共同的偏好区，此时，A、B 双方任何一人都不可能在不损害对方的情况下改进自己的福利状况，也就是说达到帕累托最优状态。

需要说明的是，帕累托最优状态不止一个，从任一初始分配状况出发，双方经过自愿交易都会达到一个相应的帕累托最优点，这些点连成一条线，称为"契约曲线"或"帕累托集"，如图 2-10 所示。

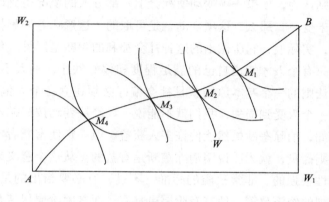

图 2-10

上面分析实际上揭示了完全市场竞争均衡和帕累托最优之间存在一种双重的对应关系，第一层关系是：只要是完全竞争达到的均衡状态，就是帕累托最优状态；第二层关系是：从任何一个社会公认的、公平的资源初始分配状态出发，要达到帕累托最优状态，须借助竞争性市场机制实现。上述两重关系通常被称为福利经济学第一定理和福利经济学第二定理。

福利经济学第一定理（又称福利经济学基本定理）：在完全竞争市场的经济体系中，如果存在着竞争性均衡，那么这种均衡就是帕累托最优。

福利经济学第二定理：如果存在完全竞争市场并且满足有关个人效用函数（凸的无差异曲线）和生产函数（凸的生产函数）的某些条件，那么通过资源（初始资源禀赋）在个人之间的合理再分配，竞争性均衡的结果是可以实现每一种帕累托最优状态。

福利经济学第一定理表明市场经济的合意性，而且说明市场经济在合乎帕累托法则前提下，是运行成本比较低廉的经济体制，不需要有太多的信息和传递环节。这也说明市场经济代替计划经济的原因，不需要有一个庞大的管理队伍来传递信息集中决策，靠市场上的单个个体分散决策，即可实现帕累托最优，节约管理费用。

福利经济学第二定理表明一个很重要的结论，它指出分配可以和帕累托效率分开考虑，从任何一个初始分配点出发，经济自由交换都可以达到帕累托效率点，这为我们分析收入再分配提供了可能。

四、补偿原理

帕累托法则认为，如果一项变动使社会上一部分人的境况得到改善，而且其他人的境况并未变坏，那么，这项变动就是可取的。这意味着帕累托法则本身是一个价值判断，实际上，它所做出的这种社会福利的判断是以另一价值判断为基础的，即认为只有个人才知道自己的满足程度和偏好秩序，别人不能越俎代庖。因此，帕累托法则的一个基本原则就是社会偏好必须建立在个人偏好的基础上，只要经济中有一个人受到损失，我们就不能说一项经济变动按照帕累托法则来说是有益的。例如，消除垄断虽然能使许多人获益，但一定使垄断者本人受损，如果用帕累托法则衡量，就无法说明消除垄断是有益的。从这个意义来说，帕累托法则是个限制性很强的、非常狭隘的标准。不过，有必要指出的是，有人提出：如果采取一系列的经济政策，使富有阶层更富有，而贫困阶层保持与原来相同的水平，则按照帕累托法则，这些政策是可取的。然而该政策变动能说是可取的吗？确实，假设不存在消费的外部效应，上述质疑是有道理的。但是，考虑到消费的外部效应，即使某人的收入没变，其他人的收入得到提高，他的状况仍可能恶化，因为他或许会妒忌别人的消费增加，或许邻居增加消费造成环境更加污染，说明该质疑没有考虑从众效应等外部性。

尽管如此，在某些人的状况改善而另一些人的状况恶化的场合，应用帕累托法则仍然难以做出判断。应该说，帕累托法则在分析效率问题时是十分有用的，但对分析有关社会经济福利的许多问题却往往没有多大的实际用处。

为了在帕累托法则的基础上扩大福利经济学的适用范围，英国经济学家卡尔多（N. Kaldor）1939 年提出这样一种检验社会状况变动中有人变好，有人变坏的标准：假设受益者在充分补偿损失者后，其状况仍能有所改善，则这就是社会福利的改进。同时，英国学者希克斯（J. R. Hicks）支持这一标准，并进一步提出一个姐妹标准：如果受损者不能从受益者以反对社会状况变化中获利，则这就是一种社会福利的改进。"希克斯进一步指出另一种"长期自然的补偿原则"：即从长期来看，如果政府的一项政策能够提高全社会的生产效率，尽管在短期内某些人会受损，但经过较长时间以后，所有人的情况都会由于社会生产率的提高而自然而然地获得补偿。

"卡尔多—希克斯"标准过于笼统，对社会政策的评价不确定。例如，社会分穷人和富人两种人，如果一项政策的后果是使富人更富，穷人更穷，且富人更富的程度足以补偿穷人更穷的程度，依照卡尔多标准，社会福利改进了；同样，如果此项政策反向变动，即让更富的人损失，让更穷的人改善，且更穷的人改善程度足以补偿更富的人的受损程度，依照卡尔多标准，这也是社会福利的改进。但是到底前者可取，还是后者可取呢？不得而知。

西托夫斯基（T. Scitovsky）1941 年指出，卡尔多—希克斯福利标准注意到了经济状况改变后能否通过收入分配的测验来实现帕累托标准，但是，并未注意到经济状况改变前通过收入分配来实现帕累托标准的可能性。因此，提出了福利检验的"双重标准"——顺检验和逆检验。顺检验就是卡尔多—希克斯标准：即经济状态改变后是否有可能通过收入再分配使每个人的情况比改变前更好；逆检验标准则要看经济状态改变前是否有可能通过收入再分配使每个人的情况比改变后好；换言之，若受益者能诱使受损者接受 A 变为 B，而受损者又无法诱使受益者不将 A 变为 B，那么，对整个社会来说，状态 B 比 A 好。

这些标准大大拓展了效率标准的作用，而且是至今最能被广泛接受的标准。然而，这些标准被公认的不足之处是它需要的仅仅是潜在的补偿，而不要求实际收入的转移。因此，从公平角度来说，也有可能产生不正当的后果。比如，不论是卡尔多—希克斯标准还是西托夫斯基标准都将赞成如下的变化：用 10 亿元使最富的人更富，同时，使 1000 万贫困人口每人减少 100 元而使每个人更穷。

因此，李特尔（Ian. M. D. Little）在 1950 年指出，不仅应采用西托夫斯基的双重标准，此外还要保证从情况 A 到情况 B 的变化不会导致更不好的福利分配。他认为，关于分配的道德标准，特别是关于收入分配的价值判断，在福利经济学中是不可回避的。如果说一种政策满足了卡尔多—希克斯标准，就会增加社会的"效率"，那么事实上就是在推荐这种政策，这本身已经表明是一种价值判断。何况卡尔多、希克斯所说的假想补偿也有可能导致收入分配状况更为恶化，就说明价值判断问题是不可能回避的。李特尔指出，只有在假想补偿检验之上再加上实际补偿，才能使增加福利的标准成为充足的标准。在这里实际补偿就是指收入再分配。由此，李特尔提出了三重福利标准：第一，卡尔多—希克斯（既得利益能够补偿受损者有余）满足了吗？第二，西托夫斯基（即双重检验标准）满足了吗？第三，收入分配是适当的吗？在前两个标准满足之后，还必须看收入再分配是不是适当的。如果收入再分配不好，那就必须用转移货币收入的办法来补偿。李特尔的三重标准被不少经济学家赞赏为具有"稳当的富于常识的素质",或者被推崇为"对于解决问题有真正的贡献"。但是,当有的经济学家把"好的收入分配"看作是"趋于较为均等的分配"时,李特尔却加以否认。他说,新的情况比原来的分配好,只是指在另一种状态下,至少有一个人的境况好些,而没有人的情况坏些;至于为什么说好些,这可能由于分配上的公正,也可能由于其他原因。可见,李特尔收入分配上的公正是指不损害效率的公正。李特尔的社会福利改变状况的价值判断标准是当代福利经济学的最新研究理论,可用于评判收入再分配的政策主张。但也有很多经济学家仍然坚持反对个人效用的比较,进而反对以任何基数效用为基础的社会福利函数,反对收入再分配,只接受帕累托标准。

五、最大社会福利决定

商品交换的最优配置描述了在商品集合给定的前提下,商品在各个消费者个人之间的配置达到帕累托最优状态时的边际状况,即每个人的效用在所有其他人的效用给定时达到极大。换句话说,商品交换的最优配置时的效用应在效用可能性曲面(在两个人的经济系统中是效用可能性曲线)上而不在曲面之内。图2-11描述了甲乙两人的效用可能性曲线(UPC)。它表明,当给定其他人的效用水平时,一个人所能达到的最大效用水平。例如,给定固定的商品组合,如果乙的效用水平停留在 OG,则甲可能达到的最大效用水平为 OH。

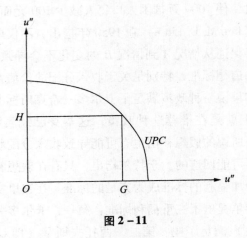

图2-11

类似地,生产要素在生产中的最优配置条件保证了在要素供给一定的前提下，对某一种商品的生产而言，当给定所有其他商品的生产量时，该商品的产量是最大化的。即使得经济处在生产可能性曲面上的一点，或经济处在产品转换曲面上的一点。

图 2 – 12 中，TPS 代表两种商品的生产可能性曲线，曲线斜率的绝对值表示商品 X 和 Y 之间的边际产品转换率。曲线上的每一点（比如 P）是 X 和 Y 的一对给定组合（OM 单位的 X，ON 单位的 Y）。如果从 P 点出发画一个长方形的盒子 OMPN，并画出两族无差异曲线，OMPN 就是埃奇沃斯盒状图。通过这样的商品组合（P 点）在消费者间的有效配置，就会得到一个类似于图 2 – 11 的效用可能性曲线 UPC，该曲线可以通过在图 2 – 12 中沿契约曲线 OEP 取不同的效用组合得到。

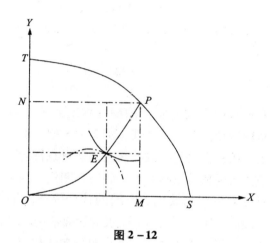

图 2 – 12

点 P 只代表曲线 TPS 上许多生产可能性中的一种。对于每种不同的生产点或每种不同的商品组合，会有不同的效用可能性曲线（曲面）。如果在图 2 – 13 中画出所有的效用可能性曲线（曲面），则所有这些曲线（曲面）的外包络曲线（曲面）FF′ 称为效用可能性边界。

显然，效用可能性边界上的所有点均满足帕累托最优状态的三个边际条件，即边界上的任一点表示一种帕累托最优情形。一旦经济处在效用可能性边界某一点上，则在已给定的技术条件和要素条件下，欲使一部分人的境况改进，必会以另一部分人境况的恶化为代价。现在的问题是，在效用可能性边界上的点之间如何进行选择，或者说，效用可能性边界上的帕累托最优点中确定哪一点表示最大的福利？唯一的方法就是在人们之间对效用进行比较。这种人际效用的比较只能在一定伦理水准上进行，即必须做出一个道德的或价值的判断，然后根据这个判断做出社会福利函数（Social Welfare Function）。

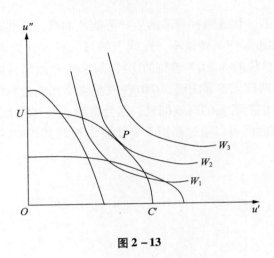

图 2 - 13

社会福利函数表示对社会具有相同的满意程度或消费者福利水平的不同组合。社会福利函数亦称为社会无差异曲线，图 2 - 13 中，W_1、W_2、W_3 代表三条社会无差异曲线。在一条社会福利函数曲线上的所有点都给予社会同等水平的满足或福利。点在一条社会福利函数曲线上的移动表明使一人得益必然会使另一个人蒙受损失。不同的社会福利函数代表不同的社会福利水平。图 2 - 13 中，W_3 代表的社会福利水平最高，W_2 次之，W_1 代表的社会福利水平最低。

最大社会福利是在效用可能性边界与社会福利曲线相切的点上得到的，如图 2 - 13 所示，效用可能性边界 UPC' 与社会福利函数 W_2 相切于 P 点，在 P 点上，实现了生产与交换的帕累托最优，同时，也达到了社会福利最大，P 点是最大社会福利点。

社会福利的最大化是以社会福利函数的存在为前提的，不过，不存在一种被经济学家公认的社会福利函数。不同的经济学家对公平的理解不同，社会福利函数的形式也因而不同。

第三节　社会选择理论与社会福利函数

20 世纪中叶，西托夫斯基和李特尔等经过严密论证，得出结论：判断社会福利是否改善，仅依靠关于资源配置是否合理的效率标准是不够的，无法回避关于收入分配是否合理的标准，而且，资源配置的效率标准和收入分配的公正标准不能相互替代。上一节中，在分析最大社会福利决定时，实际上，我们已经假定人们关于收入分配、社会平等等问题有各自既定的价值判断准则，并从所有个人的偏好秩序中，推导出社会整体的偏好秩序，构造出社会福利函数。这种社会整体的偏好秩序可以看作是一种社会机制，即由个人偏好出发确定社会偏好秩序的一种机制，但进一步的问题是，是否存在这样一种机制，既能确定出社会福利函数，又不违反社会普遍接受的道德准则？这就是阿罗不可能性定理所提出和研究的问题。

一、阿罗不可能性定理

阿罗（K. J. Arrow）1951 年在《社会选择与个人价值》一文中提出的不可能定理认为：试图找出一套规则（或程序），从一定的社会状态的个人选择顺序中推导出符合某些理性条件的社会选择顺序，一般是办不到的。

我们可以通过著名的"投票矛盾"问题来对定理的内容做大致观察。假定共同体有甲、乙、丙三个人，分别对三个备选方案 A、B、C 进行投票以此排定他们各自对这三个方案的偏好次序。假定甲认为 A 优于 B 和 B 优于 C（从而 A 优于 C）；乙认为 B 优于 C 和 C 优于 A（从而 B 优于 A）；丙认为 C 优于 A 和 A 优于 B（从而 C 优于 B）。于是，甲、乙、丙三人中多数人认为 B 优于 C，C 优于 A，A 优于 B。根据少数服从多数原则，如果共同体是理性的行动的话，我们可以说共同体认为 A 优于 C，但共同体也认为 B 优于 A，C 优于 A。共同体的偏好出现循环，或者说，对个人偏好进行社会加总时出现了问题：不可能得到一个一致性的社会偏好顺序。① 更重要的是，在这种情况下，如果一定要排列出社会偏好顺序，势必会等同于某一个人的个人偏好顺序。以上是三个人对三种事件排

---

① 肯尼思·阿罗：《社会选择与个人价值》，四川人民出版社 1987 年版，第 5 页。

列偏好的例子，如果推广到许多人以确定更多事件的社会偏好排序，就更容易出现矛盾。

下面，我们对阿罗的论证做简要介绍：

首先，阿罗定义了"社会状态"，他认为"对社会状态的最精确的定义是以下诸因素的完整描述：每一个人手中的商品的量、每一个人可提供的劳动量、各种生产资料在每类生产性活动中的投入量，以及各类集体活动的量……我们假定集体中每个人，按照各个社会状态对他的合意性程度而对它们有一确定的排序……我们认为每个人可按照他以为有关的任何标准来给社会状态排序"。[1] 在这里，阿罗定义的社会状态是非常简单的，即他只要求个人和社会的选择顺序满足两个相当平常的公理：

公理 A：完备性：对于一组方案 $\{X_1, \cdots, X_n\}$ 中任何两个方案的偏好，不是 $X_i > X_j$，就是 $X_i < X_j$，或者 $X_i = X_j$。

公理 B：传递性：对于一组方案 $\{X_1, \cdots, X_n\}$ 中的某三个方案 X_1、X_n、X_k，如果个人（共同体）认为 $X_1 > X_n > X_k$，则必有 $X_1 < X_k$。

其次，阿罗用反证法来证明他的定理，他假定有一个程序或规则可从个人的选择顺序中推导出社会选择顺序，则这规则必须满足下列五个"自然条件"（这些条件实际上是对社会福利函数的描述或限制）：

条件1：个人自由选择。在所有可选择的备选方案中，至少有三个方案，其中允许包括逻辑上可能的任何个人选择顺序。

这一要求实际上是对社会福利函数形式的一种限制，意味着无论个人偏好如何，都应成为社会选择的基础。

条件2：社会价值观与个人价值观呈正向关系。阿罗指出："我们必须要求社会福利函数能使社会排序对个人价值观的改变做出正向的反应，至少反应不能是逆向的。因此，如果某一备选社会状态在每一个体排序中的地位都有所增加或保持不动，而其他备选状态在排序中不变，那么我们要求在社会排序中该备选社会状态也要有所升高，至少不应下降。"[2]

这意味着个人效用与社会福利正相关，若所有人都认为 A 好于 B，那么社会偏好也应是 A 好于 B。

条件3：不相关的选择方案具有独立性条件（Independence of Irrelevant Alternatives，IIA）。阿罗解释说"我们要求社会福利函数能保证社会从一个给定的环

① 肯尼思·阿罗：《社会选择与个人价值》，四川人民出版社1987年版，第29页。
② 肯尼思·阿罗：《社会选择与个人价值》，四川人民出版社1987年版，第48页。

境中做出选择，仅与在该环境下各个体对备选对象的排序有关。换句话说，若考虑两组个体排序，每一个体对给定的环境中的那些特定的备选对象的排序每次都是一样的，那么社会在该给定环境下由第一组个体排序所做的社会选择应与由第二组个体排序所做出的相同。"①

其含义是：对三个备选方案 A、B、C 进行的选择和排序，不取决于是否在另一些不相关的事件 D 或 E，也不取决于人们 D 或 E 的态度。

条件4：公民主权条件："社会福利函数不应该是强加的。"② "换言之，若一社会福利函数是强加的，则存在某一组备选方案 X 与 Y，使得无论每个人的趣味怎样，甚至即使所有人都认为 Y 优于 X，社会也永远不能表达出 YX 这种偏好。"③ 这一条件要求每一对备选方案上的社会选择顺序必须以某种方式基于个人的选择顺序，而不能与之无关。

条件5："社会福利函数应不是独裁性的（非独裁）。"④ 独裁 "意味着社会选择仅仅依赖于一个人的偏好，只要这一独裁者认为 X 优于 Y，则社会就必须这样认为。而只有在独裁者认为 X 与 Y 无差异时，大概他才会让某些或所有社会成员来做选择。"⑤

最后，阿罗以严谨的方式证明了同时满足上述条件的规则将推导出逻辑上循环的社会选择顺序，即并不存在一个规则或程序能够同时满足上述两个公理和五个条件，或者说，社会福利函数的形成必然意味着要违背以上各条件中的至少一条。

二、社会选择理论的深化

阿罗不可能性定理表明：在许多情况下，我们不可能从不同的企业、个人、所有者、利益集团的利益偏好中推导和构造出一个共同的、得到所有人赞同的利益偏好，或所谓的共同利益，除非我们违背某些为大家接受的、起码的道德准则。这意味着人们并不能找到一个令人满意的合乎理性要求的规则来从个人的偏好顺序出发推导出简单的社会选择顺序或社会福利函数，但是，社会福利函数概念在福利经济学中非常关键，无法构造社会福利函数意味着所谓的建立在序数效用基础上的福利经济学无从谈起，这就使人们面临着一个两难处境。有些经济学家，如著名的李特尔（1952）和萨尔缪森（P. A. Samuelson，1967）等试图以否

① 肯尼思·阿罗：《社会选择与个人价值》，四川人民出版社 1987 年版，第 51 页。
② 肯尼思·阿罗：《社会选择与个人价值》，四川人民出版社 1987 年版，第 55 页。
③ 肯尼思·阿罗：《社会选择与个人价值》，四川人民出版社 1987 年版，第 54 页。
④ 肯尼思·阿罗：《社会选择与个人价值》，四川人民出版社 1987 年版，第 57 页。
⑤ 肯尼思·阿罗：《社会选择与个人价值》，四川人民出版社 1987 年版，第 56 页。

认阿罗不可能性定理对福利经济学的关系来摆脱这一困境。他们认为：与福利经济学相关的是一个对应于给定的个人偏好顺序集的社会福利函数，如果个人的偏好发生了变化，那么对于新的个人偏好集，就应有新的社会福利函数与之相对应，而阿罗不可能性定理仅能用于不同状况下规则相同的情形。但是，这一论断难以令人信服，原因在于个人的偏好发生变化时，社会选择也发生变化，推导的规则为何应改变？例如，如果人们对一个已知的个人偏好集用少数服从多数原则，为什么对另一个偏好集必须换用一致同意的法则？进而，凯波—黄（M. C. Kemp&Ng, Yew – Kwang）和帕克斯（R. P. Parks）在 1976 年几乎同时独立证明：即使放弃规则的一致性要求，也能证明并不存在一个理性法则，以期用来从个人的偏好顺序推出社会的偏好顺序。为此，要解决两难处境，必然是要么放松理性的要求（公理 A 和公理 B），要么放松阿罗的 5 个条件，特别是 IIA和"个人自由选择"。

正好在阿罗的《社会选择与个人价值》一文发表之前，布莱克（D. Black）证明了，如果所有个人的偏好都是单峰的、多数规则的集体决策，则具有传递性。例如，假定有甲、乙、丙三个投票人，他们分别代表富人、中等收入人和穷人，并存在三种可供选择的财政支出备选方案：高水平（G_1）、中（G_2）、低（G_3）。一般情况下，穷人的私人产品的边际效用比富人的私人产品的边际效用大，而且，穷人的私人产品的边际效用要超过公共产品的边际效用，即穷人放弃单位私人产品而去得到公共产品的愿望，远不如富人强烈。因此，富人通常偏好财政支出的高水平，穷人偏好财政支出的低水平，中等收入的人偏好财政支出的中等水平，为此，他们对财政支出方案的选择顺序是：甲为 G_1 优于 G_2 优于 G_3；乙为 G_2 优于 G_3 优于 G_1；丙为 G_3 优于 G_2 优于 G_1，如图 2 – 14 所示，三个投票人

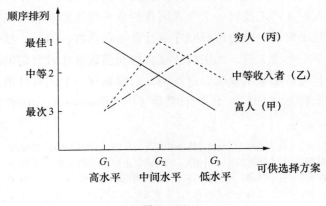

图 2 – 14

的选举偏好只有一个高点，呈现单峰状态。这时，如果按照少数服从多数的原则进行投票，G_2 将胜出，不会出现无限循环问题。

不过，作为社会选择的规则是要用于很多可供选择的偏好集合，由于单峰偏好在现实中不多见，因而用限制个人偏好使其具有单峰型的办法来解决社会选择中的矛盾是很不理想的。目前，经济学家所讨论的其他解决办法多从放宽 IIA 条件来展开，如用揭示偏好强度的办法来解决两难处境，等等。

尽管社会选择存在阿罗不可能性定理，但是，西方国家普遍采用民主选举，说明民主选举体制至少是可以接受的。这又如何给予解释呢？为此，一些经济学家试图对此进行解释，并对阿罗不可能性定理的重要性提出质疑。公共选择理论的重要代表人物塔洛克（G. Tullock）试图证明："虽然没有一个决策过程会完美地满足阿罗定理，但是一种很普遍的决策过程是在相当高的近似程度上满足这些条件……"[1]　因此从这个意义上说，阿罗不可能性定理并不重要。但是，麦肯齐（W. J. M. Mackenzie）和泰勒（M. J. Taylor）认为："阿罗定理对于小的投票实体，例如通常只包括数目很小的成员的委员会等还是很重要的。"[2]

三、社会福利函数

从以上分析可知，用帕累托标准和某些其他广为认可的规则基础推导出社会选择顺序是不可能的，实际上，阿罗在论证不可能性定理时，试图避免求助于个人效用的可比性。或者说，如果我们放弃帕累托标准本身所依据的前提条件，即个人效用的序数测量性和不可比性，就有可能构建完整的社会选择顺序。20 世纪 70 年代，阿玛蒂亚·森等的研究成果揭示了导致不可能性结论的原因，即阿罗不可能性定理只适用于投票式的集体选择规则，该规则无法揭示出有关人际间效用比较的信息。阿罗不可能性定理揭示了这种缺陷：在缺乏其他信息的情况下，只使用序数效用提供的信息进行社会排序是不可能的，因为序数效用无法提供相对充分的人际间效用比较方面的信息；而使用基数效用却可以获得人际间比较方面的充分信息，从而可以得出一定的社会排序。

一旦利用个人效用之间的比较方法，我们就必须界定出能评价所有可能的、可供选择的社会状态的规则，尤其是在选择一种或另一种状态意味着使某个人的境况改善而使其他人的境况恶化时更是如此，很显然，这一规则是一种分配公平标准。换句话说，为了克服阿罗不可能性定理，假定个人效用的可比较性，我们

---

①②　黄有光：《福利经济学》，中国友谊出版公司 1991 年版，第 156 页。

仍然必须定义个人偏好的加总规则，这种加总规则并不只是一种纯数学运算，还反映了对个人之间关系的价值判断，即要选择一种数学运算来把个人偏好转换成单一社会偏好，通过某种形式的社会福利函数表现出来。

"社会福利函数"由美国经济学家柏格森（A. Bergson）1938 年在《福利经济学一些方面的重新表述》一文中首先提出，后由萨尔缪森加以发展，其基本含义是考虑效率问题和分配公平原则，并把社会福利设想为依赖于一些自变量的一种函数形式，这些自变量包括社会每个人购买的各种产品和各自提供的生产要素，再加上所有影响社会福利的其他因素。下面，将对一些最为重要的、最经常使用的社会福利函数做一简要介绍。

（一）功利主义社会福利函数

功利主义社会福利函数也称为边沁主义社会福利函数，功利主义社会福利函数是最为简单和最为直观的社会福利函数形式。假设个人效用为 u_i，且个人效用之间具有可比性，给予 n 个人每人相同的权重，那么社会状态 x 的社会效用 $W(x)$ 就可表示为 $u_i(x)$ 的和：

$$W(x) = \sum_{i=1}^{H} u_i(x)$$

上式是简单功利主义社会福利函数，也称为边沁主义社会福利函数。给不同的个人赋予不同的非负权重（a_i），则可得到更为一般的功利主义社会福利函数：

$$W = \sum_{i=1}^{H} a_i u_i$$

古典功利主义的创始人是边沁（J. Bentham），在经济学领域里的主要代表人物是边沁的学生西奇威克（H. Sidgwick）和庇古（A. Pigou），后来，哈桑依（J. Harsanyi）发展了类似的观点，即所谓的"新功利主义"。

边沁把一个国家的福利定义为每个公民满意程度之和，提出一个国家社会经济目标是实现"最大多数人的最大幸福"。庇古继承了古典功利主义的主要思想，但除去了许多哲学成分，把社会福利定义为社会成员从各种满足来源获得的效用之和，并假定个人效用可以用基数来测量，并具有完全可比性，因此，社会福利可用简单功利主义社会福利函数表示。值得注意的是，庇古分析的不是社会总福利，而是"来源于可以用货币衡量的那部分福利或所谓的经济福利，他假定经济福利的变化与总福利的变化相同。"[1] 并且，庇古把国民收入作为衡量经济

① 尼古拉·阿克塞拉.《经济政策原理：价值与技术》，郭庆旺等译，中国人民大学出版社 2001 年版，第 62 页。

福利的指标。为此，假定收入分配等其他条件不变，因每个人的效用是其收入的增函数，我们可以得出结论：随着个人收入总额（即国民收入）的增加，经济福利会提高。进而，庇古在效用可用基数测量和具有可比性的基础上，引入收入的边际效用递减假设，认为：当分配状况得到改善，即穷人的收入增加时，国民收入的增加会提高社会福利，反之，如果在国民收入增加的同时伴随着分配状况的恶化，即穷人收入下降时，则富人效用的增加就会被穷人效用的减少抵消，最终结果是不确定的。

（二）贝尔努利—纳什社会福利函数

与功利主义社会福利函数不同的是，贝尔努利—纳什社会福利函数采用连乘法加总个人效用，相应地，狭义的贝尔努利—纳什社会福利函数可表示为：

$$W = \prod_{i=1}^{H} u_i$$

广义的贝尔努利—纳什社会福利函数可表示为：

$$W = \prod_{i=1}^{H} (u_i)^{a_i}$$

贝尔努利—纳什社会福利函数与功利主义社会福利函数相比，更强调了平等性质，因为收入分配越平均，采用连乘法得到的社会福利就越大。

（三）罗尔斯社会福利函数

罗尔斯社会福利函数仅用境况恶化的个人效用来测量社会福利。用公式可表示为：

$$W = \min(u_i) \quad I = 1,\ 2,\ 3,\ \cdots,\ n$$

罗尔斯社会福利函数具有明显的平均主义色彩，例如，在只有甲、乙两人的共同体中，如果甲的效用为 100，乙的效用为 80，那么社会福利等于乙的效用。当甲的效用从 100 上升到 120，而乙的效用保持 80 不变时，社会福利水平仍然为 80，因为社会福利是以境况最差的个人效用定义的。显然，罗尔斯社会福利函数表明：只有最小效用提高，该社会的福利才会提高，即如果境况最差的个人效用没有变化，那么其他人的效用增加并不能使社会福利增加。

不过，罗尔斯社会福利函数并不排斥"不平均"，"实际上，它也表现出倾向于不太平均的状况，只要这种状况从绝对值上看使境况最差的人受益最多。"[1] 例如，上述例子中，甲、乙两人的效用变化有两个备选方案：一是甲的效用增加到

---

[1]　尼古拉·阿克塞拉.《经济政策原理：价值与技术》，郭庆旺等译，中国人民大学出版社 2001 年版，第 65 页。

1000，乙的效用增加到120；二是甲的效用增加到200，乙的效用增加到90。则罗尔斯社会福利函数表明第一个方案更好，尽管方案一比方案二相对不平均程度更大。

（四）柏格森—萨缪尔森社会福利函数

柏格森—萨缪尔森社会福利函数是所有社会福利函数中具有最一般的形式：

$$W_x = f[\,U_1(x)，U_2(x)，\cdots，U_n(x)\,]$$

其中，U_i 为第 I 个人的效用函数，$I = 1，2，\cdots，n$。

这一函数可以被具体写成各种函数形式，如加法形式的功利主义社会福利函数、连乘形式的贝尔努利—纳什社会福利函数或罗尔斯社会福利函数。它至少具有如下性质：①社会福利可以直接由个人效用表示。这表明社会福利是建立在个人的价值判断基础上的，什么好，什么坏，必须依赖个人对幸福和痛苦的判断。②个人效用是可比的。③满足帕累托标准。就是说在其他人效用水平不变时，任何一个人的效用水平的提高都会引起社会福利水平的提高。这表明，如果社会生产没有增长，任何经济变动都只是一种利益再分配，这时，一方受益必然使另一方受损，社会福利水平是否提高难以做出判断。但给出既定的收入分配方式，总收入增长必然导致福利水平的提高，这使生产效率问题和收入分配问题明确地区分开来。④社会偏好具有凸性或严格凸性。在两人社会中，两个人的满足程度对于福利来说边际替代率是递减的，如果一个人的收入相对增长过多，另一个人的满足将大大减少，从而导致社会福利的增长过程迅速下降。这意味着收入分配不平衡无助于社会福利提高，意味着在给定的社会生产能力和效率下，社会福利极大化问题取决于收入分配方式及其比率。

第四节　市场失败与帕累托效率

一、福利经济学基本定理的前提条件

我们已经考察了帕累托效率标准和市场经济的合意性，考察了福利经济学基本定理，指出只要竞争均衡，就符合帕累托效率。实际上，要得出福利经济学基本定理这一结论有很严格的前提条件，如果不满足这些前提条件，福利经济学基本定理就不能成立。这些前提条件主要包括：

（1）经济信息完全充分和对称的假设。买卖双方对交易的内容、商品的质量和衡量标准有完全充分的了解和对称的知识，谁都不能凭借信息优势欺骗对方获利。经济信息的不充分、不对称不但会导致交易双方的欺骗性行为，从而产生一方的利益增加以另一方的利益减少为代价的帕累托无效率的经济变动，而且依据博弈理论，这种情况长期下去，只会导致"零和博弈"，即下一次进行交易时，受骗的一方会设法去欺骗对方，如此往复，社会利益不过是在双方之间的零和调整，不会增加。而且进一步假设，如果一方比另一方拥有绝对的信息优势，则会因为信息优势方的道德危机产生机会主义的自利行为，造成信息劣势方利益绝对受损。如果信息劣势方发现无论如何都不可能对等交易，会明智地退出市场，导致市场的空缺。比如当假冒伪劣产品屡禁不止，消费者分不清楚正牌产品和假冒产品的区别，就会停止购买此类产品，导致该类产品市场的缺失。又比如在信贷市场上，当信贷提供者无法知道申请者的资信状况，又无第三者担保时，就会因担心申请者出现坏账而拒绝发放贷款。所以，诸如扶贫贷款、助学贷款、农业贷款和国际贸易贷款等风险较大的贷款，在无可靠的第三者担保时银行是不会发放足够有效的贷款的。

（2）完全竞争市场的假设。所谓完全竞争市场是指市场上买卖双方的数量都很多，以致双方中任何一家都只能被动地接受市场价格，并且资源能够自由流动，产品同质，生产者和消费者都拥有充分信息。

（3）规模报酬不变或递减的假设。所谓规模报酬是指随着企业生产规模的扩大，从而带来的企业单位成本降低的好处。而规模报酬递减或不变是指随着企业生产规模扩大，企业产品单位成本是不变的或增加的。也就是说，不能使企业通过扩大规模带来好处。这样企业就不会扩大规模，吞并其他小企业，最后走向自然垄断，损害竞争。

（4）不存在外部效应和公共物品的假设。所谓外部效应就是没有付出成本而获得收益或承担了成本却没有获得收益。当外部效应的范围扩大到整个社会时，就是一种公共物品。如果经济中存在外部效应或公共物品，就意味着可能存在一方当事人福利的增进是以损害另一方当事人的福利为代价。

（5）交易成本可以忽略不计的假设。也就是说，交易双方只要有共同的偏好区，就可以毫不费力地进行交易，从而改善双方的福利。

（6）经济当事人完全理性的假设。就是说，经济当事人必须总是按照最大限度地增进自己的福利的原则去做决定。只有这样经济才会达到每个人的福利最大化，实现资源配置的帕累托效率。如果有某个人"犯傻"，他不充分利用自己的资源追求个人福利最大化，就会有一些资源利用效率不高。

以上六个条件都是非常苛刻的，在现实情况下这些假设往往难以成立。就好比是物理学中没有摩擦力的假设环境，虽然能证明物体是如何运动的，但不符合现实。福利经济学基本定理及其前提条件也是这样，一方面严谨论证了市场经济的有效性，另一方面也指出市场机制发挥其最佳功能有赖于若干重要的市场条件，从而反证了市场机制本身不是完美无缺的。对于福利经济学基本定理前提条件失真导致福利经济学基本定理失效的情形，经济学家称之为"市场的失败"（Market failures）。萨缪尔森写道："现实中存在着许多情况，使市场达不到完全竞争的状态。其中三种最重要的因素是不完全竞争（如垄断）、外部效应（如污染）以及公共物品（如国防和公路）。在每一种情况下，市场失灵都会导致生产或消费缺乏效率，而政府则可以起到医治疾病的作用。"① 为此，我们来着重分析存在垄断、外部效应、公共物品时的效率损失及政府介入。

二、垄断与帕累托效率

垄断是造成市场不完全竞争的重要原因，如果存在垄断，必然会对社会福利造成影响，从而政府应采取相应措施以对付垄断。

（一）垄断的成因

下列六个因素通常被认为是造成垄断的经典原因：①对投入品的控制。如果一家厂商控制了全部生产某种产品所必需的一种投入品，那么该厂商自然而然就成了一个垄断者。这种情况在历史上的经典案例就是美国铝公司，该公司从19世纪30年代末控制了全美铝土矿的开采，资源的垄断带来了产品的垄断。②规模经济。在有些行业，规模报酬递增阶段一直持续到很高的产量，以至于由一家厂商来供应整个市场的成本要比几家厂商瓜分市场的生产成本低得多。这种情况表现为：当单个厂商的长期平均成本曲线与市场需求曲线相交时还处于下降的阶段。③专利。专利是政府和法律容许的一种垄断形式，因为专利禁止了其他人生产某种产品或使用某项技术，除非经济专利持有人同意。所以，专利持有人成了这种产品或技术的垄断者，这样做是为了保护发明人和鼓励人民投资于研究开发。④执照和特许。有时候，政府通过发执照的方式限制进入某一行业的人数，如出租车驾驶执照等。还有很多情况下，未经政府特许，一般人是不能涉足某些行业的，如邮政、广播电视、公用事业等。执照和特许在一定程度上使行业内现有厂商免受竞争，使这些行业偏离了竞争性行业的要求而具有垄断的特点。⑤进

---

① 萨缪尔森，诺德豪斯：《经济学》，第16版，麦格鲁—希尔公司（纽约），第286页。

入时滞。即使进入某种行业不存在人为壁垒，至少还需要一定的时间，这种时滞可能是因为信息不充分造成的，例如，了解某一行业有利可图、得知某种产品的生产方法（即使没有专利）等信息都需要时间；时滞也可能是由自然因素造成的，无论如何，建工厂、购机器、招工人都非一日之事。所以在这段时滞里，领先厂商可享受短暂的垄断。⑥经营者的经营手段。它又可以分为正当经营手段造成的垄断和不正当经营手段造成的垄断。前者是指靠产品的花样、档次、型号等形成产品差别或者靠店堂的布置，营造舒适的购物环境，或者靠长期的公关、广告、宣传形成的名牌或老字号等来形成固定的顾客群，达到一定程度的垄断。后者是指如几个厂商共谋联合定价，或非法兼并，或低价倾销，或恶意中伤等手段打败对方形成垄断，或兼并对方形成垄断，或联合串通瓜分市场。

（二）垄断带来的效率损失和社会福利的减损

垄断对社会福利的减损主要体现在影响经济效率，形成各种非效率。一般认为，垄断产生的非效率分三种：资源配置的非效率、资源运用的无效率、寻租成本。下面分别予以介绍。

（1）垄断导致的资源配置失效。在垄断条件下，垄断厂商独家面对整个行业的需求，垄断厂商按照利润最大化原则决定自己产品的产量和价格。这种产量必然小于在充分竞争市场中产品的产量，而价格也会高于充分竞争市场上的产品价格，于是，垄断厂商会从消费者那里攫取超额垄断利润，可是问题的关键不仅是垄断厂商从消费者那里拿走超额利润，而是消费者减少的效用并没有全部转让给垄断厂商，有一部分被漏掉了，而且垄断厂商自己也漏掉一部分利润，二者共同漏掉的利益，对于社会福利总量来说是一种净损失，这就是垄断带来的社会福利的净损失。同时，垄断条件下的产品产量低于充分竞争条件下的产品产量，没有达到最大限度地利用资源的状态，称之为资源配置的失效垄断带来的资源配置的失效，既损害社会福利，达不到帕累托最优，又使垄断产量低于社会最佳产量。社会福利的净损失是一个很重要的概念，因为它告诉我们，垄断的后果如果仅仅是垄断厂商占了消费者的便宜，那么对于整个社会来说，只不过是钱从一部分人的口袋转到另一部分人的腰包而已，政府通过对垄断者征税，再通过转移支付还给消费者即可。但是问题的关键是，垄断造成了买卖双方共同损失，社会福利总量的损失没有办法通过收入再分配来弥补。如图 2 - 15 所示，完全竞争企业的需求曲线 d 与长期平均成本曲线 LAC 切于点 E，根据长期均衡原则 $LMC = LAC = P$，均衡点为 E，均衡产量为 OQ_0，均衡价格为 OP_0，企业只能赚取正常利润，此时，消费者剩余为三角形 CP_0E 的面积。完全垄断企业的需求曲线 D 交于

LAC，依据长期均衡原则 $LMC = MR$，则均衡产量为 OQ_1，均衡价格为 OP_1，显然，在 F 点比在 E 点所确定的均衡价格与产量，致使消费者剩余减少四边形 P_0P_1FG 的面积，这部分消费者剩余转化成垄断者净利润，从全社会角度看，这部分消费者剩余得到了补偿，只是垄断仍带来了社会福利的净损失，这就是 ΔFEG 的面积。

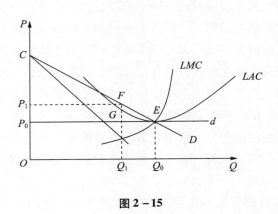

图 2 – 15

（2）垄断带来的资源运用无效率。美国经济学家莱本斯坦认为，在垄断条件下，由于企业没有外在的竞争压力，会使整个企业组织从高层决策者到最低操作层改变行为准则，即由追求利润最大化变为追求低风险、舒适、享受原则。这样企业长期下去，会缺乏改进生产技术，减少成本的动力，造成产品质次价高，花样单调，服务态度冷漠，挥霍浪费等。从而使企业产品成本高于相应产量规模的最低成本，这就是所谓"资源运用无效率"，又叫作"X – 非效率"。

（3）垄断引发的"寻租"成本。一般来说，人们通过生产性活动获得报酬，称之为"创利"活动。它既可以自己获得，也可以为社会创造新的财富。但是，假如人们发现不生产劳动也可以从别人那里分配获得一份收入，即"寻租"活动，他就会放弃劳动，专门去寻找利润。但如果社会的资源都用于寻找利润，而不去创造利润，则只能会使社会的财富越来越少，资源浪费严重。这种为寻找租金而浪费的资源，就是"寻租"成本。美国经济学家塔洛克认为，垄断除前述两种社会成本以外，还有第三种成本，即寻租成本。塔洛克分析，形成垄断、维护垄断和反垄断都必须借助政府的政策保护，而能否寻求政府保护，则要靠投入的资源与获得的收益比较，只要获益大于投资，人们就会将资源用于寻求政府保护，造成垄断，直到获益与投资相等为止。结果，垄断的超额利润会与其寻求成本相等，消耗殆尽。

（三）政府对待垄断应取的态度和措施

政府应区分垄断的成因和后果，对垄断采取不同的态度和措施：

（1）对于规模经济原因形成的垄断采取或政府经营；或企业自营、政府监管；或允许进入，形成潜在竞争。从而一方面限制行业里企业数量维护企业规模经济效益；另一方面防止企业借垄断地位损害消费者利益以避免社会福利减损。

（2）对正当经营手段形成的产品差别、店堂差别、品牌差别、服务差别应给予支持和保护，不横加干涉，以免影响企业的正常经营。对于不正当经营手段形成的如串谋、非法兼并、价格歧视、低价倾销、恶意伤害等要通过立法的形式予以严格反对和制止。

（3）对于专利、执照和特许等干预形成的垄断，要注意有针对性，随时评估政府保护的时效和必要性以及利弊，该削减时即时削减，不能随意扩大政府保护的范围和时间。

三、外部效应与帕累托效率

（一）外部效应的含义

1890 年，马歇尔在其名著《经济学原理》一书中将产业生产成本作为产量函数时，首次引入外部经济这一术语。之后，许多经济学家都曾给外部性效应下过定义。米德（J. E. Mead）把外部效应定义为："一种外部经济（或外部不经济）指的是这样一种事件：它使得一个（或一些）在做出直接（或间接地）导致这一事件决定时根本没有参与的人得到可察觉的利益（或蒙受可察觉的损失）。"① 布坎南（J. M. Buchanan）认为，外部性就是个人的效用函数的自变量中包含了他人的行为。也就是说，某种交易活动通过非价格机制的传递而对第三者产生有利的或不利的经济影响就是外部效应。

外部效应包括负效应与正效应，前者称为外部不经济，后者称为外部经济。外部不经济是指某一经济主体获得一定经济利益时，不支付代价而增加另一经济主体的支出，如大气污染、噪声公害等，其特征是引起他人效用的降低或成本的增加。外部正效应则是引起他人效用的增加而收益者并没有增加支出或成本，例如，蜜蜂为果树传授花粉，替果园经营者带来增量收益，却没有增加他们的成本。导致外部效应的原因主要有以下几方面：

---

① 詹姆斯·E. 米德：《效率、公平与产权》，北京经济学院出版社 1992 年版，第 302 页。

（1）同一特定的变量同时进入数个独立的经济决策者的效用函数或成本函数之中，共有变量引起的外部效应。例如，投资者 A 为降低自己的生产成本而兴建的工厂正好挡住了另一位投资者 B 的工厂的阳光，使 B 的电费支出增加。

（2）由产权界定不清晰所引起的外部效应。对于一些稀缺资源，你使用的越多，留给我使用的就越少。如果这些稀缺资源的产权没有界定清楚，就会引起外部效应。例如，在鲸资源稀缺的条件下，如果鲸资源的产权是共有的，那么每一位捕鲸者将尽力多捕杀鲸，而根本不考虑鲸的未来供给问题。其他人捕杀的鲸越多，留给自己捕捉的鲸就越少。从而，他人的行为就损害了自己的利益。

（3）市场组织成本所引起的外部成本。例如，目前邮局一般是根据邮件的重量来确定不同的邮费标准，并没有按照邮递距离的远近程度来收取邮费，这就可能导致某些外部效应。邮递距离很远的邮件实际上并没有支付足够的费用，这给邮局带来了额外的成本；相反，邮递距离很近的邮件则支付的邮费高于邮递成本，这给邮局带来了额外的收益。

（4）引导偏好所引起的外部效应。效用函数中的诱导变化与在效用函数中和他人共有同一个变量并不是一回事。它指的是由于某个行动使甲蒙受了损失或是得到了好处，但在决定采取这一行动的时候，甲却根本没有起到任何作用。例如，广告可能刺激甲产生一种新的欲望，使甲非常想得到广告中宣传的商品，但实际上甲却无论如何都得不到它，由此便产生了失望的情绪。

（二）外部负效应对社会福利的危害

1. 消费上的外部负效应分析

我们以抽烟为例来说明。抽烟的外部负效应表现为抽烟者的个人负担的成本小于抽烟者产生的社会危害，从而导致外部社会成本。抽烟的个人成本包括：买烟的费用和对个人身体的危害，抽烟的社会成本除了个人成本以外，还包括如下外部社会成本：抽烟者身体疾病的公费医疗费用、因患病而导致的生产率的降低、抽烟者对相邻不抽烟者的危害。

由于抽烟者的个人成本低于社会成本，在其个人收益一定的前提下，就会导致抽烟者的抽烟量远远高于认为是有效的抽烟量，即产生过度抽烟行为。

在图 2-16 中，MPP 为抽烟者的边际私人成本线，MSP 为抽烟者的边际社会成本线，MR 为抽烟者的边际收益线。依照效用最大化原则，抽烟的最佳数量的条件是边际成本等于边际收益。但是，因为抽烟的边际成本有两个：边际私人成本和边际社会成本，就抽烟的个人而言，只考虑私人成本，所以它的最佳抽烟量为边际收益和边际私人成本相等时的烟量为 Q_1；而从全社会来看，最佳烟量为边际收益和边际社会成本相等时的烟量为 Q_2，显然 $Q_1 > Q_2$，表示有外部社会成本，就会导致过度抽烟行为，不符合社会利益最大化的理性决策原则。

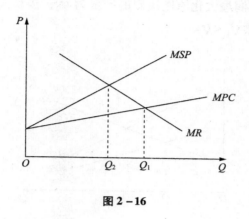

图 2-16

2. 生产上的外部负效应分析

我们举河流污染为例来分析。一般来说，同一条河流或同一流域的上游工厂如果工业废水直接排放到河里，会影响下游居民的生活用水以及下游渔民的捕鱼和农业生产的灌溉。这样，上游工厂的私人成本为工厂自己支付的各种费用，而上游工厂的社会成本则除其私人成本以外，还有外部社会成本为：影响下游居民生活用水、影响下游渔民捕鱼生产和影响下游农业生产。假设上游工厂的私人收益就等于社会收益，没有外部收益，则上游工厂的按私人利润最大化原则决定的产量会远远高于按社会利润最大化原则决定的产量。这样，就会导致社会资源不恰当地被用于上游工厂的生产，也就是社会资源配置中的本行业资源配置数量过多，违背帕累托效率标准。

（三）外部正效应对社会福利的影响

从以上分析可知，不管是生产的外部负效应，还是消费的外部负效应，都会导致私人的生产量或消费量高于按社会利益最大化原则确定的最佳数量。下面分析一下外部正效应会对社会福利产生什么影响。所谓外部正效应，就是生产或消费行为会给社会带来无法索回的净收益。这就意味着厂商或消费者的私人收益低于其社会收益，假如其私人成本和社会成本是一致的，那么依私人利润最大化原则所确立的最佳产量会大大小于依社会利润最大化原则所确立的产量。也就是说，外部正效应对经济效率的损失体现为私人的实际产量会大大低于社会认为是较佳的产量，或者说成是资源配置中的本行业配置的资源数量不够。

在图 2 - 17 中，MC 为边际成本（私人成本和社会成本一致），MSR 为边际社会收益，MPR 为边际私人收益，显然社会收益大于私人收益，存在着外部收益。此时，按社会利润最大化原则决定的产量为 Q_2；按私人利润最大化原则决定的产量为 Q_1，显然 $Q_1 < Q_2$。

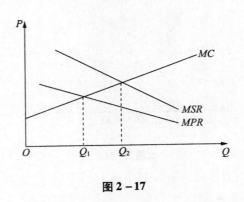

图 2 - 17

外部正效应对资源配置失效的影响最典型的例子就是技术发明创造。如果一个国家没有知识产权保护法，每个人的技术发明都可以被别人免费使用，即存在外部正效应，虽然对社会有好处，可是对于发明人来说，却会因为觉得发明的利润没有全部获得，甚至连本钱也收不回来，他就不会再去发明创造了，至少会大大影响其发明创造的积极性。

（四）解决外部效应的思路

外部效应的存在将导致市场失灵，资源不能有效配置，如何处理外部效应始终是一个重要而又十分棘手的问题。对此，传统经济学提出了一些解决办法。

新古典经济学认为，对于外部效应问题可以引入政府干预加以解决：①利用政府力量对造成负外部效应的经济主体征税或者罚款，提高该产品的私人成本，使社会成本与私人成本相等，以满足社会边际收益与社会边际成本相等这一实现帕累托最优资源配置原则。②政府直接限制具有负外部效应的产品的产出量，将它限制在社会所认可的资源配置点，或者干脆禁止它的生产活动。③政府还可以通过计算外部负效应的基准水平，对消除生产者的外部不经济行动一方给予补贴。④通过企业合并，将外部效应"内部化"。即把制造负外部性活动的一方同因负外部性而受损害的一方合并为一个企业，由企业承担负外部效应的损失并且自己采取办法消除外部效应，以此达到资源的有效配置。⑤依靠法律手段，即通过法律背后存在着的武装部队、警察、监狱等国家暴力机器强制惩罚侵权行为来校正外部不经济的产生。

以上解决外部负效应的传统思路存在较大争议。一些学者认为，通过政府干预手段来解决外部性问题的有效性的前提是存在一个"社会福利函数"或"公共利益"，政府作为公共利益的天然代表者能够自觉对产生外部效应的经济活动进行干预。然而，阿罗"不可能性定理"告诉我们，在某些问题上，尤其是在那些涉及社会中不同人或不同集团之间利益分配的问题上，人们的各种特殊利益之间往往是相互冲突的，这时就难以形成所谓的"公共利益"。也就是社会往往不可能形成某种一致的选择，或对事物进行一致的优劣排序，即使将这里的所谓"一致"仅理解为"多数决定"也是很不可能的。退一步说，即使政府能成为公共利益的代表干预经济活动，但由于种种原因，也可能导致其干预失效。①政府干预本身要花费成本。政府在制定税收—补贴政策或其他可能的政策之前，首先要清楚地计量外部效应的大小和各受害者（或受益者）受影响的程度，才能对每一方制定适当的税率或补贴率。其次，征税和分配补贴也是要花费成本的。如果这些支出大于外部效应所造成的损失，消除外部效应就不值得。②政府干预效果有较大的不确定性。为了说明该问题，有人把政府干预看作是一个"瞄准"和"射击"的过程，他们认为，政府干预时所要瞄准的目标（政策目标）是个快速移动的目标，而政府用来射击目标的"枪"（干预手段）又是粗糙难用的。"瞄准镜"很不精确，因为现代经济预测手段还很不完善。"瞄准"以后，扣动扳机，从"子弹"出膛到射中目标还有一段时间，即存在"时滞"。另外，如果经济当事人具有完全的预期，能完全看透政府的意图，那么，他们会预先采取对策，抵消政府干预对自己的不利影响，从而将大大降低政府干预的实际效果。③政府干预的另一代价是围绕政府活动可能产生的"寻租"活动。常见的寻租活动是个人或利益集团为了牟取自身经济利益而对政府决策或政府官员施加影响的活动，寻租活动的存在将直接影响政府干预的有效性。

为此，科斯（R. Coarse）提出了通过私人协商即产权界定的方式来解决外部性问题。科斯在1960年发表的《社会成本问题》论文中通过"失散的牛群毁坏邻近土地谷物生长的案例"论证：如果产权被清楚界定，交易费用为零，受外部性影响的当事人之间的谈判将会导致帕累托最优的安排。这就是著名的"科斯定理"。

科斯定理表明，私人协商可以解决外部性问题，但也有很大的局限性：①该办法需明确产权分配，但是有些资源无法私人化，如空气、洁净的环境等；②该办法私人协商，如果涉及的人太多，则会使得协商的交易成本太高无法达成一致意见；③如果涉及的人太多还容易导致个别人都希望别人去协商，自己坐享其成的"搭便车"心理，这些都会使得私人协商解决外部性问题的办法难以见效。

四、公共物品与帕累托效率

所谓公共物品，是指消费上的非竞争性和占有上的非排他性的物品。公共物品有好坏之分。比如，良好的治安环境、优良的社会风尚是好的公共物品；而一个尔虞我诈、偷抢拐骗的社会状况则是坏的公共物品。公共物品不同于私人物品，通常，公共物品具有如下特征：①消费上的非竞争性。这是指从经济的角度，增加一个人消费的边际成本为零，即增加一个人消费对原有的消费者没有任何影响、大家可以同时消费，相安无事。萨缪尔森把这一特征作为公共物品最基本的特征。②占有上的非排他性。这是指消费者不可能毫不费力地独占这一物品，若要排斥外人消费，须花费很大代价。③消费上非拒绝性。这里指只要身临其境的消费者客观上无法拒绝消费这一物品，也就是说不管你是否同意，都得消费同等效量的物品。这一特征是相对于占有上的非排他性而言的，占有上的非排他性是指消费者主观想独占却不能独占，消费上的非拒绝性是指消费者不想消费却难以拒绝消费。④消费上的不可分性。这是指公共物品只能整体消费，不可能分成小份额消费。⑤消费数量的一致性和消费评价的差异性。这是指人们对公共物品的消费数量是相等的，但每个人对相同消费量的公共物品的主观评价却因人而异。⑥消费上的道德风险。这是指因为公共物品消费上的不可分性、非排他性、非拒绝性，所以消费者就容易产生故意压低自我评价，希望别人出钱购买，自己免费消费的道德风险。

（一）公共物品的分级分类

上述公共物品的特征有强弱之分，因此，公共物品就有级别上的纯粹公共物品和准公共物品以及俱乐部产品、间接公共物品的分类。

（1）纯粹公共物品。是指上述定义特征都很强的公共物品。比如，国防安全、社会治安、社会风向、法律规范、地名标准、行政区划等。

（2）准公共物品。是指非排他性和非竞争性比较弱的公共物品，也就是具有排他性和竞争性，但消费上具有外部效应的物品。比如，高速公路，在车辆很少时是公共物品，但车辆增多到某一界限以后，就出现拥挤；又如，海滨浴场，在游泳者较少时，增多游泳者没有危害，还有好处，但人太多时，则会拥挤。

（3）俱乐部产品。是指具有排他性，且消费者人数只有在一定范围才是非竞争性的物品。比如球迷俱乐部，通常只有按规定缴费才能获准成为俱乐部成员。在俱乐部，只要人数不是太多，每个成员都可以一块儿观看球赛，评论球员，分享经验感受，但人太多时，就会出现拥挤、嘈杂，从而无法观球、评球和享受。

（二）公共物品有效供应条件

我们知道，私人物品只能一人一个地消费，而公共物品则可以多人消费一个单位，即公共物品是许多人可以同时消费同量的物品。也就是说，同时参与消费的多个消费者应该共同付费购买一个单位的公共物品。那么，这种情况下的公共物品帕累托有效供应条件是什么呢？依照帕累托效率定义，是指供求双方各自实现福利最大化，那么公共物品的帕累托有效供应条件就应是全部消费者的个人边际支付意愿之和等于生产厂商的边际生产成本，也就是全部消费者的个人边际替代率之和等于生产厂商的边际生产成本，符号表示为：

$$\sum MRS = MRT$$

公共物品的帕累托有效供应条件说明，既然许多人同时消费一个单位的公共物品，那么，这一单位的公共物品的生产成本就应该由这些共同消费者按其主观评价来共同负担。但是，由于消费者的自利行为，消费者各自的主观评价是多少，就会不愿如实表露，即每个人都怕别人少说、自己多说，从而自己多负担成本，结果可能是大家都少说自己的主观评价，甚至都说自己的主观评价为零。既然每个消费者都认为这一公共产品分文不值，生产厂商当然就不会生产供应。因此，公共产品的供应由市场自发调节难以达到帕累托有效状态，或者说市场提供公共物品将失效。

（三）公共物品的现实供应方式

市场自发调节方式不可能实现公共物品有效供应，往往是供应不足乃至零供应。为了弥补市场的不足，作为公众利益代表或公众福利的受托代理机构的政府通常担此任务，也就是说，市场和政府都应参与公共物品的供应。

（1）纯粹公共物品的供应。纯粹公共物品既无必要排斥别人消费，也不可能排斥别人消费，只要有这种物品，人人都可以参与消费，这时，出于自利，市场上私人不会自发提供。社会要获得纯粹公共物品，只能由政府提供。

（2）准公共物品的供应。准公共物品是指消费上竞争性不强但也有一定竞争性，排他性不强但也有一定排他性的物品。比如社区治安和地区消防，现代社会一般是既有个人花钱购买安全和防火，也有政府出钱供应警察和消防队。

（3）俱乐部产品的供应。这类物品可以实现占有上的排他性，但却在一定范围内不具有竞争性。所以一般是由民间俱乐部按会员制供应，政府可以不管。所谓会员制供应是指消费者出钱获得会员资格后，可以随意消费且不限数量。

五、次优理论及其政策含义

福利经济学第一定理认为，在一个完全竞争的市场经济中，消费者追求效用极大化，生产者追求利润极大化的行为通过价格机制同供给和需求相互作用，使消费者对最后一个商品所愿意支付的价格正好等于竞争性生产者生产该商品的成本，可以保证将市场竞争的均衡结果导向帕累托最优状态。即完全竞争的市场经济是实现帕累托最优的经典性假设前提。在这样的市场下不存在市场不完全或市场扭曲、垄断或规模经济、外部经济效果、公共物品、信息缺乏和不确定性风险等导致市场失效的因素，也不存在来自政策制度方面的扭曲因素。生产者按边际成本定价，私人的（边际）收益或（边际）成本同社会的（边际）收益或（边际）成本完全一致。显然，正如上面我们分析的一样，帕累托最优效率只是一种理想的资源配置状态，在现实经济中，对获得竞争均衡所需的完全严格的限定条件是不成立的，反而会带来资源配置的无效性。西方学者认为，既然帕累托最优的假设条件并不存在，资源配置在市场失灵的情况下就不是最有效的，这就需要政府介入资源的配置。政府可以运用多种手段（如税收）这一"有形的手"来弥补市场缺陷，使市场机制有效地发挥作用。言下之意是，国家对经济政策的执行可以弥补现实经济和完全竞争模型的假设条件之间的差距，因而能使经济达到或接近帕累托最优状态。

然而，20世纪50年代在西方出现的"次优理论"（Theory of Second Best）却证明，在不能全部满足完全竞争模型所要求的假设条件的情况下，即使经济政策成功地弥补了现实和假设条件之间的差异，政策的执行也仍然不能保证帕累托最优状态的实现。

（一）次优理论的主要内容

次优理论最早提出者是萨缪尔森，见于他1947年出版的名著《经济分析基础》。到了50年代，许多经济学家都在经济学不同研究领域涉及次优问题。1956年，经济学家李普西（R. G. Lipsey）和兰卡斯特（K. Lancaster）总结前人的理论分析，创立了著名的"一般次优理论"。

通俗而言，次优理论的含义是："假设达到帕累托最优状态需要满足十个假设条件，如果这些条件至少有一个不能满足，即被破坏掉了，那么，满足全部剩下来的九个条件而得到的次优状态，未必比满足剩下来的九个条件中一部分（如满足四个或五个）而得到的次优状态更加接近于十个条件都得到满足的帕累托最优状态。"①

简单地说，次优理论包含的内容是："如果在一般均衡体系中存在着某些情况，使得帕累托最优的某个条件遭到破坏，那么即使其他所有帕累托最优条件得到满足，结果也未见得是令人满意的。换句话说，假设帕累托最优所要求的一系列条件中有某些条件没有得到满足，那么，帕累托最优状态只有在清除了所有这些得不到满足的条件之后才能达到。"② 次优理论的基本思想可以用一个简单的图形来说明。如图2-18所示，假设社会的生产可能性曲线由图中的 PP' 表示，偏好由无差异曲线给定，又假定经济系统中存在一个约束条件，使得最优点 E 无法达到。设这个约束条件由直线 AB 表示。由于存在着这一约束，经济难以达到直线 BA 右上方的商品组合，社会最优化问题是在 AB 线的约束下争取（由无差异曲线表示的）福利最大化。显然，这一最优点不一定在生产可能性边界 PP' 线上，如点 C 明显优于点 D。这意味着如果帕累托最优的所有条件不能全部满足，则满足某一部分条件的政策也不一定是好政策。

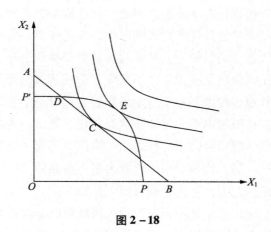

图 2-18

（二）次优理论的政策含义

在李普西和兰卡斯特的文章发表之前，西方经济学家的认识是，实施一种"零打碎敲的政策"是合意的，只要在某些方面满足"帕累托条件"，而不管实际上在其他方面是否满足这些条件，结果也将是更好的，即如果现实和该模型之间存在着不一致的地方，那就应该通过微观经济政策来加以修正和弥补，以便使

① 高鸿业等：《研究生用西方经济学》（微观部分），经济科学出版社2000年版，第454页。
② 吴汉洪：《次优理论述评》，《学术论坛》，2002年第1期。

二者一致，从而使现实逼近和达到理想状态。并且认为，完全竞争模型尽管在现实中不会存在，但是该模型却可以用作判别现实状态与完全竞争的理想状态之间差距的标准。"只有在完全竞争的情况下，市场才会做得最好。如果我们想要知道哪些市场做得不错，我们可以从最好的完全竞争的市场开始。"① 也就是说，要想判断现实市场情况的优劣，可以把该市场和完全竞争市场的理想状态进行比较，二者差距的大小决定现实市场的优劣。然而，次优理论表明：在不能全部符合完全竞争的情况下，满足较多条件的市场未必优于满足较少条件的市场，现实与理想市场之间的差距不能用来判别现实市场的优劣，这意味着在不能全部符合完全竞争的假设条件的情况下，执行微观经济政策未必能使现实接近于理想状态。因此，次优理论有着重要的政策含义：第一，当经济中出现市场失灵时，并不是尽量满足帕累托最优要求的条件，而是依照某些福利目标来设计适宜的政策。在现实中，帕累托最优状态所要求的假设条件并不能全部得到满足。依照次优理论，微观经济政策实施造成的满足更多的帕累托条件状态并不能比满足较少条件的状态更接近于帕累托最优状态。因此，出现市场失灵时，适宜的微观经济政策并不是尽量满足帕累托最优所要求的条件，而是按照一定的福利目标，努力减少纠正市场失灵所造成的负效应，从而改善效率和福利水平。第二，微观经济政策使得福利最大化的限制条件增加并不意味着市场状态的恶化。在一个不完美的世界中，消除一种或多种限制并不一定意味着会获得一个更好一些的状况；反之，再引入一种或多种限制也不一定会使状态恶化。第三，为在次优的世界中如何评价旨在改善福利的政策提供了一种思路。第四，任何一项有效的政策措施必须基于一般均衡分析，局部均衡分析的说服力是不可靠的，即出台相关政策以纠正某项扭曲时应考虑由此而产生的连锁反应。

值得指出的是，次优理论并不否定微观经济政策的必要性和效果。它的意义在于，人们不能把完全竞争模型当作理论依据来论证微观经济政策的必要性和评价该政策的效果。

[小结]

效用是指消费者从消费某种物品中所得到的心理满足，是商品或劳务满足人们欲望的能力。效用的测量有两种方法：一是基数效用，二是序数效用。福利是人生在世的各种各样的欲望或需要所获得的满足和由此感受到的生理的或心理的

---

① 吴汉洪：《次优理论在国际贸易政策中的应用》，《中国人民大学学报》，2001 年第 5 期。

幸福或快乐。所谓幸福或快乐可以看作是使用价值或效用，它涉及人的物质生活的需要，诸如音乐艺术的享受、家庭的天伦之乐、夫妻朋友的爱情和友谊，以及"自由"、"平等"、"公正"、"安全"乃至宽松和谐的社会环境等。社会福利是指社会成员中个人福利的总和。由于个人效用有序数效用和基数效用之分，相应地，社会福利也有向量和矢量之分。消费者剩余则是指消费者消费某种商品一定数量所获得的总效用超过其为此所花费的货币的总效用，表示了单一商品价格的升降引起消费者福利增减的额度。

"帕累托最优"状态是指资源在某种配置下不可能由重新组合生产和分配来使一个人或多个人的福利增加，而不使其他人的福利减少的状态。

福利经济学第一定理认为：在完全竞争市场的经济体系中，如果存在着竞争性均衡，那么这种均衡就是帕累托最优。福利经济学第二定理认为：如果存在完全竞争市场并且满足有关个人效用函数和生产函数的某些条件，那么通过资源在个人之间的合理再分配，竞争性均衡的结果是可以实现每一种帕累托最优状态。

最大社会福利是在效用可能性边界与社会福利曲线相切的点上得到的，在该点上，实现了生产与交换的帕累托最优，同时，也达到了社会福利最大。

阿罗不可能定理认为：试图找出一套规则来从一定的社会状态的个人选择顺序中推导出符合某些理性条件的社会选择顺序，一般是办不到的。

社会福利函数是假定个人效用的可比较性并运用某种个人偏好的加总规则而得到的，常见的社会福利函数包括：功利主义社会福利函数、贝尔努利—纳什社会福利函数、罗尔斯社会福利函数和柏格森—萨缪尔森社会福利函数。

现实中存在着许多情况，使市场达不到完全竞争的状态。其中三种最重要的因素是不完全竞争、外部效应以及公共物品。在每一种情况下，市场失灵都会导致生产或消费缺乏效率，这为政府介入提供了理由。但次优理论证明，在不能全部满足完全竞争模型所要求的假设条件的情况下，即使经济政策成功地弥补了现实和假设条件之间的差异，政策的执行仍然不能保证帕累托最优状态的实现。

[思考题]

1. 什么是效用、福利和消费者剩余？
2. 简述帕累托最优的含义及其三个边际条件。
3. 什么是社会福利函数？比较主要社会福利函数的区别。
4. 简述阿罗不可能定理及其深化。
5. 论述垄断、外部性和公共产品对社会福利的损失。

第三章　社会经济福利制度

[**内容提要**] 了解福利国家论的思想渊源、主要内容及其新发展；介绍西方国家的社会福利制度、困境、改革趋势及其对中国社会福利制度建立和完善的启示；了解中国社会福利制度沿革，分析现行社会福利制度存在的问题，提出完善社会福利制度的建议。

垄断、外部性、公共物品等"市场失灵"因素导致了失业、贫困以及由此带来的诸多社会经济问题，19 世纪特别是第二次世界大战以来，西方国家开始着手建立社会福利制度，企图通过"政府介入"来纠正"市场失灵"，从而为社会经济发展提供稳定的环境。

第一节　福利国家论

一、福利国家论的思想渊源

严格来说，现代福利国家论的基础是社会福利理论（Theory of Social – Welfare）。社会福利理论涵盖了社会学、政治学、经济学、历史学、文化人类学和哲学等学科的内容，它不是经济学的一个分支。由于社会福利理论主要限于讨论社会福利的立法与行政，间或论及其历史发展和社会背景，只着重于实务和叙述性的层面，而没有上升到抽象和分析的层次，所以它至今没有形成一门独立的学科，只能说它已经发展为一个新的研究领域。福利国家论虽然不是以福利经济学作为理论基础产生和发展起来的，但是福利经济学的众多理论和政策主张，尤其是通过国家干预实行收入再分配的有关理论和政策主张，对西方福利国家的发展产生了重要影响，并成为福利国家论的重要组成部分。下面着重从经济学的角度来考察福利国家论的发展历程。

早在 19 世纪中叶，英国经济学家约翰·穆勒（J. Mill）就看到了资本主义社会分配方式的不公平，并提出了有关分配制度的折中主义思想。他认为，在资本主义社会，"首先，劳动产品分配几乎总是与劳动成反比例，结果绝大部分落到完全不劳动者手里；其次，剩余的大部分几乎只是挂名的劳动者，并按递减的百分比分配，以此类推，劳动越沉重越不痛快，报酬则越少；直到最后，最劳累最繁重的体力劳动者连维持生活第一需要的报酬都没有把握得到。"① 要消除这些弊端，穆勒认为可以在保留现存生产方式的条件下，通过政府立法来减少分配上的不平等。19 世纪末期，德国新历史学派等进一步继承和发展了穆勒等的福利国家思想，宣传社会改良，主张通过赋税政策实行财富再分配。他们认为，国家是人们在道义上的结合，国家应该采取各种措施实现促进文化、改善公共卫生、保护老幼贫弱、保护工人安全等社会目标，以达到"文化和福利的目的"。他们认为当时的德国就是"福利国家"。同在这一时期，英国的费边社会主义派也倡导福利国家理论，它们主张用温和渐进的改良办法，通过选举和代议制，利用现存的资产阶级国家结构，调节经济、主持收入再分配，并逐步把土地和资本转归社会所有，以实现"社会主义"。

庇古有关"福利国家"的思想，最集中地反映在他 1937 年所写的《社会主义同资本主义的对比》一书中。他写道，"如果作者（指他自己）有权指导他的国家的命运，他将暂且接受资本主义的总的结构；但他要逐渐地加以修改。他将利用累进遗产税和累进所得税，不仅作为增加财政收入的手段，而且作为有意识地消除使我们目前的文明丢脸的财产和机会极不平等现象的武器……牢记住最重要的投资是在人民健康、智力和品格方面的投资……凡是与公共利益有关的工业，或者能够行使垄断权力的工业，至少要受到公众的监督和控制。其中有些工业应收归国有……他将使英格兰银行正式成为一个公共机构；根据指示，运用它的权力来尽可能减轻工业对就业的剧烈波动……这些工作完成以后，作者将认为他的任期已满而引退让贤。在他的政治遗嘱中，他将向他的继任者提议，也采取渐进的道路进行改造和改革，而不是连根拔除；但他将用黑体字加上最后一句话；渐进意味着行动，而不是静止不动的、好听的托词。"

---

① 约翰·穆勒：《穆勒经济学原理》，世界书局 1936 年版，第 187－188 页。

20 世纪 30 年代，严重的经济危机在资本主义国家出现，阶级矛盾十分激烈。为了缓和社会及阶级斗争，西方经济学家纷纷提出由国家举办社会救济、社会保险和公共工程等方案。其中，著名经济学家凯恩斯的《就业、利息和货币通论》一书的发表，对福利国家论的形成和发展起了重要作用。他在该书中提出的许多原理，尤其是主张实行国家干预以达到充分就业目的的理论和政策，不仅成为福利国家论的主要内容，而且也为福利国家论提供了新的论据和目标。凯恩斯认为，失业的根源在于有效需求不足即消费需求不足和投资需求不足，而有效需求不足又是由于边际消费倾向递减规律、资本边际效率递减规律和流动偏好规律三大基本心理规律作用的结果。为此，要解决失业、增加就业机会，就需要有政府的宏观干预：一是国家应鼓励全社会成员多消费，以扩大有效消费需求，促进经济繁荣；二是实行投资社会化，增加私人投资，以刺激有效投资需求；三是政府应采取赤字财政，通过举债的办法来筹集资金，实行扩张性的财政政策；四是政府应积极实行社会福利政策，政府用于社会福利保障方面的财政支出是扩大消费需求的有效途径。

20 世纪 60 年代中期之前，福利国家论的研究取得了许多成果，但是，应该说，福利国家作为一个崭新的历史现象还未引起经济学家足够的关注，而只是社会学家、政治学家和研究公共管理的学者经常探讨的话题。

随着美国的崛起，福利国家论的研究主阵地逐渐从欧洲移向美国。在美国，经过汉森（A. H. Hanson）和萨缪尔森等的大肆宣传，福利国家论在 20 世纪 50 年代开始流行，特别是 60 年代中期以后。1961～1963 年，美国南方爆发了声势浩大的民权运动，这一运动使人们开始日益关注贫困问题，并最终在 1964 年迫使刚上台的约翰逊政府发动了"向贫困宣战"运动。该运动推动了社会福利和社会保障的立法进程——1964 年颁发了《食品券法案》、1965 年颁发了"医疗保健"计划（Medicare）和"医疗援助"计划（Medicaid），更重要的是，推动了经济学对诸如贫困和社会福利的研究进程，人力资本理论和劳动经济学得到了空前的发展，从而带动了主流经济学的一些分支学科开始对医疗保健、教育政策、失业保险、养老金计划和其他形式社会保障问题的研究。同时，对国家干预功能和经济作用的争论及对私有化的辩论等都将社会福利的供给与提供方式的研究自然地联系起来。经济学家对福利国家的"进军"丰富了福利经济学的内容，拓宽了福利经济学的研究疆域，从而使"新福利经济学"最终得以完善。

概括起来，20 世纪 60 年代中期至 80 年代初期，经济学研究福利国家主要有以下四个特征①：一是经济学对社会不平等测量的研究极大地受到了伦理学的影响。随着"市场失灵"的概念和理论的确立与流行，不完全竞争、公共物品和外部性等"市场失灵"现象的存在成为经济学证明公共部门提供社会服务合理性的来源，而通过这些供给机制建立的政府养老金计划或全民健康服务计划似乎又表现出社会的责任感。二是供给学派针对凯恩斯的"需求管理"理论提出了"供给管理"的研究思路，强调福利国家的作用应该在于影响"供给"而不是影响"需求"，以促进私人储蓄和私人投资，进而促进就业和增加就业机会。当然，从"供给方"来分析福利国家受到了许多经济学家的批评，甚至有人称之为福利国家研究的"黑暗时期"。三是开始将微观经济理论运用到福利国家的研究框架之中。不完全竞争、公共物品、市场外部性、信息不对称、"逆向选择"和"道德风险"的存在被认为是不能达到帕累托最优的重要原因。阿罗1963年发表了《不确定性和医疗保健的福利经济学》。该文的发表被认为是经济学开始把医疗保健纳入微观经济学的视野，并作为一个福利项目给予关注。四是开始关注经济政策和社会政策的协调性问题。社会政策的核心问题可以被理解为集体契约的地位和公共支出的结构问题，而经济政策的核心问题则可以说是经济发展的比例与结构问题。协调好经济政策和社会政策二者之间的相互关系是保持国家正常运行的重要手段，甚至有人认为，20世纪30年代大萧条的发生根本原因之一就是没有一个适当的社会计划相配合，没有协调好经济政策和社会政策的关系。经济政策之所以与社会政策之间产生矛盾，是因为社会政策的目标超出了经济政策所能考虑的基本社会目标的范围，社会政策的制定没有建立在经济政策的基础之上。也就是说，社会政策不应该背离或抛开经济政策，社会政策不仅要弥补经济政策，而且还应该和经济政策相适应。如果社会政策的制定脱离了经济政策和经济现实，就会在经济政策的执行过程中产生大量的交易成本。反过来，经济发展和经济政策也要考虑人们的生活方式，实现他们的信仰和价值。另外，强调社会政策与经济政策间的协调性，还因为社会福利的触角已经延伸到社会经济的各个角落，例如，有关收入、就业、税收、家庭、教育、住房、保健等政策甚至闲暇等，他们既是社会政策，又是经济政策的基本内容。

可以说，20世纪80年代以来，是经济学讨论福利国家命运和社会保障改革最活跃的时期。在这个时期，讨论福利国家问题呈现出如下几个特点：微观经济学对福利国家的研究达到一个新的境界，宏观经济学作为一门独立的学科对福利

①　郑秉文：《经济理论中的福利国家》，《中国社会科学》，2003年第1期。

国家进行了深入的研究；高等教育、医疗保健和养老保险等相关福利部门成为大批经济学家从不同的角度和方法论进行专题化研究的专门领域，构建和确定了福利国家经济学的理论大厦，影响了主要福利国家一系列福利政策的制定，推进了他们的福利制度改革；公共部门经济学、公共财政学、公共选择理论、计量经济学、博弈论和信息经济学等一些新兴学科的产生和介入极大地拓展和丰富了福利国家和社会保障的研究，也推动和促进了福利国家经济学和社会保障经济学的确立和发展。

二、福利国家的含义

"福利国家"一词最早是由英国大主教威廉·坦普尔（W. Temple）提出来的。1941年他在《公民与教徒》一书中，首创"福利国家"的概念，用来取代"权力国家"（Power state）。1942年的《贝弗里奇报告书》正式采用"福利国家"的口号。20世纪50年代后使用"福利国家"概念的频率明显增加，现在，"福利国家"这一术语使用得非常广泛。不过，要给它下一个能得到大家公认的比较确切的定义却还是很困难的。英国学者蒂马斯（R. Titmuss）在福利领域建树颇多，成为在这个领域首屈一指的学者，但他就不曾有意给"福利国家"下定义。例如，在其1958年出版的《福利国家论文集》中也没给出较科学的概念。巴尔（N. Barr）曾经分析了其中的原因，他认为对"福利国家"难以下定义可能由于存在以下三个方面的复杂情况[1]：①"除了国家活动以外，福利还有许多来源：个人福利至少有以下四个来源"：一是"劳动市场被认为是最重要的来源，它主要采取工资收入的形式。充分就业是广义福利的一个重要组成部分"；二是"私人提供福利包括自愿的私人保险和个人储蓄"；三是"自愿的福利产生与家庭内外，在这些场合人们不要报酬或低于市场价格为他人提供服务，或者以其他形式自愿地提供慈善捐款"；四是"国家可以以现金福利或实物福利的形式介入"。②"福利的提供方式多种多样：虽然一种服务可能由国家提供资助，但它没有必要必须由公共部门来生产"。③"福利国家的界限不能清晰地界定：国家的作用既不应当被夸大也不应当被低估。"不过，巴尔还是认为"福利国家"可以被看作"国家在以下四个领域活动的缩略语：现金津贴；健康保健；教育；食物、住房和其他福利设施。"[2] 并且，巴尔在其《福利国家经济学》中认为，福利国家的存在，一是为了救助贫困和收入与财富的再分配；二是提供保险并为

---

① N·巴尔等主编：《福利经济学前沿问题》，中国税务出版社2000年版，第2-3页。
② N·巴尔等主编：《福利经济学前沿问题》，中国税务出版社2000年版，第4页。

生命周期提供再分配的机制。可见，巴尔强调福利国家不仅是为救助贫困而存在，而且它还具有一个重要的效率功能，这意味着即使采用一些独特的方法使所有的贫困与再分配问题都得到解决，福利国家仍有存在的必要。按照萨缪尔森的定义，"福利国家是这样一种社会：政府矫正市场力量来保护个人应付各种特定的意外事故，保障人民有一个最低的生活水平而不论他们的市场收入如何"。[1]

国内学者孙炳耀在其主编的《当代英国瑞典社会保障制度》中指出"福利国家"的概念强调"由谁来提供福利"，即"福利国家"指的是"由政府提供的福利"，强调福利的供给者是政府，而诸如慈善等由非营利机构和个人提供的福利排除在外。[2] 在此基础上，孙炳耀还提出了一个福利国家的操作定义。即一个国家如果称得上是"福利国家"，那么，该国家必须符合以下四个条件：①福利支出占政府公共支出的比重要达到一定数额。如果政府支出主要不是用于福利事业，说明国家的主要职能仍不是福利供给。②一个国家的福利支出总额中，公共支出占绝大多数。诸如收入支持、医疗、教育、住房等"产品"，可以由政府供给，也可由社会、雇主或个人通过市场或非市场的机制供给，只有政府供给占主要地位时，才可能是福利国家。③福利支出占国民生产总值的比重要达到一定数值。工业化国家的福利支出往往占国内生产总值的 20% 左右。④福利制度中存在较大的再分配。[3]

三、福利国家论的主要内容

福利国家理论产生几十年来，尽管表述上各有不同，但基本的中心思想可归结为以下三点：①国家应当以福利国家为目标；②强大的国家财政手段是实现福利国家的保证；③福利国家能给全体国民带来福利。

福利国家论者认为，市场经济存在许多缺陷，如经济危机、失业、贫困等现象，但只要政府实行充分就业、公平分配、社会福利等政策，就可以解决社会失业、贫困和不平等等问题。他们认为，一个国家只要致力于经济增长，使人均国民收入数量达到一定水平，并使国民有社会保障和失业救济等福利待遇，就算得上是一个福利国家。福利国家的主要任务就是通过加强国家对社会经济活动的管理和监督，扩大社会福利，通过高额累进所得税去限制私人资本，实现国民收入的公平分配，从而消灭贫富悬殊的社会现象，实现社会经济生活的民主化。具体

① 陶一桃：《庇古与福利经济学的产生》，《特区经济》，2000 年版，第 8 期。
② 孙炳耀主编：《当代英国、瑞典社会保障制度》，法律出版社 2000 年版，第 3 页。
③ 孙炳耀主编：《当代英国、瑞典社会保障制度》，法律出版社 2000 年版，第 4 页。

来说，福利国家论的主要内容包括以下几方面①：

1. 收入均等化

福利国家论者把收入均等化看作是福利国家的重要标志。他们认为，公平分配是每个人应当享有的天然权利，而现代资本主义社会的一个严重弊病是财富和收入分配不平等，因此，国家应该采取措施如实行一些"社会改革"，使财富和收入分配更加平等。社会改革主要是对遗产和收入实行累进所得税，同时举办各种社会福利事业。政府通过这两个方面的改革，就可以把部分财产和收入从富人手中转移到穷人手中，实行有利于穷人的再分配，使富人不那么富、穷人不那么穷，从而促进平等。萨尔缪森指出："个人所得税是累进的，具有把收入从富人那里再分配给穷人的倾向。"② 科尔（D. H. Cole）认为，由于实行收入再分配，英国在第二次世界大战以后"贫富极端悬殊的现象已经消失。"③

2. 福利社会化

福利国家论者认为，为了消除资本主义社会中存在的贫困现象，国家应该举办一些社会福利事业，建立社会福利制度，以便当居民因失业、疾病、伤残、年老等原因失去工作，丧失或部分丧失劳动能力而无法维持生活时，政府应给予适当救济，使其生活得到一定的保障。社会福利包括社会保险、失业救济、卫生保健、家庭补助、养老金以及提供公共住房、教育文化活动等，通过建立较为完善的社会福利保障制度，就可以保障人民的最低生活水平，并使大多数人享受到较好的物质生活。

3. 就业充分化

"充分就业"是凯恩斯针对资本主义大规模的经济危机而提出的政策。他认为"充分就业"并不意味着完全没有失业，而是指除了摩擦性失业和自愿失业以外，消除了非自愿失业时的一种就业状态。非自愿失业是指愿意接受现行货币工资和工作条件但仍然找不到工作的失业。只要政府采取必要的政策措施，非自愿失业是可以消除的，从而可以达到充分就业。政府实现充分就业的政策措施主要包括：在失业增加时，实行扩张的财政政策和货币政策，即扩大政府开支、降低税收，同时降低利率、增加货币供给量以刺激私人投资和消费；在失业减少、出现通货膨胀时，则实行紧缩的财政政策和货币政策，即减少政府开支、增加税收，同时提高利率、减少货币供给量以压缩投资和消费需求。通过采取这些相机

---

① 陈银娥：《现代社会的福利制度》，经济科学出版社 2000 年版，第 42 页。

② 萨尔缪森等：《经济学》（第 10 版），上册，商务印书馆 1979 年版，第 250 页。

③ 科尔：《再作表述的社会主义》，1956 年英文版，第 7 页。

抉择的财政货币政策，就可以有效地避免经济危机，实现经济持续发展和充分就业。不过 70 年代，西方国家"滞胀"的出现，凯恩斯主义的经济政策受到诸多的批评。

4. 经济混合化

福利国家论者把发展"混合经济"作为福利国家的一项重要内容。他们认为，混合经济既包含有以利润为动机的私人企业因素，又包含有集体主义的因素。"我们正在发展着一种双重社会——私人企业和政府的合伙。在这一合伙中，私人企业实际上生产所有物质产品……政府的任务是提供越来越多的提高文明和文化水准所不可或缺的社会服务和设施。这就是福利国家的意义。"[1] 而且，混合经济既包含私人资本主义，同时又包含社会化的经济。社会化的经济包括生产上的社会化和收入与消费上的社会化。生产上的社会化是指国家对私人企业的国有化或其他形式的参与；收入与消费上的社会化是指国家对私人收入和消费的干预。生产上的社会化和收入与消费上的社会化共同构成的混合经济，实际上就是国家对生产、收入和消费的干预与私人生产、收入和消费的结合。在混合经济制度下，政府和私人两方面的主动性和控制权都可以同时保存：私人经济关心利润，国营经济关心福利。因此，这种制度可以兼顾效率和社会需要。萨缪尔森把资本主义国家政府开支不断增加、国家对收入进行重新分配、政府对经济活动进行干预和控制等现象，看作是现代福利国家的具体体现。

四、福利国家论的新发展

"二战"后，西方各主要资本主义国家先后开始了"福利国家"的实践，建立了以社会保障为主要内容的完整的社会福利制度，大幅度地提高了国民福利水平。但是，随着社会保障制度的不断完善和社会福利水平的迅速提高，政府开支不断增加，赋税负担日益严重，严重阻碍了有关国家经济效率和竞争力的提高。为此，"福利国家"论受到众多经济学家的质疑、非议和责难。在这种情况下，"福利国家"论者对"福利国家"论进行了新的解释和修补，形成了有关"福利国家"的新理论。[2]

（一）对"福利国家"的衡量标准和评价原则进行了重新界定

西方国家一直使用基尼系数来衡量一国的收入分配状况，并通过将个人和家庭中被国家提取的各种税收与获得的转移支付进行对比计算再分配效应。但是，

---

① 汉森：《20 世纪 60 年代的经济问题》，商务印书馆 1964 年版，第 76 页。
② 陈银娥：《现代社会的福利制度》，经济科学出版社 2000 年版，第 46－55 页。

因各国的历史文化传统、政治经济状况、人口构成及自然条件等各方面都存在着差异，因而用这些指标和手段来对社会福利的整体水平进行评价，缺乏足够的说服力。于是，许多学者都不断地在各个具体的福利措施领域里进行测算，试图找到更有说服力的衡量方法和评价原则。下面对一些指标做一介绍。

1. 最低社会指标

最低社会指标由投入、产出和结果三部分组成。投入是指提供服务的水平，产出指服务的专门成果，结果则是指一项服务的总体和非专门的成果，如创造一个更加健康、教育水平更高和更人道的社会。投入、产出和结果之间的关系通常不能明显地确定，因此，最低社会指标显得复杂。当然，政府可以采取以下措施来促进这三个指标的基本实现：通过强制性的立法清楚地说明服务的标准和实行这一标准的条件，如实行全民公费教育；通过劝告性立法确定明确的标准，如每万人拥有一个市民广场；通过建议性立法鼓励某种目标的实现，如设定养老院的水平等。

2. 消除贫困，减少社会不公平

可以用多种方法来衡量贫困，如可以使用官方制定的用现金计算的贫困线标准，也可以根据一种生产方式来判断所需要的物品是不是匮乏或生活方式是不是合理，还可以通过对低收入阶层与其他人的生活进行对比来判断是不是存在相对不平等。使用这些指标对低收入阶层的分析表明，在接触和使用社会福利的机会方面，贫富之间存在着不平等，低收入阶层中只有少数家庭能享受到"福利国家"所提供的社会福利。

3. 经济发展目标

发展经济、促进经济增长一直是"福利国家"的基本目标。为了实现这一目标，"福利国家"论者主张应采取以下措施：通过教育和卫生项目改善劳动力的素质；通过地区发展和劳动力政策促进工业在地区之间的转移及劳动力在地区之间、部门之间的流动，调整工业结构和地区分布，减少结构性失业；通过现金福利补贴和发放社会保障金等增加消费，促进生产；等等。

4. 生活质量标准

生活质量就是指足够的物质资源、相当高的就业水平、良好的居住条件和交通工具等；同时，公民身体健康，并能在自由和正义的环境中，进行自我教育，进而发展自己的才能。这一标准包括改善经济、社会、文化、生活、自然以及其他条件。根据生活质量指标，经济增长不再是社会经济进步的表现，而很可能引起社会的倒退。加尔布雷思（J. K. Galbraith）曾指出，经济增长不再是社会迫切的需要，社会成就不再靠国民生产总值来衡量，社会迫切需要的是追求和谐的生活，是悠闲、有保障和安乐，"如果全神贯注于畅销品的生产，以此作为社会目标，我们生活的质量将受到损害"①。

（二）增加了改善、发展"福利国家"的措施

"福利国家"自建立以来，其作用已发生了很大的变化，在大多数福利国家中，越来越多的福利措施早已经变成了预防性、发展性的措施了。总的来说，现代福利国家的主要功能涉及以下诸多领域：保护弱者；创造平等机会，减少或消除贫困；通过再分配减少工业风险；满足人群和社区对于改善环境和提高生活素质的要求；实行污染补贴、伤残津贴、康复服务；医治犯罪等恶劣的社会环境；从事教育和培训；等等。随着福利国家作用领域的改变，福利国家的措施和手段也发生了一些变化：

1. 发展科技，促进科技进步

众多西方学者认为，科学技术在生产力发展中起着新的、不可或缺的作用，既给社会带来了普遍福利，同时也为人的全面发展创造了条件。科技的进步已使资本主义制度发生了改变，收入分配、工人生活状况都由技术决定，谁拥有了技术，谁就拥有了收入，而且，技术越进步，就越有可能把所有的人都变成资本家。知识的生产力已成为决定物质生产力、竞争力和经济成就的关键因素。因此，他们主张为了增进大众的福利而实行技术革命，为了实行技术革命，就必须实行国家干预，大力发展科学研究和教育事业。他们进一步强调，实行国家干预应采取以下途径：政府增大对科技和教育事业的投入、国家对全国的科技发展进行规划与协调、国家直接投资于重点科技研究项目、政府采取鼓励科技发展的政策措施等。

2. 进行制度改革

资本主义固有矛盾激化和加深，使一批学者更多地从制度方面或结构方面来分析资本主义社会。例如，制度主义（Neo-institutionism）者承认资本主义社会存在着失业、经济不能均衡稳定地增长等弊端，主张国家积极干预经济，实行各种社会改良即制度改革，调节和仲裁劳资之间的矛盾。

3. 增加对人力资本的投资

新经济增长论者罗默（P. M. Romer）等认为，知识和人力资本是社会福利的重要组成部分，它们是经济长期增长的动因。知识是一个生产要素，能提高投资

---

① 加尔布雷思：《经济学和社会目标》，商务印书馆1980年版，第5页。

效率，投资促进知识积累，知识又刺激投资，投资的持续增长能持续地促进一国经济增长。因此，必须重视人力资本的投入、重视教育和在职培训以及"边干边学"（Learning by Doing）等形式的教育，不断地积累人力资本，把生产的重心放在对经济研究与发展的投资上。只有这样，一国才能实现长期的、稳定的、均衡的经济增长，从而增强提高社会福利的基础。

（三）福利国家的前途

西方学者关于福利国家的前途描述，主要有以下三种理论，即"后福利国家"论、"福利社会"论、"福利国家改革"论。这三种理论先后出现于20世纪70年代末80年代初。

"后福利国家"论以"后工业社会"论作为其经济理论基础认为："后福利国家"主要考虑发展文化、教育，以改善公民的生活环境，提高公民的生活质量；社会福利作为再分配的工具，不一定必须遵循统一与平等的原则，可以多样化；对社会福利的管理也可以多样化，等等。"福利社会"论的核心在于福利设施的"私人化"或"再私人化"以及权力下放或"非调节化"，这被视为20世纪90年代"通向21世纪的入口"。"福利国家改革"论则认为，政府不能因为出现了"福利国家"的危机而将社会福利计划实行"多元化"、"私人化"和"市场化"，应该在保持国家管制的同时，改革现存的社会福利制度，减少可以普遍享受的优惠服务，改善低工资工人的处境，增加只给予穷人的补助，让穷人取得国民收入和财富中更大的份额。也就是说，应该继续维持和发展"福利国家"，通过"福利国家"的调整与改革来维持和发展社会福利保障事业，在兼顾社会公平的同时提高其经济效率。

"后福利国家"论所提出的提高生活质量的目标符合一些阶层的需要，其理论在一定程度上反映了西方各国经济政策调整中新保守主义的思想倾向，但由于其设想脱离了现实经济条件及大多数居民的基本需要而在目前难以实现，因而对福利经济制度的改革不会产生很大的影响。"福利国家改革"论由于不能满足"福利国家"解决其危机及经济政策调整和经济结构调整的客观要求，也不会对福利经济制度的改革产生重大影响。"福利社会"论比较多地体现了新保守主义经济学强调市场机制作用的主张，更符合各国经济结构调整的客观需要，因而对决定"福利国家"以后的发展方向可能会产生较大影响。但是，由于"福利国家"长期实行社会福利政策，已经在管理社会福利计划的官员和职工中培植了一种强大的要求维持"福利国家"现状，反对福利经济制度改革的既得利益集团，而福利"社会化"、"私有化"的阻力较大，同时，由于作为"福利国家"社会福利政策主要理论依据的凯恩斯主义经济学说从来没有退出历史舞台，凯恩斯主义经济理论及其政策主张对各国政府的经济政策仍然有着重要的影响。尽管"福利社会"论关于充分发挥市场机制作用的主张符合各国经济结构调整的需要，但经济结构的调整离不开国家干预。因此，"福利社会"论的政策主张对"福利国家"改革的影响作用会大大削弱。也就是说，"福利国家"会朝着"福利社会"论者所指引的方向对福利经济制度进行改革，但改革的步伐有多大、进程有多快，则取决于多种因素相互制约的结果。

第二节　西方国家社会福利制度

一、社会福利的不同内涵及其模式

理论福利经济学通常认为，社会福利就是个人福利的社会加总，应该多数人对此没有什么异议，但社会政策范畴的社会福利概念却难以给出容易得到大家认同的表述。其原因可能有以下三点①：一是社会福利概念的价值判断色彩浓厚。人们对什么是美好社会，什么是幸福快乐和什么是基本需要的理解千差万别，因人而异。不同时代与不同社会的人从截然不同的角度界定福利，福利观念多种多样、千差万别自然是难以避免和意料之中的事情。二是各国政治制度、经济发展、社会结构和文化价值观念千差万别，导致对社会福利观念截然不同的社会理解。不同社会在不同时期对社会福利概念的社会理解不同，形成各种不同版本的社会福利观念。例如，美国的狭义福利特指慈善活动或是政府为穷人提供的福利服务。三是社会福利观念并非完全是人们客观界定的结果，而是人们主观和社会建构的产物。

在西方福利国家中，政府的作用在社会福利的实施中占据了相当大的比重，政府承担了多种社会需求的责任，所以人们往往把社会福利等同于政府的社会政策。梯特马斯（R. Titmuss）常常交替使用社会福利和社会政策这两个名词来表达同一个概念，梯特马斯认为直接的实物性社会服务（如教育和医疗）和直接的现金性福利支付（如养老金和家庭补贴）是社会福利的核心，而财政福利和

---

① 刘继同：《社会福利：中国社会的建构与制度创新路向》，《哈尔滨工业大学学报（社会科学版）》，2003 年第 3 期。

职业福利则是社会政策核心的间接或者补充部分①。美国著名的社会政策专家米几利（J. Midgley）把社会福利定义为："在社会问题得到控制、人类需求得到满足和社会机会最大化时，人类正常存在的一种状态。"② 当然，也有一些学者把社会福利当作社会政策的一部分，例如，马歇尔（T. H. Marshall）认为社会福利是指政府的那些直接影响公民福利的政策："政府提供的服务，或者政府付账的行动，对于公民的福利有着直接的影响。"③ 另外，还有些学者将社会福利看作是一个自在的社会制度，即我们现在常用的福利社会概念，如福兰德（W. A. Friedlander）称社会福利是指，"社会服务和社会机构的有组织的制度，目的在于帮助个人和群体获得令人满意的生活和健康标准，目标是使个人能够全面地发挥他们的潜能，并且在和社区的需求相协调的过程中改进他们的生活"。④

从社会福利的分类来看，在西方，通常把社会福利分为"补救模式"（Residual Model）及机制模式（Institutional Model）。在补救模式中，国家福利制度只是在市场及志愿机构皆不能解决问题时才会介入，即将个人、家庭及市场放在政府之前，它们需要担负更多的责任去提供福利。社会福利的"补救模式"实际上假定经济增长是乐观的，并且，随着增长着的和多方面的繁荣，贫困现象将会减少。因此，社会福利将目标有选择地集中在一群残留的、人数不断减少的少数需求者身上，会使有限的资源使用更加有效。在机制模式中，是把社会福利作为大概念、大系统加以使用，主张以制度化的社会福利体系积极地为全体社会成员和社会群体服务，使每一个社会成员和社会群体都获得发展的机会。该模式实际上认为贫困现象在持续和恶化，有必要在大范围内提供制度化服务。应该指出的是，社会福利还存在一种被称为职业福利的模式，是指企业或机构按照各人的优点、工作表现及生产效率给予相应的福利待遇。该福利的目的在于提高工作积极性，使员工产生对于企业的忠诚感和对于自己的成就感，从而能够创造更大的价值。

在中国，社会福利一词在理论界和政府部门有着不同的解释。民政部门理解的社会福利，是指为老年人、残疾人、孤残儿童等特殊困难群体提供的基本生活保障和服务。劳动部门理解的社会福利，是指为职工举办的集体福利事业。工会组织理解的社会福利，是以职工代表的身份参与社会福利事务的管理与监督。理论界对社会福利概念理解也有不少争议。有人把社会福利等同于社会保障，也有

---

① 周弘：《福利的解析——来自欧美的启示》，上海远东出版社 1998 年版，第 51 页。

②③ 杭行：《关于社会福利制度的深层次思考》，《复旦学报（社会科学版）》，2003 年第 4 期。

④ 周弘：《福利的解析——来自欧美的启示》，上海远东出版社 1998 年版，第 52 页。

人把社会保障当作社会福利，也有人认为社会福利是社会保障的一部分。

为了便于对西方社会福利制度的分析，进而探讨中国社会福利制度的构建，在本章中，我们对社会福利的理解取广义和狭义的角度，广义的社会福利是指国家和社会向其国民提供的以满足国民基本需求、提高国民生活质量、改善国民生活环境为目的的各种社会保障、现金津贴、公共救助、社会服务、社会立法、国民健康、国民教育和住房等，社会福利面向全体公民，推行"全民福利和普遍福利"。狭义的社会福利是指国家和社会专门向社会弱势群体提供的维护他们基本生活需求的物质帮助和社会服务。因西方社会福利制度的实施是社会财富再分配的过程，我们暂时不考虑以提高效率为目标的社会福利，在分析西方社会福利制度时，我们主要取广义概念。

二、英美两国的社会福利制度

广义的社会福利制度是指国家和社会为实现社会福利状态所做的各种制度安排。英国的社会福利制度更倾向于"机制模式"，美国的社会福利制度则在许多方面是"补救模式"的代表，在此，对英美两国的社会福利制度做简要介绍。

（一）英国的社会福利制度

在建立社会福利制度方面，英国走在其他西方国家前面。早在1948年，英国政府就宣称已建成"福利国家"，已向全体公民提供了"从摇篮到坟墓"的全部社会福利。

英国的社会福利制度以"贝费里奇报告"（Beveridge Report）为基本依据，其社会福利项目十分完整，覆盖范围也很广泛，主要的社会福利项目包括以下几方面：第一，退休养老保险。它是英国社会福利制度的重要组成部分。现行的退休养老保险制度由养老保险、残疾保险和遗属保险及老年人的福利和救济等构成。凡参加国民保险的退休者只要缴足156周保险金，退休后可以领取基本养老金，如果领取的基本养老金不足以维持生活，可以申请补助津贴，除了领取基本养老金以外，还可以领取国家附加养老金或企业职业养老金；残疾保险有残疾养老金和残疾补贴；遗属保险主要是对遗孀的一次性补助和寡居母亲的补助；老年人的福利和救济则包括高龄补助、补充养老金、老年服务、住房补贴、圣诞节补贴和交通优待等。第二，失业保险和就业服务。领取失业保险金的条件是：按规定缴纳了国民保险金，在职业介绍所登记失业，具有劳动能力并愿意从事全时工作、年龄在65岁以下。为促进就业，改善劳动力供给状况，政府也注意采取各种措施加强对劳动者的职业培训，并开展各项就业服务。第三，工伤保险。凡因工作事故或患职业病而受伤致残者均可享受工伤保险金，包括残疾津贴、日常照料补贴、额外的残疾护理补贴、收入降低补贴、退休补贴等。第四，生育保险。产妇每生产 1 个婴儿，可领取每周 25 英镑津贴，共领取 18 周，且由政府负担每个产妇平均 1150 英镑的医疗费。第五，社会补贴和社会服务。社会补贴主要包括住房补贴、儿童补贴和高龄老人补助等。社会服务的具体对象主要是老年人、残疾者、需要正常照顾的失业家庭的儿童、精神病患者以及有智力缺陷的人。第六，社会救助。社会救助的对象主要是：凡 16 岁以上的英国居民、收入来源不足以维持最低生活需求者，领取失业保险期满又未重新找到工作，已充分就业的低收入者需要牙科治疗、配眼镜等。第七，全民医疗保健服务。所有英国人均可接受免费医疗，但牙科手术、视力检查和配眼镜等需要收费。医疗保健服务还包括免费为患者提供假肢、救护车以及学校卫生、家庭卫生、仪器安全、食品安全、药物安全、环境安全、私人医疗、医务人员培训等最初由国家负担全民医疗保健服务的全部费用，后来建立了按工资收入缴纳保险费的制度。第八，免费教育。英国对初等教育和中等教育实行免费教育，高等学校虽然不免费，但在大学生中有 90% 的人可以获得政府发给的各种补贴。

英国社会福利基金主要来源于职工、雇主和独立职业者等缴纳的保险金以及政府的财政拨款。政府财政拨款主要用于医疗保健保险、社会救助和一些社会福利设施。从总体来看，社会福利基金来源的比例大体是：个人占 25%，雇主占 25%，政府财政拨款占 50%。

英国社会福利保障系统的组织体系由社会保障部、服务机构和独立的司法、监督机构三类机构组成。英国社会保障部是管理社会保障事业的最高领导机构，其任务是确定全国的工作目标和计划，制定并实施社会保险政策，支付社会保险基金，收缴社会保险费用，征收并发放儿童津贴，依法提供服务。

（二）美国的社会福利制度

美国是当今社会中最典型的"福利国家"之一，目前其 GNP 中用于社会福利部分占 21% 左右，但与高福利、低市场和制度型的欧洲福利模式相比，美国属于低福利、高市场和补救型福利模式。经过 60 多年的发展和变革，美国的社会福利政策在内容上逐步完善，形成了三大政策支柱，即社会保障、社会公益事业和公共救助。

1. 社会保障

社会保障是组成美国社会福利制度的第一大支柱，由那些能帮助人们处理共同生活风险的行为所组成，用以保护其国民免遭天灾人祸的伤害，诸如残疾、疾病、有工资收入者的配偶或监护人的死亡、离婚、退休以及死亡等方面。社会保障政策成为那些生活水准急速下降的人们的"缓冲器"。

在现今的美国，社会保障政策主要是指由政府发起的社会保险计划。社会保险计划包括联邦的老年和遗属保险、残疾保险、老年人健康和医疗保险（统称OASDHI 计划）及州层面的失业补偿金计划。老年保险（OAI）是 1951 年颁布的《社会保障法》中做出的规定，也是美国最大的单一退休保险计划，其规模比私人养老金和私人联合储蓄大得多，有许许多多美国人享受这项保障；幸存者保险（SI）于 1939 年开始实施，这是针对丧偶者和不满 18 岁子女的一种人寿保险形式，不仅工资收入者本人享受退休后的保险收益，而且在被保险人死亡的情况下，其配偶和子女也可享受该收益；伤残保险（DI）于 1956 年实行，是向因严重残废而丧失工作能力的成年人提供的保险；健康保险（HI）也称为"医疗保障计划"，于 1968 年"伟大的社会"运动时期立法，这是一项只有老年人才能广泛享受的社会福利。2010 年 3 月，奥巴马签署了《病人保护及可负担得起的保健法案》（Patient Protection and Affordable Care Act）和《医疗保健与教育调和法案》（Health Care and Education Reconciliation Act），按照 PPACA 法案规定，从 2014 年起将强制要求未投保的人群购买政府提供的健康保险，即个人强制保险。HCERA 法案则规定对低收入群体参加健康保险计划降低参保费率，加大补贴力度。

与其他福利国家一样，社会保障在美国的推行是极为广泛的，是一项几乎覆盖全部人口的广泛而又综合的公共计划。贫困不是社会保障设立的主要资格基础。比如，失业工人很可能并不贫困，但他们通常有资格享受失业保险所给予的权益；退休工人或许一点儿也不贫困，甚至可能已处于中产阶级范畴，但他们仍具备享受社会保障所提供的养老防老权益。社会保险计划实施的根本目的，是为了防止那些由于收入损失而产生的社会问题，所以社会保障计划是任何一个福利国家都视为最昂贵的计划，其范围涉及社会的各个层次。

2. 社会公益事业

美国社会福利制度的第二大支柱是指为其国民提供最为基本的生活必需品和相关的服务，包括教育、卫生保健、住房、幼儿日托和法律服务等。社会公益事业中一个普遍而又具有代表意义的内容便是公共教育。1992 年美国有 292 亿美元的公共开支用于教育领域。同所有福利国家一样，美国的初级、中级公共教育都是作为市民权益的基础部分而由政府免费提供的。法律规定父母必须将其 5~16岁的子女送到学校就读。通常而言，高等教育不是免费的，但美国政府及其他福利国家一般都提供学费资助。而提供这种帮助的财政支出无疑是巨大的，国家可能负担得起，也有可能不堪承受。由于公众高等教育对于一个国家的经济繁荣来讲是至关重要的，所以所有福利国家都不遗余力地推进高等教育进程以使学生有就读能力。除了教育之外，美国同其他福利国家一样，也致力于推进医疗服务计划和营养计划。联邦医疗服务计划由医疗照顾计划和医疗补助计划两部分组成，前者为社会保险计划，覆盖所有 65 岁以上的老年人及一些长期残疾的年轻人，分为住院保险计划和补充医疗保险计划；后者为公共救助计划，是为特定低收入群体提供医疗补贴，由联邦和州政府共同负责。营养计划可分为贫民粮票计划、妇女婴儿和儿童的特殊营养补充计划（WIC），公立学校午餐计划（NSLP）、学校早餐计划（SBP）、关爱儿童与成人的食品计划等。

3. 公共救助计划

美国社会福利制度的第三大支柱是指国家为所有最贫困、最易遭受伤害以及蒙受重大损失的居民制定一项最低物质生活标准，以确保他们能在最低生活水准之上。在美国，该项计划也被称为"反贫困政策"，其中有些计划为低收入者提供现金补助，有些提供物品，有些提供服务，还有许多计划更直接地为待援者培养独立的劳动技能。以受益对象划分，该计划包括穷人救助、残疾人救助和贫困家庭临时救助三部分。穷人救助计划的受益人资格要求非常严格，例如，要求年龄在 65 岁以上的美国公民、在申请地有一定居住年限、没有家庭成员经济支持等。残疾人救助包括就业培训和教育的救助计划、社会保障和权利平等化等内容。贫困家庭临时救助关注就业培训、工作激励、工作福利、提供工作机会和所得税补贴等措施。

三、西方国家社会福利制度的危机和困境

西方国家社会福利制度从创设至今，大体经历了萌芽、形成、发展、危机、调整这五个阶段。应该说，随着福利制度的广泛发展，它确实对西方国家的社会进步起到了积极的作用。例如，增进了社会的平等，消除了极端贫困，促进了社会的稳定和发展。然而，随着福利制度的推进其弊端也日益显示出来，特别是进入 20 世纪七八十年代，西方许多国家陷入了进退两难的困境，可以说，2009 年后爆发的欧洲主权债务危机也与欧洲国家的高福利政策密切相关。具体表现如下：

1. 财政危机

西方国家的社会福利从一开始就是社会中各个利益集团政治交易的对象，当经济高胀时，各利益集团致力于瓜分财政剩余，而当经济萧条时，为了刺激经济，又必须扩大政府的财政支出。各利益集团争夺既得权益的行为，使政府的财政僵化。为了弥补财政赤字，政府不得不增发货币或发行赤字公债。财政赤字增大了通货膨胀的压力，发行公债又将现在的负担转嫁给下一届政府，使政府财政容易陷入两难的境地。西方国家福利制度的财政危机就是这样造成的。随着西方社会福利的覆盖面越来越广，享受人数越来越多，费用也就越来越大，其增长速度超过经济的增长，使得各国政府的社会福利开支数额巨大，一般要占到政府总支出的1/2~2/3，引起财政状况恶化。以欧洲主权债务危机为例，2009年，希腊、葡萄牙、爱尔兰、意大利和西班牙的福利支出占GDP比重分别达到27.97%、26.94%、27.88%、29.82%、25.04%，这种财政安排给国家财政造成巨大压力，同时也从根本上削弱了国家的财力基础，在国际金融危机这一导火线的作用下，高福利开支成为欧洲国家债务危机的火药桶。

2. 失业危机

近几年来，西方福利国家由于科学技术的快速发展，造成了工业化福利国家内部大规模的工业换代，使知识和技术陈旧的工人和教育不足的青年，都成了这种转型换代的失业者。除此以外，西方工业国家的经济萧条也使创造就业机会的活动减缓。失业大军的存在使失业福利支出居高不下，失业人群信心大减，造成了福利国家的失业危机。失业人数的增加使福利的享受者却越来越多，而纳税者却越来越少。为此，西方国家采取了一系列措施，希望通过重新建构劳动力市场和职业培训，缓解失业造成的压力，并且通过采取针对发展中国家的人口流动政策来保护就业。尽管如此，西方多数福利国家年复一年地为高失业率和长期失业所困扰，在社会上形成了巨大的潜在的不稳定因素。

3. 社会危机

沉重的社会福利负担造成失业现象严重、收入差距拉大、社会财富分配两极分化等社会问题，另外，在福利国家的社会内部开始滋长起贸易保护主义，且种族主义、右翼极端主义开始抬头，有些人反对移民和外来的劳工，害怕他们争夺有限的工作机会，甚至认为外来者分享了福利国家的各种待遇而使福利国家的负担加重，还有些人开始反对同发展中国家的自由贸易，认为只有在发展水平相似、劳工标准趋同的国家之间才可能进行公正贸易。可见，这些西方福利国家由于自身的原因失去了经济安全感，但很容易将人口变化、工业变化和社会变化所造成的财政危机转嫁于外籍劳工和同发展中国家的贸易，制造紧张的社会气氛，给福利国家的政治造成无形和有形的社会压力。

4. 观念危机

西方国家普遍实行高福利政策，社会福利收入同劳动收入的差距不是很大，例如，瑞典的社会保险给付相当于工人工资的50%。这种情况的存在造成部分人产生了过分依赖社会和国家的思想，从而在民众中萌发了一种不干或少干工作都可以照样生活的社会观念。可见，高福利政策在一定意义上也是一种大锅饭形式，鼓励了惰性，有害于社会勤勉精神和工作道德的建立，使得社会的生机和活力减退。如今，不愿就业、厌恶工作在瑞典已成为普遍关注的现象。高福利由高税收支撑，沉重的税收负担也不利于社会经济的发展。如瑞典政府为负担福利开支一再加税，从而出现了加一天班收入绝大部分被征收，而在家泡一天却得到全工资的怪现象，这使人们不愿意增加投资和劳动，形成了过分依赖社会和政府的不良观念。

四、西方国家社会福利制度改革趋势

为了摆脱进退两难的福利困境，20世纪80年代以来，世界范围内社会福利制度进入调整时期。由于各国的福利模式有不同的特点，调整的具体措施也有所不同。但各国的针对性措施的实质精神基本相同，就是扩大财政收入，最合理地进行市场资源配置，在再分配过程中，更注重发挥国家财政的主导地位，避免福利国家的津贴过于慷慨，使国家元气大伤。西方各国的调整措施具体体现在以下几个方面：

1. 补救模式正在取代机制模式

近年来，福利国家纷纷转向补救模式，纠正社会福利全民普遍性享受的做法，做到急人所需，物尽其用。例如，英国政府在80年代摈弃了享受保障合理合法的观念，转而接受补救模式的观念；美国则始终坚持补救模式，把政府的职能局限于社会保护，养老保险的对象严格局限于缴纳过保险费的退休者和穷人，而且其保障水平还在不断削减；瑞典自1980年起规定了最高养老金的限额，限额之上的高额年金全部由雇主和自雇者出资。总之，西方国家向补救模式的转移倾向比较明显，这些国家采取的措施包括：①削减福利项目。除了养老、医疗、失业、社会救济等基本项目外，其他项目逐步削减。②降低福利发放标准，重新制定福利条款。国家注重基本生活水平的保障，改变过去那种过多、过滥、过宽地发放补助的做法，以使现行的各种福利制度能够具有良性给付能力。③严格福利发放的资格条件，缩小覆盖面。比如，养老金支付的年限要求、疾病、失业的天数要求等。

2. 社会福利私有化进程方兴未艾

目前，西方各国几乎无不鼓励个人和私营部门积极参与社会福利资源的配置和服务的提供。例如，英国 1985 年提出了社会保险制度改革方案，要求把原来完全由国家负担退休金和失业津贴的制度转变为私人和企业负责制，同时还迫使地方政府和有关部门就一系列项目进行招标，就某些公共服务工作承包给私人。1996 年美国政府签署了《社会福利改革法案》，新的改革措施之一是提高社会福利机构的私有化程度，逐步扩大自愿捐款、民间筹款、社会福利事业收入、个人付费等渠道，目前大约 1/3 的个人服务是由非政府部门提供的。被誉为"福利橱窗国家"的瑞典，在 20 世纪 90 年代也实行了社会福利设施私有化政策，在福利服务领域引入了竞争机制。法国从 1995 年开始征收医疗保障税，延长公职人员领取全额退休金的年限。在私营机构介入社会福利事业的同时，一些非政府、非营利志愿机构也大量地参与了社会福利工作。这类机构在福利国家全盛时期走入低谷，又在目前的改革中得到重新重视，大有蓬勃发展之势。在转型国家中，斯洛伐克规划中明确提出了社会福利制度转型的多元化和私有化目标。所谓多元化，即是由国家垄断向参与主体多元化转变，积极鼓励私人和集体以各种方式参与社会福利事业；所谓私有化，即是在社会福利领域形成自由竞争、公民自由投资的局面。为此，政府大力削减对社会福利事业的直接投入，而把部分资金转而用于资助和补贴非政府力量从事社会福利事业。社会福利私有化的趋势带来了私营服务公司甚至跨国服务公司的发展，促进了金融资本的成长。许多国家已经接受并开始从私营服务公司手中购买福利服务，养老院和康复中心的全球化趋势已初见端倪，保险公司在政府收缩社会福利支出的改革中发现了新的商机。

3. 职业福利迅猛发展

鼓励职业福利的发展，意味着减轻国家负担。近十几年来，西方各国都高度重视职业福利的发展，有的国家甚至在法律上规定企业必须为自己的职工办理独立的企业保险项目，而且其范围已经由养老发展到了医疗、失业、工伤等各个方面，保障水平也有不断提高的趋势。比如瑞士 1985 年生效的联邦职业养老、遗属和伤残保险法规定，雇主必须通过保险机构为雇员进行企业养老、遗属和伤残保险，但保险费额由各企业自行决定，或根据职工对企业的贡献大小，或为企业所有职工缴纳数额相等的保险费。英国为了降低国家社会保险的公共支出，1993年推出了旨在使雇员"协议退出"国家退休金体系的"职业与个人年金"制度，规定当企业的养老保险水平达到国家补充养老保险的水平时，雇员可以少交 2%的保险费，雇主可以少交 3%的保险费，而且被保险人领取的企业养老金还可以免交一定的个人所得税。另外，要求企业必须参加私人医疗保险，患者生病的前8周其疾病补助一律由雇主负担，国家不给补助；规定企业参加保险公司的私人医疗保险，个人可以免交个人所得税，企业可以享受降低保险费的优惠。德国通过税收优惠政策鼓励企业建立自己的补充养老金计划，全国已有46%的雇员在领取政府养老金之外还领取本企业的补充养老金。

4. 社会福利地方化特征日益明显

美国早在20世纪80年代初就提出了公共计划制定权的分散化问题，主张社会福利制度的决策权应当由联邦政府向地方政府和私人机构逐步转移。1996年，克林顿政府在反对派势力的压力下签署了《社会福利改革法案》，其重点便是弱化联邦政府在社会福利制度中的主导地位，措施之一是通过一揽子拨款体制把社会福利的使用权授予州政府和地方政府。1995年法国总理朱佩的社会福利改革方案中，明确提出要强化地方政府的责任，要求地方政府加强对医疗行力和医疗费开支的管理，以建立全国统一的医疗保险制度。德国社会民主党认为，社会福利制度的改革思路应当是，通过地方社会行政实现社会福利服务的地方化。在澳大利亚，联邦政府除了拨款和管理以外并不提供直接的老年人福利服务，州政府和市郡政府是向老年人提供院舍护理和社区照顾的主体。

五、西方国家社会福利制度对中国的启示

如何看待西方国家社会福利制度及其改革举措对中国社会福利制度的影响，是一个十分重要的问题。一方面我们需要从西方国家社会福利制度及其改革举措中得出启示，以完善中国的社会福利制度；另一方面我们必须密切关注中国国情，结合国情向西方学习，切不可削足适履、生搬硬套。简单归纳，我们至少应该得出如下启示：

1. 国家福利制度的法制化

国外社会福利制度的建立与完善是以健全的法制为基础的，每一项措施的实施和修改都有相应的法律依据。如日本有《老人福利法》、《儿童福利法》、《生活保护法》、《母子福利法》、《残疾人福利法》和《身心薄弱者福利法》6个社会福利基本法。法国家庭补助保险就涉及上万条法律条款。一切依法办事，有利于提高福利制度的稳定性。而中国目前的社会福利立法存在着以下一些问题：一是法律、法规偏少，如儿童福利、教育福利等都没有相应的法律或法规；二是有关福利问题与其他社会政策混在一起，如妇女福利等与劳动保护相关联，并实际上将农村女工等排除在外，只能算是劳动保障范畴；三是现行有关法规政策在社会福利事务的管理、监督等方面存在着模糊性，等等。因此，在改造传统的社会福利制度时，应当先对已有的法律、法规、政策进行调整，真正建立起适应市场经济要求的社会福利制度，并以法律为准绳，尽量减少行政首长的口头许诺和地方、行业各行其是，以免造成社会福利管理上的混乱。确保社会福利制度有一个严明的法律体系作保证，这是推进中国福利事业向前发展的关键。

2. 国家福利制度的国情化

综观世界各国的社会福利模式，社会福利的项目和待遇水平，无一不受到本国经济发展水平的制约与影响。研究中国的福利制度必须以对中国国情全面深入地把握为基础。中国目前仍处在社会主义初级阶段，要在这样一个世界上最大的发展中国家建立起与社会主义市场体制相适应的社会福利制度，所遇到的困难和问题与其他国家是不同的，决不能照搬别国的经验。

3. 国家福利制度的社会化

推进福利社会化。可以通过对企业或用人单位的福利设施的剥离，使幼托机构、老年保健服务、职工疗养院等社会福利设施社会化；可以发挥社团机构的作用，鼓励社会公益事业组织的建设与发展，使之成为主要的社会化福利实施机构；可以引导并扶持社区服务，使社区服务网络化、普遍化。这样不仅能够扩充现有福利设施的覆盖面与功能，而且能够促使福利设施快速发展。

4. 国家福利制度的市场化

政府干预经济社会功能在 20 世纪得到前所未有的强化，社会福利制度由此逐渐与传统社会救济和私人保险制度的距离不断拉大，从理性的角度分析，或许容易相信政府干预经济生活的历史经验可同样适用于更广泛的领域并获得成功。然而，西方国家福利制度的经验教训告诉我们，由政府加以推动的社会福利制度，在发展到一定阶段可能会超越政府的控制而陷入某种困境。

5. 国家福利制度的科学化

在福利的具体分配上，西方国家的成功经验表明，福利待遇要与个人的工作业绩和劳动贡献挂钩，这样才能更科学、更合理。例如，大家十分关注的退休养老金问题，发放数额究竟是多少，一个主要的参考指标是职工的工龄以及退休前有多大工作业绩。当前，全球经济一体化已势不可当，福利制度也不断随之发展和转型。中国应善于借鉴西方发达国家福利制度的成功之处，及时调整和完善中国的社会福利制度，使之不断适应发展变化了的现实社会，沿着法规健全、体系规范、水平适宜、社会化实施、多层次发展的道路实现自我良性发展，并成为充分体现社会主义制度优越性的切入点。

第三节 中国社会福利制度的建立与完善

一、中国社会福利制度的历史沿革

中国传统的社会福利制度是 20 世纪五六十年代在计划经济体制下形成的，城市职工的福利主要由就业单位提供，农民的福利主要由集体提供，国家主要负责救灾、优抚安置和城市"三无"老人（无劳动能力、无生活来源、无法定赡养人和抚养人的城镇孤老）、残疾人及孤儿的社会福利，总体上属于补救性保障制度。传统的社会福利制度具体有如下特征：①就业政策实行国家包分配的充分就业政策，结合平均化的低收入政策和低物价政策，保障了人民基本生活需求。虽然当时的计划经济体制曾一度导致整体经济效率低下，发展策略也常常偏重重工业而忽视消费资料的生产，从而使人们的实际生活水平长期低下，但这并不能否认计划经济时期的整个经济制度的福利化倾向。②传统的社会福利制度是融合在整个社会、经济、政治、教育制度之中的，例如职工福利内化在企业职工劳动保险制度、福利分房、福利就医、子女上学、劳动保护制度中，干部福利内化在政府和事业单位的公费医疗、退休养老、福利分房、物品特供等制度中，另外，国家还提供全程的免费义务教育、卫生保健服务。只要你是一个符合当时条件的正常城镇公民，就可能很自然地享受国家的社会福利待遇，社会福利扮演常态第一线的功能，而不是作为家庭及私人福利的补充。③民政部门负责的狭义性质上的社会福利，即对于无法进入正常社会经济政治制度的公民提供特殊的社会福利补充。

改革开放以来，随着社会主义市场经济体制的逐步建立，人事制度、就业制度、分配制度等各方面都发生了翻天覆地的变化，传统的社会福利制度正在打破，社会福利制度改革取得较大进展。

在狭义的社会福利方面，其改革大致可以分为以下两个阶段：第一阶段从1978 年党的十一届三中全会到 1993 年，是社会福利事业单位改革的探索时期。第二个阶段自 1994 年第十次全国民政会议至今，是推进社会福利社会化进程的时期。社会福利事业在新的历史条件下获得了长足发展：①社会福利企业和机构改革。1993 年，民政部先后发布《国家级福利院评定标准》和《社会福利企业

规划》。1994 年，民政部又发布《中国福利彩票管理办法》。1997 年，民政部与
国家计委联合发布《民政事业发展"九五"计划和 2010 年远景目标纲要》指
出，残疾人可以由过去单一的在福利企业就业改变为在福利企业或分散就业。
1999 年，民政部颁布了《社会福利机构管理暂行办法》。从这些法规可以看出，
我国的社会福利事业逐步从官方举办向社会举办转型，并按福利需求设立福利项
目。民政福利的社会化不仅使民政福利走出封闭，而且提高了民政福利机构的效
率。与此同时，社会办的福利机构也在迅速发展①。面对严峻的老龄化挑战，党
的十八大和十八届三中全会都非常重视老龄服务业的发展，提出要加快建立社会
养老服务体系和发展老年服务产业。②住房福利制度改革。实践表明，计划经济
体制下住房完全靠国家包下来的"福利性分配"路子走不通。从 1978 年开始，
国家和企业一方面增加了住房投资，加快住房建设步伐；另一方面开始探索改革
住房制度。1982 年，在郑州、常州、四平、沙市等城市试点"三三制"的补贴
出售新建住房方案；1986～1988 年试行"提租补贴、租售结合、以租促售、配
套改革"的方案。1989 年国务院颁布《关于在全国城镇分期分批推行住房改革
的实施方案》，城镇居民福利分房开始向住房商品化、社会化方向改革。1994 年
国务院发布《关于深化城镇住房制度改革的决定》，明确了"三改四建"房改基
本内容。1998 年 7 月，国务院发布《关于进一步深化城镇住房制度改革加快住
房建设的通知》，宣布从同年下半年开始全面停止住房实物分配，实行住房分配
货币化，首次提出建立和完善以经济适用住房为主的多层次城镇住房供应体系。
与此同时，确立了由职工和所在单位共同负责的住房公积金制度，推出了建设与
出售经济适用房的举措，到 2000 年后又推出了廉租房政策。2013 年国务院又出
台了《加快棚户区改造工作的意见》，强调要以改善群众住房条件作为出发点和
落脚点，加快推进各类棚户区改造，重点推进资源枯竭型城市及独立工矿棚户
区、三线企业集中地区的棚户区改造，稳步实施城中村改造。③企业职工福利改
革。1992 年，中共中央、国务院出台《关于加快发展第三产业的决定》（以下简
称决定），该决定指出，要"以社会化为方向，积极推动有条件的机关和企事业
单位在不影响保密和安全的前提下，将现在的信息、咨询机构、内部服务设施和
交通运输工具向社会开放，开展有偿服务，并创造条件使其与原单位脱钩，自主
经营，独立核算。同时，鼓励社会服务组织承揽机关和企事业单位的后勤服务、
退休人员管理和其他事务性工作。打破'大而全'、'小而全'的封闭式自我服

---

①　郑功成等：《中国社会保障制度变迁与评估》，中国人民大学出版社 2002 年版，第 351 页。

务体系，使上述工作逐步实现现代化"。由此，中国国有企业开始了以"企业后勤服务社会化、产业化"为主要内容的改革。通过推进企业集体福利设施的社会化和产业化发展，实现了企业福利机制与市场经济运行机制有机结合，实现了职工福利制度由封闭福利型向开放经营型转型。④大力发展社区服务，使社区成为社会福利的重要载体。中国的社区服务从 20 世纪 80 年代末开始起步，经过十几年的探索和发展，在服务范围和对象上从最初单纯的民政优抚福利扩展为面向社区所有人群提供便民利民、卫生、教育、文体、计划生育、养老等全方位的服务，总体规模不断扩大，很多城市在城区、街道和居委会分别建有社区服务中心、社区服务站和各种服务设施。2011 年，国务院办公厅印发了《社区服务体系建设规划（2011～2015 年）》，明确要依托社区综合服务设施，开展面向全体社区居民的劳动就业、社会保险、社会服务、医疗卫生、计划生育、文体教育、社区安全、法制宣传、法律服务、邮政服务、科普宣传、流动人口服务管理等服务项目，切实保障优抚对象、低收入群体、未成年人、老年人、残疾人等社会群体服务需求。目前，全国已初步形成以社区服务中心为纽带，广泛联系各类社区服务企业、服务人员的社区服务网络。⑤职工福利制度改革初见成效，为建立现代企业制度创造有利的环境与条件。改革开放以来，对职工福利改革幅度较大的是城镇住房货币化分配改革。这一改革一改过去把住宅作为福利进行无偿分配的制度，使住宅作为商品通过市场交换进入消费领域，从而对社会生产、流通和消费产生重大影响，直接影响了城镇职工生活的消费结构。此外，国家对职工福利基金提取办法也做了适当调整。1992 年财政部发布的《关于提高国营企业职工福利基金提取比例，调整职工福利基金和职工教育经费计划基数的通知》规定：按规定列入成本的职工福利费，按职工工资总额扣除各种奖金后的 14% 从成本中提取。1999 年，财政部发布《关于企业加强职工福利费财务管理的通知》，对职工福利费的范围和发放方式等做了明确规定。

在社会保障方面，1988 年，中国撤销了劳动人事部，重建人事部和劳动部，并对原有的民政部和中国人民保险公司等社会保障管理机构进行重组。2010 年10 月，全国人大常委会通过了《中华人民共和国社会保险法》，该法规定国家建立基本养老保险、基本医疗保险、工伤保险、失业保险、生育保险等社会保险制度，保障公民在年老、疾病、工伤、失业、生育等情况下依法从国家和社会获得物质帮助的权利，并于 2011 年 7 月 1 日开始实施。总体来看，中国社会保障制度进入了全面改革的历史时期，并取得了显著的成绩：①建立了失业保险制度。1986 年国务院颁布实施了《国有企业职工待业保险暂行规定》。这一规定的颁布实施标志着中国失业保险制度的正式建立。其主要内容包括：失业保险实施的范围是国有企业的职工；实施对象为宣告破产企业的职工、濒临破产的企业在法定整顿期间被精减的职工、企业终止或解除劳动合同的合同工人、企业辞退的职工；对待业救济金的标准做了具体规定。1993 年，中共十四届三中全会通过的《中共中央关于建立社会主义市场经济体制若干问题的决定》中，明确将"劳务市场"改名为"劳动力市场"，将"待业保险"改名为"失业保险"。这一改变是劳动经济理论上的一大突破和发展。1995 年，政府又颁布实施了《国有企业职工待业保险规定》。这一规定将实施范围扩大权交给了地方政府，实施对象增加了按照国家有关规定被撤销、解散企业的职工和按照国家有关规定停产整顿企业被精减的其他职工；并对企业辞退职工、待业保险资金的筹集、待业保险的待遇标准等做了更详细的规定。1999 年，国务院颁布了《失业保险条例》，该条例将适用范围界定为城镇企事业单位及其职工。2014 年 2 月，国务院常务会议确定将失业保险费率由失业保险条例规定的 3% 统一降至 2%。②对养老保险制度进行了改革。1991 年国务院颁布了《国务院关于企业职工养老保险制度改革的决定》，其主要内容包括：建立企业养老保险、企业补充养老保险和职工个人储蓄性养老保险制度；国家、企业和个人共同承担养老保险费用，职工个人缴纳的标准将逐步提高；企业补充养老保险是由企业根据自身经济能力为本企业职工设立，个人养老储蓄性保险根据个人经济能力自愿参加。1992 年又将基本养老金分为社会性养老金和缴费性养老金两部分，每年随社会平均工资增长定期进行调整。1995 年以后，各地又开始了扩大养老保险覆盖面的尝试。1997 年，国务院第 26 号文件进一步推进了企业养老保险制度改革：推行社会统筹和个人账户相结合的筹资模式，进一步扩大了养老保险覆盖面，扩面的重点是非公有制企业、个体工商户和进城务工的农民工，同时改革国家机关事业单位的养老保险制度，使之与企业养老保险制度相配套，以利于劳动力流动；充实养老保险基金，解决隐性债务问题；加快建立补充养老保险体系。另外，农村的养老保险也于 1992 年以后开始实行。2015 年 1 月，国务院发布《机关事业单位工作人员养老保险制度改革的决定》，该决定改革现行机关事业单位工作人员退休保障制度，逐步建立独立于机关事业单位之外、资金来源多渠道、保障方式多层次、管理服务社会化的养老保险体系。③对医疗保险制度进行了改革。1988 年，我国开始对机关事业单位的公费医疗制度和国有企业的劳保医疗制度进行改革，1993 年劳动部颁布了《关于职工医疗保险制度改革试点的意见》，其中，规定医疗保险基金由个人医疗保险专户金、单位医疗保险调剂金、大病医疗保险统筹金三部分组成，医疗费用由国家、用人单位和职工个人三方共同负担。1994 年颁布的《关于职工医疗制度改革的试点意见》中规定，职工医疗保险费用由用人单位和职工共同缴纳，建立社会统筹医疗基金和职工个人医疗账户相结合的制度。1998 年，中国政府颁布了《关于建立城镇职工基本医疗保险制度的决定》，开始在全国建立城镇职工基本医疗保险制度。2002 年 10 月，中国明确提出各级政府要积极引导农民建立以大病统筹为主的新型农村合作医疗制度。2009 年，中国做出深化医药卫生体制改革的重要战略部署，确立新农合为农村基本医疗保障制度的地位。2014 年 5 月，财政部、国家卫生计生委、人力资源和社会保障部发布了《关于提高 2014 年新型农村合作医疗和城镇居民基本医疗保险筹资标准的通知》，要求各级财政对新农合和居民医保人均补助标准在 2013 年的基础上提高 40 元，达到 320 元。④对生育保险、工伤保险和疾病生活保险等都进行了必要的改革。1986 年，卫生部、劳动人事部、全国总工会、全国妇联联合印发了《女职工保健工作暂行规定》。1988 年，国务院颁布了《女职工劳动保护规定》，明确了女职工的就业、劳动工作时间、产假、待遇孕期保护及其他福利。1994 年颁布的《企业职工生育保险试行办法》中规定，企业按照其工资总额的一定比例向社会保险经办机构缴纳生育保险费，建立生育保险基金，职工个人不缴纳生育保险费，女职工按照法律、法规的规定享受产假。2012 年，人力资源和社会保障部起草发布了《生育保险办法（征求意见稿）》。1996 年颁布了《企业职工工伤保险试行办法》规定，工伤保险应与事故预防、职业病防治相结合，同时对职工工伤保险实行社会统筹，设立工伤保险基金并实行社会化管理服务。2010 年，国务院公布了《关于修改〈工伤保险条例〉的决定》，对原有文本做了大量修改，如明确"一次性工亡补助金标准为上一年度全国城镇居民人均可支配收入的 20 倍"等内容。2003 年中共十六届三中全会通过的《中共中央关于完善社会主义市场经济体制若干问题的决定》提出加快建设与经济发展水平相适应的社会保障体系，包括完善企业职工基本养老保险制度，坚持社会统筹与个人账户相结合，逐步做实个人账户等内容。

二、中国社会福利制度存在的问题

改革开放以来，中国的社会福利制度改革有较大举措，社会福利事业由此取得较大发展。但是，随着经济成分、利益主体、社会组织和社会生活方式的多样化发展趋势，尤其是中国老年人口的迅速增长，对增加社会福利设施、拓宽福利服务领域、提高福利水平，提供多层次、多形式的福利服务提出了新的要求。为此，目前中国的社会福利制度还存在许多值得研究的问题：

1. 社会福利观念落后

当前，中国的社会福利观念还带有如下特点①：一是将社会福利看作是国家的权威与仁慈，缺乏真实的公民社会权利。二是将社会福利等同于资本主义社会制度。这种将作为社会需要满足机制的社会福利与作为社会制度的社会福利混淆起来，容易误导社会主义社会生产的根本目的。三是将社会福利等同于社会救助，狭义地和消极地理解社会福利角色，而且将社会福利看作是社会保障的组成部分。这种社会理解恰恰与国际惯例背道而驰，严重影响社会福利观念与制度发展。四是将社会福利等同于工作单位的职业福利待遇和组织性福利。五是多数人将社会福利看作是城市市民独享的社会特权，实际上反映广大农民只拥有形式公民权，而无实质公民权，国家承担的福利责任范围亟待扩大。六是将社会福利工作等同于民政工作，以偏概全，而且福利的政治性特征明显，社会福利的社会政策意识极为薄弱，说明经济政策与社会政策的良性互动关系并未确立起来。

2. 资金投入不足，福利方面供需矛盾十分突出

虽然理论上一个政府不可能承担起超出国家经济实力的责任，但中国政府每年用于福利方面的开支偏少，当前，民政支出费只占国家财政支出的1.5%左右，分给社会福利事业的就更少。而且，在政府拨给的社会福利单位经费中，绝大部分都用于福利机构的日常开支，投入发展的只有10%～15%。同时，社会筹资渠道迄今仍未真正开辟，导致福利资金的严重短缺、福利供需矛盾十分突出。以残疾人福利为例，据统计，全国有约6000万残疾人，其中，67.1%的残疾人需要家庭亲属扶养。应该说，对非劳动年龄人口，家庭扶养可能很正常，但对于处于劳动年龄而且有劳动能力或有部分劳动能力的残疾人来说，仍然要靠家庭亲属来扶养，将给其家庭带来很大的经济压力。一项在南京、苏州、常州、扬州、盐城进行的抽样调查显示，城市贫困户中，有62%的家庭有残疾人或长期重病患者，该现象的存在必然导致贫困户生活更加困难，并有可能引发其他的社会问题。

3. 社会动员不足，行业组织缺失

在计划经济时期形成的国家、集体包办，民政部门"直属、直办、直管"的社会福利事业现在还没有完全改变，这种传统的社会福利制度过分注重政府福利的资源，而对广泛动员和综合利用各种社会福利资源的力度不够。实际上，在

---

① 刘继同：《社会福利：中国社会的建构与制度创新路向》，《哈尔滨工业大学学报（社会科学版）》，第5卷第1期。

当前各地经济和社会发展水平不平衡，政府的财力又相对有限的条件下，若要办好福利事业，一定要坚持有所为、有所不为。1998年民政部社研所在广州进行一次调查，结果显示，政府办的老人院3000张左右的床位早已满员，民办老人院尚有空床数百张。此外，中国一直强调政府办福利的作用，导致行业组织缺乏足够的生存空间。随着社会福利社会化改革的推进和社区服务的发展，社会办的社会福利机构大大增加。民营福利机构的出现带来了一些新的问题，这些问题可能单靠福利机构自身难以解决，依靠政府来解决也不一定有效率。例如，人员的培训、职业守则的制定、行业守则的制定、业务协调等，从国外的经验来看，这些事务只能由行业组织来完成。

4. 立法建设上的不足影响社会福利进程

中国虽然在社会福利的法制建设上做了不少工作，但法规建设还很不完善。例如，反弃婴问题，由于没有行之有效的法规，使弃婴问题没有得到有效的控制和解决。应该说，要保证社会福利事业与国民经济以及其他社会事业协调发展，加强法制建设、强化法制手段是关键。包括政府的责任、社会的责任和个人的责任如何通过立法来明确和规范；以及对社会福利事业的优惠扶持政策的法律；等等。

5. 社会福利制度覆盖面有限，城乡发展不平衡

中国现行社会保障制度建设主要是围绕"三条保障线"进行的，即社会基本养老保险制度，下岗职工基本生活保障和失业保险制度，城市居民最低生活保障制度。这三个制度基本上注重的是体制内成员，没有完全覆盖体制外成员，特别是忽视了占人口数绝对比例的农民。尽管在中国还存在城乡二元经济结构的情况下，城乡的保障目标、保障方式、保障水平应当有所区别，但作为一项制度的建设，应该考虑到当前和长远，考虑到全体社会成员的整体利益和社会政策的相对平衡。当前，如果社会福利和社会保障在制度设计上不兼顾农民，不根据农村的实际情况建立相应的社会福利体系，就难以控制农村人口增长，农民就会不安心农业生产，既会影响社会安定，还会影响计划生育基本国策的实施，更会加重中国二元经济的分化程度，使城乡差别加大。

三、中国社会福利制度的完善

改革开放以来，国家对社会福利制度与社会保障其他项目（社会保险、社会救济、优抚安置等）逐步进行改革，到目前社会福利在保障范围、享受待遇的条件和待遇标准、福利资金的筹措等方面都有了较大的发展和完善，并逐步适应社

会主义市场经济的需要，起到了促进经济发展、稳定社会的作用。与此同时，我们也应看到，市场经济的迅速发展对社会福利制度中不适应的情况表现出强烈的改革要求，逐步完善不适应市场经济发展要求的福利制度，是中国面临的一项严峻而艰巨的任务。

（一）准确理解社会福利制度内涵，为完善中国社会福利制度奠定理论基础

对社会福利的理解在理论上、实践上甚至在不同部门里都有不同。诚然，要构建和完善中国的社会福利制度，对社会福利制度内涵的理解取得一致是很重要的，也是前提条件。正如在本章第二节中我们主张的一样，应从广义上来界定社会福利的内涵，主张社会福利制度是指国家和社会为实现社会福利状态所做的各种制度安排。由此，我们认为：社会福利按地域划分，可分为城市社会福利和农村社会福利。按享受对象划分为：①儿童福利；②少年福利；③青年福利；④职工福利；⑤妇女福利；⑥老人福利；⑦残疾人福利。从社会福利的实施领域划分，又包括教育、文化、体育、卫生、住房、生活服务等各种福利事业。并且，社会主义市场经济条件下的社会福利应具有以下五大功能：一是提供福利服务的功能；二是共享社区福利资源的功能；三是促进人的全面发展的功能；四是起福利性稳定机制的作用的功能；五是推进第三产业发展的功能。

从以上角度来理解社会福利和社会福利制度有很多优势：①有利于促进社会福利观念的提升及其制度完善。经济建设与社会现代化的根本目的本质上是最大化发展社会福利，努力改善人民群众的生活质量，应该说这也是中国社会福利制度构建的核心目标。要实现这一目标就要求社会团结与社会整合、社会平等与社会公平、强调人的价值与人的需要、保障公民的权利与义务，这正是现代取向的社会福利观念①。长期以来，人们或者把社会福利等同于社会救济，或者把社会福利作为社会保障的一部分看待，这与中国经济发展水平不高、财力有限有关。但是，随着经济的发展，要统筹城乡发展、统筹区域发展、统筹经济社会发展、统筹人与自然和谐发展，仅把社会福利等同于社会救济，是很难做到的。正如蒂特马斯认为，社会福利范围广泛多样，并非仅仅局限于人们理解的传统的国家兴办的公共福利事业，社会福利还应该包括财税福利和职业福利，公共福利、财税福利和职业福利三者组成社会福利的基本范围②。即社会救助与贫困救济是福利制度中最早发展和最基础的层次，我们应该把它作为社会福利制度的核心部分来看待，随着经济的发展，还应建立社会保险制度和为弱势群体提供福利服务，并

---

①② 刘继同：《社会福利：中国社会的建构与制度创新路向》，《哈尔滨工业大学学报（社会科学版）》，第5卷第1期。

为城乡民众提供医疗服务、教育、住房和公共福利等具有发展性与预防性功能以提高人民生活质量为目的的社会福利，以实现社会经济协调发展，人的全面发展以及社会政策与经济政策良性互动、相互促进。②有利于扩大社会福利覆盖范围，建立健全城乡一体化和全民性的社会福利制度，为社会平等与社会公平创造制度性基础。③有利于与欧美国家社会福利制度的接轨。社会福利内容与范围是随社会经济发展水平提高和福利观念变化而不断扩大的，而且社会福利内容增多与服务范围扩大是同步一致的。目前，欧美国家社会福利通常已不再局限于主要满足低下阶层和工人阶级的需要，社会福利已扩大到包括中产阶级在内的所有社会成员。

（二）立足国情，提高社会福利观念与制度建设的层次

中国是处于社会主义初级阶段的发展中国家，人口众多，经济还不发达，因此，在考虑提供社会福利水平，建立社会福利体系时，必须要与基本国情、国家、各地区的经济发展水平相适应，而不能超越发展阶段。社会救助与贫困救济是社会福利制度中最早发展和最基础的层次，更高层次是社会保险和弱势群体的狭义福利服务，这两类社会福利类型的共同特征是均局限于特定的服务对象，考虑到当前旧的人事制度已经被打破、就业压力加大、收入差距拉大等诸多改革过程中出现的问题，在现有的经济发展水平上，这两类社会福利应该成为构建中国社会福利体系的重点。另外，医疗保健服务、公共卫生、教育培训、住房供应、环境保护与改善、生活质量和生活方式等，也属于社会福利的范畴，这些社会福利项目的基本特征是服务对象的普及化，强调发展性与预防性功能，建立包含上述社会福利项目的社会福利制度符合人的全面发展和经济社会协调要求，也是对国际上社会福利观念发展趋势的回应，在今后，随着经济发展水平的提高，应该逐渐成为中国社会福利制度的核心。

（三）加强政府的政策扶持，加大财政支持力度

社会福利制度的建立与完善需要有效的政策扶持、财力保障、社会动员、组织引导和市场机制的驱动，而随着政府逐渐退出竞争性经济领域以及公共财政体系的建立，国家财力将主要用于社会公共需求和社会福利，政府管理社会事务的职能为此大大加强，为中国社会福利事业的发展提供前提条件。可以考虑把社会福利制度建设纳入国民经济和社会发展的总体规划，把社会福利设施纳入各地城乡建设的规划；对社会力量兴办社会福利事业，要在规划、用地、税收等方面给予政策优惠；要采取切实有效的政策，鼓励社会力量和个人捐赠、赞助和参与社会福利事业，充分调动和运用各种社会福利资源。

（四）重视立法，推进社会福利的制度化建设

社会福利走向制度化，是社会文明发展进步的一个重要标志，而通过相应的法律来规范社会福利的供给与需求，则是福利事业制度化的基本要求。然而，目前中国的社会福利立法虽然已取得一定的成绩，但基本上还没能成体系，已有的法律也存在着笼统而缺乏相应的细化单行法规的问题。2013年，党的十八届三中全会通过的《关于全面深化改革若干重大问题的决定》，该决定对社会保障制度改革做了全面部署，为社会福利制度化建设提供了行动指南。今后，要坚持社会统筹和个人账户相结合的基本养老保险制度，完善个人账户制度，健全多缴多得的激励机制，确保参保人权益，实现基础养老金全国统筹，坚持精算平衡原则。推进机关事业单位养老保险制度改革。整合城乡居民基本养老保险制度、基本医疗保险制度。推进城乡最低生活保障制度统筹发展。建立健全合理兼顾各类人员的社会保障待遇确定和正常调整机制。完善社会保险关系转移接续政策，扩大参保缴费的覆盖面，适时适当降低社会保险费率。研究制定渐进式延迟退休年龄政策。加快健全社会保障管理体制和经办服务体系。健全符合国情的住房保障和供应体系，建立公开规范的住房公积金制度，改进住房公积金提取、使用、监管机制。健全社会保障财政投入制度，完善社会保障预算制度。加快发展企业年金、职业年金、商业保险，构建多层次社会保障体系。健全农村留守儿童、妇女、老年人关爱服务体系，健全残疾人权益保障、困境儿童分类保障制度。

[小结]

福利国家是这样一种社会：政府矫正市场力量来保护个人应付各种特定的意外事故，保障人民有一个最低的生活水平而不论他们的市场收入如何。

福利国家论的主要内容包括：收入均等化、福利社会化、就业充分化、经济混合化。

西方国家社会福利制度的危机表现在：财政危机、失业危机、社会危机、观念危机。为此，西方各国出现了社会福利的改革热潮，其大致呈现出以下发展趋势：补救模式正在取代机制模式、社会福利的私有化和地方化、职业福利发展迅猛。

[思考题]

1. 简述"福利国家"的内涵和思想渊源。

2. 西方"福利国家论"的主要内容包括哪些。

应用福利经济学

3. 简述"福利国家论"的新发展。

4. 简述中国社会福利制度的历史沿革。

5. 试论西方国家社会福利制度改革趋势及其对中国的启示。

6. 试论述中国社会福利制度的建立和完善。

第四章 公平与收入分配

[**内容提要**] 公平和效率的内涵及两者之间的关系，中国关于公平与效率关系的政策演变；按劳分配与按要素分配的内涵及两者的局限性，中国现行的分配制度；收入差距的含义及其测定方法，中国收入差距现状及解决收入差距扩大化的对策。

正确处理效率与公平之间的关系是持续提高公民社会经济福利的前提条件，随之建立的个人收入分配制度是社会主义市场经济的重要支柱之一。改革开放以来，中国在个人收入分配问题上取得了一系列重大突破，"以按劳分配为主，多种分配方式并存"、"效率优先，兼顾公平"已成为共识，而如何缩小居民收入差距则是当前亟须解决的有关收入分配问题的重要课题。

第一节 收入分配中的公平与效率

一、公平和效率的内涵

"公平"在英文中有两个单词：Justice 和 Equity，前者词义为正义、正当、公正、公平、合理、公道等；后者词义为同等、平等、均等、公平、均衡、公正、合理等。通常，文献在把公平、均衡和平等作为名词在使用时并不做特别仔细的划分。围绕如何定义公平以及如何使其数量化等问题，理论界仍处于争论中。综合相关文献，公平的含义一般有以下三个层次：一是法律公平。其一般意义包括：规范的或合法的行动限制仅仅取决于行动的性质，而不是行为主体的身份。就是说，法律同等地对待处于同样地位的人，而不会按照与行动无关的一些特征对谁进行歧视。法律公平的核心是保护人权，反对特权。二是机会公平或过程公平。是指在经济制度中人们获得机遇的公平，是为取得最终地位而必须经历的过程给予所有人同样的机会。通常，人的初始状况即个人天赋、家庭、出身、继承权、财产多寡存在着很大的差距，机会公平存在着不可能性。三是收入公平或结果公平。结果公平是指收入或商品的公平分配，也就是指最终商品或收入的平等分配，即向所有人提供等量的报酬。然而，用结果公平来表示公平也存在一定的难度，因为每个人、每个家庭的需求不同，要达到同等程度的福利水平，不同的个人和家庭就要有不同的收入。如果实现了收入公平或结果公平，那么各个人、各个家庭的福利水平就相同了。

由于对公平的价值判断不同，对过程公平和结果公平的强调不同，形成了多种公平理论，在此，对其中主要三种理论做简要介绍：

1. 功利主义公平观

功利主义的公平观认为，公平就是使社会所有成员的总效用最大化。近几十年来，该公平观受到了众多经济学家的批评。一些经济学家指出，有许多东西是不能包含在效用这个观念中的，如美丽、健康和家庭等不可转移的属性。因此，即便经济商品的分配是公平的，仍然会存在某个人对另一个人的美丽、健康和好身段的妒忌。有些经济学家认为，效用最大化没有考虑分配状况。另外，该公平观是以效用的可比性为基础，现在的问题是社会效用最大化能否从个人效用最大化中导出。

2. 罗尔斯主义公平观

罗尔斯的公平观可以简要地概括为：资源的平均分配可能会消除使最有生产力的人努力工作的积极性，最公平的配置应是使境况最糟的人的效用得到最大化发挥。罗尔斯从正义是社会制度的首要价值观念出发，认为"某些法律和制度，不管它们如何有效率和有条理，只要它们不正义，就必须加以改造或废除。每个人都拥有一种基于正义的不可侵犯性，这种不可侵犯性以社会整体之名也不能逾越。因此，正义否认了一些人分享更大利益而剥夺另一些人的自由是正当的。不承认许多人享受的较大利益能绰绰有余地补偿强加于少数人的牺牲。"[①] 罗尔斯的公平观为此也被称为正义的公平观，他把正义当作公平的价值标准，以此作为收入分配的准则。他反对损人利己，认为一个人或者一部分人获得利益，不能以

---

① 罗尔斯：《正义论》，中国社会科学出版社1988年版，第2－3页。

损害他人的利益和自由为代价。如果一些人获益损害了他人的利益，那就是不正义、不公平。即使社会存在不平等现象，只有当这种不平等的环境使穷人的生活比富裕的人改善得多，这种不平等才能够被认为是正义或者是公平的。同样，罗尔斯的公平理论也面临许多困难和矛盾，例如不利地位的含义是什么？以谁的标准来衡量公平？社会效用最大化是否能从一致的个人效用最大化中得出？一名公司领导和一名普通工人之间的收入、一名高级教授和一名讲师之间的收入应该差距多大及其理论基础何在？等等。

3. 市场主导公平观

该公平观实际上是经济自由主义的公平观。这种观点认为：竞争性市场进程的结果是公平的，因为它奖励那些最有能力的人。例如，如果 A 状态是竞争性均衡配置，则 A 状态就被认为比 B 状态更加公平，尽管在 A 状态的商品配置没有 B 状态那么平均。自由主义的代表人物哈耶克指出，自由竞争是一种公平的制度安排，公平的实现不能以牺牲自由作为代价，如果公平的获得牺牲了自由，那么这种公平的实现是不可取的，而且也是没有意义的。公平应该是机会平等，而不是权利平等，而机会平等又要以自由的存在作为前提，没有自由竞争就不可能实现机会平等，公平的实现不能离开自由。市场机制是一种机会均等和自由竞争的机制，因而市场竞争的制度安排是公平的。"在安排我们的事务时，应该尽可能多地运用自发的社会力量，而尽可能少地借助于强制，这个基本原则能够作千变万化的应用。"[1] 自发的社会力量就是市场机制的作用，只要尽可能多地运用市场的力量，就有可能实现公平。

此外，正在被引起重视特别是发展中国家重视的公平观点是阿马蒂亚·森的能力主义公平观。阿马蒂亚·森提出：更合理的公平概念可能要求对人们的基本的潜在能力的分布予以直接的注意。所谓能力主义公平，实际上就是以满足人的需要作为公平的基础。但这种公平观同样会遇到困难，例如，需要明确的含义；如果只考虑需要而不考虑个人的生产能力，那么谁来做蛋糕和谁把蛋糕做大。

效率问题是经济学研究的中心议题，也是现代微观经济学的基本组成部分。正因如此，众多经济学家都曾对效率问题进行过研究，并提出了多种效率定义。熊彼特（J. A. Schumpeter）认为，效率强调资本积累、技术进步等因素[2]。卡尔多提出的补偿标准指出，一种经济变化使受益者得到的利益补偿受损者的失去利益而有所剩余，是有效率的。同样，希克斯补偿标准提出的效率概念是：当经济

---

① 哈耶克：《通往奴役之路》，中国社会科学出版社 1997 年版，第 24 页。

② 何大昌：《西方经济学关于公平与效率关系理论研究》，《现代管理科学》，2002 年第 6 期。

变化的受损者不能促使受益者反对这种变化时，也意味着社会福利的改进。1966年美国经济学家哈维·莱宾斯坦提出了技术效率或 X - 效率的概念，它是指企业内由于职工的努力使现有资源能生产更多产量所引起的效率，这种效率与资源配置的改善无关，而是取决于企业全体职工的努力和协调程度。另外，普莱尔研究了消费效率，他认为，所谓消费效率是指这样一种状态，为不降低任何人（甚至是一个人）消费效用的水平，除非改变消费者产品和服务的消费形式，生产形式就不能改变。

在经济学中，运用最为广泛的同时也较少有争议的效率定义就是在第二章已讨论的帕累托效率。即对于某种经济的资源配置，如果不存在其他可行的配置，使得该经济中的所有个人至少和他们在初始时情况一样良好，而且至少有一个人的情况比初始时更好，那么，这个资源配置是最优的。简单来讲，帕累托效率（或有效配置）是指这样一种社会资源的配置状态：无论怎样对一种资源进行重新配置，都不可能使一个人收入增加而不使另一个人的收入减少。

我们知道，帕累托效率不仅把最优这个概念表现为一个抽象的标准，而且是证明了竞争性均衡可以产生一个最优资源配置，从而使"看不见的手"的概念变得明确了。然而，经济学界自 20 世纪 60 年代以来，对帕累托效率也提出了许多批评，其中，最有力也最具有代表性的批评意见之一，就是帕累托效率在完全竞争的条件下是可行的，但没有考虑垄断、公共物品和外部效应等情况。经济学家正在努力寻找在帕累托效率证明过程中考虑垄断、公共物品和外部性等变量的不同方法。其中，大部分的努力是探索制度上的安排，以获得一个可以证明最优配置能够达到的结论。例如，诺思提出了"制度效率"，所谓制度效率，是指在一种约束机制下，参与者的最大化行为将导致产出的增加①，其最根本特征在于，制度能够提供一组有关权利、责任和利益的规则，为人们制定一套行为规范，为人类的一切创造性活动和生产性活动提供最大的空间，以最小的投入获得最大的产出，并让生产与消费获得帕累托原则下的最优比率。另外，纳什批评了帕累托效率中关于经济主体人之间互不相关的假定，认为经济主体人之间是相互影响的。为此，提出了纳什均衡效率：在一个状态中没有一个经济主体人愿意单方面改变自己的消费或生产计划，如果经济主体人自己单方面改变消费或生产计划只会使自己的处境更坏。这是互动的经济主体人之间可能达到的一种稳定状态，这种稳定性是经济主体人单方面不愿意改变的。如果互动是在不同的规则或

①　诺斯：《经济史中的结构与变迁》中译本，上海三联书店 1991 年版，第 12 页。

制度安排之下进行的，那么所达到的稳定状态或纳什均衡是不一样的。因此，纳什均衡是一个与规则和制度安排有关的稳定状态，在这个意义上，它比帕累托最优和一般均衡更具一般性。但是，新制度经济学中的制度效率概念也好，纳什均衡效率状态也好，与帕累托效率在本质上是一致的。因为它们要表达的都是"最优化"这个概念。

二、公平与效率的关系

如何处理公平和效率之间的关系，从静态的角度看，西方经济学界对此大体有以下三种观点：效率优先、公平优先、公平与效率兼顾。

1. 效率优先论

这种观点是经济自由理论的一个延伸，因而成为自由经济主义各流派的共同主张。其代表人物有新自由主义学派的哈耶克和货币主义学派的领袖弗里德曼等。效率优先论强调经济增长中市场机制配置资源的重要作用，将与市场相联系的效率放在优先的政策目标，反对政府干预再分配的以收入均等化为中心的"结果均等"。其观点大致可归纳为以下两点：一是认为效率与市场竞争是相联系的，而市场竞争又与经济自由相联系。没有自由就没有市场竞争，也就没有效率。自由既是效率优先的前提，又是效率优先的结果。哈耶克认为自由竞争的市场制度既是公平的，也是有效率的。人们通过市场的等价交换，不仅体现了平等的原则，而且交换双方都能够获得大于不交换时的福利。这是因为，通过交换人们把对他来说效用较小的物品换回效用较大的物品，双方都从交换中增加了福利。哈耶克于是认为，应该把市场竞争放在首位，不要采取人为的收入均等化的措施，强求平等，给社会带来福利损失。弗里德曼强调：一个社会把平等即所谓结果均等放在自由之上，其结果是既得不到平等，也得不到自由。二是效率本身意味着公平。因为效率来自个人的努力程度，按照个人的努力程度分配报酬是最公平的。

2. 公平优先论

其代表人物有庇古、罗尔斯、勒纳等。庇古认为，应该通过国家的一定干预，采取由政府向富人征税，再补贴穷人的政策措施，使二者之间的收入差距缩小，实现收入的均等化。在他看来，市场自由竞争形成的收入差距不仅是一个收入不平等的问题，而且有损社会福利，不利于提高效率。因为按照边际效用递减法则，随着收入数量的增加，收入的边际效用是递减的。这意味着一个人的收入越多，增加收入部分的效用越低；一个人的收入越少，增加收入部分的效用越高。显然，如果在一个贫富差距很大的社会里，增加的收入部分更多地向富人倾斜，效用增长的幅度较小；而更多地向穷人倾斜，效用增长幅度则较大。因此，如果把富人的部分收入通过所得税、遗产税等方式由政府征收上来，然后通过转移支付，如养老金、免费教育、失业救济、医疗保险等形式补贴给穷人，就可以增加效用，提高社会福利水平。庇古认为，贫富之间的差距缩小，有利于增进社会福利和提高效率。由此得出收入均等化的政治主张，并认为有公平就有效率。不过，新福利经济学家对庇古的收入均等化的政策主张持否定态度，他们认为庇古的有公平就有效率的理论依据不足。因为旧福利经济学假设效用可以用基数度量，效用可以在人与人之间比较和每一个人都具有同样的收入效用函数，但这些假设都没有得到证明。勒纳主张平均分配是一种最优分配。他认为，资本主义的收入分配是在一部分人中占有资本，而另一部分人没有在资本这一历史的、制度的基础上进行，这种分配是不可能公平的。因此，勒纳主张通过国家干预来实现收入分配的均等化。总之，公平优先论强调：收入分配的不公平会导致机会和权利的不公平，而不公平会导致人的积极性和工作热情的下降从而降低工作效率。

3. 公平与效率兼顾论

其代表人物有萨缪尔森、凯恩斯、布坎南和阿瑟·奥肯。在他们看来，市场是一种公平的机制，收入分配不平等的现象也是客观存在的。可见规则公平、机会平等有利于效率的提高，但不利于收入分配的平等；收入的均等化有利于平等而又不利于效率的提高。那么，公平与效率的关系就不应该是公平优先，也不应该是平等优先，而是需要二者兼顾。他们认为，即使公平和效率发生冲突，也应该达成妥协。不过，如果某些平等要以牺牲效率为代价，或者某些效率要以牺牲平等为代价，要求其中的任何一种牺牲要以得到另一种更多的补偿为前提。例如，阿瑟·奥肯则认为，平等和效率之间存在一种交替关系，平等和效率双方都有价值，其中一方对另一方没有绝对的优先权，在二者冲突时应达成妥协，为了效率就要牺牲某些平等，为了平等就要牺牲某些效率。为此，他们提出了一些效率与公平达成妥协的办法。萨缪尔森认为，要效率又要平等的途径是通过政府干预来辅助市场机制这只"看不见的手"；布坎南则提出通过社会制度结构来解决公平与效率二者不能兼顾的问题。

从动态的角度看，美国经济学家库兹涅茨提出的"倒U形理论"分析了经济发展过程中处理公平与效率的时序。1958年，库兹涅茨借助于基尼系数，以少数富裕国家和贫穷国家在某一时点上收入分配的部分数据资料为依据，提出了"倒U形理论"。该理论认为，一国经济发展由初期的收入分配比较平等开始，在其发展过程中，为了提高经济效益，必须扩大收入差距，使社会日趋不平等，当经济发展达到一定人均 GDP 发达阶段后，收入分配才又重新趋于平等。这一收入分配的变化趋势如果用曲线表示，呈现倒"U"形形状，故称为"倒 U 形理论"。实际上，库兹涅茨上述分析得出了如下结论：以人均国民生产总值来衡量的经济发展水平是决定一个国家收入分配不平等程度的主要因素①。因此，公平分配不能强求，只能随着一国经济发展的推进而逐渐地实现。

三、中国关于公平与效率关系的政策演变

在经济体制改革以前，中国在对待公平与效率问题上曾出现过严重的认识偏差，简单地把公平理解为平均主义，其结果是造成人们的生产积极性下降，社会发展受到严重影响。

1980 年以来，伴随改革开放，中央对公平与效率的认识有了变化。党的十三大提出，"在促进效率提高的前提下体现社会公平"。效率是经济发展、社会进步、人民生活水平提高必不可少的前提，物质极大丰富了，才能实现真正的按劳分配。但效率提高的同时也要体现社会制度的优越性，公平地进行收入分配。效率是主要问题，效率上不去，公平也无从实现，最后还会回到平均主义的老路上去。

随着经济的发展，收入分配差距不断扩大，出现了一系列的社会问题，诸如分配不公、不平等竞争、寻租行为等，要效率也要公平的呼声日高。面对新情况，党的十四大进一步强调要"兼顾效率与公平"。但是，这一"兼顾"的笼统提法在贯彻中较难把握两者的关系，甚至在一些企业中又重现了吃"大锅饭"的现象，人们劳动积极性有所减退。针对这些现象，十四届三中全会《关于建立社会主义市场经济体制若干问题的决定》中明确地指出："效率优先，兼顾公平。"这个八字方针的出台很快纠正了牺牲效率求公平的平均主义的某些回潮。

近年来，在宏观经济形势大好的同时，收入分配差距过度拉大，分配不公加剧等又成为人们关注的一个焦点，这表明效率与公平关系问题仍然有待进一步妥善解决。江泽民同志在"十六大"报告中指出："调整和规范国家、企业和个人的分配关系。确立劳动、资本、技术和管理等生产要素参与分配的原则，完善按劳分配为主体、多种分配方式并存的分配制度。坚持效率优先、兼顾公平，既要提倡奉献精神，又要落实分配政策，既要反对平均主义，又要防止收入悬殊。初

---

① 库兹涅茨：《现代经济增长》，北京经济学院出版社 1989 年版，第 182－185 页。

次分配注重效率，发挥市场的作用，鼓励一部分通过诚实劳动、合法经营先富起来。再分配注重公平，加强政府对收入分配的调节职能，调节差距过大的收入。规范分配秩序，合理调节少数垄断性行业的过高收入，取缔非法收入。以共同富裕为目标，扩大中等收入者比重，提高低收入者收入水平。"

今天，我们建立的社会主义市场经济新体制，不仅要提供市场、竞争等价值标准，激发个人奋斗积极性，从而使社会经济有效率地运行，还要保证公平、合理、正义等价值标准，追求全体社会成员的共同富裕。要实现这样一个理想状态，从某种程度上说，关键是处理好公平与效率的关系。在社会主义初级阶段，由于生产力水平不高和所有制结构多层次，公平与效率的矛盾一时还难以完全解决。在这种条件下需要寻找公平与效率的最佳结合点，使其达到最优组合。基于这一基本原则，当前中国解决公平与效率矛盾的基本指导思想是"效率优先，兼顾公平"。坚持"效率优先"原则，在根本上是由发展社会生产力的历史任务所决定的。生产决定着消费和分配，生产效率的高低决定着利益分配的价值内容、规模乃至具体方式。没有生产一切就无从谈起，而且解决社会分配欠缺、商品匮乏和不公平分配的根本途径，只能是提高生产效率，促进经济增长，以求在根本上解决社会的物质短缺和分配不公问题。从这一意义上说，效率问题的确在社会生活（不仅仅是经济生活）中占据着优先位置。邓小平同志针对传统社会主义理论忽视和破坏效率原则而造成生产严重破坏、生产力发展缓慢等问题，一针见血地指出，"社会主义的本质，是解放生产力，发展生产力，消灭剥削，消除两极分化，最终达到共同富裕。"这是我们正确处理公平与效率关系的指针。只有效率优先所带来的社会主义生产力的极大发展，才能保证社会公平、扩大规模、改善质量。突出效率原则绝不意味着我们可以忽略兼顾公平的问题，更不是把公平问题推到可有可无的境地。效率和公平始终是社会主义追求的基本目标。"兼顾公平"的必要性在于：①公平对效率具有一定的反作用。公平竞争基础上的收入差距可以刺激人们提高效率的积极性，而收入分配的不公平则会影响效率的增长乃至导致效率下降。党和政府制定的按劳分配政策，鼓励人们在诚实劳动、合法经营的基础上实现个体利益的增长，极大地调动了人们的积极性，促进了效率增长。②现代社会的劳动分工日趋细密和复杂，各种劳动类型或方式之间的比较日益困难，因而也加大了使"按劳分配"真正符合公平分配要求的难度。因此，在把效率放在优先位置的同时，一刻也不要忘记促进社会公平。③效率优先的结果不可避免地导致事实上的不平等。由于人与人之间先天或后天的自然差别，人们在获得利益时机遇和条件不同，使得利益资源在人们之间的分布极不平衡。因而弱势群体生存、发展的相对平等权利，需要国家从社会主义的公平原则出发，通过国民收入再分配等途径予以保障。

第二节　按劳分配与按生产要素分配

分配问题是生产关系中的一个重要方面，社会制度不同，由所有制性质决定的分配方式也有着质的不同。长期以来，在中国经济处于单一的公有制经济模式下，按劳分配成为唯一的分配方式。改革开放以来，分配制度的改革经历了一个不断深化的过程。党的十五大报告中提出："坚持按劳分配为主体、多种分配方式并存的制度。把按劳分配和按生产要素分配结合起来。"党的十六大进一步提出"确立劳动、资本、技术和管理等生产要素按贡献参与分配的原则，完善以按劳分配为主体、多种分配方式并存的分配制度。"党的十六届三中全会关于《中共中央关于完善社会主义市场经济体制若干问题的决定》也指出："完善以按劳分配为主体、多种分配方式并存的分配制度，坚持效率优先、兼顾公平，各种生产要素按贡献参与分配。"以按劳分配为主体，多种分配方式并存的分配制度已成为有中国特色的社会主义市场经济的重要组成部分。

一、按劳分配的内涵及其局限性

按劳分配是马克思主义的基本原理之一，也是中国个人收入分配的基本形式。它最初是马克思在《哥达纲领批判》中对未来社会的分配方式所做出的一种设想。所谓按劳分配，按照传统政治经济学理论的诠释，就是社会根据劳动者提供的劳动数量和质量分配个人消费品，等量劳动取得等量产品，不劳动者不得食。按劳分配体现了劳动者在分配领域中的关系是平等的。

按劳分配的劳动虽然是由劳动者个人提供的，但从性质上说必须是符合市场需求的、为社会所承认的劳动。这是因为，在社会主义市场经济中，劳动者的劳动不具有直接的社会性，而是范围非常有限的（如企业范围）局部劳动。局部劳动转化为社会劳动的唯一途径就是该劳动所生产的商品或服务能在市场上成功出售，使其价值得以实现。如果劳动者进行劳动，但不为社会所承认，也不能成为分配的依据。例如，在一个效益不好的企业中，劳动者的收入没有稳定的保障不是因为他们不劳动，而是他们的劳动完全不为或部分不为社会所承认。从量的方面来说，按劳分配中的劳动，不能单纯地以劳动的自然尺度即劳动时间来衡量，因为个别劳动的差异非常大，必须把个别劳动量还原为社会平均劳动量。这就需要从劳动时间、劳动强度和劳动复杂程度等方面进行综合考察。在一般情况下，劳动时间长、劳动强度大、劳动复杂程度高，则劳动量越多。但对某种劳动来说，尽管劳动时间长、劳动强度大，但由于是简单劳动，比时间短的复杂劳动所提供的劳动量还要少。另外，按劳分配是个人收入的分配，并不意味着劳动者凭借其劳动直接获得全部劳动成果，它是将社会全部收入中的一部分分配给劳动者个人。

新中国成立以来，个人消费品的分配曾长期采用单一的按劳分配模式，应该说，按劳分配是对中国旧的剥削制度的根本否定，在调动职工的积极性、提高劳动者的收入、推动中国经济发展等诸多方面起着重要作用。但是，随着社会主义经济建设的发展和深入，尤其是随着社会主义市场经济的逐步建立，按劳分配原则逐渐暴露出一些突出的矛盾或问题，主要表现在以下几方面：①按劳分配要在全社会范围内实现，很难有统一的标准，各种劳动的质和量不易换算。因为个人收入分配的主体由过去的国家已恢复为各个企业，它们是独立核算、自负盈亏的主体，有权决定本企业员工的个人收入分配的标准。②在商品经济条件下，按劳分配的实现要采取商品、货币的形式，劳动者的报酬以一定量的货币工资来计算，并通过这些货币到市场上去购买那些转化为自己所需的产品。这样，商品价格、货币价值、市场供求状况、价值规律等商品经济的范畴和机制必然会对按劳分配的实现产生影响。虽然按劳分配中通行的仍然是等价交换的同一原则，但由于商品价格、货币价值等插手其间，使得该原则和实际情况出现偏差。因为在通过商品货币关系来实现按劳分配的过程中，价格起了再分配的作用，劳动者最终的消费品所体现的劳动量同他向社会提供的劳动量会由于价格和价值的差异而不相一致，从而使按劳分配所体现的等量劳动相交换的原则表面上相等，实质上并不相等。③在实践中没有实行真正意义的按劳分配，而是平均主义，"大锅饭"占了主导地位，极大地挫伤了劳动者的积极性和创造性，排斥了科学技术是第一生产力的知识劳动所创造的价值和劳动贡献。④市场经济中的平等与按劳分配的平等发生矛盾，从而导致两种事实的不平等出现。市场经济中的平等，就是商品生产者和经营者在价值规律面前平等，在市场竞争中平等，在竞争结果上平等，即优胜劣汰。这样的平等正是市场经济的品质和不变法则。按劳分配上的平等，实际上是形式或原则上的平等而结果或事实上的不平等，即享有平等劳动权利的劳动者由于智力、体力从而劳动能力存在差别，因而在个人消费资料获取的多寡上存在差别。这两种原本各行其道的平等，现在却在社会发展中交汇在同一时空之下。准确地说，是按劳分配被纳入或置于市场经济环境中。因此，新的情形出现了：原先可以纯粹实现的按劳分配，现在不可能了，其必须受市场经济的平等法则的制约；原先的劳动只要社会承认即可，并应给予分配，现在劳动是否被承认以及承认多少，要由市场竞争说话才算，要由企业的生产经营效果决定，因而可能全部或部分地承认，也可能全不承认；原来按劳分配仅以生产资料公有制为基础，现在却以市场竞争为更现实、更直接的基础，而分配结果则完全取决于企业的效益。可见，市场经济具有否认按劳分配所承认的劳动的一面，而这种否认随时都可能发生，因而它的平等法则与按劳分配的平等原则具有尖锐的矛盾。

二、按生产要素分配的内涵及其必要性

按生产要素分配就是社会根据各生产要素在商品和劳务生产服务过程中投入的比例和贡献大小给予相应的报酬。换句话说，按生产要素分配就是劳动力、资本、技术和自然资源等诸多生产要素共同参与收益分配。即根据生产要素的"功能"进行，每种生产要素的收入来自对生产的贡献，其中，劳动的收入是工资，资本的收入是利息，土地的收入是地租。每种生产要素的收入（价格）都由市场供求关系来决定。

在社会主义市场经济中，之所以要鼓励按要素分配，原因在于：

（1）按要素分配是市场经济的内在要求。市场经济意味着在国家宏观调控下市场对资源配置的基础作用。生产要素作为物质和劳务产品生产时投入的资源，理所当然也就包含在市场调节的范围内，而市场对要素配置的调节又主要是通过要素价格即要素提供者所获报酬的上下波动来实现的。当某一地方某种生产要素投入时所获收益高或稀缺性强，该要素的价格就会上涨，其他地方的同种要素就会向这一地方集中。反之亦然。正是在不断地流动、分化组合中，生产要素不断地按市场的需求得到配置。由于要素价格是根据要素投入所获取的收益和稀缺程度给要素提供者的相应报酬，这就意味着要按要素分配。所以，要素价格的实现也就是按要素分配的实现。没有按要素分配，市场对资源配置不可能起基础作用，因而也就没有市场经济本身。按生产要素分配是对进入生产过程的一切资源的价值和作用的承认和实现，是调动人的积极性，促进经济和文化进步的有力杠杆。生产要素是进行物质资料生产的最基本的前提条件，包括投入到生产过程中的劳动者、劳动资料和劳动对象。在社会主义制度下，随着现代化步伐的加快，对劳动者整体素质的要求必将越来越高，作为知识型的劳动者所创造的价值

量要倍加于简单劳动者所创造的价值量。改革开放以来，中国城乡劳动者的收入也随之以较快的速度增长，在实现人们消费水平持续增长的同时，必然形成广大居民的投资资金稳步上升的格局。可见，劳动者将自己的一部分劳动收入转化为再生产过程的生产要素，并以此来获取相应投资效益，由此而实现劳动者的个人利益和整体利益的统一。在深化改革的方针指引下，一些精明能干的劳动者通过自己的勤奋劳动与合法经营；或者善于把握机遇向股票市场投资乃至在积累相当数量的资本金的基础上开办私营企业，他们是生产要素的所有者，他们按国家所确定的投资方向进行扩大再生产，因而按其所投入的生产要素进行分配也就成为推动社会经济发展的必然要求。

（2）按要素分配有利于加速国有企业经营机制的转换。在传统的计划经济体制下，国有国营的全民所有制经济和以全民所有制为目标模式的集体所有制是生产要素的占有者，生产要素的配置由国家计划统一安排，作为生产单位的企业对经营状况不承担责任，企业的盈亏不与企业广大职工的物质利益挂钩，致使企业的生产经营活动往往处于缺乏自主性的被动状况，特别是由于在以产品短缺为特征的计划经济体制下，相当数量的产品是处于凭票购买的抢购状况，也就不可能形成生产企业追求进步的内在动力，从而使生产力的发展速度受到制约。中国深化改革的目标模式就是逐步实现从计划经济体制向社会主义市场经济体制的转轨，作为社会主义市场经济体制重要组成部分的个体经济、私人经济已经成为中国国民经济中具有相当活力的新的经济增长点。相对于公有制经济而言，私人经济具有经营机制灵活、对市场反应比较灵敏、采用新技术的内在动力较强等方面的优势。但是，作为市场经济的经济运行模式，同样适用于以公有制为特征的经济运行模式，以竞争机制为特征的社会主义市场机制，对于中国公有制经济经营机制的转换、科学技术水平的提高，有着不可估量的能动作用。

（3）按要素分配有利于生产要素配置的优化，实现经济的持续发展。把按生产要素分配作为一种重要的分配原则来贯彻，不仅适用于非公有制性质的经济，同样也适用于公有制经济。发展社会主义的市场经济，要求任何的生产活动都要以市场为导向，都要适应通过市场的走势来反映社会生产、消费需求的变化。就生产要素的生产者而言，由于利益机制的驱动，他们总是以社会对某种生产要素的需求状况为依据来决定自己的投资项目，从而以此为杠杆来实现各种生产要素的生产同社会经济的发展需求保持着大体上的平衡。就生产要素的需求者而言，他们为了取得其在市场竞争中的优势，势必着眼于以提高生产要素的质量、节约生产要素的消耗、采用新技术等方面来促进生产力水平的提高，从而实现着社会生产力整体水平的持续上升。中国是以公有制为主体的社会主义国家，从宏观上分析，由于社会主义所固有的经济职能，可以更加自觉地运用经济规律和自然规律，在全国范围内合理地配置生产力，并把区域经济纳入扬长避短、协调发展的轨道。可以说，社会主义经济制度本身为优化按生产要素分配的运行机制提供了制度上的保证；从微观上分析，随着公有制经济特别是国有大中型企业改革的不断深化，按照"产权清晰、权责明确、政企分开、管理科学"的要求，除极少数企业实行国家独资外，绝大部分国有企业都将接纳非公有制资本入股，实行投资主体多元化，这对国有企业的扩大生产规模、转换经营机制、更加灵活地适应社会主义市场经济的要求、以更快的速度实现国有资产的保值增值等，都是有益的。我们认为，中国的国有企业在经济实力、技术装备、职工素质等方面是具有优势的，同样可以把生产要素向其他类型的经济领域投放，通过生产要素的重组来强化国有经济在国民经济的主导作用。

（4）按要素分配有利于要素市场发育和推动中国居民收入水平的提高。按生产要素分配要求有一个完善的要素市场体系。当前的关键是如何为金融、劳动力、技术、信息市场的发育营造一个相应的经济环境和制度上的保障体系。另外，在单一的公有制经济条件下，以工资形式表现的按劳分配收入是劳动者唯一的收入来源。党的十五大提出把"以公有制为主体、多种所有制经济共同发展"作为中国社会主义初级阶段的一项基本经济制度，由此而形成的分配方式多元化为广大城乡居民收入的较快增长打开了更为广阔的新途径。这些年来，按生产要素分配的收入已经成为中国居民收入增长的重要因素，其增长的幅度也大大高于来自国有集体经济的按劳分配部分的增长幅度。

在社会主义市场经济中，实行按要素分配是非常必要的。但是，我们也要看到，按生产要素分配是收入分配的现象描绘，不能揭示劳动收入相对其他生产要素收入下降的同时应该逐步得到提高这一本质内容；同时，按生产要素分配未考虑非市场因素对生产要素价格决定所起的重要作用和影响，从而使按生产要素分配在中国的运用具有很大的局限性。因此，按要素分配在实践中，存在许多难以摆脱的困境，其主要表现在：①在各生产要素中，资本的权力当前是占据主要统治地位的，工人的就业与消费服从于资本运动和扩大收缩的需要，资本可以购买劳动力和土地。在土地、资本、劳动力为主体的生产要素中，资本占据了统治地位从而可以使按要素分配演变为按资本分配。②在当前居民收入差距过大并继续扩大的情况下，引发两极分化。在按生产要素分配的条件下，由于社会成员对生产要素或社会财富所有或占有的情况不同，他们在市场和收入分配领域的地位和机会就会有很大的差别，这种状况决定了要素所有者中的富裕阶层的收入必然远远大于贫困阶层的收入。从当前收入差别状况和社会分层的趋势看，他们之间的收入差别必将进一步扩大，从而使社会分层复杂化并加剧社会矛盾。③对国家生产力布局、产业结构的调整、资源的利用将产生不利的影响甚至是破坏性的作用。按要素分配使市场对资源配置起基础作用，投资者只会把眼光放到有利可图的部门，对于一些循环周期长、利润不大的基础产业是没有人愿意去投资的，由此就会影响到生产力的合理布局。这样对某些部门的过量投入与对某些部门的缺少投入就不利于产业结构的调整和整个国民经济的平衡发展。

三、社会主义初级阶段的分配制度

长期以来在中国，人们一直把按劳分配和按生产要素分配视作两种相互对立、水火不相容的分配方式。在现实经济生活中，人们又在这一思想的指导下，片面追求单一的公有制结构和纯粹的按劳分配，竭力贬低、排斥按生产要素分配。80年代初期勃然兴起的市场化改革，打破了这种相互对立的僵局，不仅使所有制结构多元化、经营方式多样化，而且也使收入分配方式多样化。在人们的收入结构中，按劳分配与按生产要素分配已呈现同时并存、互为补充、相互结合的趋势。在党的十五大报告中，江泽民同志从完善社会主义初级阶段的基本经济制度、解放和发展生产力、推进社会主义现代化建设出发，对这一趋势给予了肯定。然而，在中国现阶段，这两种原本对立的分配方式为什么能够互为补充、相互结合、共同推动社会生产力的发展呢？原因在于：①要素是否参与收益分配要看在价值形成过程中的贡献。在劳动过程中，资本作为物化劳动不创造价值，不会成为价值的源泉，但它却是劳动创造价值必不可少的物质条件。正是这种必不可少的作用，使得资本在价值形成与价值创造的过程中必然取得相应的报酬。个人所拥有的资本取得相应的收入就是这种内在要求的外化。按生产要素分配的逻辑基础就是看一项要素是否参与收益分配，不能以它是否创造过价值作为唯一的尺度，而要以它在价值形成过程中是否做出过贡献来衡量。②二者结合是生产资料所有制多元结构的要求。中国社会主义初级阶段的国情是生产力多层次性和经济发展的不平衡性，这就决定了生产资料所有制是一个多元结构所有制，除了占主体地位的公有制经济以外，还有非公有制经济的成分，它们已经成为中国社会主义社会经济的重要组成部分。我们知道，什么样的所有制结构决定什么样的收入分配方式，如果忽视私营、合资企业等非公有制经济成分凭借资本所有权参与收入分配的要求，将不利于市场竞争，也不利于社会主义生产力的发展与资源优化配置。③市场经济为实现按劳分配和按要素分配的有机结合提供了体制基础。在市场经济条件下，不同的生产要素既可以在同一所有制内部流动，也可以在不同所有制之间流动；既可以在同一地区、同一行业内部流动，也可以在不同地区和不同行业之间流动。这些流动有效地促进了按劳分配和按要素分配的有机结合。④把二者结合起来能使中国经济运行方式顺利地与国际经济接轨，并参与国际市场竞争。国际上的市场经济国家，凭借资本所有权取得收入是正常现象，外国资本进入中国必然提出同样要求；同样，中国资本进入国外也必然要参照国际标准。可以说，没有按生产要素要求分配，就没有资本运营和中国资本市场的发展，也没有中国与国外资本的相互流动。因此，按生产要素分配是中国走向世界的必然要求。

总之，按劳分配与按生产要素分配在实践中已经结合起来，这是一个基本的事实。具体说来，不仅有按劳分配的收入，而且有股息、利息等按资分配的收入、技术收入等按生产要素分配的收入。

在完善的市场经济体制下，每种生产要素的收入是完全由市场供求关系决定的。但对中国而言，还必须坚持按劳分配为主，即要使按劳分配的权数和功能大于其他生产要素分配的权数和功能，这主要是由中国现阶段的特殊国情所决定的。首先，中国是社会主义社会，必须坚持以公有制为主体，同时，必须坚持多种所有制经济共同发展，否则，就会脱离社会主义初级阶段的实际。以公有制为主体多种所有制经济共同发展决定了我们必须实行按劳分配为主体的多种分配方式。其次，目前中国生产力发展水平还很低，人均收入水平也不高，因而作为资本的生产要素的拥有量很少，这样绝大多数居民都主要依赖劳动收入，非劳动收入占居民的比例还较低，坚持以按劳分配为主体，这是实现现阶段中国居民收入公平合理分配的最重要途径。再次，劳动者报酬在中国各要素收入分配中占绝对支配地位，目前中国国内生产总值中劳动者报酬所占的比重已超过50%。最后，虽然近年来中国私营企业和股份制改革发展较快，但总的来说，私营企业主和股民毕竟还是少数。因此，作为现阶段中国分配理论的显著特点就是在实行按生产要素分配的过程中，必须坚持以按劳分配为主体。

四、按劳分配与按生产要素分配相结合的条件和途径

按劳分配与按生产要素分配必须通过市场才能实现有效的结合，而有效结合的首要条件就是要求包括劳动力在内的生产要素的产权明确界定。在市场经济条件下，劳动者取得工资收益是以让渡劳动力的使用权为条件的，所有者取得收益

是以让渡资本的使用权或法人所有权为条件的，就是国家征收税金，也要以提供公共物品和公共服务为条件，显然，没有经济资源产权的明确界定，也就不可能有资源权利让渡中的等价交换，也就不可能使资源的所有者和使用者在市场的交换过程中，实现各自应得的利益份额，从而也就不可能实现国家利益、企业利益、所有者利益和个人利益的市场均衡。劳动力产权关系的界定，应是企业与劳动者在劳动力市场上，通过签订合同契约和平等交换的原则来实现的。劳动者通过让渡劳动力的使用权，享有合同契约规定的工资收入，各种福利和社会保险等项权利，负有遵守企业各项规章制度和为企业生产财富的责任。企业取得劳动力的使用权，依法自主使用和承担劳动力再生产的责任。劳动者与企业的这种关系，就是劳动力的产权关系。这是把劳动力的使用权当作商品，在平等自愿的基础上，通过劳动力市场的让渡形成的。通过这种让渡，劳动力的所有权与使用权分离开来，所有权归劳动者，使用权归企业，构成劳动者与企业所有权之间的对等关系。资本产权关系的界定是在资本市场上通过资本的让渡实现的，所有者购买股票，让渡资本的法人所有权，享有资产受益、参与企业重大决策和选择管理者的权利，负有企业债务的有限责任。企业取得资本的法人所有权，能够以其法人财产依法自主经营，自负盈亏，并负有保证资本保值增值的责任。所有者购买债券，让渡资本的使用权，享有到期索取本息的权利，承担债券经营的风险。企业取得资本的使用权，需要承担到期还本付息的责任。

实现按劳分配和按生产要素分配相结合的另一个条件是公平竞争。就要素市场来说，交换双方的利益目标互不相同，其经济行为也不完全一致，对市场均衡价格形成的影响也不可能完全一样。其中，要素供应者有他的利益目标，即追求尽可能高的个人收入，从而会过高地估计要素的价值，抬高市场价格水平，而要素的需求者也有他的利益目标，即追求利润的最大化，从而会过低估计要素价格，压低市场价格水平。如果供应者或者需求者形成垄断，则有可能把价格抬高到其价值之上，或压低到其价值之下。因此，要由市场客观评价均衡价格，就必须消除要素供给垄断和需求垄断，以此实现让渡的公平竞争。不然的话，只要供求的任何一方占优势，就有可能过分地抬高或压低价格，使之偏离市场均衡价格水平。所以，公平竞争是市场均衡价格形成的基本条件，实际上就是按劳分配与按生产要素分配相结合的基本条件。但公平竞争是有条件的，即市场上必须有大量的买者和卖者；产品和劳务应是同质；要素能够自由转移以及买者和卖者有完全的信息。劳动力是一种最基本的生产要素，要实现自由转移需要具备一定的条件：一是劳动力必须商品化，企业在交换中得到劳动力的使用价值，实现商品和剩余价值的生产；二是允许失业的存在，劳动者不满意现有的工作岗位和劳动报酬，有权选择再就业的自由；企业不满意现有劳动力的使用价值，有权解雇劳动者。两个条件只要缺少了一个，劳动力的自由转移都是不可能的。当前，中国劳动力就业制度不够完善，竞争也不很充分。例如，工资分配和劳动就业制度、户籍制度、产权制度还带有极其浓厚的传统计划经济色彩，社会劳动力充分以致没有那么多的工作岗位能以劳动力的价值作为工资标准吸收剩余劳动力。除了劳动力市场外，其他要素市场也存在竞争不充分、发展滞后等问题，这些问题的存在在一定程度上阻碍了按劳分配和按生产要素分配的有机结合。

按劳分配和按生产要素分配相结合，具体来说，可以通过以下几种形式把二者结合起来。第一种形式是在股份制企业中实现按劳分配与按资分配的结合。股份制企业可以通过以下途径进行收入分配，一是工资收入，主要考虑因素是本人在企业中的劳动质量和实际贡献，按劳取酬，多劳多得。二是资本收入，即企业盈利的分配是由资本投入来决定，按股份分配，从税后利润中取得。三是实行"劳资结合，二元股份"，有些股份制企业在股份设置方面设置了劳力股，把劳力股和资本股结合起来参与收益分配。之所以提出劳力股是因为企业的一个财产组成部分是以职工过去和现在的劳动为依据的，它反映了在企业劳动的职工的劳动报酬没有完全支付，作为工资支付的只是其中的一部分，另一部分转化为企业的法定财产，现在再把这部分财产转化为股权，这就是劳力股。从分配的角度看，劳力股是企业内部按劳分配的再次实现。第二种形式是把按劳分配与科学技术参与收入分配结合起来。科学技术是第一生产力，是最活跃的因素。它以其他有形特质的要素为载体并渗透其中。技术水平的高低直接制约着生产力的质量和水平。不仅如此，现实的生产活动并不是生产力各要素的简单加总，而是存在着相互的联系。也就是说，生产力的各要素只有构成了"劳动力—生产资料—劳动对象"系统并运动起来，才能真正实现生产的功能。而技术恰恰是把各要素结合起来的必要手段。技术不仅影响生产力的各单项水平，而且影响着现实生产力的整体发挥，特别是在知识经济时代，技术在社会生产中的作用日益重要，它和资本一样应取得生产要素收入。第三种结合是把按劳分配与经营管理职能参与收益分配结合起来。随着现代企业制度的产生、完善和发展，企业的经营管理者已形成一个独立存在的特殊群体。经营管理的自然属性使经营管理活动带有生产力要素的属性。通过科学承认和合理界定企业经营管理者和科学技术人才的特殊劳动价值，并使之合理合法地参与收益分配。对于经营者，目前可以通过实现年薪制来使经营管理职能参与收益分配。企业改革中实行股份制改革，在这个过程中，通过研究和探索管理股份、技术股份、风险股份的计算和确定，使这些无形资产和无形要素在总股本中的份额得以确定，使管理、技术、风险等要素在收益分配总额中占据确定的地位。

第三节　收入差距及其缓解对策

一、收入差距的含义及其测定方法

个人收入差距是指人们在一定时期内所获得的收入量的差别，它有绝对收入差距和相对收入差距。绝对收入差距是用货币单位或其他实物指标来表示，而相对收入差距则是以收入比重或相对份额来表示。相对收入差距和绝对收入差距既有联系又有区别。在总收入水平一定时，相对收入差距和绝对收入差距的变动方向是一致的。但在总收入水平不一定时，相对收入差距和绝对收入差距的变动方向可能不一致，即相对收入差距扩大，绝对收入差距可能缩小；反之，相对收入差距缩小，绝对收入差距有可能扩大。值得注意的是，收入分配差距与收入分配是否公平是两个不同的概念。收入分配差距是对收入分配状况的客观反映，不存在主观上的评估问题；而收入差距是否公平则涉及公平观念的选择，是一个价值判断问题。

收入分配差距的测定方法可以有许多种，由于分析的角度不同，每种方法也都具有各自的适用范围和优缺点。比较常用的收入分配差距测定方法主要有：

（一）洛伦茨曲线与基尼系数

1. 洛伦茨曲线（Lorenz Curve）

洛伦茨曲线是国际上用来测定收入分配状况的工具，因德国统计学家洛伦茨提出而得名。洛伦茨曲线如图 4 – 1 所示：

图 4 – 1 中，OI 表示收入百分比，OP 表示人口百分比，对角线 OY 是绝对平均线 a，对角线上所对应的人口百分比和收入百分比都相同，意味着社会收入分配是绝对平均。折线 OPY 是绝对不平均线 c，是指社会成员中除 1 人外，其余人的收入均为零，而这 1 人则占有收入的全部。实际分配曲线 b 介于 a 与 c 之间。显然，分配曲线 b 越接近 a，社会收入分配越接近平均；反之，即 b 越接近 c，则

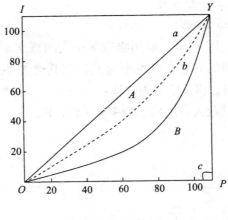

图 4-1

社会收入分配差距越大。从洛伦茨曲线上可以读出每个阶层的收入比重，从曲线的弯度可以观察到各个阶层的收入差距情况，从不同曲线的对比中可以得到不同国度收入分配差距的比较，或同一国家不同时期的收入差距变动情况。

2. 基尼系数（Gini Coefficient）

基尼系数或称洛伦茨系数是由意大利经济学家基尼提出的，是国际上通用的反映收入差距的重要指标。

基尼系数以洛伦茨曲线为基础计算，其经济含义是：在全部居民收入中用于不平均分配的百分比。在图 4-1 中，A 表示实际分配曲线与绝对平均曲线之间的面积，B 表示实际分配曲线与绝对不平均曲线之间的面积，即基尼系数 = A/(A + B)。如果 A = 0，则基尼系数 = 0，收入分配绝对平均；如果 B = 0，则基尼系数 = 1，收入分配绝对不平均。可见，基尼系数在 0 与 1 之间变动，基尼系数越小，收入分配越平均，反之则差距越大。基尼系数的计算公式为：

$$G = \sum_{i=1}^{n} X_i Y_i + 2 \sum_{i=1}^{n-1} X_i (1 - V_i) - 1$$

其中，X 代表各组的人口比重，Y 代表各组的收入比重，V 代表各组累计的收入比重，$i = 1, 2, 3, \cdots, n$，n 代表分组的组数。

一般经验认为，基尼系数在 0.2 以下，即全部居民收入中用于不平均分配的比例在 20% 以内时，收入分配处于高度平均状态；基尼系数在 0.2 ~ 0.3 时，为相对平均；基尼系数在 0.3 ~ 0.4 时，为比较合理；基尼系数超过 0.4 时，即全部居民收入中用于不平均分配的比例超过 40% 时，收入分配差距偏大。

（二）泰尔指数与五等分指标

1. 泰尔指数（Theil Index）

泰尔指数是泰尔（H. Theil）借用物理学中熵的概念来测定收入分配差距的方法。所谓熵就是概率的对数，若概率为 P_i，则其熵为 $\log P_i$。泰尔将熵的概念应用到收入分配衡量时，将熵定义为这样：

设有 N 个家庭，其收入分配形态为 $Y = （Y_1, Y_2, \cdots, Y_n）$

令 $Y_i = \dfrac{Y_i}{\displaystyle\sum_{i=1}^{n} Y_i}$

则熵就定义为：

$$H(y) = \sum_{i=1}^{n} y_i \log \frac{1}{y_i} = -\sum_{i=1}^{n} y_i \log y_i$$

上式中，H（y）即为熵，而 y_i 为第 I 家庭的收入比率，因 $\displaystyle\sum_{i=1}^{n} y_i = 1$，且 $0 \leqslant y_i \leqslant 1$，合乎概率分配的要求，所以衡量收入差距大小的泰尔指数被定义为：

$$T = \log N - H(y)$$

$$= \log N + \sum_{i=1}^{n} Y_i \log y_i$$

$$= \sum_{i=1}^{n} Y_i \log N y_i$$

T 的取值范围为 $0 \leqslant T \leqslant \log N$，当收入差距为零时，$T = 0$，反之，则为 $\log N$。

若将此 N 个家庭依某种特性分成若干组，泰尔指数就可以同时衡量组间和组内的收入差距状况。

泰尔指数和基尼系数之间具有一定的互补性。基尼系数对中等收入水平的变化特别敏感，泰尔指数对上层收入水平的变化很敏感，而泰尔 L 和 V 指数对底层收入水平的变化敏感。它们的公式如下：

$$L = \frac{1}{n} \sum_{i=1}^{n} \log \frac{u}{y_i}$$

$$V = \sum_{i=1}^{n} \frac{2(\log u^* - \log y_i)}{n}$$

2. 五等分法

用收入的五等分法来衡量收入分配的差距程度比较简单。其方法如下：

首先，把所有人口或家庭按收入高低从低到高排队，均分五等，每等分人口或户数各为20%。

其次，把各个 20% 家庭或人口分别加总，得到各等分纯收入总额，分别除以全部纯收入总额，即为各等分所占纯收入的份额。

最后，将 20% 最高收入家庭或人口的收入份额除以最低收入的 20% 家庭或人口的收入份额，得到高低收入倍数 K。K 即为衡量收入差异程度的指标。

二、中国现阶段个人收入差距总体状况

改革开放以来，中国居民的收入水平不断提高，生活得到进一步改善。从农村居民来看，1978 年，农民人均纯收入仅为 134 元，1985 年达到 398 元，1989 年则突破 600 元，达到 602 元，1997 年超过 2000 元，2001 年达到 2366 元，1979 ~ 2001 年平均每年实际增长 7.3%。2015 年，农村居民人均可支配收入 11422 元，比上年增长 8.9%，扣除价格因素实际增长 7.5%。从城镇来看，居民收入加速增长，2001 年，城市居民人均可支配收入 6860 元，比 1989 年增加了 5484 元，扣除价格因素，实际年均增长率达到 7.1%，比 1979 ~ 1989 年 5.6% 的年均增加率高出 1.5%。2015 年，城镇居民人均可支配收入 31195 元，比上年增长 8.2%，扣除价格因素实际增长 6.6%。在收入增长的同时，中国居民的生活水平也有了很大提高，农村和城镇居民的恩格尔系数分别由 2000 年的 49.10% 和 39.40% 下降到了 2007 年的 43.10% 和 36.30%，2013 年进一步下降到了 37.70% 和 35.00%。但在居民收入均有前所未有增长的同时，不同阶层的收入水平也逐步拉开档次，收入差距不断拉大。

表 4 - 1 　2000 ~ 2013 年中国居民家庭恩格尔系数　　　　单位:%

年份	2000	2001	2002	2003	2004	2005	2006
农村居民家庭恩格尔系数	49.10	47.70	46.20	45.60	47.20	45.50	43.00
城镇居民家庭恩格尔系数	39.40	38.20	37.70	37.10	37.70	36.70	35.80
年份	2007	2008	2009	2010	2011	2012	2013
农村居民家庭恩格尔系数	43.10	43.70	41.00	41.10	40.40	39.33	37.70
城镇居民家庭恩格尔系数	36.30	37.90	36.50	35.70	36.30	36.23	35.00

（一）居民收入差距较大，基尼系数呈下降态势

众所周知，改革开放之前的中国收入分配具有很强的平均主义特征。这不仅体现在当时平均主义的分配体制和政策占主导地位的城镇内部，也表现在居民较低的收入差距。从改革开放以来，居民收入差距变动的总趋势是不断扩大的，并

呈现出以下特征：一是基尼系数高于贫富差距警戒线。基尼系数 0.4 是国际公认的贫富差距警戒线，从表 4-2 可以看出，我国的基尼系数多年高于 0.4，2015年最低，也仍然高达 0.462。二是基尼系数呈倒 U 形分布。改革开放后，我国基尼系数不断加大，到了 2008 年，基尼系数高达 0.491，之后，基尼系数呈逐年下降之势，2016 年降到 0.462。三是城乡居民收入差距扩大趋势得到遏制。"十二五"以来，我国通过推进收入分配制度改革，促进了居民收入增长和经济发展同步、劳动报酬增长和劳动生产率提高同步，收入分配格局出现向好势头，收入差距进一步缩小。

表 4-2 2004~2015 年中国基尼系数变化

年份	2004	2005	2006	2007	2008	2009
基尼系数	0.473	0.485	0.487	0.484	0.491	0.490
年份	2010	2011	2012	2013	2014	2015
基尼系数	0.481	0.477	0.474	0.473	0.469	0.462

（二）城镇居民收入差距及其变化

经济改革之前的城镇居民收入分配的平均主义倾向更甚于农村，在改革开放的初期，这种状况也没改变。根据国家统计局利用住户数据估计的结果，1978~1984 年，城镇居民收入差距不仅没有扩大，反而有所缩小，基尼系数由 0.16 下降为 0.15。

城镇居民收入差距的扩大开始于 20 世纪 80 年代中期。有学者估计 1987 年的收入差距的基尼系数是 0.26 左右，到 80 年代末，从国家统计局的估计结果来看，城镇居民收入分配的不均等程度大大高于改革初期，基尼系数上升接近50%。但从国际比较的角度来看，80 年代末中国城镇居民的收入差距仍处在较低水平。城镇居民收入差距的急剧扩大发生在 90 年代，特别是在 1992 年以后。按照国家统计局的估计，1994 年城镇的基尼系数为 0.30，在 90 年代后期的收入差距，虽然没有基尼系数加以比较，但是从国家统计局公布的城镇住户分组数据中不难发现收入差距继续扩大的证据。十等分组中最高收入组与最低收入组人均收入的比率在 1995 年是 3.78，2000 年上升到 5.02，2001 年上升为 5.39。

（三）城乡之间居民收入差距的变化

1978 年以来，中国城乡居民的相对收入差距经历了一个"由缩小到扩大"的变化过程。20 世纪 70 年代末 80 年代初，城乡居民的相对收入差距相当大，

1978 年，城市居民人均可支配收入是农村居民人均纯收入的 2.57 倍，随着农村家庭联产承包责任制的推行，农村居民收入开始增长，与城市居民的收入差距开始缩小，1980 年城市居民人均可支配收入为农村居民纯收入的 2.50 倍，此后相对收入差距进一步缩小，1983 年缩小至 1.82 倍，这是整个八九十年代城乡居民相对收入差距最小的年份，此后差距又开始扩大，但到 1985 年，只有 1.86 倍，20 世纪 80 年代上半期是城乡居民相对收入差距最小的时期。1986 年开始，相对收入差距又扩大到 2 倍以上，进入 20 世纪 90 年代之后，差距进一步扩大，到 1994 年差距达到最大，城市居民人均可支配收入达到农村居民人均纯收入的 2.86 倍。其中相对差距又开始有所缩小，到 1997 年差距缩小到 20 世纪 90 年代后期的最小点，其后又开始持续扩大，2000 年城市居民人均可支配收入达到农村居民人均纯收入的 2.79 倍，而 2001 年更是达到 2.90 倍，几乎接近 3 倍。总的来看，城乡居民相对收入差距的演变经历了一个从缩小（1978～1985 年）再到扩大（1986～2003 年）的过程，到 20 世纪末，城乡居民相对收入差距不仅又恢复到了 20 世纪 70 年代末的状态，而且超过了当时的水平。特别需要指出的是，20 世纪 80 年代以来，中国城乡居民的绝对收入差距一直呈现持续扩大势头，1978 年城市居民人均可支配收入超过农村居民人均纯收入 209.8 元，1980 年为 286.3 元，1985 年为 341.5 元，1990 年增至 823.9 元，1995 年增至 2705.3 元，2000 年为 4026.6 元，2001 年则增至 4493.2 元。[1]

中国城乡之间收入差距如此之大，在世界上很难找到相应的国家。即使按照货币收入比较，城乡收入差距比中国更大的国家只有南非和津巴布韦两个国家，但是如果把实物性收入和补贴（城镇居民的医疗补贴、教育补贴）等因素考虑进去，城乡收入差距之大会更加令人吃惊。

（四）不同地区之间的居民收入分配比较

20 世纪 70 年代末以来，无论是在不同的农村地区居民之间，还是在不同的城市地区之间，收入差距都呈扩大之势。1978 年，农村居民人均纯收入最高的地区（上海）是最低的地区（河北）的 3.15 倍，1990 年增至 4.42 倍（最高为上海，最低为甘肃），2000 年仍达 4.21 倍（最高为上海，最低为西藏）。绝对收入差距也大幅度扩大，1978 年东部与中西部收入差距在 100 元左右，1990 年扩大到 400 元左右，1999 年东部地区人均纯收入基本都在 3000 元左右，中部地区在 2000 元左右，西部地区在 1500 元左右。1990 年城镇居民人均收入最高的省

---

① 白景明，周雪飞：《我国居民收入分配状况及财税调节政策》，《财经论丛》，2003 年第 3 期。

份（广东）与最低的省份（内蒙古）的人均收入的绝对差距是 1154 元，1995
年增至 4576 元（最高的是广东，最低的是内蒙古），2000 年增至 6994 元（最
高的是上海，最低的是山西），相对差距则由 1990 年的 2 倍，扩大到 1995 年
的 2.60 倍、2000 年的 2.48 倍。不同地区的居民之间的收入差距的扩大特别反
映在东部和中西部地区之间差距的扩大上。从城乡居民收入看，2000 年中部
地区与东部地区城镇居民人均可支配收入差距比 1990 年扩大了 5.39 倍，农村
居民家庭人均纯收入扩大了 3.58 倍；西部地区与东部地区 2000 年城镇居民家庭
人均可支配收入差距比 1990 年扩大了 6.07 倍，农村居民家庭人均纯收入扩大了
3.94 倍①。

（五）不同行业间的收入分配比较

1978 年以来，中国各行业职工的绝对工资和相对工资都发生了很大变化。
总体上来讲，各行业职工工资均有很大程度的提高，但各行业工资增长的速度和
幅度并不相同，相关数据表明，各行业之间的收入差距扩大了。1985 年最高收
入行业的平均工资为最低收入行业平均工资的 1.81 倍，到 1997 年扩大到 2.26
倍，2000 年已扩大到 2.60 倍。从相对数来看，工资收入差距似乎不太显著，但
从绝对数来看，其差距是很大的。1985 年最低收入行业平均工资与最高收入行
业平均工资相差 629 元，到 1997 年则相差 5423 元，绝对差额扩大了 8.62 倍，
2000 年相差额升至 8294 元，绝对差比 1985 年扩大了 13.19 倍。另有统计资料显
示：1978 年收入最高的行业是电力煤气业，平均工资为 850 元，最低的收入行业
是社会服务业，平均工资为 392 元，前者是后者的 2.17 倍。到 1999 年，收入最
高的行业是航空运输业，为 19726 元，收入最低的行业是木材及竹林采运业，为
4310 元，前者是后者的 4.58 倍。从差额来看，从 1978 年的 438 元到 1999 年的
15416 元，绝对差额扩大了 34.2 倍。北京市的调查统计资料和广州的调查资料也
说明了哪些行业的工资最高。广州市企业调查队于 2001 年 8 月抽选 15 个行业 66
家企业进行调查，结果显示，2000 年电信业职工人均收入达 6.71 万元，是各行
业中最高的，餐饮业职工人均收入为 0.9 万元，是各行业中最低的，两行业差距
高达 6.5 倍。从《中国统计年鉴》反映的数据以及社会生活实际看，近几年来收
入最高的行业主要是垄断性较强的基础设施和基础产业，如金融保险业，电力、
煤气和水的生产与供应业，房地产业，邮电通信业，地质勘探和水利管理业等②。

---

①② 白景明，周雪飞：《我国居民收入分配状况及财税调节政策》，《财经论丛》，2003 年第 3 期。

三、中国居民收入分配差距的评价①

居民收入的多少取决于个人拥有的生产要素所产生的效益以及国家采取的收入分配政策对其应得份额的确定。由于生产要素市场事实上的分割性，同样的生产要素在不同行业、地区、企业因其所处的市场环境不同，往往会产生不同的经济效益，其所获得的相应报酬也随之不同。目前中国正处于经济转轨时期，市场经济还很不成熟，要素市场分割的情况还相当严重。除了收入分配政策、转移支付政策等会对居民的收入产生直接效应外，相关的国家发展战略、产业政策、区域政策等，都会通过影响产品和要素市场，从而对收入分配产生间接效应。下面，我们结合经济发展因素、经济改革因素和当前世界经济潮流因素来对中国目前收入分配差距扩大的原因进行综合考察。

（一）居民收入分配差距扩大是经济发展过程中出现的必然现象

发展经济学关于落后国家经济发展道路选择的理论主要有平衡增长模式（Balanced Growth）和不平衡增长模式（Unbalanced Growth）两种，前者主张落后国家在发展经济的过程中，各工业部门应平衡发展，强调了大规模投资的重要性和全面发展经济的必要性，在如何实现平衡增长的问题上，主张实行国家干预，由国家来制订统一的经济发展计划。该理论认为，在发展中国家，市场不健全，市场机制作用十分有限，因而通常的价格刺激只能在很小的范围内起作用，并且这些作用因经济中的不可分性和技术的不连续性而很难产生实际效用。更为重要的是，即使市场机制发挥作用，要在短期内起到集中大量投资、在全国范围内分配和配置资源并使各部门同时发展的作用，也是不太可能的。所以，只有依靠宏观经济的计划化，才能负担平衡增长的重担。平衡增长理论为发展中国家迅速摆脱贫穷落后的困境、实现工业化和经济增长提供了一种发展模式，对一些发展中国家的实际经济发展产生了一定的影响。然而，平衡增长过分依赖于计划和国家干预，而忽视了政府失灵的可能性，一旦计划失误，大规模投资所造成的损失往往是灾难性的，更为重要的是，这种模式限制了市场体系的发育和发展，其直接后果是导致了经济效率的丧失。在实际经济生活中，对发展中国家产生巨大影响的是不平衡增长理论。

不平衡增长理论认为：从中国现有资源的稀缺和企业家的缺乏等方面来看，平衡增长理论是不可行的，发展中国家不能将有限的资源同时投放到所有经济部

---

① 杭行：《中国居民收入分配差距扩大的原因及对策分析》，《复旦学报（社会科学版）》，2002 年第 2 期。

门和所有地区，而应当集中有限的资本和资源首先发展联系效应大的产业，以此为动力逐步扩大对其他产业的投资，进而带动其他产业的发展；同时，地区发展也必须有一定的次序，不同的地区按不同的速度不平衡增长，某些主导部门和有创新能力的行业集中于一些地区和大城市，并以较快的速度优先得到发展，以形成一种资本与技术高度集中、具有规模经济效益、自身增长迅速并能对其他地区产生强大辐射作用的"发展极"。发展极地区的优先发展最终将通过技术的创新与扩散、资本的集中与输出等方式带动其他部门和地区的发展。但这只是问题的一个方面，不平衡增长模式在实践中表现为：在经济发展初期，某些部门和某些地区会得到优先发展，而这种优先发展在产生扩散效应的同时，又会产生回波效应，即当劳动力、资金、技术、资源等要素由于收益差异吸引而发生由落后地区向发达地区流动时，落后地区与发达地区的经济发展差距将不断扩大，从而两类地区的收入差距也将不断扩大。与新古典经济学关于劳动力流动的分析不同，发达地区对其他地区劳动力的吸引是有选择性的，发达地区经济发展快，技术先进，需要向其他地区引进的往往是受过教育的、熟练的、质量较高的劳动力，而这样的劳动力移动，一方面使发达地区的劳动生产率进一步提高，经济进一步快速增长，并刺激了资本等其他生产要素的增长，这反过来又刺激了该地区对劳动力的需求，导致劳动力需求曲线向外移动，其结果是该地区工资水平的再次提高，落后地区劳动力将继续流入；另一方面落后地区的情况正好相反，高素质劳动力的外流使该地区的劳动生产率进一步降低，经济发展速度减缓，从而对劳动力和资本的需求不断降低，工资水平即使由于刚性的作用不再下降，上涨也会很缓慢，并大大低于发达地区的水平和增长速度，这样，落后地区的劳动力又会继续外流。累积性因果循环的结果使得发达地区和落后地区间的工资差别、人均收入差别和经济发展水平差距越来越趋于扩大。然而，这种"累积性因果循环"作用并不是会无限制发展下去的，当发达地区发展到一定程度后，必然会出现一些阻碍其经济继续发展的因素，例如，交通拥挤、人口稠密、资本过剩、污染严重、自然资源不足等，这时发达地区经济规模的继续扩大就会显得不经济，劳动力、资本等生产要素就会向落后地区转移，其结果将使落后地区的经济被带动，与发达地区的差别也将逐步缩小，最终达到平衡。因此，扩散效应与回波效应会在经济发展的不同时期起到不同的作用。

改革开放以来，中国经济发展大体上遵循了不平衡发展模式，工业相对于农业继续得到优先发展，经济基础较好，文化、教育、科技等较为发达的东部相对于西部地区得到了更多的政策倾斜而优先发展起来，与此相对应的是，农村和西部高素质的劳动力大量流入到城市和东部地区，造成了城市相对于农村的越来越发达，东部相对于西部经济发展越来越快，城乡之间、东西部之间的收入差距越来越大。由此分析得知，居民收入差距的扩大与不平衡经济增长模式之间存在着必然的联系，在不平衡发展的一定阶段内，收入差距的扩大有其一定的合理性。但是，我们必须防止累积性因果循环造成的贫富差距无限制扩大，政府可以采取一定的特殊措施来刺激不发达地区的经济发展，而不是消极等待发达地区产生扩散效应来消除这种差别。

（二）经济转轨过程中的许多无序现象是收入分配差距扩大的重要原因

目前中国居民收入差距的扩大，是计划经济向市场经济过渡、平均主义的分配模式向效率优先、兼顾公平的分配模式转换的产物，也是市场竞争加剧的必然结果。在经济体制改革过程中，新旧体制共同起作用，经济生活中出现了许多无序现象，例如，改革措施不配套、法律法规不够完备、国家财政能力削弱、计划权力所造成的腐败无法消除等。具体表现如下：

（1）税收制度的设计落后于时代。在城镇居民收入分配中，带有"平均主义分配"色彩的体制内收入和体现巨大差距的体制外收入并存，而中国目前的税收制度对体制外收入尚显得无能为力，这直接导致了中国政府财政调节能力的不足。

（2）不同所有制经济组织、不同的社会成员适应激烈的市场竞争的能力不同，导致了收入差距的扩大。经过30多年的改革，中国经济体制已经发生了根本性的变革，市场已经成为配置资源的主要力量。在市场竞争中，不同所有制经济组织、不同的社会成员因竞争基础、竞争能力、劳动贡献的差异，而导致了收入水平的差异。可以说，市场竞争是收入差距扩大的重要原因。

（3）腐败因素加剧了收入分配的差距。在当前的收入分配领域，除了存在着竞争初始条件不平等问题外，由于渐进式改革过程中新旧体制的摩擦和冲突，特别是计划体制下对资源配置具有决定作用的计划权力因素与市场经济条件下迅速的利益分化交织在一起，形成了公共权力的异化，由此导致的部分官员腐败现象和内部人控制现象直接加剧了收入分配的不平等。

（三）科技革命和行业垄断等因素也是导致收入分配差距扩大的重要原因

发达国家已率先进入了知识经济时代，以新一代信息技术、智能化、新能源等为代表的新工业革命正在全球兴起，使得产业发展极不平衡，高新技术产业逐渐取代了传统制造业而成为支柱产业。在中国，同样也出现了许多高新科技行业并且还存在明显的二元结构。这些行业发展的不平衡导致了收入分配的不平衡。

四、防止中国居民收入分配差距进一步扩大的对策

以上讨论了中国居民收入差距扩大的原因，指出了其存在一定的必然性。居民收入差距的合理扩大有利于经济效率的提高和资本的积累，进而推动一国经济增长，绝对的平均分配已被证实是缺乏效率的。然而，居民收入差距过大，又会从多方面损害效率，最终阻碍一国的经济发展。

为保持中国经济稳定快速发展，必须正确处理个人收入差距问题。应根据市场经济发展要求，在政策上支持有利于资源优化配置和经济效率提高的合理的、有序的收入差距。对不合理的收入差距应逐步予以规范和纠正。要通过深化改革，逐步建立起符合市场经济要求的个人收入分配调节机制和监督机制，通过内部治理和外部环境改造，从根本上解决不合理收入差距问题。

（1）运用税收手段调节过高收入。即从高收入者中抽取一定数量的收入转移给低收入者，以保障低收入者的生活。目前，中国政府对居民收入的税收调节主要是个人所得税和利息税等，财产税、赠与税、遗产税还未开征，对个人收入调节作用有限。当前，为了有效地调节居民收入，应完善个人所得税制度，如适当提高个人所得税起征点，开征遗产税、赠与税和特别消费税。同时，必须增加中国个人收入的透明度。由于中国个人收入透明度差，存在隐性收入、福利收入和实物收入，影响了对个人所得税征管和对过高收入的调节。而要提高个人收入的透明度，必须做到：一是使收入工资化和货币化；二是加强实行储蓄存款实名制度；三是建立和推行个人收入申报制度。

（2）运用财政支出政策调节过低收入。政府对收入差距的调节可以从高低收入者两边进行，即"抓两端"。一端是抑制过高收入，另一端是消除贫困，保障低收入者的生活。财政支出政策的调节重点就是低收入者，它对缓解低收入者困境，效果较为明显。调节方式主要有两种：一是社会保障制度。贫困人口基本生活需要能够被满足，是社会收入分配差距的底线，目前中国贫困人口主要集中在农村和城镇困难企业，另外，无收入或收入较低的老年人、残疾人、下岗人员、离退休人员等也是其重要的组成部分，政府对这些人员，可以根据不同情况进行帮助和救济，例如，开展再就业工程和相关的职业培训、落实养老金保险制度和失业救济制度等，使特困人员的基本生活需要得到满足。二是转移支付。转移支付调节手段主要是指东部地区向西部地区的转移支付。由于中国地区之间发展的不平衡，政府要对西部不发达地区进行有计划有目的的援助。当前，应抓住国家实施西部大开发的有利时机，通过国家对西部的投资，扩大就业，提高劳动

者技能，加快西部地区的经济发展，增加西部地区的居民收入，逐步缩小东西部之间的地区差距。

（3）进一步深化体制改革，建立起符合市场经济要求的公平竞争环境。消除不合理的收入分配因素，进而建立起公平竞争的市场机制，是缓解当前收入分配不合理、缩小收入差距的根本措施。为此，一是要打破行业垄断，整顿不合理的垄断收入，构建公平的市场环境。垄断性行业的收入水平居高不下，是当前行业收入差距不断扩大的重要原因。垄断性行业的存在也阻碍了市场公平竞争秩序的建立。对垄断造成的不合理的收入差距，要采取有效的政策措施加以解决。对于非自然性垄断行业，要逐步允许社会资本的进入，最大限度地引入竞争，改变独家经营的局面，提高经营效率，降低经营成本。对自然性垄断部门的高额利润，要通过开征特别税费形式加以调节，如资源税等，将超额利润收归国有。尽可能为不同行业、不同企业创造公平的经营和发展环境，缩小行业间收入差距。二是要发展劳动力市场，促进劳动力要素合理流动。一方面可以使劳动力通过流动各得其所，不同的人力资源得到不同的回报；另一方面可以使某些高收入岗位面临较大的竞争压力，平衡个人之间不合理的收入差距。为此，要逐步破除劳动力流动的各种制度性障碍。主要有三个方面的障碍，即户籍制度、福利制度和就业制度。应逐步废除城乡分割的户籍制度；改革和完善福利制度；增加居民在大城市与中小城市之间，城镇和乡村之间迁移和就业的自由度。

（4）运用法律手段规范收入分配行为。在中国现阶段，规范收入分配行为主要是依靠法制治理以不正当或非法手段牟取财富的行为，如权钱交易、不公平竞争、不正当经营等行为。可以通过深化经济体制改革和政治体制改革，加强政府廉政建设，防止权力过分介入收入分配领域，以减少权钱交易和寻租活动空间；可以通过完善法律体系，打击经济犯罪，保护合法收入，取缔非法收入，维护社会秩序，为公平分配创造条件。

（5）建立居民收入监测体系。建立居民收入监测体系时一方面可利用纳税信息，另一方面则可利用社会保障体系中的相关信息。如社会平均工资、个人账户金额、统筹账户金额等。通过这些信息推算出收入的绝对额。同时，还应利用价格指数、工资指数、实物耗费指数等来监测居民收入的相对变动状态。可见，建立相对科学、全面的居民收入监测体系的重要作用在于为我们准确划定调节对象提供了基础资料。

（6）加快西部中心城市的建设。通过这些城市的超常规发展，形成西部地区的发展极，以带动邻近地区的经济发展和收入水平的提高。农民的收入差距主要源于农民从事非农产业的机会，在较为发达的东部地区，农民从事非农产业的机会较多，收入也较高，发展西部中心城市，有利于缩小东西部经济发展和农民收入水平差距。政府在西部开发过程中，首先，应制定优惠政策，利用有限的资金改善西部的交通运输状况，优化投资软环境，吸引外部的资本和劳动力向西部移动。其次，政府应利用有限的资金，投资于西部的教育事业，通过提高西部农村人口的素质来提高他们参与现代经济竞争的能力，从而从根本上消除城乡之间、东西部之间的收入差距，进而达到共同富裕的目的。

[小结]

公平的含义包含三个层次：法律公平、机会公平和结果公平。由于对公平的价值判断不同，形成了多种公平理论：功利主义公平观、罗尔斯主义公平观、市场主导公平观。

在经济学中，运用最为广泛的同时也较少有争议的效率定义是帕累托效率。帕累托效率是指这样一种资源配置状态：无论怎样对一种资源进行重新配置，都不可能使一个人收入增加而不使另一个人的收入减少。

如何处理公平和效率之间的关系，从静态的角度看，西方经济学界对此大体有三种观点：效率优先、公平优先、公平与效率兼顾。从动态的角度看，美国经济学家库兹涅茨提出的"倒 U 形理论"，该理论认为，一国经济发展由初期的收入分配比较平等开始，在其发展过程中，为了提高经济效益，必须扩大收入差距，使社会日趋不平等，当经济发展达到一定的人均 GDP 的发达阶段后，收入分配才又重新趋于平等。当前中国处理公平与效率关系的基本指导思想是"效率优先，兼顾公平"。

按劳分配是指社会根据劳动者提供的劳动数量和质量分配个人消费品，等量劳动取得等量产品，不劳动者不得食。按生产要素分配就是社会根据各生产要素在商品和劳务生产服务过程中投入的比例和贡献大小给予相应的报酬。当前中国坚持以按劳分配为主体、多种分配方式并存的分配制度。

个人收入差距是指人们在一定时期内所获得的收入量的差别，它有绝对收入差距和相对收入差距。收入分配差距的测定方法可以有许多种，包括：洛伦茨曲线、基尼系数、泰尔指数和五等分指标等。当前，中国居民收入均有前所未有的增长，但不同阶层的收入水平也逐步拉开档次，收入差距也不断拉大。

[思考题]

1. 简述公平和效率的内涵及其关系。

2. 结合实际，谈谈对"效率优先，兼顾公平"的认识。

3. 比较按劳分配和按要素分配的优缺点。

4. 什么是洛伦茨曲线和基尼系数。

5. 结合当前收入差距的现状，分析造成收入差距拉大的原因。

第五章　贫困与反贫困

[**内容提要**] 解析贫困需要从贫困的概念入手，以完整的指标体系来测度贫困。而把握贫困的根源是解决贫困的关键所在，也是人们为之奋斗不止的理想。贫困问题也影响着我国的经济发展，虽然我们已经做了长期的工作，付出了艰辛的努力，但这项事业仍旧任重而道远。

作为特定的社会经济现象，贫困与反贫困是全球面临的共同难题，许多国际组织、国家政府和研究机构都曾提出了种种反贫困理论和发展策略。这些理论和策略对区域性缓解贫困甚至彻底摆脱贫困起了积极的作用，但并未从根本上使全人类消除贫困。因此，继续深入地研究贫困的实质及其产生的根源，尤其是在中国探讨贫困与反贫困问题，具有重要的理论意义和实践意义。

第一节　贫困及其测度

贫困是人类社会的大敌。长期以来，对待贫困问题，人们更多看到的是资源与财富的匮乏。因此推想，只要物质财富丰富起来，贫困就会自然而然地被克服。随着人类社会生产力水平的不断提高，在一些国家和地区，物质财富已经相当丰富。尤其是在当代社会中，市场机制大大地提高了人类社会的经济效率，创造出巨大的财富。近年来，市场机制又突破了民族国家的疆界，向全球化的方向发展。所以，市场也好、全球化也好，都是一把双刃剑，他们在创造巨大财富的同时，也在不断地使贫困像病毒一样被复制乃至泛滥成灾。迄今为止，贫困问题不但没有被消灭，反而越来越突出。在当今世界，富国与穷国之间、富裕的阶层与贫困的阶层之间，富人与穷人之间的矛盾依然存在，而且难以调和。

这些情况引起人们反思：从某种意义上说，贫困不仅是资源和财富的匮乏，更是因人类社会的结构、功能和机制不完善、不健全而滋生出的一个肿瘤。于是，贫困研究在国际上成为一个热点。"贫困"究竟是什么？为此我们需要从对"贫困"概念的最基本的解释入手，探讨一下 20 世纪以来对于贫困概念解释的发展变化以及测度方法的建立。

一、贫困内涵的演变

（一）贫困研究的起源

从已有的文献来看，最早对贫困这个社会问题的研究似乎可以追溯到十五六世纪。从 16 世纪开始，空想社会主义者就注意到资本主义制度的弊端，他们从改造人类社会出发，将贫困作为资本主义制度反理性原则的集中表现，曾对贫困做过政治经济学的研究。他们将贫困看作资本主义制度的产物，认为贫困的主要根源是私有制；在资本主义制度下，贫困是由于富裕产生的。而如果以一国政府来看，世界上最早重视贫困问题的国家是英国。早在 16 世纪末，英国就颁布了《伊丽莎白济贫法》。

谈到对贫困问题的专门研究，我们不得不提到英国的布什和朗特里，他们最早从社会保障和社会救助的角度研究贫困问题，对后来的研究产生了比较深远的影响。因而，直到今天，在许多国家里，贫困者依然是社会保障和社会救助的主要对象，特别是西欧的一些国家社会保障事业特别发达，从"摇篮"到"坟墓"，社会保障发挥着至关重要的作用。后来，有越来越多的经济学者、社会学者和政治学者参与贫困问题的研究，从而形成意见分歧的各种流派。

但是，无论如何，人们早期对贫困的认识总是基于生存意义上的。从他们对贫困所下的定义就可以看出这一点。例如，朗特里 1899 年给贫困所下的定义："如果一个家庭的总收入不足以维持家庭人口最基本的生存活动要求，那么，这个家庭就基本上陷入了贫困之中。"这一经典的定义至今仍有一定的代表性。

（二）主流的经济学定义

随着后来人们对贫困的认识有所发展，从经济学意义上来理解贫困占据了主流。这种理解方式逐渐形成贫困的定量研究取向，它以"绝对贫困"、"相对贫困"、"贫困线"等为主要概念，注重对贫困的测度性、可比性、可行性和操作性研究。正如朗特里所下的定义，贫困是指缺乏所得，从而相应地导致低消费水平和福利水平的一种状况。但用来判断所得水平的标准应该是什么则并不清楚。

这时候就有了两种可能概念，即绝对贫困和相对贫困。由于二者的区别对于不同时期的贫困水平的变化和减轻贫困的政策有着重要影响，于是我们首先遇到的问题就是用绝对标准还是用相对标准定义贫困，这其实是从程度分类的角度来定义。

绝对贫困是生存贫困，它是在一定的社会生产方式和生活方式下，个人或家庭依靠劳动所得或其他合法收入，不能满足最基本的生存需要，即维持人的生存的最低物质条件得不到保障，生命的延续受到威胁。从生产方面看，劳动力缺乏再生产的物质条件，难以维持自身的简单再生产，生产者只能进行萎缩再生产；从消费方面看，人们无法得到满足衣、食、住等人类生活基本需要的最低条件，也即人们常说的"食不果腹，衣不遮体，住不避风寒"的状况。绝对贫困概念假定存在某种构成贫困的固定的最低消费水平（或类似的所得水平），它不依时间或地点而改变。这种最低消费水平常指足以维持健康的饮食、住房和衣着。根据这一观点，如果所有家庭的所得上升，最终就不再有贫困。对绝对贫困概念而言，消除贫困是完全有可能的。

但是，近来大多数贫困问题的研究者都反对有一个绝对贫困定义的思想，相反，他们主张贫困是一个相对的概念。相对贫困有两种定义，一种可以称其为相对低收入型贫困，是指同一时期，由于不同地区之间、各个社会阶层之间和各阶层内部不同成员之间的收入差别而处于生活底层的那一人群组的生活状况。这种定义认为贫困包括绝对贫困和相对贫困两个互不包含的子集。另一种定义则认为相对贫困指生活收入低于平均收入一定比例的状态，按这一定义，相对贫困包含了绝对贫困。

相对贫困概念并不是新近提出的，只不过是直到最近才对它加以实际运用。正如亚当·斯密（Adam Smith，1776）把相对贫困定义为缺乏生活必需品，而必需品又定义为"按照该国习俗，有地位的人们（即使是最底层的人们）缺少它们便不能过像样的生活的所有物品"。显然，从这个定义中可知，相对贫困是以给定时间和给定社会来下定义的。随着该社会生活水准的提高过像样生活需要的物品的增加，摆脱贫困所需的所得水平也必须增加。

作为衡量贫困的起点，贫困线无疑是主流经济学对贫困研究的重要问题。一般认为，所谓贫困线就是在一定的时间、空间和社会发展阶段的条件下，维持人们的基本生存所必需消费的物品和服务的最低费用，贫困线又称贫困标准。这个过程有点像人为确定的，因为要在贫困与非贫困之间截然分开是很难的。但是，目前几乎所有的文献中划定贫困线已成了一种普遍的标准做法。

从中国国内看，政府和学术界对贫困的描述最初也是大多数着眼于纯经济状态的范围。如研究贫困的学者康晓光所概括的："中国在理论和实践上使用贫困概念主要是指经济意义上的贫困，而且强调的是绝对贫困。"① 国家统计局农调队定义的贫困是"个人或家庭依靠劳动所得和其他合法收入不能维持其基本的生存需求"，也是从经济角度认识贫困。② 直到今天，研究贫困也首先是指经济范畴内的贫困。

（三）"人文贫困"的界定

随着对贫困根源的探索和研究的深入，人们开始认识到贫困并不仅仅是一个经济问题，它也不可能是由经济统计所能说明的。实际上，贫困本身是一个模糊概念，它不具备确定性。同时，它又是一个过程，它随时间、空间以及人们的思想观念的变化而变化。越来越多的学者尝试从社会、政治、文化或历史等经济以外的角度来研究贫困问题。

贫困有狭义和广义之分：狭义贫困是经济意义上的贫困，是指难以将生活维持在经济上最低水准的状况。广义贫困除包括经济意义上的贫困之外，还包括社会、发展、文化、环境等方面的因素，如人口寿命、营养、教育、医疗、生存环境及失业等方面的状况。随着科学技术的发展、人类社会总体经济水平和生活质量的提高，贫困的概念逐步由狭义的纯经济层面向广义的影响生存质量的多层面过渡。贫困概念界定的本身是一个动态的过程，这一点在世界银行和国际权威组织的定义中明显地体现出来。

世界银行《1980年世界发展报告》指出："当某些人，某些家庭或某些群体没有足够的资源去获取他们在那个社会公认的，一般都能享受的饮食、生活条件、舒适和参加某些活动的机会，就是处于贫困状态。"显然，这里强调的是以消费水平为基础的物质条件。《1990年世界发展报告》指出："贫困，即缺少达到生活水准的能力"，并认为考虑贫困问题还要考虑人口寿命、营养状况、健康状况、儿童入学率、医疗卫生、识字能力、受教育机会等社会福利文化的内容。1995年3月联合国社会发展问题世界首脑会议通过的宣言和行动纲领对"贫困"作了新的界定：认为贫困是一种状态，它不仅取决于收入，还取决于能否获得基本的社会服务。

目前，国际社会更加关注从"人文发展"角度来衡量一个国家的贫困程度。联合国开发计划署在《1997年人类发展报告》中提出了"人文贫困"的概念，

---

① 康晓光：《中国贫困与反贫困理论》，广西人民出版社1995年版。
② 国家统计局农调总队：《中国农村贫困标准研究报告》，1989年。

它不仅包括人均国民收入的因素，也包括人均寿命、卫生、教育和生活环境质量条件等因素，具体指标有：40 岁以前可能死亡的人口比例、文盲率，获得基础性卫生保健服务的条件，可饮用水和合适的食物状况等。按照这些新标准，排在世界前五名的国家分别是：加拿大、法国、挪威、美国和爱尔兰，中国被排在全球 175 个国家和地区中的 108 位。这种"人文贫困"的界定方法，能够较全面地反映一国的经济水准和生存状况，也反映了人类文明的发展程度。以这个标准衡量，贫困是经济、社会、文化落后的总体表现。

二、贫困的测度

（一）贫困线的测定

因为贫困线是确定贫困率的基础，所以贫困线的确定是研究贫困问题的关键一步。如前文所述，贫困线反映在一定的社会经济条件下社会可以接受的最低生活标准，收入或支出落在贫困线以下的人为贫困人口。贫困线划定了，贫困人口的范围就确定了。贫困线通常是根据最低需求法来决定的，或者使用恩格尔法作为替代。

近几年来，一些从事国际贫困研究的学者在对贫困进行国际比较时，倾向于采用根据各国货币购买力平价制定国际统一的贫困线的估计方法。该方法首先利用购买力平价将各国的人均收入换算成按某一年度的美元值衡量的购买力平价收入。然后确定国际统一的贫困线，并以此来估计各国的贫困人口的规模（李实、古斯塔夫森，1996）。

目前我国多采用人均年纯收入作为贫困线的界定标志（赵冬缓、兰徐民，1994）。具体来说，即是指国家统计局公布的农村居民人均纯收入和城镇居民的人均可支配收入。一些学者采用家庭居民总收入的概念，它是由农村居民的纯收入和城镇居民的可支配收入和居民住房补贴部分的估算值两部分组成的。由于城镇居民和农村居民之间住房补贴的差异以及不同地区之间消费物价指数的差异，对农村和城镇居民的收入分别调整，并利用国家统计局的家庭规模等值计算，对不同规模家庭在家庭消费方面不同的规模效益进行调整。经过调整后的收入被称为等值收入（魏众、别雍、古斯塔夫森，1999）。

当然，绝对贫困线与相对贫困线是不同的。绝对贫困线是指按维持劳动者及其所赡养人口的生存所需的人均最低生活费用，设立的一条最低生活保障线亦称贫困线（于祖尧，1997）。常用的测量绝对贫困线的方法有：热量支出法、基本需求法（也称为定值定量法）、恩格尔系数法、超必需品剔除法、总支出与总收入之比法、编制贫困指数法、经济计量分析法、收入与营养摄入量分析法等（林闽钢，1994）。我国目前被广泛采用的绝对贫困线测量方法如下：首先根据营养部门专家的意见选择最低热量摄入量；其次选择合理的食物消费项目和数量；再次结合调查得来的相应的价格水平，计算出最低食品费用支出；最后用最低食品费用支出除以合理的恩格尔系数，所得商即为贫困线（何焕炎、文兼武、唐平，1993）。

相对贫困线是指个人或某群体、某地区相对于社会上其他个人、群体、地区的收入水平或实际生活水准而确定的贫困线。确定相对贫困线的主要方法如下：①收入等分定义法（也称比重法）。首先把国内各收入阶层按等分（通常按5等分或10等分）划分，其次以基尼系数进行比较，最后确定把全部人口中的一定比例定义为贫困人口，然后根据这个比例，利用家庭调查材料，求出贫困线的标准。②收入平均数法。把居民人均生活费收入按不同水平进行统计分组，以全部居民人均生活费除以2或3作为居民的最低生活费用标准。③商品相对不足法。当家庭缺少某些必需的和普及的商品时，该家庭被认为是贫困的。具体做法是选定一个标准的消费模式作为社会普遍情况的代表，与之相比，家庭中缺少的东西越多，其不足程度越大，其贫困程度也越大（林闽钢，1994）。

显然，对于怎样确定贫困线以及贫困线如何会在不同时期发生变化的争论是不可避免的。世界银行《1980年报告》将贫困线确定为人均年收入75美元。《1990年报告》确定了两条国际贫困线：一是人均年收入275美元以下为"赤贫"；二是人均年收入370美元（按1985年购买力平价不变价格计算）为"贫困"。1995年世界银行把人均每天生活费不到1美元定为绝对贫困线。世界各国也都根据本国的实际收入与消费水平确定了相应的贫困线，如1995年，我国将城市贫困线划为年人均收入低于1547元人民币，农村绝对贫困线为年人均收入低于530元人民币。2011年，我国又将农民人均纯收入2300元人民币（2010年不变价）作为新的国家扶贫标准。这个标准比2009年（1196元）提高了92%，比2010年（1274元）提高了约81%。

（二）贫困程度的衡量

确定了贫困线（事实上贫困线是不断变动的），落在贫困线以下的贫困人口的分布状况以及分布特征，他们的贫困程度是需要进一步研究的另一个问题。

测度贫困程度的指标有多种，从定义简明、科学实用、操作方便的角度考虑，这里介绍四个从不同角度测度贫困程度和反映贫困分布特征的指标共同构成测度贫困程度的指标体系。[①]

指标一，贫困的广度指标。贫困人口比重指数（用 P_1 表示），又称贫困发生率，是指可支配收入（或消费支出）低于贫困线的人口在总人口中所占的比重，是测度贫困的广度指标，表示贫困人口范围的大小。计算公式为：

$$P_1 = F(X^*) = \frac{n}{N}$$

式中，X^* 为贫困线，F 表示 P_1 为 X^* 的函数，n 为收入水平低于贫困线的贫困人口，N 为总人口。这一指标的特点是，只要确定了贫困线，它就可以比较简单地说明一个国家或地区的贫困相对范围的大小。不足的是，无论贫困人口的收入水平是靠近贫困线还是远离贫困线，只要不超过贫困线，贫困发生率就不会改变；若将较低收入水平的贫困人口的收入转移到较高收入水平的贫困人口手中，只要接受者的收入水平不超过贫困线，贫困发生率也不会改变。也就是说，它既不能说明贫困线以下的贫困人口遭受的贫困程度，也不能反映贫困线以下的贫困人口的分布状况，即它不反映贫困人口之间的收入差异。因此，贫困发生率只能简单地测度贫困的规模，粗略评估扶贫工作的整体成果，而不能全面反映贫困程度。如果仅用贫困发生率指标测度贫困的程度，在扶贫资源一定的情况下，只要将有限的资源分配给收入水平接近贫困线的贫困人口和家庭，贫困状况就会有显著的改善，显然这与国家的扶贫战略目标和扶贫政策不相符。并且用贫困发生率的高低分配扶贫资源或评价扶贫工作的好坏也是不合理的。

指标二，贫困的深度指标。贫困深度指数（用 P_2 表示），又称贫困差距指数。它是基于贫困人口收入水平（或消费水平）相对于贫困线的累加贫困差距。是建立在贫困人口收入水平相对于贫困线的距离基础上的。计算公式为：

$$P_2 = \frac{\sum_{i=1}^{n} \left(1 - \frac{\mu_i}{X^*}\right)}{N}$$

式中，μ_i 表示第 i 个贫困人口的收入水平，X^* 为贫困线，n 为贫困人口，N 为总人口。

在贫困发生率一定的情况下，P_2 值越大，说明贫困人口的收入水平偏离贫困线越远，也就是贫困程度越大。从扶贫的宗旨来说，更应关注那些贫困深度指数较大的贫困地区或贫困家庭，这可以缩小扶贫的范围，实现扶贫重点的转移，即由平均分配扶贫资源给各个地区或贫困家庭转到集中力量解决贫困深度指数大

---

① 刘建平等：《贫困程度测度方法与实证分析》，全国统计科学研究课题（2000 年 LX005）。

的贫困地区或贫困家庭。这种依据贫困深度指数确定扶贫重点的政策，其结果可能贫困发生率并没有减少，但是由于更穷的地区或家庭的贫困人口通过扶贫变成了较富有的穷人，实际上减轻了贫困地区的贫困程度。可见，贫困深度指数在一定程度上反映了贫困人口分布的变化，但是贫困深度指数仍不能完全地反映贫困人口分布的实际情况。这是因为，在贫困人口之间的收入转移不能改变整个贫困人口的平均收入的条件下，即使发生更穷的人的收入转移到相对不很穷的人的手中的情况，贫困深度指数也是不变的，而实际上这时更穷的人的贫困程度加深程度甚于相对不很穷的人的贫困减轻程度，这意味着极端贫困的穷人的生活更加艰难，也就是说整体来看，贫困的程度更加严重了。为此需要构造新的指标来反映这种贫困的严重程度。

指标三，贫困的强度指标。贫困强度指数（用 P_3 表示），它也是建立在贫困人口的收入水平（或消费水平）相对于贫困线的基础上的。计算公式为：

$$P_3 = \frac{\sum_{i=1}^{n} \left(1 - \frac{\mu_i}{X^*} \right)^2}{N}$$

在贫困发生率、贫困深度指数一定的情况下，贫困强度指数越大，说明贫困人口群体内部收入水平差异越大，贫困强度越大，扶贫的难度也就越大。

指标四，贫困相对程度指标。

以上三个指数可以分别从广度、深度和强度方面反映贫困的程度，能比较全面地反映贫困的分布状况，但不能为政府提供这些人口究竟需要多大的财力就可以使他们脱贫的依据，也不能说明这种贫困相对于全社会的程度。为此给出第四个指标，贫困相对程度指数（用 P_4 表示），其计算公式为：

$$P_4 = F(X^*) \frac{X^* - \mu^*}{\mu}$$

式中，$F(X^*)$ 表示贫困发生率，X^* 表示贫困线，μ^* 表示贫困人口的平均收入，μ 表示全部居民的平均收入。P_4 可解释为：为了能使每一个贫困线以下的贫困人口的收入提高到贫困线规定的收入（脱贫），需要从非贫困人口转移到贫困人口的收入占总收入的比重。据此可以计算出要使所有的贫困人口脱贫所需要的财力，衡量该地区对扶贫资金的承受能力，为有关社会保障部门确定扶贫资金的总规模提供依据。

P_4 的计算公式中，X^* 一般小于 μ。但是若 $X^* = \mu$，即贫困线等于全体居民的平均收入，P_4 将等于要把收入高于 μ 的人口的收入转移到收入低于 μ 的人口手中。

（三）其他测度贫困的若干指标

贫困距。贫困距用来测量贫困人口收入与贫困线之间的总体差额（即为了使贫困人口收入达到贫困线水平所需的收入总额）。用公式表示为：

$$T = q \times (\pi - yp)$$

其中，q = 贫困人口数；π = 贫困线；yp = 贫困人口人均收入。这一指标可反映出扶贫工作的难易程度，贫困距越大，则使现有的贫困人口摆脱贫困需要较多的财力、物力投入。但这一指标反映的是贫困人口的总体情况，而未反映贫困人口的个体情况。

与之相联系的还有：人均贫困距、贫困距比例、成比例贫困距指数、加权贫困距指数、贫困距的倒置的一般化洛伦茨曲线等。

基尼系数。上述指标能够反映贫困规模和贫困程度，但是不能敏感反映贫困人口的分布情况。而贫困人口的基尼系数能够反映出贫困人口的分布情况（卡尔·李思勤，1994）。

测贫指标体系。鉴于单一指标的局限，有学者设计出了测贫指标体系，以全面考察贫困状况。测贫指标体系包括能反映贫困的本质特征及其内在联系的体系结构和具体操作指标两大部分。测贫体系结构由生存环境、质量、效果三个子体系构成，而具体操作指标则有以下十五项：

（1）人均 GNP 为 300 美元及增长率为 2%；

（2）非农产品产值占 GNP 比重为 65%；

（3）"四通"综合比率为 75%，其中乡村通电率为 90%，通电话率为 80%，通公路率为 70%，通清洁卫生水率为 60%；

（4）自然缺陷指数（逆指标）为 2，包括水土流失比率，旱地面积比率，专门气象灾害发生率，地理位置偏远度等；

（5）人均年纯收入为 600 元及其增长率为 2%；

（6）人均年衣着消费支出 80 元；

（7）人均日三大营养摄取量中热量为 2500 千卡，蛋白质 60 克，脂肪 50 克；

（8）人均精神文化生活消费支出比例为 5%；

（9）恩格尔系数为 55%；

（10）人均年肉类消费量为 5 公斤；

（11）人均年储蓄存款余额为 100 元；

（12）人均家庭财产占有额为 1400 元；

（13）人口年自然增长率为（逆指标）2% 以下；

（14）平均预期寿命为 65 周岁；

（15）人均受正规教育为 6 年（赵冬缓、兰徐民，1994）。这一系列指标实际上包含了贫困人口越过温饱线的综合要求。

我们可以将其归纳为 3 个层面 10 个大类，即生存环境层面 3 大类：经济发展指标（1）~指标（2），社会发展指标（3），生态指标（4）；生存质量层面 4 大类：收入（5），消费（6）~（10），储蓄（11），财产（12）；生存效果层面 3 大类：生存（13），健康（14），知识（15）。

尽管基本的人口统计比这样的标准衡量指标更有其历史重要性，但新近研究者们对贫困的衡量却已经不仅仅局限于此。越来越多的学者开始从事具有某些性质的贫困指标的研究。比较突出的是替代性的公理方法方面的进展：福斯特、格瑞尔和索贝克（Foster, Greer and Thorbecke, 1984）的公理体系。这个衡量贫困的公理体系从一个中心公理开始，集中关注贫困家庭的所得问题。但是经济学家的最优做法与政府的最优行为之间还存在着很大的差距。

三、贫困的社会效应

人们早就注意到了贫困的社会性存在及其对社会秩序、发展的影响，着手开始研究它，并设法去解决这一问题。随着资本主义的兴起，社会贫富悬殊日益明显，财富集中与资源剥削的现象也日趋严重。社会价值乃由安贫乐道、悠然自得迈向现实与功利。经济上被剥削的穷人除了物质生活陷入困境，各项社会参与或娱乐活动也受到了限制，穷人因此产生不满、愤懑的心态，阶级对立日趋明显。正如马克思所言，那个时候"在一极是财富的积累，同时在另一极……是贫困、劳动折磨、受奴役、无知、粗野和道德堕落的积累"。随着人民大众的觉醒，人们开始将贫困归咎于各种社会因素，而非视为个人问题的集合。这种由社会一起对付贫困的观念，配合人类应有的尊严和不可让渡的基本权利之平等观念的发展，使人们警觉到人类进化史上普遍存在的贫困现象，乃是一个极为严重的社会问题。

贫困带来了众多的社会问题，而社会对贫困的看法也是极其复杂的。

不少人把贫困看成是"优胜劣汰，适者生存"下的必然产物，并认为它是社会发展的要素之一。在自由市场经济理论形成的早期，穷人应对他们自己的贫困问题负责的观点就很喧嚣。诸如懒惰、赌博、早婚、移民、娼妓以及个人利己主义的进取等，这些就与传统的"穷人就是穷人"的观念直接相关，这种观念反映了经济个人主义的哲学。今天的欧美社会仍有不少人信奉这一点：谁拥有财富就证明谁有能力，谁处于贫困状态，就说明他懒惰无能。甚至有人还认为："就是应该让社会下层尝尝贫穷的滋味，否则他们永远不会变得勤快起来。"由于"社会普遍贫困，一般人尚可维持心理上的平衡，穷人并不感到被其他人看轻或被大社会所孤立。更少人会感到整个社会须对个人的贫穷困苦负责，也几乎没有人会想到借整个社会多数人的力量，合力去除这种经济所得不平等的现象，因为在传统社会里，穷人被认为是自己的过失，地位低也被认为是个人的懒惰与能力缺乏使然"。这种看法不仅在中国、印度等这些东方传统社会中流行，在维多利亚时代的英国也是受到一定的认同。

一些"贫困社会功能论"理论家认为，从某种程度上讲，在市场经济中贫困符合社会功能，自由市场容纳贫困。他们甚至相信：贫困的存在对于社会其他阶层尤其是富人有正面的功能（而这些正面的功能，H. J. Gans 就曾罗列了好几条）。与之相近似的，还有"社会分层职能学说"、"三 M 理论"以及弗里德曼（M. Freedman）的个体主义贫困观等，他们都宣扬贫困的存在有利于社会的正常运转，穷人应对自己的贫困负责任。具体表现在：贫困能减少薪水以提高非技能工人的供给；贫困和失业有利于雇用者或老板得到更好的降低成本的结果，以帮助企业实现从萧条到繁荣的跳跃。值得一提的是，贫困有助于中产阶级和上层阶级的多项活动。例如，职业中介业务、委托服务业务或救济贫困活动等。社会工作者的活动也包括在内。另外，贫困增长了非穷人的自尊和自信，并且提供了慈善、施舍的可能方式。在美国，穷人们做必要的但没有决定意义的工作，它包括医院的工人、服务员、管家和劳工等，穷人总是第一个被解聘或最后一个被雇用。而且社会还排挤他们，他们仅能与生活水平差的人为邻，形成了社会中最低级的群体。

贫困，从表面上看是经济性的、物质性的，而从深层剖析，则是社会文化的因素起着作用。这种社会的、文化的或心理的因素长期积淀后就形成落后的心态和一成不变的思维定式、价值取向，进而形成顽固的文化习俗（或生活习惯）、意识形态（或理念），即贫困文化。这种文化实际上是对贫困的一种适应，使浸淫于这种文化的人无法感觉到它的影响作用，以致在外人看来，他们是安贫乐道、自甘"堕落"、没有"进取精神"的一群人。这也就是沃尔曼（S. Wallman）所指的"甘于贫困"的人，对于任何促使他们发展（比如教育）和增加财富的事物都不感兴趣，以致许多贫困者从贫困的泥淖之中爬起，旋即陷入贫困的沼泽里。因此，对贫困问题的研究仅仅停留在现有层面上是不够的，还必须深入贫民大众的心理、态度和价值体系之中，进一步分析他们的"贫困文化"。

第二节 贫困根源及反贫困

一、贫困的根源分析

对于造成贫困的原因，众说纷纭。其中较为著名的观点有：相对剥夺说、不平等说、发展不足说、能力缺乏说、混合因素说等。

（一）相对剥夺说

"相对剥夺"，这一概念是由英国著名学者汤森 1979 年提出来的，他强调指出：贫困是一个被侵占、被剥夺的过程。在这一过程中，人们逐渐地、不知不觉地被排斥在社会生活主流之外。汤森对贫困问题做了充分的考察后得出："当某些个人、家庭和群体没有足够的资源云获取自己所属的那个社会公认的、一般都能享受到的饮食、生活条件、舒适地参加某些活动的机会，那么就可以说他们处于贫困状态。他们由于缺少资源而被排斥在一般生活方式、常规及活动之外。"也就是说，汤森认为被剥夺、被侵占是缺少资源的直接原因。

后来，有一派"相对剥夺说"发展成为"机会剥夺说"，而另一派则发展为"权利剥夺说"。对于"机会剥夺说"者来说，贫困者是因为首先被夺去了建立未来大厦——"生存机会"的工具。殖后，又被悄悄地夺去了享受生命不受疾病侵害、有体面的教育、有安全的住宅和长时间的退休生涯的机会。而"权利剥夺说"则是基本"天赋人权"的思想，认为社会中的每一个人都在法律上具有一定的基本权利，人们之所以贫困是由于他们的权利被剥夺的缘故。

很显然，一方面是权利被剥夺，另一方面是权利丧失，那么，与之相应的便是"权利丧失说"。"权利丧失说"认为，贫困就是产生于一个人无论因为什么理由丧失了这些权利中的一项或几项。这些权利主要包括：生产权、交换权、所有权、继承权和遗产权等。由此可知，无论是"权利剥夺说"还是"权利丧失说"，它们都是从政治的角度对贫困根源的一种解释。

（二）不平等说

不平等说认为，贫困就是一种不平等。在贫困和不平等之间存在着因果的内在联系。但是，不同的学者对于"不平等"却有不同的解释。经济学者较多地从经济角度来分析问题，他们视贫困为一种经济上的不平等（Economic Inequality）；

社会学者较多地从社会分层的意义上解析贫困问题，认为"在分层的意义上，贫困就是一种不平等"（Miller & Roby，1971），穷人一般生活在社会的底层，过着悲惨的生活。也有不少社会学者和政治学者从社会的结构或社会制度上寻找贫困的病因，他们认为社会制度本身的不平等导致了现代意义的社会贫困。不过，这其中也有两派相异的观点：①结构功能派对贫困根源的解释，通常强调社会各次系统或子制度的缺失，或各次系统、子制度之间的运作未能有效整合而导致社会经济资源的不平等分配；②冲突派虽然也是站在社会制度或社会结构的层面上揭示人们的贫困，但是他们根本上不承认造成社会经济资源不平等分配的现行制度有其存在的合理性或合法性，必须连根拔起、彻底毁灭，另外建立一个公平、合理的社会制度。

但是，对于有些研究乡村社会问题的专家来说，土地的不平等分配才是乡村贫困的主要原因。因为"土地的分配虽然不是解释农村社会的唯一因素，但却是一个很重要的因素，因为归根结底，乡村社会赖以生存的条件是土地"。在乡村，土地所有权几乎等于政治权力，"尽管法律上没有这种条文，但实际上，土地成了政治权力的基础"。

（三）发展不足说

这种理论认为："贫困是与发展相对应的概念；贫困的根源就其本质的含义来说就是发展不足"，即作为社会的人的发展权利实现不足或未能得到实现。"所谓发展不足是指经济和人文发展指数都低于一定的标准，这个标准往往因时因地而异……因此，贫困的具体含义往往带有很强的相对性，而且也不应该有一个绝对指数，因为发展总是相对的"。因而，"相对于发达国家而言，发展中国家是贫困的；相对于我国东南部沿海发达地区而言，西部一些省份是贫困的"。它也强调"贫困是一个以人为主体的概念"，"贫困归根到底是人或人的社会群体的贫困"。"作为社会的人，享有社会权利，如接受社会教育的权利、参加劳动进行生产的权利，享受社会福利保障的权利、公民的政治权利、进行社会活动和传播文化信息的权利等"。按人的需要层次说，有获得生存资料、享受资料和发展资料的需要，人的发展首先要满足基本生存资料的需要，然后才能通过进行物质资料的生产和其他劳务，为社会服务，并在这一过程中经历社会化、再社会化，使自己的体力、智力获得发展，完善和调动自己的潜能。为此，人们获得发展资料，其中包括较高生活质量的物质条件、教育培养费用和文化娱乐、体育等的需要。人们这种发展的权利如不能得到实现或实现不够就会陷于贫困的境地。

应当注意到，这一"学说"对贫困所做的分析，比单纯的地理学、生物学、经济学或政治学分析要宽泛得多。它在不忽视对贫困的社会环境分析的同时，更强调"应以人为主体来加以考察"；它在强调作为社会的人应当享有平等的社会权利的同时，更加注重"贫困"与"发展"的内在联系。这些都是"发展不足说"的主要优点，但是，它也同样遭到一些学者的批评："'不足'不仅是一个相对概念（其实，'发展'也是一个相对概念），也是一个模糊概念，用以注解贫困的根源会使贫困概念更加含混不清。"与其说贫困是发展不足造成的，不如说贫困是发展之障碍或限制；"发展不足说"只是对贫困现象的一种表述而已，如果要进一步解释"发展不足"的原因，"发展不足说"可能就无能为力了。

（四）能力缺乏说

这一解释认为，人们之所以贫困，主要是由于自身的能力不足或缺乏的缘故。例如，世界银行曾在一份以"贫困问题"为主题的报告中，将贫困界定为"缺少达到最低生活水准的能力"。同样，这一解释也受到部分学者的批评，他们认为，"这个定义一方面未涉及贫困的本质属性，另一方面将贫困视为一种能力的缺乏，不能不说是一种偏见，因为许许多多的贫困人口并非缺少这种能力，问题的实质倒是贫困者的能力的发挥和发展受到种种的制约"。于是，他们给贫困下了另外一个定义："贫困是因种种发展障碍和制约因素造成的生存危机和生活困境；一定层面的贫困是一种社会状态，这种状态不被改善将是恶性循环的。"当然，这个定义仍有它的不足之处，我们无须多议。

（五）混合因素说

这种理论认为，贫困是多种因素共同作用的结果，有历史条件制约、经济基础落后、自然资源匮乏、生态环境恶化、人口过度增长、经济结构单一、发展战略不当、经济政策失误等内部因素，也有国际经济秩序不合理、债务负担沉重、贸易条件恶化、贸易地位不利等外部因素，但最根本的原因是教育水平低下。因为贫困人口只有获得谋生的机会，才能消除贫困；而如果没有利用和把握谋生机会的能力，或者说没有对机会的反应能力，任何机会都会从身边溜走。受教育程度低或没有受过任何教育的人，则无法获得这种能力。

当然，还有一些另外的解释。例如，瑞典著名经济学家冈纳·缪尔达尔对南亚一些国家的贫困问题进行研究后认为："教育的垄断以及对土地所有权的垄断是不平等的最为根本的基础。教育的目的不是要改变人民的基本态度和帮助他们为发展做准备，而是培养驯服的牧师和次要的官员。这种制度毫无疑问地支持他们对体力劳动的偏见，也支持他们的社会与经济权利，以及被他们视为自身利益的一切。南亚人民不仅受到不充分的教育，而且在很大程度上受到错误的教育。"

正是这种错误的教育阻碍了南亚国家的发展，从而使之陷入贫困的深渊。

（六）制度根源说

任何一种贫困都是特定的社会制度的产物，资本短缺、资源贫乏、人口失控以及科技文化落后等之所以形成，其原因都可以在制度分析中找到答案。这就是说，制度贫困意即制度落后和制度短缺等，是一切贫困形式的总根源，而资本短缺和资源贫乏等不过是不同的贫困表现形式而已。从总体上考察，贫困的产生首先源于短缺型经济体制，其次贫困又是现代经济与传统经济的比较结果。

此外，甚至还有人将贫困归因于贫困本身，认为"贫困者之所以贫困，是因为他们原本就处在贫困中，缺乏发展所需的那些基本条件，如此，贫困者将因无力发展而进一步陷入贫困之中。这样就陷入了循环解释之中，它不但无助于贫困的研究，而且容易把贫困问题的探讨引入歧途。

二、世界反贫困发展战略

"二战"后，许多发达国家和发展中国家都曾致全力于经济的高速发展和现代化进程，并希望通过它全面消灭普遍存在的贫困。① 但历经数十年回头总结这段历史时发现，经济发展的好处大部分落到了非贫困社会群体甚至富人头上。于是人们开始认识到，只有高速发展经济的战略是不够的，尽管它是缓解贫困的最重要和最基本的前提，必须在保持经济较快发展的同时实施专门反贫困措施和扶贫项目才能奏效。正是在这一背景下，从20世纪70年代起，全世界开始实施各种反贫困战略。

（一）成功的扶贫项目

（1）开展以帮助穷人增加收入和扩大就业为目标的发展项目。这是基本的和主要的扶贫战略目标。例如目前普遍实行的直接向贫困家庭提供小额贷款以帮助其实现自我就业。同时还要向穷人提供最基本的社会服务以改进消费和福利，诸如医疗保健、清洁用水、教育和直接的食品帮助。同时，以政府为主体的社会救济体系和制度正日趋完善。

（2）在穷人特别集中的地区，致力于提高生产力和改善生活条件的基础设施建设。

（3）促使穷人提高自己的能力和素质，从而使其经济发展即使在外力援助

---

① 当代世界贫困问题主要集中在发展中国家和地区。首先是亚太地区占全球贫困人口的62.2%，其中68.4%集中于南亚地区，南亚地区也是世界最贫穷的地区；其次是非洲，贫困人口主要集中在撒哈拉以南地区；再次是拉丁美洲和加勒比海地区；最后是中东欧和独联体国家。

撤出以后仍能持续进行（外力帮助在开始阶段不可缺少）。无偿援助或补贴无益于穷人的发展和摆脱贫穷，反而会助长他们的依赖思想。穷人的能力和素质应包括以下几方面：①认识到摆脱贫穷主要靠自己，而不单靠外援；②掌握实施发展项目的必要认识；③挖掘自己的资源，如储蓄，从小规模项目开始，然后再利用外部资源；④获得管理和技术技能，包括提高文化水平、掌握会计知识和有关生产技术等；⑤建立能保证穷人有充分参与机会的组织，发展横向联合和纵向联合，形成组织网络；⑥学会使用政治手段，如争取实施法律赋予的权利，向政府争取新权利，与各种盘剥做斗争，让社会能耐心倾听穷人的要求等。

（4）管理上的分权与集权结合。在扶贫项目管理上，一方面要求有自下而上的各层次的积极性，尤其是穷人自己参与扶贫项目管理的积极性，基层组织也应享有充分的参与机会。另一方面又要有个人责任制严格的组织纪律以及检查、监督和工作评估制度。另外，对项目的受益者同样应有严格的纪律。

（5）使穷人受益的资源再分配政策。实行一项有利于穷人的宏观经济政策和发展战略对缓解贫困同样重要。主要体现在政府行为上，例如国民收入再分配时向穷人倾斜、土地制度改革、为低收入者创造更多的就业机会、对穷人集中的产业——农业分配足够的资源、较公平的分配制度等，这种宏观经济政策不一定导致低经济增长率。

（6）建立农民组织。这是农业国专门的扶贫项目成功的因素之一。在农民组织内部规定严格纪律，以相互支持、相互监督，合理有效地使用资源。农民组织的成立更有利于农民直接参与扶贫活动。强有力的贫困农民组织是维护贫困农民权利的重要手段。贫困不仅表现为经济上的分配不公和经济利益的被剥夺，而且也表现为穷人政治权利的被剥夺。实践证明，贫困农民组织可以在这方面发挥积极作用。

（7）设计良好的扶贫项目和独立的运作系统。扶贫项目必须直接专门针对和服务穷人，通过有效的传递系统使资源迅速到达穷人那里。保证扶贫资金有较大的覆盖面，使多数穷人成为受益者。一般农村和区域发展的扶贫项目，通常资源流失严重，往往富人受益，而穷人被漏掉。有效率的运作系统应当具有独立性，包括一些专门人员，如有经验的富于献身精神的项目管理人员和实地基层组织操作人员，以及对穷人受益者的动员与他们的参与，严格的项目检查、监督和评估制度，培训等。

（8）直接面向穷人的小额贷款。向穷人提供贷款被认为是一种最有效的扶贫手段，几乎所有成功的扶贫项目都采用它。各类小额贷款有一些共同特点，诸如以妇女为主，借款人自愿组成小组，灵活的担保形式，贷款从小额开始，重复贷款，简化借还款手续，减少交易时间和实行市场利率，自负盈亏，缩短还款周期，贷款工作人员直接接触借款人，检查、监督借款的使用和还款情况，建立小组基金和成员储蓄制度等。

（二）世界银行的经验总结

"与贫困做斗争最成功的国家都推行一种有效地使用劳动力的增长模式，并对穷人的人力资源进行投资。这两方面兼顾的方针是减轻贫困的基本战略，两者缺一不可。一方面是为穷人提供运用其最丰富的资产——劳动力的机会；另一方面是改善其眼前的福利并提高其利用新出现的机会的能力。两相结合可以提高世界上绝大多数穷人的生活水准。"①

世界银行《1990年报告》给出了由"机会"和"能力"两个方面组成的有效扶贫战略："一是实行劳动密集型发展模式及其配套政策，为穷人提供谋生的机会；二是广泛向穷人提供基本社会服务，增加劳动力的人力资本，提高穷人利用谋生机会的能力。前者解决的是劳动力数量过多的问题，后者解决的是劳动力质量过低的问题，以此来提高劳动者的收入，从而解决贫困问题。"要将促进经济增长的政策与使穷人受益于经济增长的政策统一起来。其途径有：①给穷人以资产所有权。一是将存量资产重新分配给穷人，如土地改革；二是增量资本作有利于穷人的分配。特别是通过初等教育和医疗保健对穷人人力资源的公共投资，成为增加穷人资产的重要政策手段。②增加穷人所拥有资产的受益。即通过提高农业生产率和农业收益减轻贫困。非熟练劳动力是穷人最重要的资产，非熟练劳动力收益大幅度提高，能使收入分配有利于穷人。另外，特别重要的是通过提高生产率来提高穷人的资产收益，这包括对人力资本的投资和基础设施的投资。这种投资能够将促进增长与减轻贫困统一起来。研究表明，农业报酬增长额的1/4、非农业报酬增长额的3/4可以归因于良好的教育。③对穷人进行适度转让。上述无论哪种减轻贫困的方法，都有赖于穷人自身的接受和掌握能力，也有赖于他们对新方式和新机会的利用，归根结底依赖于提高这种能力的人力资源开发。

而1990～1998年世界银行的《世界发展报告》，总结了发展中国家几十年反贫工作的经验，认为一个有效的反贫战略应该具备以下特点：人民必须是所有战略的中心，他们既是减少贫困的实施者，又是减少贫困的受益者；减少贫困战略应具有广泛性和及时性；应该从不同国家的具体情况出发，根据不同需要制定扶

---

① 世界银行1990年《世界发展报告》。

贫计划；应该考虑到国际经济环境——援助、贸易和债务等，对反贫计划实施的影响。最重要的是反贫不应被看作是部门性或地区性的问题，而应成为决定政策和投资的中心目标。同时，《世界发展报告》还提出了以下具体的经验：

第一，反贫战略必须包括两个互相促进的基本内容：保持经济增长和投资于人民。不仅要重视增长速度，更重要的是要重视增长方式（如给穷人创造就业机会，增加农业投资和放开农产品价格，实现宏观经济稳定和低通货膨胀等）。投资于人民，即增加人力资本的投资，特别要重视妇女受教育的机会。

第二，在增长、反贫与环保之间建立起三者兼顾的联系。反贫需要保护环境，因为只有环境的可持续性才能使反贫工作长期化。同时，保护环境又需要经济增长和减轻贫困。

第三，降低人口的高速度增长。在 20 世纪 90 年代，90% 的人口增长在发展中国家，特别是一些最贫困国家，如撒哈拉以南的非洲国家。当然，解决人口增长的高速度离不开社会经济的可持续发展，如果人口增长超过经济增长，那么解决贫困的任何努力都将一事无成。

第四，制订更有针对性和更有效率的社会救济计划，并建立相应的社会保障体系。为此，减少贫困不仅是增加社会福利开支，更为重要的是将这些稀缺资源给予最需要的穷人。如确立母婴健康和营养计划、灾民救济计划，为老、弱、病、残和失业者建立社会保障体系等。

第五，建立更加开放的经济和政治体制。一方面建立更加开放的经济和贸易体系，扩大对世界经济的参与；另一方面建立更加开放的政治体制，使公民参与和影响政府的决策及管理，特别是加强政府行动的责任性和透明度。同时，加强政府、私营部门、非政府组织和国防机构之间在扶贫工作中的协调和合作。

（三）反贫困治理结构

建立健全反贫困治理结构是近年来国际社会在研究反贫困中提出的新概念。它是指为了实现社会经济发展和消除贫困的双重目标，反贫困主体运用权力和手段对社会经济资源实行支配、协调、控制、管辖；同时积极动员贫困人口高度参与，并有效提高他们获取资源和平等分享经济增长利益的能力，用法制原则规定政府、各种社会组织及贫困人口自身的权、责、利关系，由此形成的反贫困目标和战略、组织管理体系、政策和制度规范及行为模式的有机整体。

反贫困治理结构是由以下一系列构成要素组成的，它包括：①反贫困的目标体系及其实施战略；②反贫困的政策框架，责任制度和法规体系；③反贫困的组织机构网络和管理体系；④贫困人口的参与和组织。这四个方面的内容和机制相互联系、相互作用，进而构成一个有机整体。

第三节　我国的贫困与反贫困研究

一、我国的贫困状况及原因

（一）我国贫困问题的状况

改革开放30多年来，我国走出了一条坚持改革开放、坚持政府主导、坚持开发式扶贫方针、坚持动员全社会参与、坚持普惠政策和特惠政策相结合的中国特色减贫道路。经过政府、社会各界、贫困地区广大干部群众共同努力以及国际社会积极帮助，我国6亿多人口摆脱了贫困。2015年，联合国千年发展目标在中国基本实现，为全球减贫事业做出了重大贡献。按照我国的扶贫标准，改革开放以来共减少了2.5亿贫困人口，参照国际扶贫标准测算共减少6.6亿贫困人口。按照联合国脱贫标准，中国对全球脱贫贡献率超过70%。然而，我国经济社会发展总体水平不高，制约贫困地区发展的深层次问题还没有根本解决，贫困群众在生产生活中还面临着许多困难，反贫困任务仍相当艰巨。

现阶段中国贫困问题呈现出来的一个重要特色，就是贫困人口的规模庞大和贫困程度仍然深刻。2013年底还有8249万农村贫困人口，全国有12万多个贫困村，832个国家扶贫开发工作重点县和集中连片特殊困难地区县，这表明中国的贫困人口规模仍然很大；在贫困程度方面，不仅乡村中的贫困人口面临着基本生活条件缺乏保障的困境，城镇中因各种先天及后天原因导致的贫困人口同样面临着生存困境，部分居民生活水平极端低下，无钱治病、无钱送子女上学等现象并不少见。因此，在充分肯定中国贫困问题已经得到极大缓解的同时，还必须清醒地认识到问题仍然严重。

现阶段中国贫困问题所表现出来的另一个重要特色，就是贫困的状态结构变得异常复杂。中国目前的贫困问题基本上可以概括为"四个并存"。

（1）乡村贫困与城市贫困并存，城市贫困问题日趋严重。从世界范围考察，可以发现发达国家的贫困人口主要集中在城市（如美国人口普查局1999年的统计表明在各大都会地区，市中心地区居民的贫困率是18.5%，比郊区居民的贫困率8.7%高出1倍多），而发展中国家的贫困人口则主要集中在乡村，中国的现实却是城市贫困与乡村贫困并存，农村贫困人口减少的同时，城市贫困人口不断增加。1999 年全国农村贫困人口已减至 3400 万人，贫困发生率下降到 4% 以下；城市贫困人口 1995 年为 1240 万人，贫困发生率为 3.5%，到 1998 年贫困人口增加到 2000 万人，贫困发生率为 5.3%。而按城市居民最低生活保障标准，截至 2012 年底，中国共有城市低保对象 1114.9 万户，2143.5 万人。另外，以农民工群体为主的流动劳动力也正加入城市贫困大军。可以认为，近年来中国的城市贫困人口规模在不断扩大，城市贫困状况有不断恶化的趋势。

（2）绝对贫困与相对贫困并存，相对贫困将成为反贫困工作的主要对象。我国由于地区发展的不平衡，各个社会阶层之间和各阶层内部不同成员之间的收入差距过大，导致目前绝对贫困与相对贫困共存。由此得出的结论即是中国现阶段的贫困问题不仅表现为不同阶层社会成员在收入与生活状态方面的不平等，而且也表现为不同贫困人口群体在生存条件与保障条件方面的不平等。在中国的农村与城市，绝对贫困人口与相对贫困人口都有一定比例，但随着我国农村绝对贫困人口温饱问题的基本解决，尽管仍然会存在少部分绝对贫困人口，但是因收入不平等和分配差距所造成的相对贫困问题日益突出，将成为我国今后反贫困工作的主要对象。

（3）区域贫困与阶层贫困并存，区域性贫困将更加显著。就区域而言，农村和城镇贫困人口主要集中于中西部内陆地区。农村贫困人口集中分布在 22 片集中连片贫困地区，中西部地区农村贫困人口占全国的比重为 85%；抽样调查表明，1997 年中西部城镇贫困户占全国城镇贫困户总数的 85.5%（王朝明，2000）。近几年我国农村脱贫的人口主要集中于东部沿海地区，中西部一些贫困面较大的省区脱贫进度相对缓慢。根据国家统计局对全国 31 个省（自治区、直辖市）16 万户农村居民家庭的抽样调查，按年人均收入 2300 元的国家农村扶贫标准测算，2015 年民族八省区农村贫困人口为 1813 万人，占全国的比重为 32.5%，比上年高 1.1%。其中，广西、贵州、云南三省区贫困人口为 1430 万人，占民族八省区贫困人口的 79%，主要分布在滇桂黔石漠化片区、滇西边境山区和乌蒙山片区；全国 832 个片区和重点县中民族自治地方县 421 个，占比为 51%。今后一段时期，贫困地区与其他地区的发展差距仍会继续扩大，贫困人口的区域分布特征将会更加突出。阶层性贫困则是不同阶层之间呈现的分散性贫困现象，包括城市阶层贫困、城乡阶层贫困和工农阶层贫困等。在中国，长期的城乡差异、工农业差异带来了当前发展不平衡的现实，让阶层性贫困问题不仅客观存在，而且已到了较为严重的程度。而城市阶层贫困问题也正在随着社会经济的发展而日显突出。

（4）物质贫困与人文贫困并存，人文贫困更加严重。人文发展指数是评价"人文贫困"较为便利的指标。1990年，联合国开发计划署（UNDP）在首次发布的《人文发展报告》中，提出了人文发展指数（HDI）的概念。HDI是由人口预期寿命、教育和收入3个维度构成的综合评价指标。2010年后，联合国对HDI做了进一步改进：用"25岁以上人口平均受教育年限"和"学龄儿童预期受教育年限"取代了之前的"成人识字率"和"毛入学率"来测算教育指数；用"人均GNI"代替了"人均GDP"来测算收入指数。与此同时，为综合衡量不平等状况对社会进步产生的负面影响，UNDP还计算了"不平等调整后的人文发展指数（IHDI）"。改革开放以来，我国经济年均增长9.8%，经济的快速发展带动了国内人文指数排名的大幅提高。1980年，中国的人文发展指数只有0.407，位于低人文发展水平国家行列；而2012年中国人文发展指数达到0.699，比1980年提高0.292，提升幅度在所有国家中排名靠前。但是，我国人文发展指数世界排名101位，处于中等人文发展水平国家的上游位置。人文发展指数更能反映人类文明的进步程度，对"贫困"的理解也更为深刻。这种排序使我们看到，我们与其他国家的差距不仅是在经济发展水平上，更重要的是在反映综合水平的人文指标上，而后者的差距比前者更难弥补。从某种意义上说，是后者这些指标决定了一个国家的长期发展（决不仅是增长）潜力，反映了一个民族的真正水平和综合实力。这些人文发展指标为我国扶贫、脱贫工作指明了方向。由于自然环境恶劣、教育文化落后、思想观念落后和人口素质差等原因，中国的贫困人口还存在着突出的精神贫困现象，它主要表现在接受教育程度低、轻视科学与技能、盛行迷信等方面，贫困往往与愚昧混合在一起。中国贫困问题在总体上表现出来的上述状态结构，实际上是中国在社会经济转型时期的一种规律性反映，它与特定的社会经济背景相吻合，同时也在随着整个社会经济的发展变化而发生着变化。

（二）我国贫困问题的原因

中国社会正处于一个由计划经济向市场经济转化为主导的综合转型时期，导致中国贫困问题产生的原因亦非常复杂，它既包含了计划经济时代致贫的因素，也有市场经济条件下某些因素的影响，尽管各因素对中国贫困问题的影响程度还在发生着相应变化，但中国现阶段乃至今后相当长的时期内所面临的贫困问题，都将是诸多因素综合影响的结果。

1. 历史原因

中外研究贫困问题的学者大多赞成这样的观点，即发达国家的贫困往往是现实原因导致的贫困，而发展中国家的贫困却通常是历史的积淀。中国是一个发展中国家，如果说旧中国的贫穷落后是导致新中国贫穷的主要原因，那么现阶段的贫困显然有着改革开放数十年的影响，包括人口众多、决策失误、生产效率长期低下和禁锢人们思想观念的户籍制度等，造成了大多数农村居民长期处于贫困状态而不能自拔，城镇居民亦因长期以来只领取低工资而处于低水平生活状态。这些历史因素及其造成的贫穷后果均不是短期内能够消除得了的，尤其是观念、技能等方面的落后更是一个长期制约因素。当然，随着社会经济的持续发展和政府反贫困政策的实施，历史贫困作为导致中国现实贫困问题的一个影响因素，在经历近30多年来的改革开放后，其重要性正在减退。

2. 自然原因

马克思的级差地租理论，揭示了优等地与劣等地的收益和地租的差异。对城乡居民而言，自然环境及相应条件的好坏亦是制约其收入与生活水平的重要因素。根据"八七扶贫攻坚计划"中确定的592个国家重点扶贫县名单，可以有如下一些共同特征：①土壤质量差。广大贫困地区多分布在山区，山区土壤大多数土层薄、地力贫、坡度陡，导致农作物产出率低下。②地理位置偏。大多数贫困地区都是"老、少、边"地区，"老、少、边"的核心是"边"，远离交通主干线，远离中心城市。③地形复杂。中国西南地区、青藏高原山峦重叠、沟壑纵横，发展生产的单位成本高。

3. 地区经济发展不平衡原因

地区经济发展不平衡是中国经济发展进程中的一个重要特征，东部、中部、西部地区向来呈阶梯形发展，改革开放以来因国家施行的是重点发展东部地区的经济政策，使得东部、中部、西部三个经济区域带的经济发展水平差距迅速扩大，发展不平衡的一个直接后果就是居民收入水平的不平衡，这是中西部地区贫困人口比重高、程度深、数量大的重要原因。据中国社会科学院发布的《社会蓝皮书：2016年中国社会形势分析与预测》报告显示，2014年，全国31个省（市、区）居民人均可支配收入最高的为上海，达45966元，而最低的为西藏，为10730元，最高的是最低的4.28倍。其中，城镇居民和农村居民可支配收入最高的均为上海，分别达48841元和21192元，而最低的均为甘肃，分别为21804元和6277元，城镇居民和农村居民人均可支配收入最高的分别是最低的2.24倍和3.38倍。尽管自2006年来，各地区收入差距有所缩小，但上述数据表明，经济发展水平差距导致的收入差异还是很大的。

4. 家庭与个人原因

一方面，从家庭结构来看，单亲家庭，有残疾人、重疾患者、无养老金保障的老年人的家庭，往往经济负担较重，容易陷入贫困（在发达国家，单亲家庭往往成为政府救济或援助的主要对象）；另一方面，从个人因素来看，孤寡老人和孤儿，残疾人，重症患者，受教育程度低者，或因无依无靠或因无工作收入或收入极低，通常是贫困人口的基本成员。据 2006 年残疾人口抽样调查统计数据显示，全国有 8500 万残疾人，约占全国总人口的 6.34%，涉及 1/5 家庭。民政部发布的《2014 年社会服务发展统计公报》显示，截至 2014 年底，全国共有城市低保对象 1026.1 万户、1877.0 万人，全国有农村低保对象 2943.6 万户、5207.2 万人，全国有农村五保供养对象 529.1 万人。

5. 收入分配原因

收入分配对贫困问题的影响，主要表现在行业分配不公与分配要素发生变化两个方面。首先，行业分配不公既体现在工资收入上，也体现在工资外收入上，金融保险等行业不仅工资收入高，工资外收入也高；涉外单位与部分股份制企业则可以为员工提供高工资待遇；而农、林、牧、渔、水利行业等则收入较低，导致部分职工及其家庭成员沦为低收入阶层，生活陷入贫困境地。其次是财产所有权或资本、技术等作为新的要素进入分配领域，必然进一步拉大居民的收入差距，虽然资本与技术作为进入分配领域是时代要求和竞争、发展的需要，但一定时期内创造的财富总是一定的，拥有资本与技术者由此而出现收入急剧扩张效应，而只能凭劳动赚取收入者所分享的份额自然减少，贫富差距的扩大化将直接影响着未来中国贫困问题的基本走势，这是应当引起政府重视并需要采取有效措施来加以调控的。

6. 社会保障制度原因

我国现有的社会保障制度是在计划经济体制下形成的，存在社会保障范围小、保障体系不完整、保障水平不合理、保障资金渠道单一等缺陷，难以适应体制转型和市场经济的现实需要，而社会保障制度改革严重滞后，导致一批无收入或低收入家庭生活贫困。在本书最后一部分将有详细介绍，这里不再赘述。

导致贫困人口产生的原因还有许多，如企业因效益不良而发不出工资或拖欠工资，一些亏损、倒闭企业的离退休职工的退休金得不到保障，家庭或个人投资失败而陷入困境，因家庭成员有不良嗜好如赌博、吸毒等沦为贫困，等等。

二、我国反贫困的政策

（一）我国反贫困历程

我国的反贫困行动的发展历程可以分为救济扶贫、改革扶贫、开发扶贫和缓贫开发四个阶段。①1949～1976年，救济式反贫困。改革开放前，政府的反贫困政策属于单纯的救济政策，主要依托自上而下的民政救济系统，对贫困人口实施生活救济，由于没有把救助与增强贫困者自立能力联系起来，反贫困不是很理想。②1976～1986年，体制改革反贫困。这一时期家庭联产承包责任制的富民政策取代了人民公社时期的"平均主义"的分配政策，体制的变革为我国农村经济全面恢复起到了关键性的作用。东部沿海地区和内陆部分自然条件、经济条件较好的地区率先从富民政策中得到实惠。农村贫困人口从最初的2.5亿减少到1.25亿，年均脱贫人口1786万，年均脱贫率为7%。③1986～1994年，以区域开发反贫困。1986年5月，国务院贫困地区经济开发领导小组及其办公室成立，此后全国各省地县三级也都陆续成立了专门的扶贫机构。这一时期，国家的扶贫转为由发展区域经济、改善农村产业结构来达到使贫困人口脱贫的目的。这种区域带动战略在80年代发挥了积极作用，实现了大面积贫困人口的减少，但由于区域开发并不能迅速地改善贫困人口贫困状态，在实践中产生了大量矛盾，因而开发扶贫逐渐转变为缓贫开发。这个时期是我国农村商品经济进一步发展，社会主义市场经济体制初步建立的时期，也是我国政府开展的目的明确、真正意义上的大规模扶贫活动展开的时期。1986年的全国人民代表大会将摆脱贫困的一些项目，正式纳入了中国的《第七个五年计划》。同年6月，中国成立了由国务院直接领导的扶贫办公室，其基本职能是管理和协调全国各地的脱贫工作。国家将"救济式"扶贫方针调整为开发式扶贫方针。针对我国农村贫困的区域性特点，国家要求各地"改变一般化的领导方式，实行特殊的政策和措施，集中力量，重点解决集中连片的最贫困地区的问题"[1]。在这一方针指导下，各地普遍重视以区域经济的发展带动扶贫工作，但凡区域经济发展较快的地区，脱贫的速度也相应较快。然而也正是在这一时期，市场经济给扶贫工作造成的负面影响也渐渐暴露出来，全国扶贫工作发展很不均衡，农村脱贫的条件越来越苛刻，政府扶贫的难度也越来越大。农村贫困人口虽然进一步从1.25亿减少到8000万人，但年均脱贫人口减少为562.5万，年均脱贫率下降到4.5%。④1994～2000年，缓贫开发。通过各种措施、手段增产食物，或者发展能够交换食物的其他生产，达到缓解贫困的目的。前国务院总理李鹏在中央扶贫开发工作会议上的讲话体现了这种思想。他指出："扶贫资金要用到解决群众温饱问题的种植业、养殖业和以当地农产品为原料的加工业上去。各地经验证明，积极发展农林牧副渔五业，是解决

---

① 《国务院贫困地区经济开发领导小组提出贫困地区经济开发十点意见》，《人民日报》，1986年6月20日。

群众温饱问题的最现实、最可靠的路子……扶贫资金不能过多地上工业项目，更不能盲目地上工业项目……不少工业项目，由于技术、管理、市场等方面的原因，不但没有效益，反而背上包袱，结果是鸡飞蛋打，扶贫资金用完了，贫困人口还在饿肚子。"1994 年正式启动《八七扶贫攻坚计划》，要求用 7 年的时间解决当时的 8000 万贫困人口的温饱问题。1996 年 7 月，中共中央、国务院联合召开了中央扶贫工作会议，制定了《关于尽快解决农村贫困人口温饱问题的决定》。为了基本解决农村贫困人口的温饱问题，中央决定"把扶贫攻坚的任务和措施落实到贫困村和贫困户，要以贫困村为重点，以贫困户为对象，把扶贫任务分解到村，把扶贫措施落实到户"①。它标志着我国扶贫工作的方针，由以区域经济发展带动扶贫工作，调整为直接面对最贫困人口。由于目标明确，措施衔接有力，在异常困难的条件下，这一阶段扶贫工作又迈出了坚实的一步。农村贫困人口从 8000 万降到 3500 万，年均脱贫人口 600 万，平均脱贫率回升至 7.5%。⑤2000 ~ 2014 年，构建大扶贫格局反贫困。2001 年，国务院颁发了《中国农村扶贫开发纲要（2001 ~ 2010 年)》，强调在城市支持农村、工业反哺农业的大背景下开展扶贫工作，以尽快解决剩余贫困人口的温饱问题。2004 ~ 2008 年中央政府连续 5 年下发了五个"一号文件"，就农民增收、建立农村最低生活保障、建设社会主义新农村等涉及"三农"发展的重大问题进行部署。⑥2014 年至今，精准扶贫。精准扶贫"的重要思想最早是在 2013 年 11 月，习近平到湖南湘西考察时首次做出了"实事求是、因地制宜、分类指导、精准扶贫"的重要指示。2014 年 1 月，中办详细规制了精准扶贫工作模式的顶层设计，推动了"精准扶贫"思想落地。2015 年习近平总书记在贵州调研时就加大力度推进扶贫开发工作提出"四个切实"的具体要求：一是要切实落实领导责任；二是要切实做到精准扶贫；三是要切实强化社会合力；四是要切实加强基层组织。他强调，特别要在精准扶贫、精准脱贫上下更大功夫，具体就是要在扶持对象精准、项目安排精准、资金使用精准、措施到户精准、因村派人（第一书记）精准、脱贫成效精准上想办法、出实招、见真效。总体来看，精准扶贫正是以习近平为总书记的党中央治国理政方略中对新时期扶贫工作新挑战与新要求的积极应对和正确指引。

（二）我国反贫困的手段

我国政府的反贫困手段，主要有以下三方面内容：一是从中央到地方建立专

---

① 江泽民：《全党全社会动员起来，为实现八七扶贫攻坚计划而奋斗》，《人民日报》，1997 年 1 月 6 日。

门的扶贫开发组织机构；二是投入大量的扶贫开发资金；三是组织动员社会扶贫。其中，长期保持并不断增加中央扶贫资金的投入是最关键的手段。三种扶贫手段有一个共同的特征，就是都要依靠政府直接组织、实施或动员，政府成了扶贫开发工作的主体；扶贫开发资金的分配与投放、扶贫开发项目的选择与决定，基本上由各级政府特别是地方政府沿袭传统的计划经济方式进行运作的。

在"开发式扶贫"的效率导向原则的指导思想下，我国政府的反贫困手段在形式上也体现了一定的市场导向的变化。80年代中期以来，在中央扶贫开发投资中，有一部分资金不再是无偿使用的，而改为由银行以利息补贴的形式发放扶贫贷款，这就是一项重要改革。"开发式扶贫"的效率导向原则又要求扶贫开发资金的使用应该获得最大的经济效益，扶贫开发项目的选择应该能够充分利用贫困地区的比较优势。如果完全依照效率导向原则，即使贫困地区选择了加快工业化的投资战略，也应该从支持以农副产品为原料的加工业项目开始。

在各个阶段的扶贫工作中，国家采取的另一重要扶贫措施，就是开发以工代赈项目。以工代赈项目是指救济对象通过参加必要的社会公共工程的建设而获得赈济物资和资金的一种特殊的救济方式。从本质上说，我国的以工代赈属于救济的范畴，但它又不同于一般单纯的救济，其特殊性在于救济与建设的结合与统一。与一般的救济相同，以工代赈资金是无偿的。其差异在于它是有附加条件的，要求贫困人口通过出工投劳来获得赈济。可以说，以工代赈是以救济为手段，以加强贫困地区的基础建设为内容，以缓解和消除贫困为目的，通过实物和资金的投入方式，使贫困地区基础设施条件得以根本改善，为其经济的发展创造一个相对优越的环境，进而刺激其自我增长。从1984～1994年，我国已先后安排了7批以工代赈项目，已完成的项目投入中央财政资金超过200亿元。

三、进一步完善反贫困政策

（一）当前中国反贫困工作中存在的主要问题

尽管我国反贫困工作取得了巨大成绩，但仍存在不少问题，概括起来主要有：①政府的扶贫措施没有涵盖所有的贫困人口，比如居住在官方划定的贫困县以外的一部分贫困人口，据国家统计局估算，这部分贫困人口大约有1/3，而其他研究者则认为，这一比率已高达50%。②政府扶贫开发中对技术创新的重视和运用程度大于对制度创新的重视和运用程度。在实际操作中，表现为重视对物质资本的投入而轻视对人力资本的投入。③区域开发扶贫模式对解决最贫困人口问题缺乏针对性。一味地追求区域开发扶贫模式，忽略了扶贫工作阶段性条件的巨大变化，没有区分贫困人口的共性和个性、贫困地区发展的必要条件和充要条件、长远发展和近期工作。比如，东部发达地区的贫困人口在彻底摆脱贫困后，面临的任务是巩固和发展；而中西部绝大部分贫困人口面临的任务是生存。④扶贫投入的效率低。一方面扶贫资金缺乏良好的使用与管理。据权威人士估算，扶贫资金的漏出量超过50%，甚至高达70%以上（安树伟，1999）；另一方面许多扶贫的产业项目在市场上缺乏应有的竞争力。还有就是扶贫资金转化为财政补贴从而转作他用，扶贫资金受益者有的是非贫困者等原因。⑤扶贫的政治色彩较浓，而缺乏必要的经济管理观念和方法，政策决策中短期行为现象十分明显，低效率、寻租现象难以避免。⑥政策扶贫只着眼于解决温饱问题，而没有从贫困地区长期发展的角度制定扶贫政策和规划，扶贫工作多数处于低水平重复之中。⑦政府扶贫对贫困人口的发动和组织不力，缺少贫困人口的积极参与。

（二）完善我国反贫困政策的思路

1. 使反贫困走上法制化轨道

为了系统规范贫困治理工作，国家应尽快制定反贫困的相应的法律法规，其内容应当包括：①有关主体（指政府、社会组织和贫困人口）的权利和责任；②贫困线和贫困监测系统，确定独立的贫困监测机制；③确立反贫困的计划、决策、组织、管理、监督、评价等职责与机构，保证职责明确，程序规范；④对贫困人口的经济合作组织予以确认；⑤规范扶贫资金的筹措和管理，防止漏出。

2. 扶贫政策区域化

已经解决温饱的地区要着眼长期发展，加大反贫困科技含量，充分利用反贫困各项扶持政策，进一步改善生产条件，引导农户进入市场，提高农户的经营能力和收入水平，促进贫困地区全面进步。尚未解决温饱的地区要以扶贫开发统揽全局，树立千头万绪、温饱第一的思想，努力实现国家"八七"扶贫攻坚计划。

3. 提高贫困人口参与能力

国际及我国反贫困实践表明，如果没有贫困人口普遍、积极地参与，政府的反贫困计划就难以有效实施。因此要十分重视为贫困人口主动参与反贫困创造条件，包括：引导和鼓励贫困人口建立以摆脱贫困为目标的各种经济合作组织；通过组织内部的互助、合作来增强反贫困能力；通过有组织地集体参与，更有效地配合政府的反贫困计划；建立贫困人口主动参与反贫困决策和计划的有效渠道；监督政府反贫困计划的运作，发表反贫困意见，以提高反贫困的针对性和效率；通过深化农村改革，为贫困人口提供参与反贫困的制度依据和法律保障，消除当前及今后贫困人口参与反贫困的种种制度约束。

4. 提高扶贫资金使用效益

①改革扶贫管理体制，强化监督机制。包括实行贫困省扶贫一元化管理，责、权、利统一到省，一次到位；建立扶贫银行；建立社会监督机制。②实行瞄准贫困人口的扶贫政策。此方面可借鉴孟加拉乡村银行模式。中国于1994年开始试验，目前已呈现出推广的态势，政府应该统筹规划，因势利导；有关职能部门应总结经验，组织实施。③重视增加人力资本的投资，为贫困人口提供基本的社会服务。通过提高贫困人口的劳动素质，从而提高他们未来的工作效率。从某种程度上讲，这是消除贫困、促进经济增长的根本途径。

5. 重视解决能力制约型贫困和短期贫困

能力制约型贫困是指由于贫困户在体力和智力方面的严重缺陷，或者由于疾病困扰、智力低下和年老体弱而导致的贫困。解决能力制约型贫困的根本办法是通过建立社会保障制度，保证这部分缺乏自食其力能力的穷人的基本生活需要得到满足。短期贫困指遇到较严重的自然灾害或疾病打击时，一些本来不贫困的农户会在短期内陷入贫困。解决短期贫困的方法有三种：①鼓励和实行家庭意外保险，以减少灾害对农户收入的影响；②在灾害发生后，政府要提供资金、技术、就业方面的支持来增加灾民的收入；③建立新的农村社会保障制度。

6. 基础设施和公共服务优先发展的国家支持政策

国家应通过财政转移支付，改善贫困地区的基础设施和公共服务设施，为广大贫困地区创造相对均等的竞争条件。在目前财力有限的条件下，应该优先发展对贫困地区经济增长和农户脱贫约束较大的项目。现阶段尤其要重点发展连接重要产品产地与市场的公路、便利农民销售产品的市场，改造中小学危房，改善学校的基本教学条件。同时要尽量发挥国家投资的种子货币作用，引导和吸收贫困地区和外部资金的投入。

7. 努力增加农民收入

①中央和地方政府应加大对贫困地区发展的支持力度；②促进贫困地区农村劳动力跨区域的流动；③努力帮助贫困地区农民调整农民产品结构，积极引导农民进入市场；④实行更加积极、灵活的政策，鼓励农村私营个体企业的发展。

8. 妥善解决城镇贫困问题

①在保持经济适度增长的同时，要重视经济增长方式对就业的影响。要注意发展劳动密集型产业，为贫困者创造更多的就业机会。②社会保障体系完善的重点，应由养老保险和医疗保险转向失业保险，尽快建立起规范化、覆盖城镇所有从业人员的失业保障制度，将失业保险工作纳入法制化轨道。③尽快在城市开展

"小额信贷"扶贫的试点工作。较之农村贫困人口而言，城市更适宜开展"小额信贷"扶贫工作。如果操作得好，可能对城市下岗、失业人员再就业提供极其有力的支持和保障，并有可能对城市反贫困的制度创新产生极其深刻的影响。④深化国有企业改革，这是我国城镇贫困职工脱贫解困的最佳选择。⑤逐步消除社会分配不公。要设计公平的资产分配制度，减少因财产所有权不均等而导致的贫困。⑥广泛动员社会力量，鼓励和支持社会各界积极地参与城市扶贫解困行动。

9. 广泛动员社会各界扶贫济困

出于经济上和政治上的考虑，从20世纪80年代末期开始，我国政府着手动员社会力量参与扶贫行动，并组织了几项声势浩大的反贫困社会行动——希望工程、春蕾计划、幸福工程和光彩事业等。其中影响最大、成效最为显著的是希望工程，到1997年底，希望工程共资助失学儿童184万余名，资助建设希望小学5256所。在争取有关国际组织的合作与支持方面，最成功的是与世界银行合作。仅1995年开始实施和即将开始实施的世界银行中国西南扶贫项目，世界银行中国秦巴山区扶贫项目和世界银行中国西部扶贫项目，世界银行援助资金总额达到6.1亿美元，预计可以解决800多万贫困人口的温饱问题。世界银行认为，这些项目不但使贫困人口直接受益，而且为新的创造性的扶贫方式提供了试验场所，项目的设计是先进的，实施的组织和管理是成功的。今后要总结经验，大力提倡，坚持下去，搞得更好。

10. 全面推进精准扶贫

要以全面小康的时间表倒逼精准扶贫的路线图，增加扶贫开发的财政资金投入和项目布局，实现基本公共服务对群众全覆盖，加大产业培育扶持力度。要按照扶持对象、项目安排、资金使用、措施到户、因村派人（第一书记）、脱贫成效"六个精准"的要求，做到因人因地施策、因贫困原因施策、因贫困类型施策，区别不同情况，对症下药、精准滴灌、靶向治疗。要坚持完善和巩固发展专项扶贫、行业扶贫、社会扶贫"三位一体"的大扶贫格局，进一步加大力度，创新机制，调动行业部门和社会力量统筹抓好产业开发、基础设施、公共服务和生态建设等各方面，合力推进扶贫攻坚。

[小结]

无论是东方还是西方，对于贫困的纷争是十分激烈的。随着经济全球化的日益加深，因历史演进、地理分布等原因导致的贫困问题已经成为整个世界共同面临的难题。本章主要对这样一个困扰政府施政的严峻问题展开分析。

贫困是指缺乏所得，从而相应地导致低消费水平和福利水平的一种状况。狭义的贫困和广义的贫困概念的提出使有关贫困的解释更趋成熟。解析贫困必然要对贫困线加以规定，而对处于贫困线以下的人口的分布状况和分布特征的研究则需要我们对贫困程度进行测量。贫困的广度、深度、强度、相对程度和其他若干指标构成了测度贫困程度的指标体系。

把握贫困的根源是解决贫困问题的一把钥匙。贫困的根源假说分为相对剥夺说、不平等说、发展不足说、能力缺乏说、混合因素说和制度根源说等。针对这些贫困的根源，联合国在反贫困问题上做出了许多尝试，开发了许多成功的扶贫项目，同时提出了建立健全反贫困治理结构的新概念。

贫困问题日益成为我国经济发展的障碍，贫困问题在我国表现为乡村贫困与城市贫困并存、绝对贫困与相对贫困并存、区域贫困与阶层贫困并存和物质贫困与人文贫困并存。导致我国贫困问题的原因有很多，主要集中在历史、自然、地区发展不平衡、家人与个人、失业、收入分配和社会保障制度这些因素。针对这些因素的影响，我国的反贫困历程经历了漫长而复杂的道路。尽管取得了一定的成绩，但是，持续反贫困的道路依然充满荆棘和艰辛。

[思考题]

1. 举例说明你对相对贫困、广义贫困和人文贫困概念的理解。

2. 应用本书中给出的测定贫困程度的方法，尝试测定你身边出现的贫困的程度。

3. 你是否同意书中列举出的导致我国贫困问题的原因？是否还存在其他导致我国贫困问题的因素？

4. 扶贫资金在我国屡屡被挪用甚至被某些个人侵占，针对这种现象，你对我国扶贫资金的发放管理有何对策？

5. 通过对本章的学习，参考平时阅读的各种报纸、杂志，你对我国进一步的反贫困策略有哪些更具启发性的建议？

第六章　教育与卫生

[**内容提要**] 教育与卫生事业的进步和经济发展有着很强的关联性，也给人们提供了物质与精神上的双重效用，因此就有了众多研究教育、卫生与经济的关系的理论。作为发展中国家，我们的教育体制、医疗卫生体制是严重滞后于时代的，必须进行全方位的改革，取得大的突破，才能真正适应社会主义市场经济的需要。

教育与医疗卫生不仅与每个人息息相关，而且已经成为国民经济的重要组成部分。随着社会的发展和文明的进步，人们对教育与健康的关注程度也越来越高，教育与健康支出的增长快于收入的增长。为了满足这些特定的公共利益与需要，各国政府对教育和卫生事业的投入也越来越大。但与此同时，全世界无法获得基础教育的人的队伍仍然十分庞大，疾病造成的经济损失也高得惊人。这些都让整个社会付出了昂贵的代价。因此，如何合理有效地使用教育与卫生方面的投入，尽可能地扩大覆盖面，提高效率，减少损失，就成了一个重要而迫切的课题。经济学家试图用经济学的原理来研究教育与卫生事业，并希望找到有效的解决办法，进而建立一个比较合理的教育体制与卫生健康保障制度。

第一节　教育与经济发展

自教育产生以来，就和社会经济发展有着不可分割的联系。早在古代，中国和外国的一些学者就对教育和经济的相互关系做过一些论述。但限于当时的生产力水平，教育对生产发展的促进作用不太明显，也不可能对教育所产生的经济效益做出计算。

到了近代，随着资本主义大工业生产的发展，教育对改进生产技术、促进生产发展所起的作用越来越明显，从而引起了经济学家对教育经济效益问题的日益重视。英国古典政治经济学的代表人物斯密、德国历史学派先驱者李斯特等，对教育和经济之间的关系做了不少论述。例如，斯密提出："学习的时候，固然要花一笔费用，但这种费用可以得到偿还，赚取利润。"

但真正把教育与经济的关系作为一门独立的学科加以研究，则是 20 世纪 60 年代的事情。以美国舒尔茨、英国维泽、美国贝克尔等为代表的西方人力资本理论流派不仅从理论上系统地研究了教育与经济的关系和教育的经济价值，还用数理方法对教育的经济问题进行了定量分析，为现代西方教育经济学的发展奠定了基础。他们认为，人力资本是与物质资本相对而存在的一种资本形式，它体现在人的身上，可以被用来提供未来的收入；而教育则是人力资本形成的最重要的途径，教育通过人力资本的形成而对经济增长产生连续的作用。这一论点成为 20 世纪 70 年代西方许多教育经济学著作的理论出发点。当前，西方教育经济学所探讨的主要问题是：如何估算教育在经济增长中的作用；如何估算个人的教育投资和收益以及收益率；教育同收入分配和再分配之间存在的关系，教育同劳动力市场变动之间的关系以及如何预测未来的劳动力供求；如何有效地分配和使用教育经费，以便尽可能地提高智力投资的经济效果等。

一、教育与经济的基本关系

教育和经济虽然彼此相对独立，但存在着非常密切的联系。从社会层面考察，教育与经济的关系有条件和功效两方面。教育的经济条件是指教育的可用经济资源，也即经济对教育的投资，体现出教育对社会经济的依存性或社会经济对教育的制约性。教育的经济功效是指教育产生的社会经济效益或收益，也即教育对社会经济发展的贡献，体现出教育对社会经济的促进性或社会经济对教育的依存性。从个人层面考察，教育与个人收入分配呈高度相关性。

（一）教育对经济发展的基本作用

教育培养了经济发展所需要的合格和高素质的劳动力，提高了劳动生产率，使其在社会生产中发挥更大的作用。不同历史阶段的生产活动都需要自然界和社会的知识，也都离不开教育。尤其是在脑力劳动日益成为社会生产主体的今天，高素质劳动者对经济可持续发展具有重要作用。近百年的历史表明，在一定时期内，经济的快速增长可以通过大量投入资本和消耗更多自然资源而达到，但其结果可能是资源的枯竭、环境的恶化和收入分配的不公，是一种没有发展的增长。而教育通过培养高素质的劳动力，能部分替代自然资源和资本，能更充分合理地利用资源，能利用其他资源克服某些资源的稀缺性，从而达到经济的可持续发展。

另外，教育为经济发展提供科学知识形态的生产力，为社会创造更多的物质财富和精神财富。科学属于知识形态的生产力，这种生产力在应用于生产过程之前，还不是现实的生产力。尤其是高等教育，对科学技术的发展具有强大的促进作用。教育不光是一种高效率的科学技术再生产过程，是不断进行科学技术创新的开拓阵地，也是科学转化为生产力的中间扩散环节。教育不仅可以通过为一国或社会培养合格的劳动者而为本国的经济发展服务，而且，可以通过本身所具有的科研机构进行科学的研究和开发，为社会和国家提供新的科学技术来为社会的经济发展服务。比如，美国 70% 的科学研究单位和课题都在名牌大学里，许多新的科研成果是在高等学校取得的。

（二）经济对教育发展的影响

（1）经济发展决定了教育发展所必需的物质基础和条件。任何一个国家办教育都需要一定的经济条件，要有一定的人力、物力和财力。教育的发展不能脱离经济的发展水平，随意、盲目发展教育，必然违背经济和教育之间的客观规律。另外，经济的发展水平也给教育提出了客观要求。对国家来说，要求教育培养出经济发展所需要的专门人才与熟练劳动力；对个体来说，由于经济发展水平的提高，人们的生活水平也在不断提高，对教育的要求自然也会提高。同时，社会经济发展水平的提高，要求人们有更高的知识技能水平，从而迫使人们提高教育的程度。

（2）经济发展决定了教育的培养目标、教育内容和手段。教育是一种培养人的活动，其所培养出来的人应该具有什么样的规格，不仅受到社会政治制度的制约，还受到一个国家的经济发展水平的制约。同时，经济发展水平还决定了教育的内容和手段。在工业社会以前，教育内容贫乏，主要以传授宗教、伦理道德和直接的生活经验和生产经验为主，而且教学手段一般以言传身教为主。到了现代社会，由于经济发展水平和科学技术的大幅度提高，对人的要求也不断提高。教育内容不断丰富，形成了完整的学科门类体系，教育手段也逐步现代化。

（3）经济发展决定了教育发展的规模和速度。这种决定作用表现在：经济发展水平决定了受教育的人口数量、受教育的平均年限、教育发展的匹配速度。

（4）经济结构影响着教育结构。从根本上讲，教育结构受制于社会经济结构。经济结构直接或间接地制约着教育结构内部发展变化的趋势，制约着教育结构内部调整改革的方向。例如，产业结构对教育专业结构和类别结构具有制约性。

（5）教育结构对经济结构也有一定的制约和影响。如果一个国家的教育结构不合理，教育所培养出来的人才结构不符合经济结构的要求，就会造成产业结构中人才过剩与短缺并存，从而影响产业结构的合理化。

（三）教育与个人收入分配的关系。

教育程度对个人收入水平的提高有积极的作用。在其他条件相同的情况下，个人受教育的程度越高，个人向社会提供的劳动的数量就越多、质量就越高，他的收入也就越高，反之亦然。

教育通过提高劳动者的劳动适应能力而提高个人收入。通过教育，劳动者能够较快地适应新的工作岗位，减少失业或待业时间，从而提高个人的收入。

教育能够提高个人的"分配效益"。现代社会是一个变化极为迅速的时代。在这个时代，人们有意识地分配自己资源的能力显得极为重要。教育可以使人对经济条件的变化做出迅速而准确的反应，从而获得经济上的收益，提高自己的收入。

二、教育与人力资本投资

西方当代经济学家对教育的经济价值的分析，是以人力资本投资理论为核心而展开的。应该说，这些"人力资本投资理论"的倡导者们，修正了人们过去的传统观念，把人们的认识水平提高了一大层次，对人类社会的进步做出了巨大贡献。

教育是一种长期的人力资本投资。教育和培训方面的支出可以转化为知识存量，提高劳动者的科技水平。由于科技进步对经济增长的日益突出的贡献，而科技进步又主要依赖于教育，所以教育和培训投资尤为人力资本理论所强调，在人力资本投资中占有不可或缺的重要地位。

从广义角度看，教育支出包括许多方面，其中，最重要的有普通教育（从正规的幼儿教育到大学教育）支出、成人教育（对在职干部、职工的培训）支出、社会教育（通过各种文化知识传播媒体如广播电视等）支出等。虽然上述各类支出的直接承担者不同，但不管哪类支出都是一种预先进行的花费，因而都会降低支出者的现期收益，或者说是对支出者现期收益的一种扣除。就这一点而言，教育支出与生产性投资支出特别是流动性资产投资支出根本不同，它不是短期性的而是长期性的投资。

教育投资差别在一定程度上会形成个人人力资本存量和收益能力差别，同时也是产生社会收益差别的一个重要原因。实践证明，各国经济发达程度与其教育投资之间有着明显的正相关关系。据世界银行专家的研究，增加教育投资从而使"劳动力受教育的平均时间每增加一年，GDP 就会增加 9%。这是指前 3 年的教育，即受 3 年教育与不受 3 年教育相比，能使 GDP 提高 27%。而后增加的学年收益衰减为每年使 GDP 增加 4%，或者说，其后 3 年的教育总共可使 GDP 提高 12%"。西奥尔多·W. 舒尔茨曾在著名论文《人力资本投资》中指出：大量统计数字表明，国民收入的增长比国民资源的增长要快，有人把二者间的差额叫作"资源生产力"，这是一种用"无知"的办法对付无知的行为，没有任何意义。实际上，二者的差额不是由规模收益产生的，就是由投入品质量的改进产生的，其中最重要的是"人的能力的改进"，其他方面应当置于"次要"地位。贫穷国家之所以贫穷，最重要的不仅在于其"极端缺乏资本"，而且在于其没有把更多的资本"用来增加人力投资"。正是由于"人的能力没有与物质资本保持齐头并进"，从而才使人的存在本身变成了"经济增长的限制因素"。

发达的工业化国家与落后的发展中国家之间的一个最大差异是用于教育的政府支出占 GDP 的比重互不相同。前者所占比重较大（虽然进入 20 世纪 80 年代以来有所下降），后者所占比重较小（但有上升趋势）。这种差异既是由前后两类国家发展水平决定的，反过来它又反作用于前后两类国家的社会经济发展，导致前后两类国家在经济发展水平上的差异继续扩大。近年来，发展中国家开始注重对教育的投资，因而其经济成长速度也开始明显上升；发达国家对教育有所忽视，结果其经济成长速度就出现了持续下降的趋势。

三、教育的经济效益分析

（一）教育经济效益的基本含义

简单而言，教育的经济效益就是教育收益与教育成本之差。我们可以用一个简单的图（见图 6-1）来说明教育的经济效益。

一般说来，教育成本包括两个方面：一是直接成本，或称现时成本；二是间接成本或称机会成本。直接成本与间接成本之和为某一层次教育投资的总成本。从公共或社会角度考察教育投资，社会的直接成本除了包括由私人支付的费用外，还包括由政府和社会（包括社会团体和个人资助以及学校自筹的资金）直接支付的各种费用。社会的间接成本是指因上学而放弃的收入。

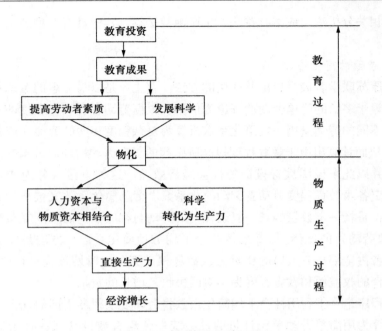

图 6 - 1　教育的经济效益

从公共立场看，教育投资的社会效益主要是指由于劳动者接受一定程度的教育后提高了技术水平和熟练程度而引起劳动生产率的提高，进而导致一国国民收入总量的增加和人均国民收入的增加。社会投资教育还可以获得一些相关的外部收益。比如全民教育水准的提高，可能会提高整个社会的生活水平、一个国家的国际形象，也可能会使一个社会建立更好的政治体制和经济体制等。又例如，"教育增加是与较低的犯罪率和较低的福利依赖率相联系的，这就既有利于潜在的受害者也有利于纳税人。教育也被认为可以改善政治体制和产品市场的功能，这又会使我们大家都受惠。"①

衡量教育社会经济效益的主要指标是教育收益率、教育贡献率。前者是教育收益总额与教育成本总额的比较，直接反映经济效益；后者则反映教育对国民收入增长的作用。

（二）计算教育投资经济效益的一般方法

从福利经济学的角度来说，为了分析教育投资在整个国民经济中发展的作用，需要计量教育的宏观经济效益。计算教育经济效益的方法有很多，包括劳动

---

① 霍夫曼：《劳动力市场经济学》，上海三联出版社 1989 年版，第 179 页。

简化法、相关分析法、成本收益法、生产函数法等，其中具有典型意义的有以下三种方法。

1. 复杂劳动简化法

这是原苏联学者最早提出并使用的方法。它主要是以马克思的劳动价值论中复杂劳动等于多倍的简单劳动的理论为依据，根据劳动者受教育程度的不同，把复杂程度不同的劳动量用一定简化系数折算为复杂程度相同的劳动（或称简单劳动）量，从而计算出由于教育程度提高所引起的复杂劳动增加而带来的国民收入增长额，并以此来说明教育投资的社会经济效益。这种方法可分为如下几个步骤：①确定各级教育程度劳动者劳动简化系数。劳动简化系数又被称为劳动复杂程度系数，是指一定数量的某一复杂程度的劳动与相应数量的基准复杂程度劳动（或称简单劳动）的比例。① ②推算社会平均劳动简化系数。方法是以各级教育程度劳动者占全部从业人口的比重为权数加权计算一定时期社会平均简化系数。③推算教育的收益额和教育程度提高对国民收入增长的贡献。

基本程序是：①利用社会平均简化系数将劳动复杂程度不同的社会实有劳动者数量折算为用简单劳动单位计量的社会统一劳动者数量（或称社会劳动力当量）。公式为：社会劳动力当量 = 社会平均简化系数 × 社会实际劳动者人数。②计算社会劳动力当量较社会实有劳动力数量的差额与社会劳动力当量的比例，可称之为复杂劳动增量占总劳动当量的比例。③以此比例作为教育对国民收入所做贡献的比例，计算出教育的收益额，亦即教育对国民收入的影响额。公式为：教育的收益额 = 国民收入总额 ×（社会劳动力当量 − 社会实际劳动者人数）/社会劳动力当量。这种做法实质上是把教育的社会成果同教育对社会经济的贡献在比例变化上等同起来。理由是国民收入都是劳动创造的，因教育程度提高而增加的劳动力当量占总劳动力当量的比例，也就是因教育程度提高而增加的劳动量所创造的国民收入占全部劳动量所创造的国民收入的比例。④将不同时期的教育收益额相减计算差额，可得出因教育程度提高而影响国民收入增加额。再以此差额与同期国民收入增加额相比较计算比例，可得出教育程度提高对国民收入增长的贡献比例，亦即教育贡献率。教育贡献率 =（报告期教育收益额 − 基期教育收益额）/（报告期国民收入 − 基期国民收入）。

原苏联学者使用复杂劳动简化法，最终将教育成效直接落实在国民收入上，

---

① 原苏联学者曾使用过三种确定劳动简化系数（以下简称简化系数）的方法：一是以不同受教育程度的劳动者的工资差别确定简化系数。二是以劳动者受教育时间长短确定简化系数。三是以不同受教育程度劳动者所花教育费用的多少确定简化系数。不言而喻，三种方法都存在缺陷。

用以说明当期教育成效对当期国民收入的影响，其理论基础是正确的。但他们将劳动者的受教育程度与劳动能力（复杂程度）及劳动创造的价值完全等同起来看待，没有考虑它们之间存在的复杂关系；而且分析时也没有考虑用现值折算的问题，因而计算结果会产生较大误差。另外，他们用来确定简化系数的几种方法都有一定道理，又各有缺陷，没有一种很恰当的方法；分析中使用的方法也存在一定问题。因此复杂劳动简化法还有待在实践中进一步完善。

2. 投资增量收益计算法

舒尔茨早在 1961 年在《教育和经济增长》一文中，就教育对经济增长的贡献做了定量分析。其计量方法实际上是把柯布—道格拉斯生产函数中资本的投入分解为物质资本投入和人力资本投入两部分，通过计算一定时期社会为提高教育水平而增加的教育资本及其收益率和收益额，从而确定教育水平提高对国民收入增长的贡献，以此来衡量教育的社会经济效益。具体方法为：

（1）确定为提高教育水平而增加的教育投资，计算公式为：社会积累的教育资本总额 = Σ（某级教育的毕业生人均教育费用 × 社会该级学历的就业者人数）。

公式中各级教育毕业生人均教育费用应从小学阶段算起，既包括社会支出的教育费用，也包括学生个人或家庭负担的教育费用，以及学生因上学而放弃的工资收入（也称机会成本或间接教育费用）。而在一段时期内：为提高教育水平而增加的教育投资 = 报告期教育资本积累总额 - 按基期劳动者人均教育费计算的报告期教育资本积累总额。

（2）计算社会平均教育投资收益率。先计算各级教育投资收益率，公式为：某级教育投资收益率 = （该级教育毕业生平均收入 - 前一级教育毕业生平均收入）/该级教育人均教育费用。

这种收益率的计算方法是将劳动者因教育程度不同所带来的工资差别，看作是资本化了的教育费用的利润。舒尔茨将此收益率称为人力资本的收益率。

然后以各级教育费用占社会全部教育费用的比重为权数加权计算社会平均教育投资收益率。

（3）推算教育水平提高对国民收入增长的贡献。将以上两步骤计算的结果相乘，可得为提高教育水平增加的教育投资获得的收益额。

舒尔茨是最早把教育投资收益额与国民收入的增长挂钩的一位学者。他的方法存在的主要缺陷是：以工资差别来计算教育投资的收益率，即把劳动收入与劳动的经济贡献看作一回事，而实际上工资只是劳动者创造价值的一部分，这使其计算结果很不准确；把受教育程度当作影响工资收入的唯一因素，而没有考虑其他因素，如家庭背景、个人天赋、社会地位、性别和种族等对工资收入的影响；以劳动和资本的产出弹性不变的生产函数为前提，又多次运用在理论上并不十分科学的假定，就使分析过于简单。因此其结论的可信程度也就大大降低了。

3. 经济增长因素分析法

美国经济学家丹尼森（E. F. Denison）在 1962 年出版的《美国经济增长因素和我们面临的选择》一书中，用不同于舒尔茨的方法对美国 1929～1957 年经济增长的因素进行了分析。他的方法同样是建立在西方传统经济学生产三要素理论基础之上的。其特点是按照新经典派集合函数方法，把经济增长中各大要素分解成若干成分，而且不是像舒尔茨那样从分析国民收入的总增加额入手，而是从国民收入年平均增长率中逐项推算诸因素所起的作用，从而比较各因素对经济增长的相对重要性。在他的分析中教育是经济增长的一个重要因素。

丹尼森用来估算教育作用的基本方法分为以下几个步骤：

第一，确定各级教育程度劳动者教育成效简化系。丹尼森认为教育年限的增加提高了劳动者个人对生产的贡献能力，即劳动生产率，并且提高了劳动者个人收入。因此他首先确定不同教育程度劳动者的工资简化系数，以此来反映教育程度与劳动者生产能力及工资收入的关系。方法是：根据 1950 年美国人口普查资料中，25 岁以上男性工人按教育年限分为 9 组的货币收入数字，以受过 8 年初级教育的工人的平均工资收入为基准，定为 100，并分别计算出其他教育年限组工人平均工资收入与基准工资收入之比，即平均工资简化系数。

丹尼森又认为受教育年限不同的劳动者的工资差别除受教育程度影响外，还受个人天赋、家庭背景、工作经验等因素的影响。因而他进一步假定，在劳动力收入差别中只有 3/5 是由于受教育不同而引起的（3/5 开始是一个假设，后来得到一些调查统计资料近似结果的支持，此数字可能因时因地而异）。因此他用 3/5 分别对各级教育程度工人平均工资简化系数进行调整，得出反映教育成效的简化系数。调整公式为：

反映教育成效的简化系数＝基准工资简化系数（100）＋［调整前的工资简化系数－基准工资简化系数（100）］×3/5

第二，计算社会平均教育成效简化系数及其在一定时期内的年平均增长率。以各级教育程度劳动者占全体劳动者的比重为权数加权计算，可以得到 1929 年和 1957 年的社会平均教育成效简化系数。丹尼森还进一步计算出 1929～1957 年此系数提高了 29.6%，即劳工素质提高了 29.6%，平均每年提高 0.93%。

第三，确定教育程度提高对国民收入增长的贡献。与舒尔茨的人力资本理论把教育投资计入资本项不同，丹尼森把教育程度作为劳动力质量的标志，将教育程度的提高归入劳动力投入量增加的范畴。他根据 1929～1957 年的资料，计算出劳动投入量在全期总投入量中所占的比重为 73%，资本投入量占 27%，因此计算教育水平提高对国民收入年平均增长率的影响为 0.93%×73%＝0.68%。再以此结果与同期国民收入年平均增长率对比，可计算出教育程度提高的影响在国民收入年平均增长率中的比例为 0.68/2.93＝23%。

丹尼森经过分析后认为，国民收入年平均增长率 2.93% 中，有 0.59% 可归为知识进展及其在生产上的应用的作用。而知识进展和应用作用中又有 3/5 是教育的作用。因此有 0.59%×3/5＝0.354% 是教育对国民收入增长的贡献，其占国民收入年平均增长率的比例为 0.354/2.93＝12%。

综合起来，1929～1957 年教育对国民收入增长的贡献比例即教育贡献率为 23%＋12%＝35%。

丹尼森的经济增长因素法在国际学术界得到了较高评价。他不像舒尔茨那样把教育资本的增加看作是带来了国民经济的增长，而是把教育水平的提高看作是促进劳动力质量提高从而对经济产生影响的主要因素。他也不同于舒尔茨把工资高低仅看成教育因素的影响，而是把不同教育水平劳动者工资差别的一部分(3/5)归因于教育的影响。但他的方法仍存在不足，主要表现为：①以工资为标准计算经济效益，必然也把劳动者创造的剩余价值排斥在外，缩小了教育经济效益；②任何社会工资差别与受教育程度及对生产贡献的大小都不可能完全相等，因此以工资作为劳动简化尺度结果不会准确；③将知识的进展作为一种独立的因素来分析，而在列出的 20 多种影响因素中任何一种因素发生变动，都可能引起知识进展作用的改变，因此知识进展本身的作用很难估计。再如"资源分配的改善"、"规模的节约"等因素中无不包含知识进展的成分，因此他对知识进展作用的估计可能会大大偏低。由此可见丹尼森的计算结果可信度也是很有限的。

结合我国实际，把上述三种计算教育经济效益的主要方法进行比较，我们认为"投资增量收益计算法"和"经济增长因素分析法"是建立在传统的西方经济学基础上的。西方学者都把劳动者工资和劳动者创造的价值等同起来，而不考虑剩余价值。即使在社会主义条件下，工资也不是劳动者劳动的全部贡献，还应包括劳动者为社会劳动的部分。

而原苏联学者提出的复杂劳动简化法，尽管还有一些需要改进的地方，但它是建立在正确的理论基础上的。特别是他们根据马克思劳动价值学说中关于复杂劳动等于倍加的简单劳动的原理，对计算教育经济效益具有重要意义。因此我们认为复杂劳动简化法可以作为讨论我国教育经济效益计量方法的基础。

（三）教育收益率的演变规律及启示

自20世纪60年代以来，西方经济学家对发展中国家和发达国家的教育投资的收益率进行过大量的经验研究，并得出了大体相似的一些结论。其中最著名的就是萨卡罗普洛斯的研究揭示的教育收益率的演变规律和特征。

（1）所有的教育收益率都为正，同时发展中国家的教育投资收益率是高的，不仅高于发达国家，而且一般比物质资本的投资收益率要高。据世界银行的一份引自20世纪70年代和80年代早期的资料显示（见表6－1），26个发展中国家初等教育的平均社会收益率为28%，远高于其13%的物质资本收益率。这说明在经济发展初期，由于劳动力素质低下而使物质资本和自然资源的边际生产力受到抑制。同时这也说明，在经济发展初期，发展中国家真正缺乏的是较高素质的劳动力人口，而不是有形的物质资本。教育收益率高于非人力资本投资的收益率的原因有两个。一是教育投资最终沉淀于人身上，内化为较高的生理质素和心理素质，而人是具有能动性的，特别是受过较多教育的人具有较高的配置能力，他们不仅能优化人力资源的配置，还能优化物质资源的配置。二是决定于教育的特性，私人投资教育能享受到各种补贴，而非人力资本投资则是个人与机构的权益和责任泾渭分明，各级政府机构一般是不会贴钱给个人从事非人力资本投资的。

（2）在发展中国家，尤其是教育十分落后的国家，初等教育的投资收益率比中等教育的投资收益率要高得多，而中等教育的投资收益率又比高等教育的投资收益率高。

表6－1　教育的经济收益率　　　　　　　　单位:%

国家组别	教育水平		
	初级教育	中等教育	高等教育
市场经济工业国（10个国家）	11	11	11
出口制成品的发展中国家（地区）	15	13	9
其他发展中国家（26个国家）	28	17	14

注：①这些平均数所依据的经济收益率（教育经济学文献中称为社会收益率）大部分引自20世纪70年代和80年代早期情况的资料。有形资金的经济收益率，发展中国家平均为13%，市场经济工业国平均为11%。②出口制成品的发展中国家为印度、以色列、新加坡和前南斯拉夫。

资料来源：世界银行（1987年世界发展报告）第64页，中国财经出版社1987年版。

（3）无论发展中国家还是发达国家，私人教育收益率都大于社会教育收益率，在发展中国家，前者比后者要高出很多（见表6-2）。较高的教育收益率对个人而言，意味着即使在达到劳动年龄之后，继续留在学校读书仍是有利的，虽然在短期内会因此牺牲一笔相应收入，但却可以增加就业以后总的收入流量。对社会而言，向民众提供更多的受教育机会，在短期具有减少劳动力供给的作用，在长期则有利于提高劳动力整体素质，有利于促进经济发展，从而增加对劳动力的需求。同时也应该看到，教育本身也具有创造就业的作用。伴随着教育规模的扩张，对教师及学校后勤人员的需求也会增加。另外，和教育相关联的一些产业如建筑、印刷、教学仪器生产等规模也会随之扩大，从而间接地增加了对劳动力的需求。在发展中国家的农村地区，儿童往往参与一些辅助性生产劳动和家务劳动，因而加大了教育的机会成本，降低了教育收益率，同时由于农村地区教育供给的不足，以及对女童接受教育的歧视，结果造成较高的儿童辍学率和较低的人均受教育年限。在城市地区，受内部失业和农村流民的影响，较低文化素质的人很难找到工作，或在职业选择和工资报酬上存在歧视，从而造成了对高等教育的过量需求，并带动初、中等教育过度膨胀，形成了教育深化（Educational Deepening）和知识失业（Educated Unemployment）。大量原本只需要较少教育就可胜任的工作被接受了更多教育的人承担着，从而使人们在校期间学习的相当一部分知识处于不得其用状态，相对于国民经济对人力资本的需求而言，出现了"教育过度"（Overeducation）的情况。这也是导致前述发展中国家教育的社会收益率远低于私人收益率的原因。

（4）竞争部门（私人部门）就业者的教育收益率高于非竞争部门（公共部门）就业者的教育收益率（见表6-3）。公共部门收益率偏低的原因在于政府把公共部门看成是调节经济和收入差距的重要手段，因此，它的工资制定带有更多的人为痕迹，它对教育价值的评价往往低于市场评价。

（5）教育收益率的长期演变具有相当大的稳定性。通过大量的横向比较（高低收入国家跨国比较）和纵向比较（一国不同时期的比较），经济学家发现，教育收益率虽然受教育规模和经济周期的影响，但还是保持了相当大的稳定性。究其原因，有两点比较重要：其一，对受过教育的劳动力的需求的增加。也就是说，随着经济和市场的竞争越来越表现为人力资本的竞争，"教育和技术的赛跑"使得教育的供给和需求维持着大体的平衡，其结果就是教育收益率长时间的相对稳定。其二，教育时间的延长和教育质量的提高。较长的教育时间和较高的教育质量意味着产出更多的人力资本，从而能带来更多的收益。大卫·卡德和阿兰·克鲁格利用 1980 年的统计资料对美国各州的教学质量与教育收益率之间的关系所做的回归分析充分证明了这一点。

表 6 - 2　对不同收入组和不同地区的教育收益率的平均估计　　　　单位:%

	社会收益			私人收益		
	初等教育	中等教育	高等教育	初等教育	中等教育	高等教育
	（按收入分组＊）					
低收入国家	23.4	15.2	10.6	35.2	19.3	23.5
中等收入国家	18.2	13.4	11.4	29.9	18.7	18.9
中高收入国家	14.3	10.6	9.5	21.3	12.7	14.8
高收入国家	—	10.3	8.2	—	12.8	7.7
世界	20.0	13.5	10.7	30.7	17.7	19.0
	（按地区分组）					
撒哈拉地区以及南美洲	24.3	18.2	11.2	41.3	26.6	27.8
亚洲＊＊	19.9	13.3	11.7	39.0	18.9	19.9
欧洲/中东/南非＊＊	15.5	11.2	10.6	17.4	15.9	21.7
拉丁美洲/加勒比海地区	17.9	12.8	12.3	26.2	16.8	19.7
OECD 国家	14.4	10.2	8.7	21.7	12.4	13.3
世界	18.4	13.1	18.9	29.1	18.1	20.3

　　注：＊表示低收入等于或低于 610 美元；中低收入等于 611 美元～2449 美元；中高收入等于 2450～7619 美元；高收入等于或超过 7620 美元（汇率换算法）。＊＊表示不包括 OECD 国家。

　　资料来源：乔治·帕萨切洛波斯，"教育投资收益率：一个最新的国际比较"，世界银行，1994 年 9 月。转引自杨先明等：《劳动力市场运行研究》，商务印书馆 1999 年版，第 114 页。

表 6 - 3　不同部门的平均教育收益率　　　　单位:%

部门分类	教育收益率
竞争（私人）部门	13
非竞争（公共）部门	10

　　资料来源：Psacharopoulos, G. Returns to education: A further international update and implications [J]. The Journal of Human Resources, 1985.

第二节 我国教育体制改革

一、教育产业化争论

市场经济的狂飙迅猛地荡涤着一切旧有的习惯化了的思维定式和各种落伍的行为，同时也客观地要求社会其他子系统与其并行不悖地协调发展。那么，"教育应主动地适应市场经济"的一般性结论就在党的十四大确定建立社会主义市场经济体制后成为教育理论界的共识。

"教育产业化"就是对"怎样适应"问题的一个应答。"教育产业化"概念一经提出，就得到社会各界的关注，也引发了一场纷纭复杂的争论。尽管国家教育部对此有一个明确态度，即"教育具有产业属性，但不能产业化"，然而在学术界还远未达成共识。特别是1999年第三次全国教育工作会议前后，北京主要媒体，北京、上海、广州等地的相关研究机构和学术团体，就教育产业化问题展开了热烈的讨论。这种讨论在改革开放以来已不是第一次。20世纪80年代中期和90年代中期，在教育界已经进行过两次讨论，出发点是教育体制如何适应经济体制变革进行相应的改革，讨论中教育产业化、市场化、学校企业化等观点已经提出。这次讨论的参与者已不限于教育界的学者和教育机构的管理者，经济界的学者和有关经济机构的管理者也参与其中，讨论的广度和深度大大超过以往。这场讨论对于正确选择教育体制改革的方向和目标，促进教育健康发展是有益的。众多讨论的焦点基本集中在"教育是不是产业"和"教育能否产业化"这两个问题上。

1. 教育是不是产业？

一种观点认为，教育是产业，视教育为产业有助于更深刻地认识教育发展。然而，对于教育产业的定义又分为狭义的教育产业和广义的教育产业两类。其中，狭义的教育产业单指教育单位的生产活动，生产的产品以教育服务为主，通过受教育者接受教育服务，提高自身素质，促进生产力的提高，体现教育产品的价值和使用价值；广义的教育产业则不仅包括教育单位所进行的生产活动，还包括围绕教育资源和教育对象进行的生产活动。

持教育是产业观点的人一致认为，教育的产业性是客观存在的。其内涵可做如下概括：①教育是以教书育人为本质内容，以教育服务为产品，通过教育市场与社会各界和家庭交换，以获取特定价值补偿的新兴第三产业。②教育是以教育资源为资本或对象，进行生产和劳务的综合行业。③教育作为一个重要部门对经济的贡献，不仅消耗国民收入而且增加国民收入，是推动国民经济发展的基础性产业。④教育是一个有投入、产出增值的生产性活动。教育是开发人力资源，生产劳动能力的"产品"，"产品"具有广义的"价值"和"使用价值"，能创造比维持自身高得多的价值。⑤教育产业包括三方面内容：提供教育服务、教育机构利用它的智力优势兴办的产业、为教育服务的产业等。还有的人进一步指出，教育是第三产业中一个日益重要的部门，从经济意义上说，只要教育部门占用了经济资源，有一定的就业规模，存在投入产出关系，最后不管是政府购买还是私人支付教育产出的两种形式—教育服务和科研成果，总结出教育就是产业。因此称之为教育产业，是不存在任何问题的。

另一种观点认为，教育不是产业。其理由是：①教育既具有生产力的属性也具有社会属性，教育不是从事经济活动的产业部门。②教育是一种服务，性质是准公共产品，要由政府和市场共同提供，学校是培养人的非营利机构，受教育是公民的基本权利，教育不能作为产业而市场化。③将教育划分到第三产业只是社会统计方面的划分，并未涉及产业间经济联系的方式，教育与其他产业和部门的经济联系是否通过市场交换实现、教育投入是否应通过市场销售它的产出而获得利润，才是判断教育是不是产业的标准，把教育产出商品化是对劳动力市场的误解。④教育投资不是生产性投资，产出具有非物质性，教育不是产业。

2. 教育能否产业化？

究竟什么是教育产业化？第一种观点认为，教育产业化就是教育的市场化，即通过市场实现教育资源的合理配置，教育要完全纳入市场经济的轨道，把教育办成产业，学校按照企业经营，并按市场经济规律（价值规律、供求规律、竞争规律）与社会相交换，从而实现教育劳动的价值，并取得维持学校运转和发展的资金。有的学者认为，教育产业化至少包括以下几方面内容：教育本体即学校发展的产业化、教育出版的产业化、以教学科研机构为依托的高新技术产业化、与教育相关的服务保障业，以及以教育产业为基础发展的相关产业产业化，等等。产业化和非产业化的重要区别在于它是否以盈利为目的，提倡教育产业化并不是主张教育事业唯利是图。任何产业都不能生产假冒伪劣产品，都得有社会责任感，教育产业更是如此。

对教育产业化持肯定的理由主要有：①从对宏观经济的作用来看，教育产业的发展非常有利于扩大内需，刺激需求增长，解决需求严重不足的问题；②从对经济结构的作用来看，发展教育产业有利于完善经济结构；③从对社会发展的作用来看，教育产业发展非常有利于国民素质的提高；④从对高等教育的改革作用来看，发展教育产业是高等教育改革的突破口；⑤从对整个国民经济的作用来看，兴办教育产业是振兴我国经济的根本措施。

支持教育产业化的人进一步分析指出，知识经济的来临将加速教育产业化，并使教育的投资价值更加明显。知识的经济化必然带来知识的产业化。而知识产业必然对生产、创造、传播知识的教育产生巨大的影响。教育将为经济发展提供服务和推动力。教育的投资价值还体现在知识经济化和产业化后知识价值的升值，从而促进整个社会对教育投资。

然而，在教育产业化的范围上则有分歧。有的人主张教育应整体产业化，从产业发展的角度考虑教育的发展。有的人提出教育的某些部分可以产业化，指非义务教育部分、民办教育等类别或是教育中适合产业化运作的部分。还有的人更明确提出，高等教育应作为一项产业来发展，而基础教育则应作为事业来发展。

第二种观点认为，教育不能产业化。其理由可概括为：①"教育产业化"这一概念不科学，根据有关产业的划分方法，教育已属于第三产业，就无所谓产业化之说；②从教育的性质分析教育产业化提法是不对的，按照严格意义上的物质生产领域的狭义产业概念，产业的基本性质是物质性，而教育的基本性质是精神的，因此教育产业化的提法混淆了培养人的教育规律与生产物的经济规律，是对教育基本规律的否定，是对教育本质的无视；③教育与其他产业和部门之间的联系是通过培养的人才和科技成果进行的，不是通过市场交换方式实现的，世界各国公共教育经费占 GDP 的比重都比我国高，教育投入主要是由国家供给的；④教育的生产性与经济功能与产业化无必然联系，现代社会对教育并不提出产业化的要求，教育部门的重要任务是提高教育质量和办学效益；⑤根据经济发展的规律，产业化一定要求市场化，教育产业化也必然要求教育活动市场化、教育机构企业化、学生受教育投资化，而这种发展逻辑并不完全符合教育活动的规律和特点；⑥教育产业化将使教育参与社会资源的竞争，对社会生产会产生不利影响。

尤其是在我们这样一个教育发展还很不平衡的国家，单纯地强调教育实行产业化会带来很大的问题，一是可能使各级政府和教育部门推卸其应负的责任；二是可能使教育向经济效益倾斜，那些对培养人文精神有益但与市场没有直接联系的学科和专业，将得不到市场的认可；三是可能会使城乡贫困人口陷入"先要挣钱再去读书"的困境，而城市下岗职工再就业的培养也就难以展开。我国目前尚处在社会主义初级阶段，为了保证社会公平和全体劳动者素质的提高，政府应保证在义务教育阶段人人都有受教育的权利和可能。而在非义务教育阶段，通过改革可以采取多种形式办学，放开搞活，输入更多的市场因素。如果搞教育产业化，就等于放弃所有调节社会公平和行政的手段，这是广大群众不能接受的。

还有人认为，教育产业化提法的背景是教育经费不足，把教育产业化和教育市场化作为解决教育经费问题的根本途径是错误的。

第三种观点认为：教育应引入市场机制，但不可市场化。持此观点的论者指出，教育最终是由经济决定的，教育应引入市场机制，但不等于教育可以市场化。因为：①教育提供的是一种服务，就其性质而言属于"准公共产品"；市场可以有效提供"私人产品"，但不能有效提供公共产品；作为"准公共产品"要靠政府和市场共同提供。②学校不是企业，不是以利润最大化为目标的经济组织，而是以培养人为宗旨的非营利机构。③受教育是公民的基本权利，发展教育也是政府的义务和职能。因此，教育改革中，要考虑教育的本质和性质以及教育的自身特点和发展规律，不能简单地把市场经济的法则完全移植到教育中来。

第四种观点认为：教育可部分产业化，但不能完全产业化。不少人持这种观点，包括著名学者厉以宁教授。他认为，教育产品可分为公共产品、准公共产品和私人产品三种。教育产品中有些属公共产品，如义务教育等，完全由政府资助与经营，其产品由全社会共同享有。而国家公立大学的教育则属于准公共产品，至于其他学生全额支付教育经费的私人教育，其产品则可视为私人产品。属于私人教育产品或者准公共产品可以全部或者部分产业化，而公共教育产品却不可能实行产业化。

从福利经济学的角度来看，对教育的定义需要重新划分。福利经济学所讨论狭义的教育就是指基础教育和高等教育。对中国来说，狭义的教育不宜提倡产业化。这是因为，虽然对教育服务的消费具有竞争性，但从整体来说，教育是一种具有正外部效应的准公共产品。不同级别与类别的教育其产品属性特征不尽相同，如义务教育和非义务教育、学历教育和非学历教育、民办教育和公立教育等。有的更接近于公共产品，有的则更接近于私人产品。既然教育服务属于准公共产品，就应由政府与市场共同提供，计划与市场机制共同发挥作用。完全由政府提供，政府垄断教育或完全由市场提供，教育完全由市场调节都不能达到教育资源的优化配置，都是不可取的。由于教育的不同部分，其产品属性不同，提供与资源配置方式也不相同。义务教育在一定意义上是一种公共产品，它用法律规定了家长和政府的权利和义务，从理论上说，它是一种强制的免费教育，基本上应由政府提供。非义务教育中的高等教育，相对义务教育而言，更靠近私人产品，市场机制则具有较大的作用。

由于教育是具有巨大外部效益的准公共产品，就不应当产业化和市场化，这是运用经济学、公共经济学在理论上做出的基本结论。如果从非经济学角度出发，将会强化这一结论，如受教育是公民的基本权利，不能因为市场化后，部分居民因付不起学费而剥夺他们受教育的权利。再如，教育有其不同于物质生产领域的发展规律，受教育者有身心发展的规律，教育具有多种功能等，简言之，学校不是工厂、商店或银行，不应把经济活动中的市场机制和规则完全移植到教育中来。

总体来看，在中国，尽管实践中存在教育产业化现象，但政府并未决策教育产业化。我国的《教育法》对"教育产业化"这一问题的性质做了明确规定，不能把教育同其他产业、企业等同起来，如果政府提倡教育产业化就会导致追求教育投资利润的最大化，就会对教育社会功能产生负面影响。教育是一个重大的系统工程，担负着建设社会主义物质文明、政治文明、精神文明的历史使命，政府在发展教育事业上始终负有主要责任。但是，中国又处在社会主义建设的初级阶段，教育的投入远远不够，还需要继续深化教育体制改革，进一步大力发展民办教育，推进教育成本的分担，但是，这跟教育产业化的概念是完全不同的。

二、我国教育体制改革

为了解决教育中存在的种种问题，十一届三中全会以来，我们在教育体制改革方面做了许多工作，尤其在1985年，中共中央关于教育体制改革的决定公布以后，我们在体制改革方面有了全新的探索。在深化教育改革的进程中，体制性因素已日益成为关键。只有从体制改革入手，才能从根本上解决阻挠当前和今后教育发展的顽症，才能推进教育事业的健康发展，也才能逐步实现我国今后一个时期教育体制改革的总体目标，即"初步建立起与社会主义市场经济体制、政治体制和科技体制相适应的教育新体制"，最终形成适应社会主义市场经济体制运作需要、政府宏观调控手段比较健全、法律体系完备、学校自主办学的教育新体制。随着计划经济体制向市场经济体制转轨的逐步完成，义务教育体制改革的重点也必将转向制度创新阶段，这既是改革的难点，也是改革的突破口。

（一）我国基础教育体制改革

教育体制改革内容广泛，主要涉及办学体制和管理体制。这项改革影响因素复杂，涉及面广，政策性强，比较敏感，在理论和实践中有许多新思路，但还存在许多问题。

1. 基础教育办学体制

改革开放以来，我国基础教育办学体制主要沿着以下思路进行改革：坚持公立学校为主体；企事业单位和其他社会力量有义务按国家的法律和政策多渠道、多形式办学；在政策上积极鼓励、大力支持、正确引导、加强管理，允许有条件的地方实行"公办民助"、"民办公助"等办学形式；鼓励企业继续办好中小学，有条件的地方在政府统筹下也可以逐步交给社会来办；欢迎境外机构和个人按照我国法律和教育法规，来华捐资办学或合作办学。这样就解除了以往对社会办学特别是个人办学和境外合作办学的限制，为教育的社会化创造了前提条件。为了鼓励社会力量办学，维护举办者、学校及其他教育机构、教师及其他教育工作者、受教育者的合法权益，促进社会力量办学事业健康发展，1997 年，国务院发布了《社会力量办学条例》。该条例明确规定，社会力量办学事业是社会主义教育事业的组成部分，各级人民政府应当加强对社会力量办学工作的领导，将社会力量办学事业纳入国民经济和社会发展规划。在实践中，办学体制的改革成效显著，一是出现了多种形式办学的格局，二是社会力量办学特别是民办学校蓬勃发展，初步改变了政府包揽办学的局面。

实践证明，坚持公立学校为主体是发展义务教育的正确选择。世界各国普及义务教育的实践都充分证明了这一基本事实，哪一个国家也没有试图通过大规模地把公立学校改变为民办学校来解决教育经费不足的问题。即使在向私立教育提供慷慨资助的国家，大多数少年儿童仍然在公立学校就学。把公立学校全部私营化不是发展义务教育的根本出路，以政府办学为主，同时鼓励企事业单位及其他社会力量办学，在我国教育资源严重不足的情况下（许多地方国拨经费只能维持学校的"人头费"），不失为发展义务教育的一个正确方针。

2. 基础教育的管理体制

管理体制改革主要是理顺政府、社会和学校的关系，解决教育资源的优化配置和合理使用问题。回顾我国基础教育管理体制改革的历史，经历了从中央政府集中统一管理为主到中央和地方分权相结合的发展过程。在计划经济时期建立的统一管理体制在一定程度上推动了全国尤其是贫困地区基础教育的发展。但各地情况不统一，强求统一反而压抑了地方和学校的积极性和自主权。更为重要的是，在经济体制改革中，供给教育资源的财政体制发生了巨大变化，"财政分家，分灶吃饭"的新体制和"藏富于民"的新政策迫使基础教育必须走多渠道筹措经费之路，其中地方财政要发挥主渠道的作用。管理体制改革的主要目的是改变以往中央对地方集权过多、政府对学校管得过死的传统教育管理模式，实行由中央领导、地方负责、分级管理的原则。改革的出发点是为了充分调动各级地方政府、学校和人民群众的积极性，其核心是把普及基础教育的责任交给地方。

针对以往存在的弊端，1985 年颁布的《中共中央关于教育体制改革的决定》提出了改革基础教育管理体制的任务："实行九年制义务教育，实行基础教育由地方负责、分级管理的原则，是发展我国教育事业，改革我国教育体制的关键一环。"《义务教育法》中更明确规定："义务教育事业，在国务院领导下，实行地方负责，分级管理。"《义务教育法实施细则》进一步规定："实施义务教育，在国务院领导下，由地方各级人民政府负责，按省、县、乡分级管理，各级教育主管部门在本级人民政府领导下，具体负责组织、管理本行政区域内义务教育的工作"，"实施义务教育，城市以市或者市辖区为单位组织进行；农村以县为单位组织进行，并落实到乡（镇）"。在《国务院关于〈中国教育改革和发展纲要〉的实施意见》中，中央提出深化基础教育体制改革的思路，规定基础教育实行在国家宏观指导下主要由地方负责、分级管理体制。国家负责制定有关基础教育的法规、方针、政策及总体发展规划、基本学制、课程设置和课程标准；设立用于贫困地区、民族地区、师范教育的专项补助基金；对省级教育工作进行监督、指导等。省级政府负责本地区基础教育的实施工程，包括制定基础教育发展规划，确定教学计划、选用教材和审定省编教材；组织对本地区基础教育的评估、验收；建立用于补助贫困地区、少数民族地区的专项基金，对县级财政教育事业费有困难的地区给予补助等。地级、市级政府根据中央和省级制定的法规、方针、政策，对本地区实施义务教育进行统筹和指导。县级政府在组织义务教育的实施方面负有主要责任，包括统筹管理教育经费，调配和管理中小学校长、教师，指导中小学教育教学工作等。乡级政府负责落实义务教育的具体工作，包括保障适龄儿童、少年按时入学。有条件的经济发展程度较高的地区，义务教育经费仍由县、乡共管，可以充分发挥乡财政的作用。鼓励社区组织参与办学，参与管理。在内部管理体制改革方面，主要是加强学校自主权，实行校长负责制。伴随管理体制改革，基础教育的投入体制也发生了变化。《义务教育法》规定："义务教育经费投入实行国务院和地方各级人民政府根据职责共同负担，省、自治区、直辖市人民政府负责统筹落实的体制。农村义务教育所需经费，由各级人民政府根据国务院的规定分项目、按比例分担。"这在义务教育投入体制上同样强调了省级政府统筹落实的责任和中央政府的责任。

"地方负责、分级管理、加强学校自主权、实行校长负责制"的基础教育管理新体制正在日趋完善，其积极作用也日益凸显。为进一步完善基础教育管理体制，国家教委与有关部门正在积极探索扩大地方政府对基础教育的统筹权和决策权，还进一步明确了县、乡、村三级办学的管理权限和乡村办学的统筹规划布局以及教育经费多渠道筹措等问题。

10多年的实践证明，管理体制的改革方向是正确的，的确增强了地方各级政府的责任，调动了社会各方面办学的积极性，也取得了一定的成效，尤其在发达地区反应明显。管理体制的改革同样能够出效益，如许多地方根据本地实际情况，合理调整学校布局，进行学制改革和升学考试制度改革，优化配置和合理使用教育资源，极大地促进了基础教育的发展。

但任何政策的实施都不可避免地具有两重性，"地方负责、分级管理"势必会形成地区教育发展的差距问题：一是原先在计划经济体制下形成的社会发展差距可能会拉大，原先地区之间社会发展差距低于经济发展差距的优势也可能会逐步丧失。二是中央和省市（地）政府对地方义务教育的干预能力相对减弱。三是对民办学校的归口管理比较混乱和薄弱。四是我国社会发展迅速，出现了计划经济体制下从未有过的新问题和新情况，如何改善处境不利人群的教育问题，如流动人口和移民子女的就学问题怎么解决？五是如何调整学校布局结构、优化教育资源配置的问题，如城市居民动迁之后的子女就学问题？基层教育行政部门如何管理在本辖区之外的"飞校"问题？六是政府与学校的关系有待于进一步改善，学校的自主权应当明确。

（二）我国高等教育体制改革

党的十一届三中全会以来，伴随着我国经济体制、科技体制日益深化改革的进程，我国高等教育体制改革也取得了历史性的进展。迄今为止，经历了以下四个发展阶段。

第一阶段，从十一届三中全会到《中共中央关于教育体制改革的决定》发表之前。这是我国高等教育体制改革的"酝酿、启动"阶段。这一阶段改革的着重点是扩大高校办学自主权，进入一个"加速发展，拓展办学形式"的新时期。

第二阶段，从《中共中央关于教育体制改革的决定》发表到邓小平同志南方谈话和党的十四大明确提出"建立社会主义市场经济新体制"的改革目标之前。这是我国高等教育体制改革"全面展开"的阶段。这一阶段改革的特点是："教育五大体制"的改革在"相互配合、相互促进和相互制约"中全面向前推进。

在《中共中央关于经济体制改革的决定》的指引下，从 1985～1991 年，我国高等教育围绕着"五大体制"全面展开改革的探索。①推进高等教育办学体制的改革。主要进展表现在三个方面：一是中心城市举办的"市属高校"的兴起，突破了以往"只有中央和省两级政府办学"的体制。二是民办高等教育的兴起，进一步突破了单一政府办学的体制。三是"一校两制"、"一校多制"的发展，开辟了我国高教办学体制改革的新局面。②推进高等教育管理体制的改革。主要进展表现在三个方面：一是扩大了高校办学自主权。二是促进了政府职能的转变。三是由于扩大了地方管理高校的权力和责任，既充分调动了省级政府管大学的积极性，又增强了它们管大学的责任感；加大了地方对高校的投入，促进了地方经济、社会发展与高等教育之间的联系。③推进高等教育投资体制的改革。主要进展表现在四个方面：一是由少量"自费"试点，到"双轨并存"（既有自费又有公费），再到"收费制"基本确立，开辟了国家投资以外的一个新渠道——"家庭和个人投资的渠道"。二是兴办校办产业，开展广泛的科技服务，在为经济建设服务的同时，扩大了高教投资来源。三是由政府给政策，开征专项用于高等教育的附加。四是接受捐赠，允许私人依法办学。④推进高等学校招生、收费和毕业生就业制度的改革。其主要进展表现在两个方面：一是突破单一的指令性招生计划，试行"指令性计划"和"调节性计划"相结合的新的招生计划制度，并逐步扩大"调节性计划"。这一改革使学校能够在保证国家计划完成的前提下，根据自身培养能力及国家规定的比例，发挥潜力，扩大招生计划。二是试行"双向选择"的毕业生就业制度的改革。⑤推进高等学校内部管理体制的改革。其主要进展表现在两个方面：一是借中共中央经济、科技和教育三大体制改革的东风及其创造的外部环境，促进了高校内部运行机制的转换。二是促进了高校办学效益和质量的全面提高，以及民主化、法治化管理的加强。

第三阶段，以邓小平同志南方谈话发表、党的十四大正式确立"建立社会主义市场经济新体制"的改革目标和中共中央、国务院联合颁发《中国教育改革和发展纲要》为标志，开辟了我国教育体制改革的一个新时期。这是我国高等教育体制改革"突出重点和难点"的阶段。这一阶段改革的特点是，在"五大体制"改革继续全面深化的基础上，突出"管理体制改革"这个重点和难点，集中力量，明确目标，限期突破。《中国教育改革和发展纲要》以邓小平同志南方谈话和党的十四大精神为指针，确定了跨世纪高等教育改革的方向、目标和战略。它标志着我国高等教育体制改革进入了一个新阶段。在这一阶段，我国高等教育体制改革的主要进展突出地表现在两个方面：一是以适应和促进"社会主义市场经济新体制"建立、完善政治、科技体制进一步深化改革的新视野，确立进一步深化高等教育体制改革的新目标，不断推进高等教育各项体制改革的全面深化。二是以管理体制改革为重点，以"共建、划转、合并、合作办学和参与办学"为主要途径，实施改革的重点突破。

第四阶段，以党的十五大明确提出："加快高等教育管理体制改革的步伐"和国家出台的"将高等教育管理体制改革和高等教育结构布局调整结合起来的新思路"为标志，表明我国高等教育体制改革进入一个"深入突破"的新阶段，同时提出了新形势下进一步深化高等教育管理体制改革的总目标：以共建、合并等联合办学为主要形式，淡化和改变学校单一的隶属关系，由"条块分割"转变为"条块有机结合"，优化资源配置，拓宽学校投资渠道，适当调整学校服务的面向，逐步建立起布局结构合理、学科门类齐全、规模效益好、教育质量高、适应社会主义市场经济体制和现代化建设需要的高等教育体系。

(三) 我国职业技术教育体制改革

近年来，我国职业教育事业快速发展，职业教育体系建设稳步推进，每年培养中高级技能型人才1000多万名，开展各类培训1.5亿人次，为提高劳动者素质、推动经济社会发展和促进就业做出了重要贡献。2010年，党中央、国务院颁布了《国家中长期教育改革和发展规划纲要（2010～2020年）》（以下简称《纲要》），自《纲要》颁布以来，我国职业教育在多个领域取得巨大突破和进展，进入了黄金发展期。5年来，职业教育共培养了5000万名中高级技术技能人才，每年开展各类培训达到2亿人次。1.33万所职业院校开设了近千个专业、近30万个专业点，基本覆盖了国民经济建设的各个领域，可以说，职业教育已经具备了大规模培养技术技能人才的能力。但总体来看，职业教育发展仍不能满足社会、实体经济、家庭和个人发展的需求，还存在以下问题：社会上重普教、轻职教问题仍很突出；职业教育与学历教育之间的矛盾；现代职业教育体系建设还不完善；教育质量与用人企业期望还有较大差距。

党的十八大之后，党中央、国务院就加快发展现代职业教育做出系列重大战略部署，2014年国家相继出台《关于加快发展现代职业教育的决定》（以下简称《决定》）、《现代职业教育体系建设规划（2014～2020年）》，明确了我国现代职业教育体系的建设方针、时间表、路线图。其中，《决定》明确了目标任务，提出到2020年，要形成适应发展需求、产教深度融合、中职高职衔接、职普相互沟通，体现终身教育理念，具有中国特色、世界水平的现代职业教育体系。规划了主要任务：一是加快构建就业导向的现代职业教育体系，巩固提高中等职业教育发展水平，改革创新高等职业教育，探索本科层次职业教育，以及建立各级职业教育与普通教育相衔接的制度，推动政府、学校、行业、企业的联动，促进公办与民办职业教育共同发展，建立以提升职业能力为导向的专业学位研究生培养模式；二是大力推进职业教育制度创新，建立健全产教融合制度，实施行业指导评价制度，健全促进企业参与制度，推行集团办学制度，改革考试招生制度，建设现代职业学校制度；三是全面提高职业教育人才培养质量，落实立德树人根本任务，推广教师团队化教学、学生合作式学习，推行项目教学、案例教学、工作过程导向教学等教学模式，建立国家职业标准与专业教学标准联动开发机制，建设"双师型"教师队伍；四是拓展职业教育覆盖面，加强农村职业教育，加强贫困地区职业教育，加强东部对中西部职业教育的支援，面向未升学高中毕业生、农民、新生代农民工、退役军人、残疾人、失业人员等群体广泛开展职业学校教育和职业培训。

第三节　卫生与经济发展

卫生保健与食品和教育一样，能够给消费者提供精神和货币双重收益。为了延长人们的寿命和提高人们的健康水平，一个社会必须要配置一定的经济资源来预防和治疗人们的疾病。经济资源总是稀缺的，因此在配置资源时必须进行选择，这就要进行经济分析。

一、卫生事业的地位和作用

卫生服务属于专业服务领域，它提供的是一种特殊的专业服务，它是掌握现代公共卫生科学与医学知识的专业人员，运用各种公共卫生与医疗技术和医疗器械，以保护人民的健康为宗旨的劳务生产活动。卫生服务既然是劳务活动，就必然会有经济性质。

卫生服务具有生产劳动性质。卫生部门是劳务生产领域的一个特殊部门。卫生劳动以劳务生产为主，同时兼有精神生产和物质生产的许多特征。在卫生机构中，劳动者主要是利用医院、病床、药品及物理的、化学的、生物的、电子的各种设备和技术手段为劳动资料，以病理学与生理学意义上的人体作为劳动对象，提供诊断、治疗、预防、保健等卫生劳务。卫生劳务新创造的使用价值是对人体进行检查、维护、修复等保障劳动力健康的生产性服务。卫生劳务新创造的价值应该得到社会的承认，消耗的社会劳动应该给予合理补偿。这种服务的生产性质同物质生产一样，客观上要求进行经济管理，实行经济核算，讲求经济效益，按客观经济规律办事。

卫生事业提供的是防病治病的特殊服务，其宗旨是提高人民的健康水平，即提高居民的身体和心理素质，这种特殊的服务有相当一部分等同于公共产品和劳务，还有相当一部分其产出效益具有外部作用。因而卫生事业是具有社会公益性的事业。

正是由于卫生事业具有社会公益性，所以它从总体上说，是不以谋取利润为目的的行业。由于在市场经济环境下，不能指望消费者个人对公共卫生服务承担直接支付责任，也不能指望消费者个人对卫生服务的外部作用承包全部支付责任。所以，不论卫生机构是公立的还是民营的，政府都应该责无旁贷地承担相应的经济责任。因此，一方面对承担较多公益任务的卫生机构，必须给予一定的财政拨款，承担较少公益性任务的卫生机构，也应让其享有免税经营的政策优惠；另一方面还需在价格、收费等政策上给予必要的限制与监督，并通过建立医疗方面的社会保障制度，国家分担一定比例的费用，让社会成员在消费医疗服务时享有一定的优惠与福利照顾。因此，它既区别于第三产业中那些营利性的服务行业，又区别于救济性、慈善性等单纯消费性的福利事业。

直观来看，人的健康水平和国家的经济发展速度是互为因果的。经济发展就可以在卫生保健方面支出更多的费用，因而人民的健康水平就可以得到改善；同样，人民健康水平的提高也会有力地促进经济的发展。

卫生事业是国民经济整体的有机组成部分。发展卫生事业使人人享有卫生保健，提高全民族的健康素质是政府的重要目标，是人民生活质量提高的重要标志，是经济与社会可持续发展的重要保障。卫生事业在国民经济中的地位是由其在社会生产与社会生活中的作用决定的。卫生事业的具体作用包括：

（1）卫生事业是提高全体居民素质的重要条件。居民素质包括文化素质和身体素质。即居民的科学文化水平与身心健康状况。提高居民素质既需要教育、科学和文化事业的发展，以提高居民的科学文化水平、增强人们的智力，使其掌握先进的生产技术和管理知识；也需要卫生事业的发展，以提高居民身体素质，具有健康的体魄和良好的心理承受能力，使其在各种自然环境和社会条件下，都能较好地承受工作压力和承担社会责任。

（2）卫生发展水平是物质文明和精神文明发展水平的重要标志。按照发展经济学的观点，经济发展不仅是指经济的数量增长和人均占有物质财富的增加，而且是指经济社会的全面进步。衡量一个国家发展水平的指标，不仅包括人均国民生产总值水平，还包括一个国家居民享受到的文化教育程度和居民的健康状况。

（3）卫生事业的发展还是保持社会持续稳定发展的基本要素。社会发展是一项浩大的系统工程，从目前来看，包括科学教育事业、社会保障事业、卫生保健事业、就业与人力资源开发利用、生态环境与资源的保护等。其目的就是要促进人民生活质量、人口素质和社会文明程度的不断提高。前世界卫生组织总干事中岛宏在社会发展世界首脑会议预备会开幕式上说："没有卫生就不可能有社会发展和经济增长。""任何社会的发展和繁荣都直接取决于它的人民的强健和创造性"，不能将经济、教育和卫生与发展的关系割裂开来，三者都是改善人民生活质量不可缺少的部分。卫生事业作为国民经济的一个组成部分，构成经济活动中的一个要素，就必然带有一个社会发展阶段的色彩，但人类社会的发展是一个持续的过程，对待卫生事业必须从建设一个持续发展社会的角度去构想、实施。就好像人类要从自然界中去获取资源，同时又必须再生资源一样，人类的经济发展程度越高，文明程度越高，就越需要卫生事业的发展。在建设一个持续发展的社会中，卫生事业将显现既利用卫生资源，又保护人力资源的作用。

可见，经济发展和社会发展是相互依存、相互促进的，经济发展是社会发展的前提和基础，社会发展则是经济发展的结果和目的，是经济发展的强大动力。经济发展不能自动带来社会发展，不能自动解决各种社会问题。从卫生事业的角度讲，新疾病的威胁就不是经济增长所能直接解决的。因此，在发展市场经济的同时，不能忽视卫生事业的发展，在重视经济发展的同时，必须注意推动社会全面进步，实现社会的持续发展。

尽管如此，卫生通过人口改变而改进健康状况，对于经济发展的作用是很复杂的。由于发展而取得的利益，可能会由于以后人口的增加而减少，特别是如果用新增劳动力来增加产量的机会有限时更是如此。要从西方提高生活卫生水平的经验中总结出在发展中国家取得同样改善的必要条件是困难的，同样，评价增进健康对与经济发展的长期结构也是困难重重的。

二、医疗卫生供给与需求分析

（一）医疗卫生需求

卫生服务与其他衣、食、住、行等消费物品一样，都是人类生存与发展所必需的物品。在人生、老、病、死的过程中，会产生许多卫生服务的需求。通过利用各种卫生服务，卫生服务消费者的健康状况得到改善。因此，卫生服务与其他消费物品一样，都可以提高消费者的效用。但是由于卫生服务的特殊性，卫生服务需求又表现出一系列有别于其他消费物品需求的特点。因此，卫生服务需求的分析又具有其本身的特点。

1. 消费者信息缺乏

由于卫生服务专业的复杂性，卫生服务消费者很难像消费其他物品或服务那样，对卫生服务需求的数量和质量事先做出正确判断，在利用卫生服务时往往带有一定的盲目性。表现在以下几方面：①消费者在患病后，并不能自我肯定需要什么样的卫生服务，他们一般都是在医生的安排下接受各种检查、服用各类药品等。至于这些检查、药品是否必要，消费者自身很难做出正确的判断，他们在接受医疗服务时必须依靠提供者。②消费者对卫生服务的价格水平也缺乏了解，往往都是在不知道准确价格的情况下接受卫生服务的。③消费者（患者）也不能明确肯定利用卫生服务的质量和所能带来的效果如何。从这种意义上来说，在卫生服务的供需双方的信息存在着明显的不对称性，消费者没有足够的信息来做出自己的消费选择。

2. 卫生服务需求的被动性

由于消费者对卫生服务的知识缺乏，他自己能察觉到的卫生服务需求总是有限的。患者只有经过医生检验后，在医生认可后才能真正有效地使用卫生服务。患者的就医愿望与医生的判断之间，在卫生服务的质和量方面都存在着一定的差距，而卫生服务的需求主要是由医生决定的，所以对消费者来说是在明显的被动状态下利用卫生服务。因此，卫生服务是一种特殊的，受医生判断影响而需求量随之变化的行业。患者之所以受医生支配，不仅是基于缺少医学知识。当消费者因病到卫生机构就诊时，往往带有求助的心理。由于医生可以帮助患者解除病痛，使之向健康转化，因此两者之间的关系存在着救援与被救援的关系，卫生服务需求者与供给者之间并不存在平等的交换关系。

3. 卫生服务利用的效益外在性

卫生服务的利用不同于其他普通物品或服务的消费。消费者在市场购买一般物品（如水果），并消费这种物品后，这种物品给消费者带来的好处或效益只有消费者本人能享受到。卫生服务的消费则有所不同。例如传染病防治，当易感人群接种疫苗或者是传染病患者治愈后，就等于切断了传染病的传播途径，根除了传染源，那么受益者就不单纯是接受服务的个别人，而是与之有接触的人群，也就是说卫生服务的利用在消费者之外取得了正效益，即体现了卫生服务利用效益的外在性。在这种情况下，如果消费者自身没有意识到疾病的严重性或没有支付能力，导致缺乏对卫生服务需求时，政府或社会就有责任采取一定的措施，确保这些患者得到必要的卫生服务，以此保护其他人的健康状况。

4. 卫生服务需求的不确定性

如果说卫生服务需求能够由人群的患病率或就诊率来反映，那么就可以对某一人群的卫生服务需求水平进行预测。但要想预测出哪个人将要患病和需要利用卫生服务就非常困难。由于个人发生伤病是一个偶发事件，所以，卫生服务需求存在着不确定性。

5. 卫生服务费用支付的多源性

由于卫生服务的特殊性。卫生服务领域成为医疗保险、社会救助、企业和政府介入的对象，这些介入使一部分人的收入部分地转移给卫生服务的消费者，从而改变了卫生服务消费者的行为。卫生服务需求的数量与质量也随着发生了改变。

（二）医疗卫生供给

卫生服务供给与卫生服务需求是相互对应的，卫生服务需求是卫生服务供给产生的前提条件，而卫生服务供给则是卫生服务需求得以实现的基础。卫生服务供给具有许多一般性服务供给所具有的特征，因而，在许多方面符合一般服务的供给规律，但由于卫生服务具有特殊性，所以其供给又形成了自己独特的规律。

与一般性商品或服务相比，卫生服务是一种特殊的服务。尽管卫生服务的提供具有一定的特殊性，但也具有一般商品或服务所共有的特点。因而，卫生服务供给的定义与一般商品或服务相同，即卫生服务供给应具备以下两个条件：一是有提供卫生服务的愿望，二是有提供卫生服务的能力。例如，某医生有提供手术服务的愿望，同时也具备提供手术服务的能力（如有一定的技术、手术条件和与其配合的其他医务人员），则该医生所提供的手术服务就是一种卫生服务供给。

卫生服务的供给者提供卫生服务的目的可以有多种：对于盈利性的卫生服务提供者提供卫生服务的目的是追求利润的极大化，即医院或医生是为了最大利润而提供卫生服务；而非盈利性的卫生服务提供者提供卫生服务的目的除了要达到一定的经济收益外，更重要的是为了救死扶伤，以获得社会效益。此外，还有一些非盈利性的卫生服务提供者为了追求效用的极大化而提供卫生服务。

卫生服务的供给目的不同，卫生服务提供者所表现的行为也不相同。如果卫生服务供给者提供卫生服务的目的是为了达到利润极大化，可以通过两种手段来实现，一是在一定成本下实现服务量的最大化，二是在一定服务量的前提下实现成本最小化，实际上就是少投入多产出，这样才能获得最大的利润，从而也促使提供者提供更多的服务。相反，如果提供卫生服务的目的主要是追求社会效益，则在没有利润的情况下也会提供卫生服务。因而，可使卫生服务的供给量达到最大化。因此，供给的目的决定了卫生服务提供者的行为，从而也决定了卫生服务的供给量。

卫生服务是一种特殊的消费品，通常具有以下几个特点：

1. 即时性

卫生服务的生产行为与消费行为是同时发生的，在生产和消费之间没有时间上的间隔。这决定了卫生服务既不能提前生产，也不能够储存，只能在需求者消费卫生服务的同时提供服务。因此，提供者提供卫生服务的过程，也是需求者消费卫生服务的过程。

2. 不确定性

由于卫生服务对象存在着个体差异，如患同一种类型疾病的同质患者，在临床症状、体征、生理生化指标等方面都可能互有不同，再加上患者性别、年龄、健康状况、心理状况及生活环境的不同，使得疾病的表现更为复杂。因此，对同一类型的疾病，应根据患者的具体情况，采取不同的治疗方案或治疗手段，即使患者的病情及其他影响患病的因素基本相同，也应具体情况具体分析，提供服务时应因人而异。所以，卫生服务不能够像一般商品那样进行批量生产。

3. 专业性和技术性

提供卫生服务需要有相关的专业知识和技术水平，只有受过专门医学教育或培训并获得行医资格的人才能够提供某一类型的卫生服务。因此，卫生服务的供给受医学教育的规模、水平和效率的影响，也受到行医资格条件的限制，即在卫生领域存在着进入障碍，因而卫生服务的供给量很难在短时期内有较大幅度的改变。卫生服务的专业性和技术性决定了对卫生人力的培养应有一定的预见性。卫生人员的培养数量过少，将会导致在较长时期内卫生服务的提供数量不足，医生或医疗机构的垄断性增加，服务的质量及效率均有所下降，居民的健康受到影响；相反，卫生人员的培养数量过多，则会在一定的时期内导致卫生服务的供给量大于需求量的局面，从而使诱导需求的现象加重。

4. 垄断性

卫生服务的高度专业性和技术性是导致卫生服务提供具有垄断性的主要原因之一。即由于其他人不能够代替卫生服务的提供者提供卫生服务，因而，卫生服务的提供者具有一定的特权。如果卫生服务提供者在一个地区拥有特权，就会产生地区性垄断，这不仅会导致卫生服务提供的低质量、低效率，还会导致卫生资源不能得到有效的利用及卫生资源的不合理配置。

5. 外部性

卫生服务的提供具有外部经济效应，也就是说，提供卫生服务对他人造成了影响，但这种影响并没有从货币或市场交易中反映出来，提供者所获得的经济利益与提供该项服务所带来的总经济利益是不相同的。一般来说，卫生服务的外部经济效应包括两类：①卫生服务的外部经济。当卫生服务的提供者所采取的经济行为对他人产生了有利的影响，而自己却不能从中得到报酬时，例如，卫生服务的提供可以改善人体的健康，从而提高了社会劳动生产力及工作效率，所带来的社会总经济效益远远大于卫生服务供给者本身所获得的经济收益。②卫生服务的外部不经济。当卫生服务的提供者所采取的经济行为对他人产生了不利的影响，使他人为此付出了代价，而又未给他人以补偿时，便产生了卫生服务提供的负外部经济效应。例如，药物的滥用不仅损害了患者的健康（至少患者的疾病没有被治愈），也给患者的家庭及社会带来沉重的经济负担，同时还有可能影响到社会的劳动生产力水平，但提供者并没有为此在经济上付出任何代价。

（三）卫生服务市场

卫生服务市场是一个特殊的市场。这种特殊主要是由卫生服务在经济上的特殊性决定的。

1. 卫生服务产品是非物质产品

卫生服务是以服务形态存在的劳动产品，其生产和消费是同时发生的，即所谓的"随供即逝"，它的消费和生产密不可分。这使它不能像其他商品那样通过运输、流通等环节异地销售，且也不能储藏、保存。只能边生产、边消费，在时间和空间上具有同一性。

2. 卫生服务供给决定需求

由于卫生服务市场存在信息的非对称性，消费者由于缺少医疗保健等知识，往往不能完全判断自己是否需要医疗服务及医疗服务的数量和质量。因此，消费者相对于生产者处在非常不利的地位，在这里医生和医院可以决定患者的需求，是由医生而不是患者指定治疗和所需药物的种类和数量。这种供需双方信息是不对称的。使得消费者处在一种被支配地位，被动需求，卫生服务产品的交换双方不是处在平等的地位。

3. 卫生服务市场是典型的非完全竞争市场

卫生服务需求具有刚性，医疗消费虽有许多层次，但是在总体上属于维护生命健康，价格变动对于医疗需求，特别是对基本医疗需求的调节不灵敏。而同时卫生服务供给存在垄断，包括专业技术垄断和其他，不是所有的人都可以自由进入市场。因此，卫生服务市场的价格不是经过充分竞争形成的，只能是经过有限竞争形成的，即同行议价或协议议价或指导定价。

4. 卫生服务市场受地理范围限制

由于卫生服务的生产和消费同时发生，这使它不能通过运输、流通等环节易地销售。因此，卫生服务的空间受到限制。从需求方来看，卫生服务市场范围是根据就医的方便程度来确定。从供给方来看，卫生服务市场范围是医疗服务实际能力所能达到的供应范围。

5. 卫生服务市场上市场机制作用的局限性

市场机制在卫生服务市场的作用具有一定的局限性，包括价格机制的局限性。对于危及生命的重病思考的卫生服务，价格机制的作用十分有限，因为这些服务的价格弹性比较小，价格的变化对需求影响很小。也包括供求机制的局限性。由于存在医生诱导需求的可能，医疗服务供给的增加，一般不会引起卫生服务价格下降。由于消费者缺少医疗知识，消费者和医生之间处于信息不对称状态，供需双方难以展开充分的竞争。

6. 卫生服务市场具有极大的道德风险

由于需求具有刚性而供方又有权决定需求品质和数量，这就使这一市场具有极大的道德风险。卫生市场的特殊性决定了诸如健康保险无论是社会保险还是商业保险，在经营过程中都同样面临巨大的道德风险问题。这样，健康保险和其他保险不同，它的成本除了经营费用之外，主要包括三个方面的内容：真实的医疗费用支出、道德风险引起的支出以及为控制道德风险而支出的费用。而真实的医疗费用又主要包括合理的医生的服务费用、药费、住院费以及医疗设备费。一个有效的健康保险制度应该是在尽可能满足国民医疗服务需求的同时，最大限度地降低道德风险及其控制成本。

三、政府对卫生服务领域的调控

由于卫生服务市场的特殊性，从理论上讲，市场机制在这一市场可能会失灵，而国家在这一领域的干预是必要的。国际劳工组织在对世界范围内的调查研究后证实了这一点。德国以社会保险为主的健康保险制度，90 年代初以 GNP 的 11% 左右为 99.5% 的人提供了医疗费用和疾病收入保障，是一个政府干预的成功典范。而以市场调节为主的美国健康保险制度，1993 年花去了 GNP 的 14.6%，但却有 3700 万人即 18.5% 左右的人没有健康保险，较之于德国，美国的健康保险制度是不经济的。

除了市场失灵之外，政府宏观调控的另一个理由，是所谓"合成谬误"现象所引起的市场经济宏观失控。有些事情从微观上看都是合理的，但如果人人都这样做，在宏观上一合成，就会发生危害社会的结果。例如各式各样的投资热、建房热，各种各样的大战：CT 大战、核磁大战等。政府给医院政策，医院有了政策都大战，使卫生总费用失控，就是合成谬误的例证。这时候，政府就应伸出"看得见的手"进行宏观调控。

（一）政府在卫生服务中的作用

1. 政府是卫生事业的建设者

卫生事业是政府实行一定福利政策的社会公益事业。政府对发展卫生事业负有重要责任。卫生事业的重要地位和作用以及市场在卫生服务领域作用的局限性决定了政府必然成为卫生事业筹资主体、卫生机构建设主体和公共卫生服务的费用支付主体。

政府是卫生筹资市场的主体。政府在不断增加卫生投入的同时，还要广泛动员和组织社会各方面筹集发展卫生事业的资金，如开征必要的有关卫生方面的税费。动员公民个人增加对自身医疗保健的投入，通过发展多种形式的社会医疗保险，逐步使全社会成员能够获得基本卫生服务保障。政府要为公共卫生、预防服务、卫生基建发展和特殊疾病的治疗提供资金，对老人、穷人、儿童、军人等特殊人群的医疗服务提供补助；同时，继续实行对一部分卫生机构的财政补贴制度，确保整个国家卫生服务最终以收支平衡。

政府是卫生机构的主要建设者。国家投资建设的各种卫生机构，担负着医疗照顾、卫生防疫、疾病控制、妇幼保健、健康教育、医学研究、医学教育等重要任务，在社会主义卫生事业中起着主导作用。政府通过提供卫生设施，使卫生服务保持合理的结构和布局，进而确保社会成员的基本卫生服务需求。政府要办好医学教育，培养一支适应社会需求、结构合理、德才兼备的专业卫生队伍。

政府是公共卫生服务的费用支付主体。市场在卫生服务中的作用具有很大的局限性。公共卫生、疾病控制、卫生防疫等卫生服务，无法单纯地利用市场机制来解决，需要政府组织和负责为这些服务支付费用。基本卫生服务的提供也不能完全利用市场机制来解决支付能力，组织和为缺乏支付能力的贫民提供费用去接受这些服务也是各级政府的基本职责之一。

2. 政府是卫生服务的组织者

卫生服务活动是由多种要素有机结合构成的复杂的运行系统，政府是这个系统高效公平运行的组织者和调控者。为实现这一职能，政府需要完成一系列的经济行为，包括建立符合国情的医疗保障制度，保证卫生服务的公平性；培育和完善卫生服务市场体系和运行机制，为系统运行提供良好的环境；改革和完善卫生管理体制以促进卫生服务的高效运行。

人人享有卫生保健，提高全民族的健康素质，是政府的重要目标。然而疾病的不确定性和高风险性，以及各地区、各企业经济发展的不平衡性，制约着这一目标的顺利实现，需要政府加快社会医疗保障制度，为全体劳动者提供基本医疗保障。

医疗卫生服务市场是特殊市场，政府的干预、调控和参与是非常有必要的。政府的干预主要有三种形式：直接提供卫生服务、负责筹集资金、对私人筹资机构和提供者进行调控管理。这三种形式是紧密联系的。政府应当以卫生服务市场为基础，发挥区域卫生规划的主导作用，实现卫生资源的合理配置和有效利用。

3. 政府是卫生服务的宏观调控者

政府对卫生服务的宏观调控就是要运用一般调控手段，保证卫生事业发展与国民经济和社会发展相协调，人民健康的福利水平与经济发展水平相适应。建立起包括卫生服务、医疗保障、卫生执法监督的卫生体系，基本实现人人享有卫生保健，不断提高人民的健康水平。通过政府的调控，保证卫生服务市场的合理组织和有效运转、实现卫生服务的规模经济、结构经济、布局经济和时序经济。

卫生服务的规模经济反映在卫生系统生产力要素的聚集程度，研究卫生系统高效运转的合理规模及其制约因素。规模经济是由系统的数量规定性提出的任务。实现规模经济在总量保证卫生事业的发展与社会经济发展相协调，人民健康的福利水平与经济发展水平相适应，实现卫生服务总供给和总需求的基本平衡。在卫生机构规模上，要有利于提高机构的效率。

卫生服务的结构经济，就是卫生服务系统内部各组成部分之间的比例和关系协调合理的问题。保证最优地提供卫生服务，需要卫生服务专业结构、卫生服务内容结构、卫生服务机构结构、卫生服务人才结构合理，并根据卫生服务市场的变化及时调整这些结构。

卫生服务的布局经济，就是卫生服务系统的各种要素，采取最优的空间组合，以取得最优的社会经济效果。实现布局经济，一是要符合可及性要求，使卫生服务的对象能及时方便地接触到卫生保健服务。二是要符合技术和经济互补性要求。以充分发挥预防、医疗等各类卫生服务的整体效益。三是要符合精干、统一、效率的要求，克服条块设置、贪大求全等问题。

卫生服务的时序经济，是指卫生服务诸因素的结合及运行在时间上的次序性。卫生服务诸因素的形成、结合和运动发展过程，是卫生服务时序的三个主要序列，这三个序列之间的作用是相互紧密相连的，要按诸因素组织和协调好时序关系，才能保证卫生服务活动的顺利进行。

（二）政府调控的经济手段

在市场经济条件下，各卫生机构的业务行为都在一定程度上表现为经济利益关系。政府利用经济杠杆影响各卫生机构的经济利益关系，从而引导他们更好地处理社会效益与经济效益的关系，调动各方面的积极性、主动性和责任感，使各卫生机构的经营活动更符合社会目标，保证社会宏观目标的实现。经济手段主要包括以下两方面内容。

1. 卫生服务价格

价格是商品价值的货币表现。价格应反映卫生服务过程中消耗的劳动量，使卫生服务消耗通过价格实现补偿。同时，由于卫生服务市场的特殊性，政府还要防止由于供方技术垄断而可能产生的价格垄断，以保护患者的经济利益。因此，政府对价格的调控管理应包括两方面内容：其一，合理规定价格水平。这个"合理性"是指卫生服务价格要能够反映卫生服务的劳动消耗。在国家当前财政拨款不足的条件下，价格应定位于合理的水平上，其价值应是卫生服务收费加国家财政补助等于卫生服务的全额消耗，并要有适度的结余，从而使卫生机构在扩大再生产主要由政府负责的条件下，能够依靠自身的社会服务和少量的财政补贴实现简单再生产；另外，卫生服务价格的确定还要反映卫生服务知识、技术密集的特点，适当提高门诊诊断处置费、手术费和有关技术服务费用，降低药品、仪器检查费用，使卫生服务收费结构科学合理。其二，严格价格监督。不允许擅自提高价格牟取不正当利益，更不允许漫天要价，搞价格欺诈。对违规者必须依法予以严厉打击，以保护正常的市场秩序。

2. 政府投资

为了促进卫生事业的健康发展，充分利用经济手段对卫生服务市场的运行施加影响，政府保持对卫生事业一定量的投资是完全必要的。对市场机制作用程度较低的公共性的卫生部门，如卫生防疫、妇幼保健等，政府的投资额要随着国民经济的发展而不断增加。对于医疗部门，政府也应保持一定量的投资，这种投资是政府限制医疗价格水平相对医疗部门进行产业导向的经济基础。政府投资可以分为两大类：其一，直接投资。政府以一定的方式对卫生机构进行财政补贴，以保证卫生服务价格保持在较低的水平上。这一部分投资也应逐步增加并改善投资结构，实行择优扶持。其二，间接投资。政府对卫生机构实行免税政策，这实际上是政府对卫生机构的一种间接投资，是国民经济收入再分配的一种形式。免税政策使卫生机构能够在较低的价格水平上仍能保持一定水平的价值补偿。在卫生服务市场的运行过程中，政府一方面进行严格的价格限制，以维护广大群众的利益，另一方面又通过补贴和免税等形式使卫生机构获得补偿和结余，从而既满足了广大人民群众较低支付能力的医疗消费需求，又保障了卫生服务提供者的利益。

当然，政府在卫生服务市场上的作用手段还包括行政手段、法律手段等，可参考卫生经济学的有关资料，这里不再赘述。

第四节　我国医疗卫生体制改革

中国现行的医疗卫生体制是在计划经济体制下逐步发展起来的。改革开放前，我国的医疗卫生体制是一种高度依附于传统计划经济体制的医疗费用风险社会分担机制。在城镇，政府和事业单位实行公费医疗制度，国有和集体企业实行的劳保医疗制度；在农村，实行的是基于农村集体经济的合作医疗。由于国家实行的是统收统支、政企不分的财政"大锅饭"制度，医疗费用实际上在不同企业、行业、地区和城乡之间进行再分担，同时，国家对农村医疗机构的基本建设、设备购置、人员工资以及农村的公共卫生也给予一定的财政补助。可以看出，高度公有化的所有制经济基础、统收统支的国家财政体制和国家对医疗卫生供给方的财政补贴和严格的价格控制，是这种传统医疗费用风险分担机制得以生存的基本条件。伴随着经济体制改革的深入推进，传统的医疗卫生体制得以维系的条件不断瓦解，传统医疗卫生体制的缺点也日益暴露出来，医疗卫生体制改革由此提上日程。

一、我国医疗卫生体制改革历程

关于医疗卫生体制改革历程，存在多种划分阶段。如"新华网"把医疗卫生体制历程划分为三大阶段。第一阶段是 1978～1996 年，是我国卫生事业解放思想、积极探索的阶段。这一阶段卫生改革发展的重点是大力提高卫生服务能力，增强医疗卫生机构活力，扩大服务供给，缓解供需矛盾。同时要打破"平均主义"和"大锅饭"的分配方式，调动人员的积极性，激发活力，提高效率。第二阶段是1997~2002年，是我国卫生事业明确方向、加快发展的阶段。中共中央、国务院1997年颁布的《关于卫生改革与发展的决定》，明确我国卫生事业的性质是实行一定福利政策的社会公益事业。在江苏镇江市和江西九江市的"城镇职工基本医疗保险制度"改革试点的基础上，1998年12月，国务院出台了《关于建立城镇职工基本医疗保险制度的决定》，在全国推进城镇职工基本医疗保险制度。2002年，中共中央、国务院颁布《关于进一步加强农村卫生工作的决定》，明确了建立新型农村合作医疗制度等重大战略部署。上述政策旨在实现基本卫生服务的均等和公平。第三阶段是2003年后进入强调公益、改善民生的新阶段。2006年国家启动《农村卫生服务体系建设与发展规划》，改善农村县乡村三级医疗卫生服务条件；同年《国务院关于发展城市社区卫生服务的指导意见》及其配套文件出台，推动了以社区卫生服务为基础的新型城市卫生服务体系发展。王虎峰对医疗卫生体制改革历程的回顾区分了公共卫生服务体系改革、医疗保障制度改革和药品生产流通体制，上述三类改革历程是有差异的，在此，主要介绍前两大改革。

（一）公共卫生服务体系改革①

公共卫生服务体系改革可以划分为五个阶段。第一阶段是1978~1984年。该阶段是恢复与改革之间的过渡时期，一方面，针对10年浩劫对卫生系统的严重损害进行调整、建设；另一方面，积极培养相关人员的业务技术，加强卫生机构经济管理。例如，1981年卫生部下发了《医院经济管理暂行办法》和《关于加强卫生机构经济管理的意见》，1982年卫生部颁布了《全国医院工作条例》，另外，1980年卫生部《关于允许个体开业行医问题的请示报告》得到国务院批准。第二阶段是1985~1992年。这一阶段关注管理体制、运行机制等问题。重要事件包括：1985年我国正式启动以放权让利、扩大医院自主权为核心的医改。1985年，国务院批转了卫生部《关于卫生工作改革若干政策问题的报告》，由此拉开了医疗机构转型的序幕。1989年国务院批转了《关于扩大医疗卫生服务有关问题的意见》，该意见指出：积极推行各种形式的承包责任制；开展有偿业余服务；进一步调整医疗卫生服务收费标准；卫生预防保健单位开展有偿服务；卫生事业单位实行"以副补主"、"以工助医"。第三阶段为1992~2000年。在该阶段，伴随医疗机构市场化的是与非争议，各项探索性改革在各地展开。1992

---

① 王虎峰：《中国医疗卫生体制改革30年进程》，《发展和改革蓝皮书》，社会科学文献出版社2008年版。

年国务院下发了《关于深化医疗卫生体制改革的几点意见》，在该意见落实过程中，刺激了医院通过创收来弥补收入不足。1997 年，中共中央、国务院出台《关于卫生改革与发展的决定》，提出了推进卫生改革的总要求，在医疗领域主要有改革城镇职工医疗保险制度、改革卫生管理体制、积极发展社区卫生服务、改革卫生机构运行机制等。第四阶段是 2000～2005 年。这一阶段的主要特征是推进医院产权改革。2000 年，为贯彻落实《关于卫生改革与发展的决定》，国务院办公厅转发了《关于城镇医药卫生体制改革的指导意见》。之后陆续出台了《关于城镇医疗机构分类管理的实施意见》、《关于改革药品价格管理的意见》、《关于改革医疗服务价格管理的意见》、《关于开展区域卫生规划工作的指导意见》、《关于发展城市社区卫生服务的若干意见》、《关于卫生监督体制改革的意见》等 13 个配套政策。第五阶段是 2005～2013 年。随着市场化和产权改革的不断深入，公立医疗机构的公益性质逐渐淡化，追求经济利益导向在卫生医疗领域蔓延开来，医疗体制改革迫切需要注入新的理念和活力。党的十七大报告首次完整提出中国特色医疗卫生体制的制度框架包括公共卫生服务体系、医疗服务体系、医疗保障体系，药品供应保障体系四个重要组成部分，这是在新时期对卫生医疗体系构成的全面概括。2009 年，中共中央、国务院发布了《关于深化医药卫生体制改革的意见》，强调要建设覆盖城乡居民的公共卫生服务体系、医疗服务体系。在公共卫生服务体系建设上，指出要建立健全疾病预防控制、健康教育、妇幼保健、精神卫生、应急救治、采供血、卫生监督和计划生育等专业公共卫生服务网络，完善以基层医疗卫生服务网络为基础的医疗服务体系的公共卫生服务功能，建立分工明确、信息互通、资源共享、协调互动的公共卫生服务体系。在完善医疗服务体系上，强调要坚持以非营利性医疗机构为主体、营利性医疗机构为补充、公立医疗机构为主导、非公立医疗机构共同发展的办医原则，建设结构合理、覆盖城乡的医疗服务体系。指出要大力发展农村医疗卫生服务体系，完善以社区卫生服务为基础的新型城市医疗卫生服务体系，健全各类医院的功能和职责，建立城市医院与社区卫生服务机构的分工协作机制，建立城市医院对口支援农村医疗卫生工作的制度等。

（二）医疗保障制度改革历程①

由于各种原因，我国的医疗保障制度是城乡分离的，各自有不同的特点和发展过程。在城镇，先后经历了公费、劳保医疗制度，城镇医疗保险改革和试点阶

---

① 王虎峰：《中国医疗卫生体制改革 30 年进程》，《发展和改革蓝皮书》，社会科学文献出版社 2008 年版。

段，全国范围内城镇职工基本医疗保险制度的确立，以及多层次医疗保障体系的探索等阶段；在农村，伴随着合作医疗制度的兴衰，努力开展新型农村合作医疗制度的建设工作。

在城镇医疗保险改革上，第一阶段是推进改革试点阶段（1978～1999年）。在20世纪80年代初，不少企业和地方就开始自发探索职工医疗费用的适当自费改革，如医疗费用定额包干、对超支部分按一定比例报销、实行医疗费用支付与个人利益挂钩的办法等。为了进一步解决医疗保障领域日益突出的问题，1989年，卫生部、财政部颁布了《关于公费医疗管理办法的通知》，在公费医疗开支范围内对具体的13种自费项目进行了说明。同年，国务院批转了《国家体改委1989年经济体制改革要点》，指出，在丹东、四平、黄石、株洲进行医疗保险制度改革试点，同时在深圳、海南进行社会保障制度综合改革试点。在相关政策的指引下，1990年，四平市公费医疗改革方案出台；1991年，海南省颁布了《海南省职工医疗保险暂行规定》，深圳市成立医疗保险局，并于1992年颁布了《深圳市职工医疗保险暂行规定》及《职工医疗保险实施细则》。1994年，国家体改委、财政部、劳动部、卫生部共同制定了《关于职工医疗制度改革的试点意见》，经国务院批准，在江苏省镇江市、江西省九江市进行了试点。1996年，国务院办公厅转发了国家体改委、财政部、劳动部、卫生部四部委《关于职工医疗保障制度改革扩大试点的意见》。到1999年，先后有58个城市开展了试点工作。第二阶段是城镇多层次医疗保障体系的探索阶段（1999～2007年）。在这一阶段，基本医疗保险制度不断扩展。1998年，国务院召开全国医疗保险制度改革工作会议，发布了《国务院关于建立城镇职工基本医疗保险制度的决定》，明确了医疗保险制度改革的目标任务、基本原则和政策框架，要求1999年，在全国范围内建立覆盖全体城镇职工的基本医疗保险制度。至此，我国城镇职工医疗保险制度的建立进入了全面铺开阶段。1999年，国务院办公厅和中央军委办公厅联合发布了《中国人民解放军军人退役医疗保险暂行办法》，规定国家实行军人退役医疗保险制度，并设立军人退役医疗保险基金；1999年，劳动和社会保障部发布了《关于铁路系统职工参加基本医疗保险有关问题的通知》。2006年，国务院出台了《国务院关于解决农民工问题的若干意见》，提出要积极稳妥地解决农民工社会保障问题。2006年，劳动和社会保障部发布了《关于开展农民工参加医疗保险专项扩面行动的通知》，提出"以省会城市和大中城市为重点，以农民工比较集中的加工制造业、建筑业、采掘业和服务业等行业为重点，以与城镇用人单位建立劳动关系的农民工为重点，统筹规划，分类指导，分步实施，全面推进农民工参加医疗保险工作"。在这一阶段，我国开始医疗救助体系。2005年国务院办公厅转发了《关于建立城市医疗救助制度试点工作的意见》，该意见规定救助对象主要是城市居民最低生活保障对象中未参加城镇职工基本医疗保险人员、已参加城镇职工基本医疗保险但个人负担仍然较重的人员和其他特殊困难群众。在这一阶段，我国也推动了补充医疗保险的发展。第三阶段是2007～2013年，进入扩大基本医疗保险覆盖面，推进城镇居民医疗保险制度建设阶段。2006年党的十六届六中全会通过的《中共中央关于构建社会主义和谐社会若干重大问题的决定》进一步明确提出"建立以大病统筹为主的城镇居民医疗保险"。城镇居民基本医疗保险试点从2007年下半年开始启动，2012年底，我国就已实现基本医疗保险制度全覆盖。2009年，中共中央、国务院发布的《关于深化医药卫生体制改革的意见》指出，要加快建立和完善以基本医疗保障为主体，其他多种形式医疗保险和商业健康保险为补充，覆盖城乡居民的多层次医疗保障体系。建立覆盖城乡居民的基本医疗保障体系，鼓励工会等社会团体开展多种形式的医疗互助活动，做好城镇职工基本医疗保险制度、城镇居民基本医疗保险制度、新型农村合作医疗制度和城乡医疗救助制度之间的衔接，积极发展商业健康保险。

在农村医疗保险改革上，农村地区医疗保障制度的核心部分是农村合作医疗制度。改革开放后，农村开展经济体制改革，开始实行家庭联产承包责任制，家庭重新成为农业生产的基本经营单位，集体经济逐渐解体；以集体经济为依托的合作医疗失去了主要的资金来源。1992年后，我国进入社会主义市场经济体制建立阶段，对合作医疗的恢复与重建进行了艰难探索。1993年，中共中央在《关于建立社会主义市场经济体制若干问题的决定》中，提出要"发展和完善农村合作医疗制度"。1997年，中共中央、国务院颁发了《关于卫生改革与发展的决定》，要求"积极稳妥地发展和完善农村合作医疗制度"。根据卫生部第三次卫生服务调查，2002年，我国农村合作医疗制度的覆盖率为9.5%，仍有79.1%的农村人没有任何医疗保险。为此，2002年后，我国开始推进新型农村合作医疗改革。2002年，中共中央、国务院颁布了《关于进一步加强农村卫生工作的决定》，要求"到2010年，在全国农村基本建立起适应社会主义市场经济体制要求和农村经济社会发展水平的农村卫生服务体系和农村合作医疗制度"，明确指出要"逐步建立以大病统筹为主的新型农村合作医疗制度"。2006年，国家相关7部委局联合下发《关于加快推进新型农村合作医疗试点工作的通知》，提出"各省（区、市）要在认真总结试点经验的基础上，加大工作力度，完善相关政策，扩大新型农村合作医疗试点。截至2008年6月，全国31个省、市自治区新型农村合作医疗已全部实现了全面覆盖。之后，我国多次提高新农合的补助标准。

（三）医疗卫生体制改革取得的成效

经过多年持续改革，我国医改取得了重大阶段性成效：一是全民基本医保制度框架基本建成，职工医保、居民医保和新农合三项基本医疗保险覆盖了13亿多人口，织起了世界上规模最大的全民基本医疗保障网。二是国家基本药物制度全面建立，基层医疗卫生机构综合改革持续深化，初步建立起维护公益性、调动积极性、保障可持续的运行新机制。三是基层医疗卫生服务体系显著加强。启动了以全科医生为重点的基层医疗卫生人才队伍建设，城乡基层医疗卫生服务"软硬件"都得到明显改善。四是基本公共卫生服务均等化水平明显提高，服务内容得到拓展，服务标准稳步提升，亿万人民群众得到了实惠。五是公立医院改革试点积极推进，积累了有益经验。[①]

二、深化医疗卫生体制改革的思路[②]

（一）健全全民医保体系

下一阶段改革要在完善制度上加大力度：一是逐步提高居民医保和新农合政府补助标准，推进建立城乡居民大病保险制度，提升基本医保支付能力和重特大疾病保障水平。二是加大医保支付方式改革力度，积极推行按病种付费、按人头付费、总额预付等综合方式，增强医保对医疗行为的激励约束作用，实现提高医疗服务质量与控制医药费用过快增长的双优结果。三是提升基本医保管理和服务水平，推进基本医保和医疗救助即时结算，建立异地就医结算机制。同时，逐步完善基本医保管理体制，理顺管理职能，提高经办管理运行效率。四是完善城乡医疗救助制度，加快健全重特大疾病医疗保险和救助制度，健全疾病应急救助制度，筑牢医疗保障底线。五是积极发展商业健康保险，支持发展与基本医疗保险相衔接的商业健康保险，满足多层次的健康保障需求。

（二）深化基层医疗卫生机构综合改革

要巩固完善国家基本药物制度，稳固基本药物集中采购机制，有序推动基本药物制度逐步延伸到村卫生室和非政府办基层医疗卫生机构，健全基层医疗卫生机构稳定长效的补偿机制，深化基层机构编制、人事薪酬改革，巩固基层医改成效。继续加强基层医疗卫生服务网络建设，健全以县级医院为龙头、乡镇卫生院

---

①② 李斌：《深化医药卫生体制改革》，《求是》，2013年第23期。

和村卫生室为基础的农村医疗卫生服务网络。在城市，要加快建设以社区卫生服务为基础，与大医院分工协作的新型城市医疗卫生服务体系。深入实施基层中医药服务能力提升工程，不断完善中医药和民族医药发展机制和政策。转变卫生服务模式，逐步建立分级诊疗、双向转诊制度。积极推进家庭签约医生服务模式，建立全科医生与居民契约服务关系。稳步提高基本公共卫生服务均等化水平，继续提升人均基本公共卫生服务经费标准，实施好规划免疫、妇幼保健、重性精神疾病患者管理、健康教育等基本公共卫生服务和重大公共卫生服务项目。加强区域公共卫生服务资源整合。进一步落实乡村医生补偿、养老等政策，加强乡村医生的培养培训，提升乡村医生队伍的服务能力和水平，不断筑牢农村卫生服务网点。

（三）加快推进公立医院改革

一是切实履行好政府办医职责，合理确定公立医院的功能、数量、规模、结构和布局，坚持公立医疗机构面向城乡居民提供基本医疗服务的主导地位。二是以破除以药补医机制为关键环节，统筹推进管理体制和价格、药品供应改革，理顺医药价格，建立科学的补偿机制。三是推进建立公立医院内部治理结构，深化人事分配等机制综合改革，建立适应行业特点的人事薪酬制度，加强绩效考核，建立科学的医疗绩效评价机制，建立和完善现代医院管理制度。要把县级医院改革作为重点，加快改革步伐，切实发挥好县域内龙头医院作用。与此同时，要深化拓展城市医院的综合改革试点，加强顶层设计，统筹规划，统一指导，综合推进，并进行系统性的改革试点，由此形成改革政策的叠加效应。

（四）积极推进健康服务业发展

以鼓励社会办医发展健康服务业，鼓励社会力量以出资新建、参与改制、托管、公办民营等多种形式投资医疗服务业，优先支持社会资本创办非营利性医疗机构。加大价格、财税、用地等政策引导，清理取消不合理的规定，加快落实对非公立医疗机构和公立医疗机构在市场准入、社会保险定点、重点专科建设、职称评定、技术准入等方面同等对待的政策。同时，加快发展养老护理、中医药医疗保健、健康保险等服务，把深化医改与加快发展健康服务业紧密结合起来，互为促进、联动发展。

（五）加强卫生信息化建设

建立健全人口健康信息管理制度，充分利用信息化手段，提高人口健康管理水平。积极推进医疗卫生信息技术标准化，加快研究建立全国统一的电子健康档案、电子病历、医疗服务和医保信息等数据标准体系，加强区域医疗卫生信息平台建设，推动医疗卫生信息资源共享、互联互通。以面向基层、偏远和欠发达地区的远程影像诊断、远程会诊、远程监护指导、远程教育等为主要内容，发展远程医疗，使优质资源更加便捷地服务基层群众。

[小结]

在整个历史发展进程中，教育与经济发展都存在着紧密的联系，两者互为作用，互为影响。西方当代经济学家对教育的经济价值的分析，是以人力资本投资理论为核心而展开的，他们明确了教育在人力资本投资中的地位。

投资的目的是为了增值，那么对教育投资的经济效益的计算自然必不可少。我们可以通过劳动简化法、投资增量收益计算法、经济增长因素分析法等一般方法来测算教育投资的经济效益。

教育对整个社会进步的推动早已有目共睹。对于像我国这样处于上升期的国家来说，发展教育更是重中之重。目前，我们国家的教育还存在教育制度严重滞后时代的发展、教育质量下降、道德教育滑坡、教育不平等等弊端。为了解决这些弊端，学界围绕教育是不是产业和教育能否产业化的问题争论不休。客观地说，教育是一种具有巨大外部效益的准公共产品，对它实行产业化和市场化是不合适也是不应当的。幸运的是，目前我国政府并未决策教育产业化，而是脚踏实地地从基础教育、高等教育和职业技术教育三个中心出发，制定改革与发展规划，推动体制的创新，力争取得新的突破。

卫生事业和教育一样，能够给消费者提供精神和货币的双重收益。卫生事业的具体作用体现为：卫生事业是提高全体居民素质的重要条件；卫生发展水平是物质文明和精神文明发展水平的重要标志；卫生事业的发展还是保持社会持续稳定发展的基本要素。

在市场经济体制下，研究卫生事业就必须对医疗卫生的供给和需求进行分析，由于卫生服务是一种特殊的服务，它具有即时性、不确定性、专业性和技术性、垄断性、外部性等不同于其他商品和劳务的特点。鉴于这些特点，政府对卫生服务市场的宏观调控、在卫生服务领域的作用就应当是"看得见的手"，应当有所作为。政府应当是建设者、组织者和宏观调控者的统一体，并通过调控卫生服务价格、调整政府投资以及其他的行政和法律手段来实现管理。

经过多年持续改革，我国医改取得了重大阶段性成效。一是全民基本医保制度框架基本建成，职工医保、居民医保和新农合三项基本医疗保险覆盖了13亿多人口。二是国家基本药物制度全面建立，基层医疗卫生机构综合改革持续深化，初步建立起维护公益性、调动积极性、保障可持续的运行新机制。三是基层医疗卫生服务体系显著加强。启动了以全科医生为重点的基层医疗卫生人才队伍建设，城乡基层医疗卫生服务"软硬件"都得到明显改善。四是基本公共卫生服务均等化水平明显提高，服务内容得到拓展，服务标准稳步提升，亿万人民群众得到了实惠。五是公立医院改革试点积极推进，积累了有益经验。

[思考题]

1. 结合自己人生历程中所受的各种教育，谈谈你对我国教育存在问题的思考。

2. 你是否同意教育应当产业化？请说出你的理由。

3. 我国的教育体制正处于转型的关键时期，各种非理性的观点和行为层出不穷，列举你所了解的这些非理性的观点和行为，并说明你的看法。

4. 请你列举两个以上事例说明我国必须深化医疗体制改革。

第七章 失业与就业

[**内容提要**] 西方关于失业与就业的理论林林总总，相应地也有许多促进劳动就业的政策措施。我国目前也面临着解决就业问题的严峻考验，需要根据本国特殊的背景情况，借鉴西方的理论与实践经验，妥善处理好效率与公平、就业与经济增长、近期目标与长远目标等几个问题，才能从根本上治理好失业问题。

失业与就业已经成为当今世界各国普遍关心的经济和社会问题，许多国家都将控制失业规模和提高就业率作为政府宏观调控的重要政策目标。因此，福利经济学研究失业与就业具有重要的理论意义与实践意义，也是中国当前实际迫切需要解决并从理论上深刻认识的新课题。

第一节 失业与就业的界定

一、失业的界定

国外依据对失业的内涵和外延界定的不同，对失业的概念可以有三种释义：一是广义的失业，指的是社会的一切生产要素，未得到利用并停止收入的活动。这种失业包括劳动力未利用劳动取得收入，土地所有者未利用占有自然资源取得收入，资本所有者未利用资本取得收入等都是失业。二是中义的失业，包括劳动者的自愿失业和非自愿失业，显性失业和隐形失业。三是狭义的失业，专指劳动者的非自愿失业。目前西方学者研究的重点是狭义的失业。

为了国际比较的方便，国际劳工组织（ILO）为定义和测度失业制定了一些标准并推荐给世界各国。目前，欧盟国家、经济合作和发展组织（OECD）国家以及世界上很多其他国家，在度量失业时都遵循 ILO 推荐的失业定义：一个失业者必须具备以下三个条件：一是没有工作（世界各国大都采用"在过去的一周中是否从事一个小时以上有收入的工作"作为区分标准）；二是能够到岗；三是积极寻找工作。

我国对失业的界定一直以来都不明朗，主要是在过去一段时间内，我们把失业看作资本主义国家的特例，因而就出现了两个与失业相关的概念：城镇待业人员与下岗职工。可是这两个概念是相对模糊的，鉴于这种情况，1998 年原劳动部和国家统计局重新界定了"失业定义"，是指在规定的劳动年龄内，具有劳动能力，在调查期间无业并以某种方式寻找工作的人员。中国当前的这个失业定义已经接近国际通用的失业定义，但是，目前尚未公布按此定义的全国城镇失业人口和失业率。

按照不同的标准，失业可以分为不同的类型。如按失业的表现形式划分，失业分为显性失业（公开失业）和隐形失业。按失业的成因划分，失业可分为摩擦性失业、结构性失业、周期性失业和季节性失业。按失业者的失业序次划分，失业可分为初次失业、二次失业和多次失业。

二、就业的界定

西方的就业者概念是指适龄劳动人口在调查期内正在从事有报酬工作的人，以及有职业但由于生病、休假、罢工等原因而没有工作的人。就业的适龄劳动人口的定义一般是指年满 16 岁以上的所有不受管制的人（指人们没有被监禁或被送精神病机构以及没有受到其他方式的管制）。

我国把就业定义为：具有劳动能力的人，参加某种社会劳动并取得劳动报酬或经营收入的经济活动。这一定义包含三层意思：①就业必须达到一定年龄并具有劳动能力；②就业者必须是从事某种社会劳动，而不是家务劳动；③这种劳动必须是有收入的劳动，而不是无报酬的公益劳动或义务劳动。就业的主体是就业人员，我国的就业人员包括：全部职工，含在党政机关、社会团体及企业和事业单位工作并取得报酬的全部人员；城镇私营企业人员和个体劳动者；农村社会劳动者；其他社会劳动者，包括再就业的离退休人员、民办教师以及在各种单位中工作的外方人员和港、澳、台人员。

三、失业与就业的测度

对显性失业的测度经常采用以下几个测度标准：失业率、失业持续期、离职率、失业分布率等。失业率在这些指标中占据最重要的地位。

从世界范围来看，对于失业率的统计调查方法主要有以下几种：①工时统计。根据失业的工时统计折算得出失业人数，进而得出失业率。从理论上说，这个方法最为科学，但目前在实践中这一统计方法尚无法实行。②劳动力抽样调查。通过劳动力抽样调查同时得到失业人数和从业人数，得出失业率｛失业率＝失业人数／（失业人数＋从业人数）｝。③社会保险统计。依据失业保险的覆盖和发放情况来了解失业情况。失业率则由享受失业保险待遇的人数与参加该保险项目的总人数相除得出。用这种方法来判断一个国家失业总体水平同样是很困难的。④就业机构统计。通过就业机构工作记录获得，失业人员是指正在寻找工作且每个月底在就业机构进行登记的人员。除了没有工作岗位的人员外，该数据还包括罢工人员或临时生病而不能工作的人员以及在失业救济项目中从事劳动（以工代赈）的人员（又称之为登记失业人员）。但是，不包括实际有工作而想跳槽的人员，因为在就业机构的登记中，也有一些寻求调换工作的就业人员或寻找更多工资的就业人员（又称之为工作申请人员）。

这四种方法各有利弊。世界上大多数国家采用的是第二种和第四种。从实际情况看，通过就业机构统计获取数据和通过劳动力抽样调查获取数据是完全不同的两种统计方式，二者各有长短。

通过劳动力抽样调查得到失业人数和从业人数，从而计算失业率，这是目前世界上许多国家进行失业统计所采用的方法。在市场经济条件下，采用抽样调查方法取得失业率在我国不仅是必要的，而且是可能的。在劳动力抽样调查取得失业率数据后，再参照政府职业介绍机构的登记失业率（应继续保留此种调查方法），得出一个更接近实际的失业率数据，则是一种较为理想的选择。按照国际惯例，登记失业率和调查失业率是可以并行的，两者相互补充。登记失业率反映政府目前最需要解决失业问题的重点对象；调查失业率反映城镇劳动力市场的全面供求情况，为判断失业发展趋势和控制失业提供依据。

失业率基本能准确反映失业状况，具有重要的意义：首先，失业率是国民经济周期变动的显示器；其次，失业率是国民经济运行效率的衡量指标；最后，失业率与国民的物质与文化生活质量具有紧密联系。

但是，用失业率反映失业情况也有局限性：第一，高估失业程度，比如有些自愿失业者，失业兼职者被统计为失业人数；第二，低估失业程度，比如大部分劳动力利用不充分者未能统计到失业数字中去；第三，失业率没有说明失业者的收入分配情况，包括他们是否超过了贫困线等。

第二节 失业理论及西方就业政策

一、马克思经典作家失业理论

失业问题是伴随雇佣劳动制度的产生而产生的，马克思经典著作高度关注失业问题，并在分析和研究资本主义雇佣劳动制和失业问题的过程中逐步创立了自己的失业理论。主要内容包括：一是失业人口是相当过剩人口。马克思认为，资本主义条件下失业的本质就是劳动力商品的相对过剩。马克思强调，资本主义社会失业的根源，来源于相对剩余价值的生产，即资本家通过工人必要劳动时间的缩短，相对延长剩余劳动时间，使生产相同剩余价值的劳动力数量下降，必要劳动人口减少，使形成的过剩人口成为产业后备军。要使上述情况成为现实，取决于资本有机构成的提高。资本有机构成的提高是在资本积累过程中出现的。"对劳动的需求，同总资本量相比相对地减少，并且随着总资本量的增长以递增的速度减少。"[①] 而且，技术进步将引起资本有机构成的提高，而技术进步所引起的资本有机构成的提高是市场竞争的必然结果，故而失业是资本主义的常态，并且有越演越烈的趋势。正如马克思指出："相对过剩人口的生产或工人的游离，此生产过程随着积累的增进本身而加速的技术变革，比与此相适应的资本可变部分比不变部分的减少，更为迅速。"[②] "机器不仅在采用它的生产部门，而且还在没有采用它的生产部门把工人抛向街头。"二是相对过剩人口可分为以下三种存在形式。①流动形式的过剩人口，指暂时找不到工作的临时的失业工人。②潜在形式的过剩人口，主要指农村中的过剩人口。③停滞形式的过剩人口，指没有固定职业、依靠一些杂货勉强维持生活的劳动者[③]。三是社会分工对扩大就业或减少失业有重要作用。马克思指出："工场手工业的分工，又使所使用的工人人数的

① 马克思：《资本论》（第1卷），人民出版社1975年版，第691页。
② 马克思：《资本论》（第1卷），人民出版社1975年版，第679页。
③ 马克思，恩格斯：《马克思恩格斯全集》（第23卷），人民出版社1980年版，第693－694页。

增加成为技术上的必要。一方面单个资本家所必须使用的最低限额的工人人数，要由现有的分工来规定。另一方面要得到进一步分工的利益，就必须进一步增加工人，而且只能按倍数增加。"① 总体来看，马克思认为，在资本积累过程中，社会分工、产业结构调整、对单个工人内涵的剥削、资本结构变化都是造成工人失业的直接原因。

二、西方失业与就业理论

（一）凯恩斯以前的古典经济学失业理论

在古典经济学理论中，假设市场是完全竞争的，工资可随劳动力市场供求变化而自由调整，即通过市场价格机制可以实现充分就业。也就是说，只要工人愿意接受现行工资率，都可实现就业，不会存在"非自愿性"失业。正如英国经济学家庇古指出，如果在完全自由竞争的条件下存在失业的话，那么只会存在"自愿失业"和"摩擦性失业"。"自愿失业"是指工人不愿意接受现行的工资率而宁愿不工作，现行工资率就是由劳动供给曲线和劳动需求曲线交点决定的均衡工资；"摩擦性失业"是由于劳动力缺乏流动性、信息交流不完全以及市场组织不健全所造成的失业。

（二）凯恩斯学派的失业理论

凯恩斯认为，在有效需求不足的情况下，存在"非自愿失业"。所谓"有效需求"，是指商品总需求价格与总供给价格达到均衡时的总需求。其中，总需求价格是指全体厂商雇佣一定量工人进行生产时，预期的社会对于产品愿意支付的总价格；总供给价格是指全体厂商雇佣一定量的工人进行生产时，要求得到的产品的最低卖出价格。有效需求包括消费需求和投资需求，因边际消费倾向递减、资本边际效率递减和灵活性偏好三大心理规律，将导致有效需求不足。所谓"非自愿失业"是指工人被迫离开他们的供给曲线，失业不是因为在现有的工资水平他们不愿意就业，相反，是因为商品市场萧条，企业通过解雇劳动力来对付产品的滞销。因此，要恢复充分就业就必须要提高总的有效需求。那么为什么提高有效需求能够减少失业？新古典经济学认为，由于货币工资存在刚性，可通过物价水平的上升来降低实际工资，从而使劳动力市场减少失业。在政策层面，凯恩斯认为，要实现充分就业，政府必须积极干预，通过增加政府支出、减少政府税收或增加货币供给量的方法来刺激总需求，从而达到增加生产，提高就业水平的目

---

① 马克思：《资本论》（第1卷），人民出版社1975年版，第691页。

的。充分就业政策体现在用各种手段直接或间接扩大劳动需求，增加就业机会。

（三）货币学派的失业理论

因菲利普斯曲线无法解释"滞胀"现象，货币学派代表人物美国经济学家弗里德曼提出了"自然失业率"假说。所谓"自然失业率"，是指"在没有货币因素干扰的情况下，让劳动力市场和商品市场的自发供求力量发挥作用时所应有的、出于均衡状态的失业率，这种失业率是稳定的，独立于通货膨胀率的，只要没有货币干扰，实际失业率总是以这种自然失业率为轴心而上下波动的。"根据弗里德曼这一自然率假说，政府在短期内可以通过高通货膨胀率来使失业率低于自然率水平。但从长期来看，失业率与通货膨胀率是没有必然联系的，自然率将是必然存在的，从而政府试图通过高通货膨胀以实现高就业率的经济政策将会失效。因此，弗里德曼主张："政府不必去关心失业率本身的变动，而只需要着手为经济的正常活动提供良好的条件，包括保留现存的资本主义制度，充分发挥市场调节的作用，实现货币供应量的稳定增长，以此维持物价的稳定，这样就业问题将自然而然地得到解决。"

（四）发展经济学派的失业理论

刘易斯、费景汉和拉尼斯探讨了二元结构发展模式下的失业问题。所谓"二元结构"，是指发展中国家的经济由两个不同的经济部门组成：一是传统农业部门，二是现代工业部门。刘易斯等认为，传统农业部门的劳动生产率很低，边际劳动生产率甚至为零或负数，这里有大量的非公开性失业，而现代工业部门的劳动生产率相对较高，但从业人数较少，其相对较高的工资水平可以吸引传统农业部门劳动力的转移。刘易斯等强调现代工业部门资本积累的重要性。他们认为，加快现代工业部门的资本积累，可以增强其吸纳传统农业部门劳动力的能力，最终达到解决二元结构的失业问题。托达罗在刘易斯等二元结构发展模式的基础上，探讨了劳动力转换下的失业问题。托达罗强调了收入预期在农村人口转移中的重要作用。与刘易斯等不同，托达罗看到了解决发展中国家失业的艰巨性和困难性。他断定，发展中国家城市中的失业和乡村中的过剩劳动力或非公开性失业会长期存在[1]。

（五）基于改善劳动力供给的人力政策理论

摩擦性失业和结构性失业不是因总需求不足而造成的，使用宏观财政政策和货币政策不能缓和这两种失业。对此，当代西方经济学家又提出了一项新的理

---

[1] 郭庆松，马道双：《国外失业理论述评》，《国外社会科学》，1998年第1期。

论，称为人力政策理论。其目的是使劳动者与就业机会更相适应，从而降低失业水平。人力政策包括以下三方面内容：①提供职业训练。政府举办或鼓励举办各种学校，加强对工人的教育和训练，使他们能够适应技术要求更高的工作。②提供就业信息。政府建立各种就业服务机构，向失业工人提供就业机会的信息，资助他们搬迁，加快劳动力的流动。③反对就业歧视、种族歧视、宗教歧视和性别歧视，政府要通过立法的手段逐步消除这些歧视。

（六）基于便利就业的公共就业服务理论

公共就业服务的基本目标在于便利就业过程，改善劳动力市场的组织和活动，最终使全部劳动力资源得到更有效的利用。就业过程包括劳动者寻找职位、和雇主雇佣两方面，公共就业服务则充当劳动力和雇主相互联系的媒介。具体的方法有五个方面：找职业服务；就业咨询；对特殊劳动力提供就业帮助；收集、研究和发布劳动力市场信息；为劳动需求方雇主服务。

（七）基于消除福利政策负效应的理论

一些经济学家如哈佛大学的马丁·费尔德斯坦认为，降低失业率还要在下述几项政策上进行调整：降低最低工资规定；改进失业保险金制度；减少在福利、残疾人和社会保险方案中不利于工作积极性的因素。

西方失业理论门派林立，除了上述介绍的之外，还有卢卡斯理性预期学派的失业理论、新凯恩斯主义的黏性工资理论、职业搜寻和匹配理论等。其中，新凯恩斯主义的黏性工资理论可分为名义工资黏性论和实际工资黏性论，实际工资黏性的代表性理论又包括：效率工资理论、隐含合同论、内部人—外部人理论和失业的回滞理论等，在此就不一一介绍了。

三、西方国家促进劳动就业的政策措施

（一）通过政府的政策措施影响劳动就业

各国政府的就业政策措施主要包括以下几方面：①利用公共支出的增减来影响劳动就业，是各国政府调控就业总量的常用方法，其决定依据于经济运行给就业所带来的正负效应，其具体做法是利用政府的年度预算来调整劳动力供求的失衡。例如，瑞典等国建立的"公共准备金制度"就是一种新的尝试，即在经济景气与衰退时分别运用公共准备金，增减公共支出。②平衡企业投资，可防止经济过热和衰退，政府也能以此实现就业状况的总体控制。为了控制因企业的投资行为而给就业造成的影响，政府往往并用或变换各种政策，如税收、金融和补贴政策，甚至必要时采用许可证等直接管制措施（如针对建筑业）。③刺激社会消

费，促使就业的扩大。当社会消费不足，导致大量产品滞销积压，从而影响到就业的正常秩序时，各国政府都会调整货币信贷、税收和国民收入分配以增加就业。④调整保障政策，推进再就业的实现。例如，日本两年前已将"失业保障"改为"就业保障"，即从以往的救济失业为主转向促进再就业为主，虽仅一字之差，但保障政策的指导思想已发生根本变化。为了推进再就业，许多欧美国家还适度减少失业救济金，以提高失业者的就业意愿。阿根廷还实施了新的保险金发放办法，即失业 4 个月内给付 100%，5～8 个月为 85%，9～10 个月为 70%，11～12 个月减为 55%，以促进失业人员尽快寻找新职业。⑤转换外贸策略，扩大出口、吸引外资，举办多国合资企业，创造就业机会。考虑到外贸政策的选择会对本国就业产生影响，有些国家政府就采取由劳动部门与外贸部门共同参与外贸决策的做法，也就是使外贸政策（或策略）的决定能与本国就业状况挂钩。美国劳工部、商务部和农业部坚持联手合作，适时根据就业状况的变化而改变外贸策略便是一例，其中进口产品对本国就业的影响度的测算，以及本国企业因进口增加而受损害的核查，都是转换外贸策略的依据，一旦得出影响就业的结论，便迅速做出限制进口的决定（如采用配额制或加税）。有些国家和地区通过外贸政策的转换，直接获得了增加就业机会的效果，如韩国和中国台湾就将原来的进口替代政策转向出口导向政策，从而仅在 20 世纪 70 年代就分别使国内或地区内的就业率提高了 12% 和 10%。

（二）积极创造就业岗位，拓宽就业渠道

挖掘企业潜力，鼓励企业扩大雇用。如对雇用长期失业者的企业提供资助，或减免企业为其所承担的社会保险费用等。英国政府规定：企业每雇用一名长期失业者，最初 26 周每周可补助 60 英镑，其后 26 周可补助 30 英镑。日本建立了"雇用开发资助金"、"中小企业改善就业环境特别奖金"等制度，鼓励企业扩大雇用。

（三）通过强化职业培训来优化就业质量

具体措施包括：①政府为再就业培训制定法律，提供保障资金。德国政府在 1969 年 7 月颁布了新的《劳动促进法》，把职业教育放在首位。美国早在十几年前就注重再就业培训，克林顿总统提出了《美国再就业法案》，使被解雇的工人得到他们所需的有效培训。美国政府每年向就业培训计划拨款近 70 亿美元，通过劳工部所属的就业培训局根据有关计划向各州发放，各州和企业也提供必要的资金对失业工人进行培训。目前法国、德国、英国每年用于职业培训经费分别为 170 亿法郎、80 亿马克和 30 亿英镑。②广泛推行"职业资格证书制度"。如德国劳动部门，对经培训而获得职业资格证书的失业人员，保证给予协助，使其尽快找到较为理想的工作。英国为推行职业资格证书制度，还以法律形式规定企业新录用的人员，必须持有职业资格证书上岗，否则必须另经 1 年以上的专业培训，获得资格证书后才能被录用。③职业培训与保障待遇紧密挂钩。英国为了鼓励失业人员参加再就业培训，对参加受训的失业人员发给一笔旅行补助和训练补贴，而对受训后取得资格证书的人员，可按资格等级分别增发失业救济金。④培训机构与企业、劳工部门合作，依靠各方共同发展职业培训事业。在这方面，共同分担培训经费便是一例。如新加坡的"政府拨款、企业赞助"方式，德国的"根据培训性质（转业、再就业、在职等培训）分别负担"方式，以及以色列的"由承办者主要负担"的方式（政府开办、政府委托社会开办、社会自办等）。此外，职业培训"基金化"目前甚为流行，如新加坡的"新技能发展基金"、日本的"雇佣调整培训资助基金"，以及澳大利亚的"青年培训基金"等。而这些基金也分别来自政府、企业和社会各方。⑤培训方式多种多样。各国的培训机构根据培训需要和对象确定培训方式，有讲课指导型、专题讨论会、班组培训等，还有全日制、夜间制、部分时间制、工读交替制及函授教育等。

（四）奖励企业吸纳人员就业，增加劳动力需求

日本强调对创造就业机会的企业给予资助，针对不同情况分设各种特别奖金，如以刺激不景气地区努力创造就业机会为目的的"地区雇用特别奖金"、以因招聘新职工而缩短工时的企业为奖励对象的"促进企业雇用特别奖金"，以及主要以中小企业为对象的"改善就业环境特别奖金"等。上述奖金的金额和奖励率逐年提高，并按创造就业机会的绩效分列不同等级。

而比利时则对增加就业岗位的企业，给予减免社会保险费和适当减少雇主对工人某些义务的优惠，以提高雇主雇用工人的积极性。比利时政府规定，长期雇用 25 岁以下失业人员的企业，雇主可为雇员免交 2/3 的社会保险费。

芬兰、荷兰、瑞典和德国更对扩大就业的企业，普遍实施"就业补贴"制度。芬兰、荷兰、瑞典三国规定企业每雇用一个长期失业人员，可以获得 3000美元以上的就业补贴。德国则规定，为职业培训结业人员提供新工作岗位的企业，可以按录用人数分别获得 12 个月的"熟悉工作补贴"。

（五）缩短劳动时间，缓解失业压力

实际上这是一种分享就业机会的思路，是西方经济发达国家为解决失业问题而普遍采取的措施，如缩短工时，非全日制工作，提前退休及提倡非正规就业（小时工、临时工、季节工、自由职业等），以增加就业岗位。法国经济学家博

士联合会在 20 世纪 90 年代初的研究报告认为，企业如能平均削减工时 20% 左右，即实行每周 32 小时工作制，那么仅法国就能创造 150 万个工作岗位，相应措施是国家减免 10% 的企业社会保障支出或部分税收，以弥补其经营缺额。这种理论和想法目前在欧美非常盛行，下列四国的做法就具有一定的代表性：①加拿大已在部分地区试行，将每周五日工作制再缩短 1～2 天，并相应减少工资，其工资收入的损失，由政府机构"就业与移民办公室"予以部分补偿，按日工资 60% 给付。但是，前提条件是劳资双方要自愿，并且接受补偿的职工必须接受再培训，企业为这些职工开办职业再培训班，可获政府补贴。②德国主要通过劳动就业市场的"弹性化"和所谓的"工作分享"，谋求就业总量的增加。劳动就业市场"弹性化"的内容是：减少工作时间，设置部分时间工作岗位，劳动就业组织形式多样化，以及减少对企业在用工方面的限制（如最低工资限制、最低工时限制和解聘职工的限制）。"工作分享"就是职工减少工时的 20%，而工资仅减少 10%（即所谓"大众"模式），政府有关部门再给企业适当补贴。③丹麦近 3 年来，在全国范围内推广实施所谓的"替换工作计划"，允许职工休假 1 年，去享受家庭生活或进修学习，1 年到期后再回到原岗位。在此期间则由长期失业者代替工作，使其得到一个工作机会。此计划实施以来，已有近 10 万人受惠。因休假而失去工资收入的职工，如能进修学习，每月便可获 435 美元的补贴（相当于失业津贴的最高额度）；照顾家庭或去度假的职工，则只能获得上述补贴金额的 70%。④瑞典从 1976 年起，一直在实行逐步提前退休的"在职养老金制度"。瑞典法定退休年龄是 65 岁，为了使职工能逐步提前退休让出工作岗位，60 岁以后逐年减少工作量和工资，同时提前享用养老金递补差额。养老金递补额逐年增加，直到 65 岁完全没有工资收入时，再发放全额养老金。

（六）提供广泛的就业服务，加快劳动力供求双方的结合速度

这些服务主要有：①管理机构网络化。英国自上设有国家就业部及其下属的就业总署中有 12 个地区局，下有 78 个基层管理机构及其下属的 1100 多个职业介绍所，从而形成了一个庞大的就业服务网络。日本不仅有阶梯式的服务网络，而且职责也相当分明。日本在劳动省属下设有职业安定局，各地设职业安定课，基层设职业安定所。三个层次三种职责，安定局负责政策实施和统筹管理；安定课负责地区就业安排、失业保险和职业培训。安定所则主要负责信息咨询、就业介绍等。②供求信息服务化。日本各地区都有职业安定课牵头设计出版的"就业信息指南"出售，内容包括供求双方信息，每半月一册，经费主要来自企业招工广告费和低额售书款。地区内要求招工的单位、地址、报酬、电话、联系人、要

求，以及供方条件、要求等，都在其列，十分详尽，该指南出版十余年不断，深受供求双方欢迎。③就业培训对口化。就业服务中的职业再培训，关键在于对口培训。德国采取供求对口培训后，其失业人员就业率迅速上升。

（七）改革失业保险制度，由消极救济变为积极促进就业

西方各国尤其欧盟国家因失业保险制度健全，失业津贴和救济水平偏高，支付期较长，致使部分失业者不愿积极找工作，造成养懒汉的现象。因此西方各国政府对失业保险制度进行了改革：严格领取条件、缩短救济时间、降低津贴金额，用压缩下来的失业保险经费建立具有促进再就业的各种津贴，从简单地保护失业者转为促进他们再就业。如法国采取了多项政策措施把失业津贴用于促进就业：①设立转业安置津贴。因经济裁员失业而要求 6 个月内再就业者，可不领失业津贴，由失业保险管理机构发给转业安置津贴，相当于原工资的80%。如 6 个月后仍未找到工作，须进行失业登记，转领失业津贴。②设立再安置培训津贴。开始领取失业津贴而要求转岗培训失业者，经就业中心安排参加培训。从培训之日起领取的失业津贴水平保持不递减，最长培训期可延至 3 年。这对失业者既可通过培训提高技能，又使自己的津贴相对稳定。③签订失业保险合作公约。对已领取失业津贴达 8 个月的失业者可参加公约，与雇主签订一份劳动合同即被雇用。雇主从失业保险机构领取应付的失业津贴，用作支付部分工资，保证 6 个月内不解雇这名职工，最长优惠期为 12 个月。④设立就业津贴。如失业者在领取失业津贴期间愿意接受一份比原工作待遇差的工作，同时继续寻找更合适的岗位，可继续领取失业津贴。但在这临时工作期间，每月工时不超过 136 小时，工资不超过原工资的70%，最长期限为 18 个月。

第三节　我国的失业状况及就业形势

对于任何一个政府来说，保持经济增长和实现充分就业是其宏观调控的两大基本目标。但是在中国，目前这两大目标却成了尖锐的矛盾。我国是一个发展中大国，截至 2015 年末，16 周岁至 60 周岁（不含 60 周岁）的劳动年龄人口为9.1 亿，尽管已连续 4 年下降，但就业人口依然庞大。据测算，今后一段时期，每年需要就业的城镇劳动力超过 2400 万人，而经济在正常增长条件下，就业岗位每年只能安排 1200 万个左右，劳动力供大于求的矛盾相当突出。可以预期，

经济步入新常态，再加上"去产能"和智能制造的深入推进，我国未来几年所面临的就业压力是空前巨大的。

一、我国的失业状况

（一）失业率依然处在较高水平

目前，我国衡量失业的指标有两种，分别为城镇登记失业率和调查失业率。城镇登记失业率是指城镇登记失业人数占城镇从业人数与城镇登记失业人数之和的比率；调查失业率是指调查失业人数与调查从业人数和调查失业人数之和的比例。国家统计局采用调查失业率的方法进行统计，而人力资源与社会保障部公布的则是城镇登记失业率。从1992年以来，我国的城镇登记失业率一直呈上升趋势，当前我国的失业率水平还比较高。数据显示，我国近年登记的失业率一直维持在4%左右，如图7-1所示。2016年1月，我国调查失业率统计范围从31个大中城市扩大为全国所有地级市，数据显示，调查失业率为4.99%。这一数据接近经济学家通常认可的5%的失业率警戒水平。另外，国际机构和许多专家认为，我国实际失业率可能要远远高于4.99%水平。据国内有关研究机构和世界银行估计，中国城镇实际失业率在8%~10%。这可能与我国当前的失业率统计制度有关。在统计城市登记失业率时，分子是登记的失业人数，分母是从业的人数与登记失业人数之和。在城镇单位从业人员中，不包括使用的农村劳动力、聘用的离退休人员、港澳台及外方人员；城镇登记失业人员是指有非农业户口，在一定的劳动年龄内（16岁以上及男50岁以下、女45岁以下）有劳动能力，无业而要求就业，并在当地就业服务机构进行求职登记的人员。这个城镇登记失业率不仅把近两亿农民工排除在外，而且也把毕业学生与待业人员，退休但仍然在工作或希望工作的排除在外，导致难以真实地反映城镇失业状况。

（二）农民工非正式就业还非常普遍

非正式就业是指具有非正式的雇用关系（自雇、无合同、无规范有效合同、临时雇用、随意决定工资等）、未进入政府征税和监管体系、就业性质和效果处于低层次和边缘地位的劳动就业。农民工的非正式就业特点主要表现在临时雇用、未签订劳动合同、在非正规部门就业、无社会保障等。许多学者认为，我国劳动力市场已经接近"刘易斯转折点"，农村剩余劳动力并不多。按照张兴华的估计，2011年，全国农业劳动力供给量为17877万人，全国农业劳动力需求量为17025万人，因此，农业剩余劳动力数量为852万人，2011年农村劳动力剩余的比例为2.1%。尽管如此，大多数农民工在城镇工作具有非正式就业特点。2011年，

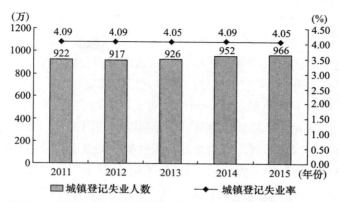

图 7 - 1 　2011 ~ 2015 年城镇登记失业人数及城镇登记失业率①

我国农村劳动力共有 40506 万人，其中，外出就业 15863 万人，这些外出农民工平均在外从业时间是 9.8 个月。另外，还有 24643 万人未外出，比农业劳动力需求量多出 7618 万人，这些未外出者的就业状况可以分为以下四种情况：一是在本地从事非农产业；二是兼业（兼营非农产业和农业）；三是务农；四是处于剩余状态②。上述数据可以判断，我国农村劳动力的非正式就业人口是非常巨大的。

（三）大学毕业生成为新的失业群体

根据麦可思《2012 年中国大学生就业报告》的数据，在 2011 年毕业的大学生中，有近 57 万人处于失业状态，10 多万人选择"啃老"，2011 届全国大学毕业生总体失业率为 9.8%。2011 届本科毕业生半年后就业率最高的专业门类是工学（92.5%），最低的是法学（86.8%）；高职高专毕业生半年后就业率最高的专业门类是生化与药品大类（92.5%），最低的是艺术设计传媒大类（83.2%）。生物科学与工程成为 2011 届本科失业率最高的专业（14.9%），高职高专失业率最高的为应用韩语（18.6%）。近些年来，大学生就业状况持续改善，但失业率还处在高位徘徊。麦可思《2015 年中国大学生就业报告》显示，2014 届大学生毕业半年后的失业率为 7.9%，比 2010 届下降了 2.5%。其中，本科院校 2014 届毕业生失业率为 7.4%，比 2010 届下降了 1.4%；高职高专院校 2014 届毕业生失业率为 8.5%，比 2010 届下降了 3.4%。值得注意的是，未就业大学毕业生并不意味着"毕业即失业"，因为有些人可能并不把找工作视为当下的目标，这种未就业群体包括准备考研、出国读研、还在找工作和不打算求职、求学四种类型大

---

① 图表来自人社部发布的《2015 年度人力社保发展统计公报》。

② 张兴华：《中国农村剩余劳动力的重新估算》，http://www.zgxcfx.com/Article/61546.html。

学生。

（四）部分资源型和去产能任务较重地区失业率相对较高

以东北地区为例，2015 年上半年，东北地区的省会城市平均失业率在 7% 左右，比全国平均水平高 2% 左右。这固然与人们的就业观念有关，更与其经济结构比较单一，偏重于资源型、装备制造型有关。2010 年以来，受国内外市场需求明显下降、国际大宗商品价格持续下跌等影响，我国部分行业产能过剩矛盾凸显，企业生产经营困难加剧，亟须通过化解过剩产能推动行业结构优化、脱困升级。受去产能政策的影响，传统制造业用工需求明显下降，且无法被新型产业用工需求的增长所弥补，造成失业总量增加，失业人数达到高位。为此，2016 年政府工作报告提出，为了解决去产能导致的失业问题，中央政府决定设立工业企业结构调整专项奖补资金，资金的规模两年为 1000 亿元，用于解决职工安置问题，职工的转岗、技能培训等方面的问题。

二、造成我国失业的主要原因

从马克思失业理论角度看，造成我国当前失业的主要原因有：绝大部分企业在《劳动法》规定的用工时间的约束下，不断追求最大利润，从而在社会整体层面，广泛存在相对剩余价值生产；当代中国的失业问题是伴随着产业结构调整及以产权改革为主要形式的社会资本结构调整而形成的；即使在《劳动法》规定的工作时间内，非公企业乃至一些公有制企业也能通过定额加大、要求过高的方式，形成对单个劳动力创造的剩余价值进行扩大内涵式的获取；当代中国具有的流动形式、潜在形式、停滞形式的相对过剩人口仍然存在；当代中国高新技术的不断采用、高新技术产业不断地扩大，使得传统产业不断地缩小，从而游离出了大量传统产业的下岗工人、失地农民等过剩人口；当代中国的社会分工不断深化，对劳动者的专业技能要求更高，在充满不确定性的市场条件下，容易造成大量难以调整技能结构、因而再就业困难的失业群体[1]。

从西方失业理论看，主要原因有以下几方面：一是城乡二元经济结构造成的农村失业。二元经济结构是指发展中国家现代化的工业和技术落后的传统农业同时并存的经济结构。城市经济以现代化的大工业生产为主，而农村经济以典型的小农经济为主，这是我国典型的城乡二元经济结构，相对于城市，农村剩余人口众多。二是经济增长率下降造成失业。尽管奥肯定律是否能够解释中国经济增长

---

① 蒋南平等：《马克思失业理论与西方主流失业理论：当代中国失业问题的解读》，《经济学家》，2009 年第 1 期。

率与失业率的关系，但在经济新常态下，我国经济增长将从高速转向中高速，确实增加了失业压力。三是经济结构调整造成的失业。在经济结构快速调整时，新产业不断涌现，老产业不断被淘汰，一方面在新兴产业、采用新技术的领域、新的经济成分中不断创造新的工作岗位；另一方面在传统产业、采用旧技术的领域、旧的经济成分中不断摧毁大量旧的工作岗位。当摧毁旧工作岗位的规模和速度远远超过创造新工作岗位的规模和速度时就引发了大规模、突发性的失业。另外，智能制造等革命性的技术进步又加剧了结构性失业，结构变动较快时期正是失业率高峰期。现代历史表明，技术进步并不在所有部门和企业产生相同的劳动生产率增长率。它是在摧毁旧的工作岗位的同时创造新的工作岗位；一方面由于广泛采用节省劳动（Labor－saving）型技术而减少工作岗位；另一方面劳动生产率增长又通过刺激需求增长产生了新的工作岗位，这种需求效应往往通过跨企业或跨部门之间的互补性（Complementarities）得以实现。Davis 和 Haltiwanger（1992）研究表明，较高的失业率时期通常出现在较高的工作转换（Job Turnover）时期。由于技术进步引起的劳动生产率增长过程基本上是一个劳动力的重新分配过程。关键问题是由于技术进步所摧毁的旧工作岗位是否多于或少于它所创造的新工作岗位。通常，新技术嵌套在新设备和新工厂之中。失业是由于工人从旧技术嵌套在旧工厂向新技术嵌套在新工厂的流动和转移现象。由于这种转换需要花费时间成本与培训成本，失业率在结构转换过程中出现上升趋势。工人并不暂时性地下岗，期待回岗，而是永久性地离岗，直至转移到新的工作岗位上去。技术进步速度愈快，产业结构和产品结构变化率就愈快，含有传统的旧技术的工厂与部门在市场中的竞争力就愈差，下岗职工人数就愈多，这种直接创造毁灭（Direct Creative Destruction）效应引起的失业率水平就愈高。按照上述分析，我国目前的失业类型主要是农村剩余劳动力失业、国有企业的隐性失业转化为显性失业、结构性失业问题、周期性失业等。

三、我国的失业治理及就业政策

我国失业治理的基本内容不外乎两个方面：保障生活和促进就业。因此，就出现了失业治理的近期目标和长远目标的两难选择。近期目标和长远目标的两难选择根源在于对失业治理基本内容的两难选择上。一方面，要花费太大的精力、财力、物力用于保障当前存在的失业人口的基本生活，可能会影响促进就业或再就业工程的顺利开展；另一方面，将主要着眼点放在促进失业人口的再就业上，可能会在一定程度上影响对当前失业人口基本生活的考虑或兼顾。显然，这种两难选择与当代中国的经济发展水平不高，且用于解决失业的财力有限以及没有现成的经验密切相关。

（一）我国的失业保险制度

我国失业的治理只有处理好效率与公平、就业与经济增长、近期目标与长远目标等几个问题，才是行之有效的。当代中国失业所具有的特点决定了其治理实质上是一个制度创新过程，这其中主要包括失业保险制度和就业、再就业制度的创新过程。可以说，建立和完善失业保险制度是当代中国失业治理的首要措施，因为任何有效的失业治理措施都不可能完全消灭失业，而唯有完善的失业保险制度才能保证失业人口基本生活的需要，尤其是对于像我国这样失业保险制度几乎从零开始且又处于初步的市场经济条件下的国家来说更应如此。同时，失业保险制度的建设也是当代中国失业治理的战略措施，因为它一方面可以从总体上为失业人口提供基本的生活保障，另一方面也是中国市场经济发展的客观要求，可以对市场经济的发展和劳动就业制度的改革起到保驾护航的作用。而失业人口的就业和再就业制度建设则是当代中国城镇失业治理的战术措施，因为它主要为失业人口的就业和再就业提供具体的途径和促进手段。

1. 失业保险制度改革的进展

我国的失业保险制度建立于 1986 年。1986 年 7 月 12 日国务院颁发了《国营企业职工待业保险暂行规定》，标志着我国失业保险的建立，它确定保险覆盖的范围是宣告破产企业的职工，濒临破产企业法定整顿期间被精减的职工，企业停止、解除劳动合同的工人和企业辞退的职工；并规定了资金的筹集和管理模式及领取救济金的资格条件限制和待遇水平。1993 年 5 月国务院颁发了《国有企业职工待业保险规定》，对 1986 年的"暂行规定"做了补充和完善，把覆盖面扩大到所有国有企业的职工。但是，我国的失业保险还面临着严重困难的局面，承受着巨大的压力。特别是，由于大批职工下岗，国有企业下岗职工生活保障及再就业问题已引起了社会各界的关注。为此，1998 年 5 月，党中央、国务院召开了国有企业下岗职工基本生活保障和再就业工作会议，随后，中共中央、国务院又下发了《关于做好国有企业下岗职工基本生活保障和再就业工作的通知》（以下简称《通知》）。此《通知》要求，各地要自下而上地建立再就业服务中心，凡是有下岗职工的国有企业都要建立此机构。再就业服务中心要负责为本企业下岗职工发放基本生活费和代下岗职工缴纳养老、医疗、失业等社会保险费用。再就业服务中心用于保障下岗职工基本生活和缴纳费用的资金来源，原则上采取"三三制"的办法解决，即财政预算安排 1/3，企业负担 1/3，社会筹集（包括从失业保险基金中调剂）1/3。

1999 年 1 月 22 日，《失业保险条例》（以下简称《条例》）由国务院正式公布并开始实施，标志着我国失业保险制度的改革进入了一个新的发展阶段，成为我国现行失业保险制度的主要形式。该《条例》将享受失业保险的覆盖范围从原来的只针对国有企业职工进一步扩大到城镇集体企业、城镇私营企业、外商投资企业以及其他城镇企业，基本包含了城镇全部职工。根据《条例》规定，失业保险基金的构成是：城镇企事业单位及其职工缴纳的失业保险费、失业保险基金的利息、财政补贴以及依法纳入失业保险基金的其他资金。该《条例》适当提高了失业保险基金的缴费率。城镇企业单位的缴费率为应缴失业保险费基数的 2%，事业单位为 1%，企业职工个人缴费为本人应缴失业保险费基数的 1%，事业单位职工为 0.5%。《条例》规定失业基金由下列各项构成：城镇企业事业单位、城镇企业事业单位职工缴纳的失业保险费；失业保险基金的利息；财政补贴；依法纳入失业保险基金的其他资金。这样，失业保险真正地变成了社会保险，其资金由国家、单位和个人三方承担。《条例》提高了失业保险基金统筹层次，规定失业保险基金在直辖市和设区的市实现全市统筹，其他地区的统筹层次由省、市人民政府规定，但要建立省级失业保险调节基金。失业保险调节基金按照省、自治区规定的比例，从本行政区内各统筹地区的失业保险基金中筹集。统筹地区的失业保险基金不够使用时，由省、自治区政府根据实际情况，统筹安排，先由失业保险调节基金补充，后由地方财政补贴。《条例》规定的失业保险金的发放期限是：失业人员失业前所在单位和本人按照规定累计缴费时间满 1 年但不足 5 年的，领取失业保险金的期限最长为 12 个月；累计缴费时间满 5 年但不足 10 年的，领取失业保险金的期限最长为 18 个月；累计缴费时间 10 年以上的，领取失业保险金的期限最长为 24 个月。重新就业以后再次失业的，缴费时间重新计算，领取失业保险金的期限可以与前次失业应领取而尚未领取的失业保险金的期限合并计算，但最长不得超过 24 个月。失业保险金的具体发放标准由省、直辖市、自治区人民政府决定，但是要高于当地城镇居民最低生活保障标准、低于当地最低工资标准。《条例》加强了对失业保险基金的管理，建立严格的劳动、财政、银行三家相互监督制约的机制，失业保险费由劳动保障行政部门设立的社会保险机构征收，存入财政部门在国有银行设立的社会保障基金财政账户，实行收支两条线管理，由财政部门依法进行监督。

2. 完善失业保险制度的思路

失业保险制度实施以来，大大促进了经济发展和生产效率的提高。但是，随着进入经济新常态，失业人口呈现多元化趋势，包括以企业下岗职工为主体的"老失业群体"、城镇化进程的失业农民工、高校扩招带来大量的大学毕业生就业困难等情形说明，失业保险制度亟待适应形势变化，要有效发挥其促进就业和预防失业的调控功能。为此，党的十八大报告提出，要增强失业保险对促进就业的作用。失业保险具有保障失业人员基本生活、预防失业和促进就业三大功能。要进一步完善失业保险预防失业、促进就业的政策体系，通过实行失业保险基金支付岗位补贴、社会保险补贴、培训补贴和就业补贴等政策，鼓励企业稳定就业岗位、吸纳失业人员就业，构建稳定就业的长效机制，切实增强失业保险对促进就业的作用。① 下面介绍徐玉明等对完善失业保险制度所作的思考。②

（1）制定统一的失业保险政策，扩大失业保险覆盖面。一是完善农民工参保待遇问题。加强制定和完善保护农民工平等就业的法律法规，消除对农民工就业的歧视性规定，在农民工参加失业保险时，实行自愿性原则、同等权利和义务原则以及待遇计发办法差别原则，使农民工在就业服务方面享受与城镇企事业单位职工同等的"国民待遇"。二是明确机关、团体、事业单位不适用《公务员法》管理的人员参保问题。此类人员与社会上其他劳动者一样也存在失业问题，应纳入参保范围，享受同等参保待遇。

（2）加强与就业政策衔接，发挥失业保险促进再就业的功能。一是积极做好职业培训和职业介绍工作，调整失业保险基金支出结构。针对失业人员的实际情况，重点做好再就业前的转岗培训，充分利用失业保险基金促进就业的作用，进一步提高培训和介绍经费的使用效率，促进就业，减少失业。二是建立补贴标准浮动机制，强化失业人员职业培训和职业介绍补贴标准两项补贴的范围和标准。三是增加失业保险基金用于稳定就业和预防失业的支出。

（3）建立联动机制，强化社会保障制度的系统功能。一是建立失业保险、低保、养老等保障制度与促进就业的联动机制。对接近退休年龄的长期失业者，应建立弹性退休年龄制度，可以根据工龄、年龄及参加社会保障的情况，适当延长失业保险待遇期限，或者提前进入退休状态，但其退休待遇将适当降低，以鼓励其回归劳动力市场。对于工作年龄的失业人员，则应通过严格申领条件、调整失业保险给付待遇期限和强化对申领人员积极求职就业的外部约束，改变失业人员对失业保险的过度依赖。在公益性岗位收入与最低生活保障和失业保险金之间

① 《新思想·新观点·新举措》编写组：《实施就业优先战略和更加积极的就业政策》，《新思想·新观点·新举措》，学习出版社、红旗出版社2012年版。

② 徐玉明，王振：《完善失业保险制度新探》，《中国人力资源社会保障》，2012年第3期。

适当拉开差距，避免失业人员乐于"吃低保"而不愿接受公益岗位就业的现象。二是考虑失业保险与其他社会保险等制度的衔接问题。应当明确失业保险制度在社会保障制度体系中的地位与功能，处理好与其他社会保障制度的衔接互补关系，如失业保险金与社会救济金、领取失业保险金期间的医疗补助金和基本医疗保险金之间，存在一定的交替、交叉关系，需要明确界限，避免不符合规定的重复使用。

（4）提高统筹层次，完善失业保险关系迁转。一是进一步完善失业保险市级统筹。指导尚未实施市级统筹的通过试行市县（区）间基金统筹使用的方式，提高基金使用效率，为下一步实施市级统筹积累经验。同时，进一步完善省级调剂金制度，调剂帮扶统筹地区应对突发性支付危机。二是解决流动参保人员失业保险关系转移难的问题。此部分流动人员主要以农民工和大学生为主，他们由过去的户籍地领取转变为参保人可在户籍地与原用人单位所在地间自由选择领取，并相应简化参保关系和资金转移程序，满足异地就业的劳动者失业后重新就业的需求。

（5）适当调整现行政策规定，改进失业保险金的给付标准和给付方式。在失业保险金标准方面，可适当提高失业金给付标准，提高失业保险金对工资的替代率，进而增加保障力度。在失业保险金计发办法方面，可采取累退递减发放方式，缩短最长领取期限，将领取时限与失业保险金发放标准挂钩，时间越长，标准越低。在用人单位补偿方面，明确单位违规补偿责任，对拒不参保以及不出具相关手续且导致失业人员无法申领失业保险待遇的，由用人单位承担补偿责任，确保失业人员得到有效保障。

（二）实施积极的就业政策

当前及今后一个时期，我国的就业形势依然十分严峻，就业任务依然十分艰巨。为切实解决好就业这个重大民生问题，党的十八大报告明确提出，要实施就业优先战略和更加积极的就业政策，推动实现更高质量的就业。

第一，正确认识新的就业方针。党的十八大报告在坚持劳动者自主就业、市场调节就业、政府促进就业的基础上，第一次将鼓励创业纳入就业方针，并强调引导劳动者转变就业观念，鼓励多渠道多形式就业，促进创业带动就业。新的就业方针明确了劳动者、市场、政府在促进就业中应发挥的作用。自主就业体现了劳动者在就业中的主体地位和自主选择就业的权利；市场机制在人力资源配置中发挥基础性作用，是调节就业的基础平台；政府则通过制定就业扶持政策、提供公共就业服务，发挥促进就业的作用；创业带动就业效果显著，需要采取鼓励创业的财税金融等扶持政策，加强创业培训和服务。

第二，认真贯彻落实促进就业的重大政策措施。在党的十八大报告中，明确提出实施就业优先战略和更加积极的就业政策。实施就业优先战略，就是要把促进就业作为社会经济发展的优先目标，放在社会经济发展的优先位置，更加注重选择有利于扩大就业的社会经济发展战略，强化政府促进就业的责任。落实更加积极的就业政策，就是要根据就业形势和就业工作重点的变化，及时充实和完善各项就业政策，加强就业政策与产业、贸易、财政、税收、金融等政策措施的协调，加大公共财政对促进就业的资金投入，完善财税金融扶持政策，着力扶持发展吸纳就业能力强的现代服务业、战略性新兴产业、劳动密集型企业和小型微型企业。

第三，加强对重点群体就业的扶持。党的十八大报告提出，做好以高校毕业生为重点的青年就业工作和农村转移劳动力、城镇困难人员、退役军人就业工作。这是今后一个时期就业工作的重点任务。继续将高校毕业生就业放在就业工作首位，畅通高校毕业生在不同地区、不同单位、不同行业之间的职业通道，积极开发适合高校毕业生的就业岗位，强化对高校毕业生的就业服务，改革高等教育制度和人才培养模式改革，做好以高校毕业生为重点的青年就业工作。坚持城乡统筹，健全城乡劳动者平等就业制度，完善职业培训、就业服务、劳动维权"三位一体"的工作机制，引导农村劳动力有序进城就业、鼓励就地就近就业、支持返乡创业，做好农村转移劳动力就业工作。健全对就业困难人员的援助制度，完善各项就业援助政策，形成援助困难人员和零就业家庭就业的长效机制，做好城镇困难人员就业工作。开展有针对性的职业技能培训，提供及时有效的职业介绍、就业指导、岗位信息等公共就业服务，落实就业创业扶持政策，促进退役军人尽快实现就业。

第四，加强职业技能培训。为了不断适应新的职业变化，增强就业稳定性，需加强职业技能培训，注重提升劳动者就业创业能力。需健全面向全体劳动者的职业培训制度，切实落实职业培训补贴制度，充分发挥企业在技能培训中的主体作用，开展岗前培训、在岗培训、订单式定向培训等多种形式的职业培训，增强培训的针对性和有效性。

第五，健全人力资源市场和就业服务体系。党的十八大报告提出，要健全人力资源市场，完善就业服务体系。加快统筹城乡人力资源市场和公共就业服务体系建设，是城乡一体化和就业方式多样化发展的必然要求。要发挥市场机制在配置人力资源中的基础性作用，加快统一规范灵活的人力资源市场建设，完善城乡劳动者平等就业制度，健全人力资源市场监管体系，发展人力资源服务业。要健全完善覆盖城乡的公共就业服务体系，加快以基层公共服务平台为重点的公共就业服务机构建设，建立全国就业信息网络。①

[小结]

　　失业与就业已经成为当今世界各匡普遍关心的经济问题和社会问题，许多国家都将控制失业规模和提高就业率作为政府宏观调控的重要政策目标。

　　研究失业和就业就必然要对失业和就业进行测度。西方的失业理论包括古典学派的自愿失业理论、凯恩斯学派的"有效需求不足"的失业理论、新古典综合学派的"结构性失业"理论、货币学派的"自然失业率"理论、新凯恩斯主义的工资黏性理论；就业理论则包括传统的就业理论（就业自动均衡论、均衡工资就业理论、有效需求充足就业论和就业周期波动论）、凯恩斯主义的就业理论、现代西方的就业理论（货币主义学派的就业理论、理性预期学派的就业观点和供给学派的就业理论）。

　　根据这些理论，相应地有了促进劳动就业的有关政策与具体措施，包括：通过政府的政策措施影响劳动就业；积极创造就业岗位，拓宽就业渠道；通过强化职业培训来优化就业质量；奖励企业吸纳人员就业，增加劳动力需求；缩短劳动时间，缓解失业压力；提供广泛的就业服务，加快劳动力供求双方的结合速度；改革失业保险制度，由消极救济变为积极促进就业。

[思考题]

　　1. 你认为我国对失业和就业的定义是否需要进行修正？如何修正？

　　2. 请你对西方各种失业和就业理论做自己的评述。

　　3. 你认为西方国家采取的各项促进劳动就业的政策措施对我们国家有什么样的借鉴意义？

　　4. 举例说明你对我国失业现状和根源的认识。

　　5. 你对我国的失业治理有哪些新的思考？

　　① 《新思想·新观点·新举措》编写组：《实施就业优先战略和更加积极的就业政策》，《新思想·新观点·新举措》，学习出版社、红旗出版社2012年版。

第八章　人口控制与人口老龄化

[内容提要] 介绍适度人口论和人口转变理论，分析人口增长对自然资源、环境和经济发展的影响以及人口老龄化带来的社会经济问题，探讨实现社会经济可持续发展的人口控制对策及中国养老保险制度的建立和完善。

人口增长过快将对自然资源、环境和经济发展产生负面影响，中国尽管在人口控制方面取得骄人成绩，但人口数量控制、人的素质提高问题依然突出，特别是随着人口转变的成功实现，人口老龄化问题日益显现。应该说，人口问题已成为关系中国能否全面建成小康社会的重要战略问题。

第一节　人口控制与可持续发展

2000 年 12 月 19 日，中国政府颁布的《中国 20 世纪人口与发展》白皮书指出："实行计划生育以来，全国累计少出生 3 亿多人，为国家和社会节约了大量的抚养成本，缓解了人口过多对资源和环境的压力，促进了经济发展和人民生活水平的提高。"21 世纪前 20 年，是中国全面建成小康社会的 20 年，要实现这一伟大目标，人口控制依然是重要的战略举措。

一、适度人口论

适度人口论实际隐含了人口控制与可持续发展的内容，它从人口与经济的协调关系出发，以经济社会的长期稳定为目标，从而确定最佳人口规模。所谓"适度人口"就是能够达到一个特定或一系列目标的"最佳"或"最理想"的人口规模，它可以包括最优的人口规模、人口密度、人口增长率等。这样的"最优人口"可以获得最大的经济利益和社会福利①。从人口规模来说，适度人口是介于"过剩人口"和"人口不足"之间的最优规模人口，因此，在一定意义上说，适度人口是通过比较"过剩人口"和"人口不足"在理论上推导出来的理想人口目标和在实践中追求的最优人口目标。显然，这是建立在人口与经济的适度关系基础上的。

（一）早期的适度人口论

英国经济学家坎南（E. Cannan）最早系统地分析了适度人口，并创立了适度人口论。坎南打破了以往"递减规律"的教条，认为一个递增的人口不一定会使产业生产率递减，而一个递减的人口不一定会使产业生产率递增；在一定时间里，能够获得最大生产率的以及生存在一定面积土地上的人口数量是一定的。并在1914年出版的《财富》一书中，对上述思想做了更明确和系统的论述。在该书中，他把产业最大收益作为达到适度人口的标准。"在任何一定时期或者在任何特定的条件下，或其他条件都保持不变，总有一个可以称之为获得产业最大收益的时点，此时人口数量刚好如此恰当地适应环境，以致无论人口是多于或少于此时的人口，其收益（或劳动生产率）都会下降（'递减'）。这种人口则被定名为'适度'人口。"

瑞典经济学家维克塞尔（K. Wecksell）把边际分析方法引进适度人口理论，继承了从"收益递减规律"去考察人口增长的传统。他强调，一个国家的人口应当有适度规模和合理密度，这个适度人口必须同经济发展与技术进步相一致，不应超过该国农业资源及其提供事物的能力所允许的限度，适度人口同时也是该国工业潜力所允许的最大规模生产所能容纳的人口。而要实现适度人口，他认为必须节制生育，降低人口出生率，使出生率和死亡率保持平衡；只有人口缓慢增长甚至停止增长，公众福利才能提高，人民生活水平才能迅速提高。②

英国人口学家卡尔—桑德斯（A. M. Carr – Saunders）较系统地阐述了"适度人口论"。他认为，适度人口数量是指考虑到自然环境和已采用的技术水平以及人民风俗习惯等因素、能够"提供按人平均最大收益"的人口数量。他主张把人口规模控制在"适度数量"上，并通过改进遗传、环境和风俗习惯等来提高

---

① 李竞能：《人口理论新编》，中国人口出版社2001年版，第466页。
② 李竞能：《人口理论新编》，中国人口出版社2001年版，第469页。

人口质量。① 他还提出了适度人口密度的概念，认为一个国家的人口在其所支配的范围内，达到居民获得最好生活水平的人口密度，或获得最高生活水平的密度，即为适度人口密度。

早期适度人口论把人口增长和工农业生产率、人均收益以及自然资源等联系起来分析，为人口研究开辟了新的蹊径，但是也存在着很大的局限性。主要表现在以下几方面：①假设知识、科学技术、物质资源、人口年龄结构等要素不变，对当时人口与经济关系进行静态描述。然而，现实中的这些要素不但是不断变化的，而且有些要素的变化是非常剧烈的。②把人口要素视为外生变量，人口的变动纯粹只是其他经济要素变动的被动反应。③早期的适度人口理论是建立在报酬递减规律的基础之上的，随着人类科学技术的进步、文明的深化、社会生产力的发展、人类可以不断地克服和减轻该法则的作用。④只涉及人口规模的适度，而几乎没有讨论人口增长率和人口结构的变动。

（二）现代适度人口论

现代适度人口论以索维（A. Sauvy）为代表。与早期的适度人口论相比，现代适度人口理论涉及的领域更宽泛，确定适度人口的标准趋于多元化，从静态走向动态，使适度人口论更实用、更切合实际。

一方面索维继承前人从经济角度来分析"适度人口"的传统，考察人口规模变动和经济进步的关系，系统阐述了自己的"经济适度人口"理论模型；另一方面又把"适度人口"概念扩大到非经济领域，考察人口增长和非经济的社会因素的关系。他不但提出了以国力、军力来衡量的"实力适度人口"理论模型，而且认为可以用多元目标来界定"适度人口"概念。他定义适度人口为"一个以最令人满意的方式达到某项特定目标的人口"②，并认为目标有多少个，适度人口也相应地有多少个。他为适度人口设立了9个目标：个人福利、福利总和、财富增加、就业、实力、健康长寿、寿命总和、文化知识、居民人数等。③在上述目标中，他认为首先应当考虑个人经济福利，因此主张着重考察"经济适度人口"。

索维所说的"经济适度人口"是指在最有利的条件下达到最高生活水平的、亦即最高的按人平均产量和收入的人口，也就是获得最大经济福利的人口，在此基础上，他提出了"适度人口增长率"的概念，从而形成了"动态适度人口

① 李竞能：《人口理论新编》，中国人口出版社2001年版，第469页。
② 索维：《人口通论（上册）》，商务印书馆1983年版，第53页。
③ 索维：《人口通论（上册）》，商务印书馆1983年版，第55－56页。

论"，研究了在生产技术等条件变动的情况下，人口增长率和经济增长率或福利增长率的关系。索维认为，对达到既定的目标来说，人口增长可能太慢或者可能太快，总有一种既不是太慢又不是太快的适度人口增长率。按照索维的思想，人口增长会给社会和家庭带来一定的负担，同时，也会带来一定的经济效益，可以从人口增长的负担和效益之间寻找均衡点，以这一均衡点来确定适度人口增长率。适度人口增长率不是一成不变的，不能把适度人口增长率归结为选择一种永恒不变的适度增长率。短期内，以静态均衡为条件，人口增长率朝适度点方向靠近，可以把人口规模处于静态适度时的增长率视为适度人口增长率；中期内，假定人口的年龄结构不变，给定劳动人口的变动趋势，达到某一经济目标的劳动人口适度增长率，即为人口的适度增长率。此时的适度人口增长率与人口密度无关；长期内，人口增长率为正值但较低，适度人口增长率会随人口密度的上升而递减，随着经济发展水平提高而递减；超长期内，由于地球空间有限，环境资源有限，即使较低的人口增长率，其增长的时期也不可能无限长，人口最终会趋向于零增长，并达到稳定状态。零增长被认为是一种最终趋于稳定的静态人口适度增长率。影响适度人口的因素不仅是经济，还包括技术进步与生产率提高，技术进步可以使最高人口与生活水平都有所提高，因为通过技术进步人们可以生产更多的产品，再加上合理的分配和必要的社会协作，就可以养活更多的人口，还可以提高适度人口规模。

索维所说的"实力适度人口"，是指一个国家达到最大实力时的人口。他认为，政府是从每个居民的产量中征收一定数量的财富来取得物质实力的，如果居民的产量高而生活水平低，政府就可以征收到更多财富以获得更大的物质实力。因此"最大实力"随边际产量和生活水平而变动，当边际产量刚好超过最低生活水平时的人口，就是一国的"实力适度人口"。

索维认为，解决人口过剩的办法，除了移民外，最好的办法是提高适度人口，而不是减少实际人口。办法是增加就业机会，而不是降低个人效率和福利。[①]

20世纪70年代以来，现代适度人口论大多是主张以福利，特别是经济福利来衡量"适度人口"的"福利适度人口论"。澳大利亚人口经济学家皮尔福特（J. D. Pitchford）是"福利适度人口论"的代表人物之一。他认为，应当联系人均最大福利来确立适度人口的定义，而他所谓最大福利实际上是最大经济福利。他给适度人口下的一般定义是：适当地运用资本设备（如工厂、道路）以达到

---

①　索维：《人口通论（上册）》，商务印书馆1983年版，第75页。

人均消费最高水平，并能维持和提供同质量的再生性资源，同时以适当比例开采非再生性资源，这时的静止人口就是适度人口。① 在此基础上，他提出了"社会福利函数"和"动态福利适度人口理论模型"作为分析工具，除考虑生产效用外，还可以把人口密度、家庭平均规模、环境因素、收入水平与财富分配、劳动与资本边际生产力、对外贸易、自然资源等列入"动态福利适度人口"理论框架。他认为，在确定适度人口时，不一定采用最优政策，可以采用次优政策，即依据"次优原理"来选择"适度"标准。

埃利奇（P. R. Ehrlich）认为地球的资源环境容量是分析适度人口的主要因素，但也不能忽视社会因素。在考虑适度人口数量时，除了要考虑地球的实际容量外，还应考虑到其他因素，它包括个人与其他人的关系，以及人的心理状态同环境的关系因素，即我们公认的"生活质量"和"追求幸福"等概念。但是，人类的生活质量问题必然与地球上人类的数量有密切的关系。地球能够供养的最大人口数量受地球实际容量的限制，即受资源供给和生态环境生产能力的制约，但是，应该明确地区分最大人口容量和适度人口容量的概念。人类发展的目标应该是得到最大的幸福，而不是最大数量的人口，适度人口规模一定比最大人口容量少得多。

二、中国人口增长

新中国成立之后，中国生产力水平有了迅速提高，人民生活得到逐步改善，医疗卫生事业也有了很大发展，人口的再生产呈现出高出生率、低死亡率、高自然增长率等特点。50 多年来，中国人口增长大体上经历了六个不同的发展阶段。

第一阶段：1949～1957 年第一次人口出生高峰时期。1949 以后，中国的社会政治环境相对稳定，社会经济得到了发展，人民生活水平得到了一定的提高。这段时期中每年的出生率都在 3% 以上，平均出生率高达 3.56%。这种高出生率主要是由较高的生育率引起的。这段时期妇女的总和生育率平均值高达 6.06，即每个妇女平均生育 6.06 个孩子。

第二阶段：1958～1961 年人口下降时期。由于"左"倾错误和自然灾害的影响，中国国民经济发生了严重的困难，人民生活水平和健康水平大为降低，出生率降到 2.92%～1.81%，死亡率上升为 1.2%～2.54%。其中，1960 年人口的死亡率高于出生率，是 1949 年以后唯一的人口负增长的年份。

---

① 李竞能：《人口理论新编》，中国人口出版社 2001 年版，第 472 页。

第三阶段：1962～1971年第二次人口出生高峰时期。随着国民经济情况的好转，补偿性生育来势很猛，出生率陡然上升。1962～1965年，人口自然增长率为2.9%。其中，1963年的出生率最高，达4.36%。1984年中国人口突破7亿。1966年以后，"文化大革命"带来的无政府状态使出生率持续居高不下。1966～1971年人口自然增长率高达2.6%，6年净增人口1.26亿，相当于一个日本的人口。第二次人口出生高峰对中国人口的年龄结构和以后的人口发展，乃至社会经济的发展都带来了极大的影响。

第四阶段：1972～1980年实施计划生育政策效果明显时期。自从1972年中国实施强有力的计划生育政策以来，中国人口的出生率和生育率迅速下降。大部分年份出生率都在2%以下。

第五阶段：1981～1990年第三次人口出生高峰时期。由于第二次出生高峰的周期性影响和有些地区工作放松等原因，1981～1990年的10年中，中国人口的出生水平相对高于20世纪70年代末期和90年代以来的出生水平，几乎每年的出生率都在2%以上，自然增长率在1.4%以上。到1990年，中国大陆人口突破11亿。

第六阶段：1990年以来的人口基本平稳增长时期。自1991年以来，中国人口出生率水平持续下降。从1999年世界人口数据表中可以看到，目前中国的生育水平同发达国家和地区的生育水平已相差无几。1979年，中国妇女的总生育率为1.8%，世界平均为2.9%，发达国家和地区为1.5%，不发达国家和地区（不含中国）为3.8%，含中国3.3%。从中国人口自然增长率看，1990年为1.47%，1995年降至略高于1990的水平，1998年人口自然增长率首次降到1%以下，中国人口进入平稳增长阶段，2013年已降至0.492%。增长水平已低于世界平均水平（1.4%），更大大低于不发达地区（含中国1.7%），当然，与发达国家的0.1%相比差距还是很大。应该说，中国为世界和发展中国家人口增长率的下降做出了突出的贡献。

三、人口增长与资源、环境

（一）人口增长对自然资源的影响

探讨人口增长与自然资源的关系涉及人口容量问题。人口容量也称为人口承载量、人口载容量，有"在一定地域范围内可以容纳的人口数量"之意。根据目标的不同，人口容量可以分为维持生存的纯生物意义的人口容量、保持现有生活标准的人口容量以及维持生态平衡的人口容量等，可见，人口容量应该是指特定地区在特定时间满足一定条件时可以容纳的人口数。据中国科学院国情研究中心公布的资料，中国的整个自然环境最多能容纳15亿~16亿人，许多短缺性资源能容纳的人口低于10亿。也就是说，中国的人口规模在21世纪中叶将达到环境的最大容量值。

人口增长对自然资源的基本影响体现在：人口增长过快，发展规模过大，人均资源拥有量就越少，发展过程中对资源的过度需求和对环境破坏的可能性就越大。同时，人均消耗的资源越多，同样数量的人口对环境的压力就越大，对人类的生存和发展构成的威胁就越重。中国向来以地大物博、人口众多著称于世，13亿人口约占世界人口的1/5；同时，中国也是自然资源比较丰富、品种比较齐全的国家。由于人口数量多，如果按人均占有量说，自然资源就显得非常短缺。如中国的耕地面积仅占世界的7%，人均淡水量仅相当于世界平均水平的1/4，人均森林面积不足世界平均水平的1/6，人均草原面积仅为世界平均水平的1/3，煤炭、石油能源以及铁、铜、铝资源也不及世界平均水平的1/2，而且随着人口持续增长，人均资源占有量将进一步下降，人口过多与资源短缺的矛盾会日益加剧。

（二）人口增长对生态环境的影响

人口的过快增长使得对自然资源开发过度，造成人们赖以生存的生态环境不断变坏以致恶化，对人类的生存和发展构成直接威胁。当今世界正面临粮食不足、资源短缺、环境污染、生态恶化等问题，都与人口过多有关。据科学家考证，地球上开始有生物已有20多亿年的历史，长期形成的生物圈保持相对稳定。但是自工业革命及人口大幅度增长以来，这种相对稳定的生物圈受到震动。1650年世界仅有5亿人口，到1999年增加到60亿，349年间增长了12倍，现在，世界人口还以年平均1.5%的速度继续增长。人口增长过快的压力与资源环境的有限承载能力形成尖锐的矛盾，致使人类可获取资源不断减少，生态环境不断恶化。目前，全球森林遭到大面积砍伐，森林面积正以惊人的速度减少，并造成严重的水土流失，使沙漠化面积逐步扩大。全世界每年约有500万~700万公顷的耕地被沙化；大批的动植物随着森林、草场的被破坏而死亡，许多已经灭种；世界上25%的渔场遭到破坏，鱼类资源明显减少；大量废物严重影响了水资源的质量，淡水资源日渐减少，全球已有15亿人缺乏饮用水。与此同时，能源的大量消耗、燃烧，造成地球的温室效应逐年增加，工业废气污染严重，直接威胁到人类的健康和生存。人口增长过快对中国生态环境的影响也是显而易见的。人体本身可以说就是一个污染源，人每天呼出的二氧化碳和排放的粪便都会直接污染空气和环境，特别是随着工业化和乡村城市化的发展，"三废一噪"对环境的影响更加严重。近年来，我国污水排放总量持续增长，1998～2013年我国污水排放量由395亿吨上升至695亿吨，复合增长率为3.84%，其中，工业废水排放量基本保持不变且有下降趋势，生活污水排放量则由1998年的195亿吨增长至2013年的485亿吨，复合增长率为6.38%。2014年，十大流域水质Ⅳ类至劣Ⅴ类累计占比达30%，接近1/3，水污染非常严重。水污染使众多鱼类、鸟类、水生生物死亡，严重威胁人类的健康和生存。在全国600多座城市中，大气质量符合国家一级标准的不足1%，全国每年因废水、废气、固体废弃物等污染造成的经济损失达上千亿元。尽管中国在环境治理方面已经做出很大努力，但"三废"总量仍然有增无减，除了资金、技术、环保意识淡薄等因素外，人口增长过快仍是一个重要原因。

四、人口增长与经济发展

1798年，马尔萨斯的《人口原理》一书出版，他在书中提出了两条"公理"：第一，食物为人类生存所必需；第二，两性间的情欲是必然的，且几乎会保持现状。由此他得出结论：若人口增长没有受到抑制，人口数量将以几何比率增加，平均30～40年就要翻一番，而生活资料（主要是食物）由于固定生产要素和土地的边际报酬递减，只能以算术比率增加。因此，人口的自然增长必须受到抑制。抑制方式主要有两种：一是"预防性的抑制"，指人们出于对养家糊口的状态而选择独身生活，但这导致了卖淫现象。二是"积极的抑制"，指一些下层阶级实际所处的困难境地，使他们不能给予子女以应有的食物和照料，导致已经开始增长的人口减少。除此之外，还有流行病、战争等抑制因素。在马尔萨斯看来，所有抑制人口增长的因素不外乎贫困与罪恶性两大类。经济发展水平越低，人口增长与生活资料增长的平衡越要靠积极抑制来实现。在某些情况下，一国财富的增加丝毫无助于改善穷苦劳动的境况。而穷人的生活境况即使得到改善，人口的激增也会使他们回到贫困状态。所以从长期看，人均收入（食物）有一种下降的趋势，一种使一定规模的人口勉强糊口式刚够低生活水平的趋势。

人口增长对经济发展利弊如何，众多发展经济学家对这个问题的看法和马尔萨斯一致，认为人口增长会约束经济发展。例如，20世纪50年代的"人口陷阱"理论，按照该理论，在发展中国家，当人均收入提高时，由于生活条件改善，人口增长率也必随之上升，结果，人均收入又会退回到原来的水平。也就是说，在一个最低人均收入水平上升到与人口增长率相等的人均收入水平之间，存在着一个"人口陷阱"。在这个"陷阱"中,任何超过最低水平的人均收入的增长都会由人口增长所抵消,最后又回到原来的水平。发展中国家如果想从这个"陷阱"中跳出来,就必须有大规模的投资使总收入迅猛地提高到一个高水平。当总收入到达并超过这一高水平以后,人均收入水平的上升速度将超过人口增长率的上升速度。

尽管马尔萨斯的人口理论和"人口陷阱"理论被认为低估了技术进步并将大大促进粮食生产和一般生产的可能性,同时库兹涅茨等认为较快的人口增长与较慢的经济增长无关。但对于发展中国家的中国来说,过快的人口增长对经济发展的负面影响是不可避免的,主要体现在:

(一)人口增长过快影响人均收入水平的提高

人均收入及增长率是衡量一个国家经济发展水平的最重要指标之一。它通常受到两方面因素的影响和制约:一是经济总量及增长速度;二是人口规模及增长率。如果经济总量不变,人均收入水平增长与人口规模成反比,即人口数量规模及其变动直接制约人均收入水平的提高。改革开放以来,中国的经济发展速度很快,1981~1996年,国民生产总值年平均增长率达10%,2002年GDP增长率为8%,2003年更高达9.1%。与此同时,中国的人口自然增长率也在逐年降低,但是庞大的人口基数仍然使人口增长速度较快,每年净增人口达1300万左右,如此众多的新增人口,消耗掉了每年由经济增长所创造的大量财富。2015年中国人均GDP约合8016美元,但与美国、日本、德国、英国等发达国家3.7万美元以上的水平仍有很大差距。

(二)人口增长过快影响投资和资金分配

人口增长与经济发展都要占用有限的资金,人口增长越快,所需资金越多,资金的积累就越少。中国目前就突出地存在着投资方面的"两难选择":重消费投资,轻人力资本投资,国家今后的科技和经济发展就会受到影响;轻消费投资,重人力资本投资,就会让现有的人口长期处于贫困之中;如果两个投资并重,则只能靠借取外债或多发货币,而利用这些途径筹措资金如果处理不好则容易造成宏观经济的不稳定,从而影响整个社会经济的发展。

(三)人口增长过快影响就业和劳动生产率的提高

随着中国现代化进程的加快,以及技术进步和劳动生产率的逐步提高,对劳动力素质的要求越来越高。然而现实并不尽如人意,中国劳动力数量的增长已经超出经济规模的容纳能力。一是农村劳动力多、耕地少,导致了大量剩余劳动力存在。目前中国农业剩余劳动力已超过1.5亿人,大量剩余劳动力涌入城市,一方面促进了城市化进程，另一方面前所未有的民工潮对城镇的就业、交通、卫生等也造成很大的冲击。二是城镇就业人数和提高劳动生产率的矛盾突出。依据《中国劳动保障发展报告（2014）》的数据，2013 年我国劳动年龄人口为 9.2 亿，今后几年需要在城镇就业的新成长劳动力仍将维持在年均 1600 万人的高位，而每年新增的就业岗位只有 1000 万～1200 万个。这种劳动力供大于求的结果是：尽可能地安排就业（几个人分担一个人足以完成的工作），劳动生产率降低（劳动者全天的工作用较少的时间就可以完成），经济发展和财富积累受到制约，难以开辟新的就业渠道，就业负担越来越重。

五、人口控制与可持续发展

"可持续发展"概念的提出是在 20 世纪 80 年代，一般来讲，可持续发展是指"既满足当代人的需要，又足以维护后代人潜在需要的一种发展"从系统科学的角度看，具体来讲，可持续发展是社会大系统总体的协调发展，是指人口、资源、环境、经济、社会各要素协同共进的整体发展和人的全面发展，而且这种发展在可预见的将来又是可持续的，是系统运行协调和持续的统一，且以人的全面发展为最终依归。人口控制或者计划生育正是为了实现经济的可持续发展和以人为主体的社会的全面进步。

中国是一个拥有 13 亿人口的发展中国家，庞大的人口基数和持续增长态势在一个相当长时期内难以改变，中国将长期面临人口、资源、环境与经济发展的巨大压力和尖锐矛盾。在可持续发展战略中，人口变化趋势起着十分重要的作用，而人口的规模及其增长则应努力维持在经济和资源、环境所能承受的能力之内，所以，人口控制问题已成为维持社会持续发展的重要问题。走可持续发展道路要把人口问题放在可持续发展战略的首要位置，必须立足于人口、经济、社会、资源、环境的大坐标，坚定不移地、持久地推行计划生育基本国策，控制人口数量、提高人口素质、为可持续发展提供良好的人口环境，确保可持续发展战略实施，具体讲应该做到以下几点。

（一）控制人口数量，提高人口素质

人口变化趋势应努力维持在经济和资源、环境所能承受的能力之内，既需要依据社会经济和生态环境的适度容载目标控制潜在人口的增长，当然也应按上述目标来调控现实人口的发展，即应尽力控制人口数量和促进现实人口的素质改善与就业。就中国而言，人口数量增长的控制依然是头等大事。据预测，中国大陆未来人口增长趋势：若取育龄妇女总和生育率为 1.8%，2030 年上升到 14.42 亿顶峰，然后逐年下降；倘若育龄妇女总和生育率为 2.1%，总人口将持续增长到 2045 年的 15.5 亿，其后开始负增长。[①] 显然，这两种方案均要求总和生育率基本降到更替水平以下，20 世纪 90 年代后期，全国城市和发达地区的总和生育率已接近 1.8%，应该说，基本上已达到该要求。但在以农村人口为主、经济落后的省份，育龄妇女的总和生育率仍较高，调控难度较大，要实现上述目标，人口生育控制任务依然艰巨。因此，需要运用行政管理、社会服务和市场机制相互配合的措施，有效地实施生育的计划调控，通过推广"把计划生育与发展经济、帮助农民勤劳致富奔小康、建设文明幸福家庭相结合"的"三结合"方略，使农村人口的生育计划变成农民自觉的行动纲领得以切实执行。如何借助行政管理、社会教育、经济扶持、医疗保障、提高妇女和少数民族的文化水平，以及加快城镇化建设等措施，实现人口生育观念和行为的根本转变，已成为中国人口增长控制、实现可持续发展的关键和需要多部门联手解决的焦点问题。

此外，城镇人口的低生育率会影响中国人口整体素质的提高，通过大力发展贫困落后地区的妇幼保健和教育事业，以促其人口的优生优育和素质的改善，是克服人口质量上的"逆淘汰"现象的主要途径。

（二）加强人力资本投资，提高人口质量

物质资源的稀缺并不能阻止一个国家从落后跃入发达，从穷国变为富国。然而，一个国家若人力资本贫乏，则可能使这个国家永远陷入落后与贫困的折磨之中。劳动力资源的多少、劳动人口体能的强弱，并不能代表这个国家人力资本的富有程度，反而会因"无能的手"和"填不满的口"导致社会和生态环境的负担加剧，陷入双重的恶性循环。社会实践表明，只有文化科技素质较高的人力资源才能创造更多的物质财富；只有用现代的知识、理念和技能武装起来的劳动人口才能适应未来社会、经济、科技的发展需要。中国虽拥有世界上最为丰富的劳动力资源，但由于其受教育年限较低，科技文化素质较差，因而人力资本总量却不多，单位人力资本所能创造的财富更为贫乏，这正是中国社会、经济发展落后的重要根源。人力资本的生成依赖于教育投资，而中国由于经济基础较差，过去对教育的重视不够，致使长期教育投资增长的速度赶不上人口膨胀的速度，也更难满足人口对教育发展的强烈需求。

实施科技兴国战略和大力发展教育事业，若再仅仅依赖于国家财政拨款的大幅度追加是不太可能的，开辟社会经济资源和转变家庭消费模式以聚集更多的资

---

① 毛锋等：《论中国的人口控制与可持续发展》，《北京大学学报（哲学社会科学版）》，2001 年第 5 期。

金用于教育和人力资本的建设，则是势在必行的。这不仅需要制定相应的政策和建立社会激励机制，引导家庭或个人侧重于智力投资，鼓励企业或个人捐资办学，而且通过减轻学校、教育部门沉重的后勤背负，改革教育模式和教学方法，挖掘和解放教育"生产力"，提高办学效益，以便在有限的教育投资条件下有力地推动中国教育的较快发展。值得注重的是，中西部农村和边远贫困地区教育的发展和人口文化素质的提高，仍需要依靠增加国家的财政拨款，也希望发达地区通过各种形式给予支持，以避免这些地区失学者和新生代文盲的大量再现。

（三）实施"绿色GDP"的经济发展战略，调整产业结构

中国人口增长和生活消费膨胀的巨大压力已使"地大物博"相形见绌，资源供给和环境保障不仅制约着当今社会经济的发展，而且严重地威胁着未来的可持续发展。生产过程中大量的资源损耗和低效经营已触目惊心以及生活消费的超度追求，不仅导致了部分产业的畸形发展、中心城市环境的恶化和主要水系流域生态的失衡、失控，也造成了土地、水和能源的严重短缺。因此，生产中的资源节流和生活消费上的节约，即实施"绿色GDP"的经济发展战略在中国的可持续发展战略和政策的制定与实施中显得极其重要和迫切。

就业是联系人口与经济的中间环节，也是调节人口生产与物质生产的最有效杠杆。社会经济发展对劳动力的吸纳需要通过产业结构作用下的就业结构来决定，社会劳动生产力的提高与否也必然取决于产业结构和就业结构的发展水平。产业结构水平高，即表明能够吸纳更多的劳动力人口就业。而反映产业结构水平高低的标志，一般是各产业的产值构成和就业结构，两者的变化趋势基本相似，不过就业结构往往先于产业结构而转移。若劳动力数量超度供给和强迫实行高就业率，必然引起各产业部门，特别是第一产业中冗员的大量充塞，因而既制约劳动生产率的提高，又阻碍产业结构向高层次转化。以牺牲必要的经济效益和减缓生产力的发展速度而保障社会秩序稳定，往往成为当今大多数发展中国家进行战略决策时无奈中的必然选择。中国为了避免因过多失业人口引起社会的不安定，除了继续控制人口的增长外，解决其就业的关键在于产业结构的调整和经济的较快发展。诚然，只有保持较快的经济增长速度，才能加速产业结构的替代和向高层次转移，从而才能吸纳更多的劳动力就业。但通过政策等措施，适度加强文化、教育及服务业等劳动密集型第三产业的发展，既可带动消费模式转化和促进经济较快发展，又易缓解失业压力和保障社会的稳定。

（四）促进人口合理迁徙，加快城市化进程

自然资源的丰裕度和地理环境的适宜度是确立人口格局最为重要的条件，这

不仅意味着人首先需要有良好的立足之地，也在追求广阔的发展前景，从而强化了地域空间社会、经济、文化和科技的非均衡性发展。尽管近年来实施西部大开发战略，使人口东南飞的趋势得到了一定遏制，但要均衡中国人口和经济的发展格局是很困难的。相应地，缩小地区间的经济发展水平和人均收益差异则是永恒的奋斗目标。中国西部地区幅员辽阔，矿藏资源较为丰富，但生态环境最为脆弱，气候条件不佳，可利用的水土资源较为欠缺，因而地域空间本身所能承载的人口十分有限。因此，伴随经济的外延扩张，既不能盲目地向西部迁徙大量的人口，也更不能鼓励当地人口的无度生育。只有通过提高人口素质，加大科技投入和转化利用，改善交通条件和基础设施，有序地增加外部劳动人口的周期性介入，协调经济发展和生态环境保护间的依存关系，才能尽快实现西部的"山川秀美"和可持续发展。

人口城市化因缩短了人际交往和物质产品流通的距离与时间，而产生集聚效应以推动社会的较快发展，为提高人们的物质文明和精神文明水平，加快城市化进程是必然选择。但当代"信息高速公路"、"数字地球"、"电子商务"、"电化教学"，以及高速列车、现代空运和海运等，大大缩短和加速了人们之间的物流、信息流和人流的传输与交换，这意味着人们并非居住、工作在大城市就可以更好地产生人口的"集聚效应"。以中小城市为据点，推动"众星捧月"式的城镇人口格局的形成既是可持续发展时代适宜的城市化模式，也有利于中国人口的有效控制和经济的快速发展。特别是加快小城镇的建设对于推动中国农业产业化、农村经济现代化、农村人口生育控制有效化、农村生态环境优良化，克服农村剩余劳动力盲流的"民工潮"和保障城市的有序建设，最终实现中国的可持续发展，将会产生巨大、不可估量的作用。

第二节　人口转变与人口老龄化

人口老龄化其实是人口转变所必然引致的一个人口学后果，是人口转变中的两个基本要素——出生率与死亡率——相继下降导致了人口年龄结构的"老化"。一次人口转变过程的完成不仅是出生率与死亡率由高向低的下降过程，同时也是人口年龄结构由低向高的"抬升"过程，即"老化"过程。

一、人口转变理论

人口转变理论是专以人口的发展阶段、演变过程及其生成原因为研究对象的人口学说。该理论源于 20 世纪 30 年代的西方，并在随后的数十年盛行于世，为西方人口学界津津乐道，甚至奉为圭臬。这其中，尤以法国人口学家兰德里（A. Landry），英国人口学家布莱克（C. P. Blacker），美国人口学家汤普森（W. Thompson），诺特斯坦（F. W. Notestein）和随后的科尔（A. J. Coale）等的转变理论为代表。长期以来，尽管学者们对人口转变的阶段划分及其理论阐述颇存分歧[1]，但在如下一些基本方面还是取得了共识[2]：①人口转变包括死亡率转变与出生率转变这样两个既相对独立又相互影响的环节，这种转变总是以死亡率下降为先导，以出生率降至接近甚至低于死亡率水平为完结；②出生率和死亡率由传统社会的高水平向现代社会的低水平转化，是一个任何社会或迟或早都必然要经历的人口过程，这一人口过程可按照一定的人口统计指标及其相应的社会经济特征划归不同的人口转变阶段；③经验表明，在人口转变进程中，出生率与死亡率的下降并不同步，两者间存在一个"时滞"，即出生率的下降通常比死亡率的下降滞后数十年乃至上百年的时间，其间必将引发人口数量的急剧膨胀，但在人口转变接近尾声时，由于出生率与死亡率都相继降到较低的水平并趋于相对稳定，这时人口将会呈现"零增长"甚至"负增长"状态，进而形成所谓的"静止人口"或"稳定人口"；④人口转变的根本动因在于其所依存的社会经济背景，是生产力的发展，科学技术的进步和现代化的实现促成了人口转变。可见，所谓"人口转变"无非是指一个人口中出生率和死亡率由高水平向低水平呈现的历史性转变。

结合西方学者对人口转变阶段划分的研究，通常把人口转变过程划分为三个发展阶段：第一个阶段是高出生率和高死亡率阶段。指出生率和死亡率都很高，且大体相当，人口增长十分缓慢，接近零增长。在这一时期，由于出生率与死亡率都在高位徘徊，两者间的差距尚未拉开，也就谈不上人口转变，是人口转变前的"待命"阶段。19 世纪以前，工业化国家的人口变动情况就属于这种情况。由于经济发展水平很低，食物来源没有保障，加上自然灾害、战争、疾病的发

---

① 就人口转变的阶段划分来看，有兰德里划分的"三个序列"，汤普森所剖析的"三个群组"；诺特斯坦的"三阶段论"和结合工业化创立的"四阶段说"，还有布莱克、科尔等学者所阐述的"五个阶段"等。

② 罗淳：《人口转变进程中的人口老龄化——兼以中国为例》，《人口与经济》，2002 年第 2 期。

生，死亡率很高，人类的平均寿命很短。为了延续后代，人类的出生率处于生理上的极限。第二阶段是高出生率、低死亡率阶段。随着经济开始持续增长，生活水平提高，食物结构和医疗卫生条件改善，导致死亡率显著下降，预期寿命大大延长。但人们的生育观念尚未改变以及出生率仍然很高，所以这一时期人口增长速度很快。第三个阶段是低出生率、低死亡率阶段。死亡率继续降低，而社会保障制度的建立、妇女地位的提高、教育费用的增加等因素使人们不愿意多生子女，加上现代节育技术的发明和推广，导致出生率降低。出生率和死亡率都很低使人口增长率也很低。

二、人口转变过程中的人口老龄化

人口转变是指一个人口中出生率和死亡率由高水平向低水平所呈现的历史性下降，而人口老龄化是指因老年人口增加或少儿人口减少所引致的人口年龄结构的"老化"。因此，就一个封闭人口来讲，出生率下降的启动既是人口增长率从上升转为下降的一个标志，也是人口年龄结构由"年轻化"导向"老龄化"的启动信号。事实上，只要出生率在持续下降，就会引起少儿人口数量的缩减，同时使老年人口比例相对扩大，从而导致人口老龄化。[①] 此时的老龄化是由生育率下降所引致的，或者说这一时期出生率下降对老龄化的影响作用大于死亡率的影响作用，因而这时的老龄化被认为是"生育率主导"的人口老龄化。很显然，这种由"生育率主导"的老龄化不是靠增加老年人口的绝对数量，而是通过少儿人口绝对数的减少来促成老年人口相对数的上升，这种此消彼长的互动关系体现的是人口年龄结构的"相对老龄化"，反映在人口年龄金字塔上就是底部的收缩，故又有"底部老龄化"之称。

对死亡率下降的影响则要做具体分析，这是因为在不同时期，死亡率下降水平在不同年龄的人群中会形成相对集中的趋势，一般有以下三种情况：其一，如果死亡率的增减变化在各年龄组间是均衡分布的，则无论死亡率怎么下降也不会引起人口年龄结构的改变，也就无所谓人口的"年轻化"和"老龄化"。其二，如果死亡率的下降主要集中于少儿人口群组，那么，这将增大低龄人口的存活率，亦即相当于提高了该人口的出生率。由此增加的主要是少儿人口，而不是老年人口，结果不是使人口"老龄化"，而是使人口"年轻化"，其实这所反映的正是老龄化初显时期的情况。其三，当死亡率下降重心向中老年人口倾斜时，则

---

① 邬沧萍：《漫谈人口老化》，辽宁人民出版社 1986 年版，第 26－28 页。

将直接增加老年人口，结果必将导致人口老龄化，这正是老龄化中后期的情形。据此看来，死亡率下降对人口老龄化的影响作用是双向的和分段的[①]，死亡率初期的下降往往导致的是人口年轻化，只有到中后期，死亡率的下降才导致人口老龄化。经验表明，在一个完整的人口转变历程中，死亡率的下降总是先集中于少儿人口，尔后逐渐过渡到老年人口。伴随这种过渡的完成，死亡率下降将逐渐取代生育率下降而成为人口老龄化进一步加深的主导力量，因此，人口转变末期的人口老龄化也就被赋予了"死亡率主导"的特性。相关研究表明，从"生育率主导"的人口老龄化转向"死亡率主导"的人口老龄化需要具备以下三个条件：首先，总和生育率已降到接近或低于 2.1 的生育更替水平，而死亡率下降仍在继续；其次，死亡率的显著下降逐渐集中于老年人口群组；最后，人口年龄结构本身的上升强化着死亡率下降对老龄化的影响，因为此时死亡率下降对老龄化的影响是通过直接增加老年人口绝对数来实现的，实为人口年龄结构的"绝对老龄化"，反映在人口金字塔上就是顶端在变宽，亦称"顶端老龄化"。

作为人口转变直接后果之一的人口老龄化现象，虽然产生于人口转变中，但并不与人口转变同步进行。在人口转变的第一阶段，由于出生率与死亡率都很高，人口的平均预期寿命很低，这种高出生率与高死亡率的互动结果导致的人口年龄结构当然也就谈不上人口老龄化。随着死亡率下降的启动，人口转变进入第二阶段。在这一阶段早期，死亡率下降主要发生于低龄人口群组，尤以婴儿死亡率的显著下降为甚，因而致使少儿人口的增加明显快于其他年龄组，其结果只会促成本来就很年轻的人口年龄结构更加"年轻化"，而不是"老龄化"。人口老龄化的最初显现发生在人口转变的第二阶段的中期。因为在这一时期，出生率在死亡率持续下降相当一个时段后也开始稳步下降，而且死亡率在继续下降的同时，其重心已不完全集中于低龄人口群组。伴随出生率稳步下降的启动，少儿人口开始趋向缩减，结果势必导致中老年人口在总人口中所占比例的扩张，人口年龄中位数随之上升，于是，人口老龄化由此显现。

当人口转变进入第三阶段后，此时出生率继续走低，而死亡率则已降至低位并趋向稳定，但同时死亡率下降的重心已渐渐移向中老年人群，因此，这一阶段的老龄化是由出生率与死亡率两因素共同作用促成的，老龄化进程也在这一时期呈加速发展之势。

---

① 索维：《人口通论（下册）》，商务印书馆 1982 年版，第 61 页。

三、中国人口转变过程中的人口老龄化

(一) 中国的人口转变

人口转变的核心就是指从第一个阶段经由第二个阶段转变到第三个阶段，换言之，人口转变的主要趋势即是从原始的高出生（生育）率、高死亡率，最后稳定为现代的低出生率、低死亡率，这个过程可以称为人口转变阶段。以此作为衡量，我们可以看到中国自 1950 以来的人口转变的大致情况：①死亡率的转变。新中国成立后，中国人口死亡率总体上下降得很快，尽管 1950～1955 年人口死亡率仍在 17‰以上，但之后随着物质基础的加强，医疗卫生条件的改善，社会不断全面进步，人口死亡率呈现迅速下降的特点，1976 年以后降到 7‰以下，1999 年仅为 6.46‰。但随着人口老龄化的到来，中国人口死亡率将提升。②出生率的转变。比起死亡率转变，人口出生率转变要晚得多，就全国范围而言，直到 20 世纪 70 年代初才开始出现出生率的转变，转变自此变得极为迅速。70 年代初人口出生率水平在 30‰以上，而到 1999 年则降低到了 15.23‰；育龄妇女总和出生率从 70 年代以前的 6% 左右下降到 1985 年的 2.2%，1992 年出现低于更替水平的情况，1998 年更是下降到 1.82%。伴随二胎政策的实施，人口出生率将回升。③人口自然增长率的变动。人口自然增长率作为出生率和死亡率变动的函数，其水平及其变动是考察人口转变过程的目标性指标。自新中国成立到 1970 年，自然增长率从 15‰上升到 25‰以上，属于人口转变的增长阶段（在 1958～1963 年也出现过增长低谷期）；1970～1980 年，人口增长开始急剧下降；1980～1990 年，人口增长出现比较明显的波动和回升；进入 90 年代，人口增长呈稳步下降和减慢状态，1998 达到 1%，1999 年为 0.877%，2014 年自然增长率仅仅为 0.521%。

从死亡率、出生率和人口自然增长率的转变情况再结合有关人口资料来看，我们可以对中国的人口转变做如下几点初步把握：①过去 50 多年里，中国人口转变的总体趋势是生育率、死亡率、自然增长率有了较大幅度的降低，并且下降速度很快。进入 90 年代以来，则相对稳定在一个较低水平。②对 50 年的人口转变可以粗略划分为两大突出阶段：第一阶段是 1949～1970 年的死亡率变动主导型的人口转变阶段。该阶段突出表现为死亡率率先下降，而出生率在本质上居高不下，1970 年的出生率甚至与新中国成立初差不多，为 33‰～35‰。第二阶段是 1971 年至今的出生率主导型的人口转变阶段。该阶段突出表现为中国人口出生率经过 70 年代的快速下降，80 年代的波动到 90 年代逐渐降到较低水平并保持

相对稳定的态势。③中国人口转变与其他国家的人口转变相比具有自身的独特特点，主要表现为：一是中国人口转变过程的速度快；二是中国人口转变过程始终伴随着强有力的人工控制；三是中国人口转变过程超前于经济发展水平，基本上是在低收入条件下进行的。④中国较快地进行人口再生产类型转变，有效遏制住人口过快增长势头，自然有其多方面的原因，如全新的人口思路（计划生育为基本国策）、正确的生育政策和合理的工作方法，但根本原因在于国家和人民深刻认识到人口增长与社会经济发展、与资源环境之间的紧密联系。

（二）中国的人口老龄化

尽管关于中国是否已完成人口转变的基本判断在学术界还存在很多争议，但是新中国成立以来，中国人口经历的从高出生率、高死亡率向低出生率、低死亡率的转变是不可否认的事实。伴随人口出生率和死亡率大幅度下降以及平均预期寿命延长，使中国的人口年龄结构发生了变化，人口老龄化加速发展。

一个国家或地区的人口是由未成年人口、成年人口和老年人口构成的。在总人口中，如果老年人口的比重不断提高，而其他年龄组人口的比重不断下降，我们就称这一动态过程为人口老龄化趋势。目前国际上一般把60岁及以上人口称为老年人口，如果一个国家或地区的总人口中60岁及以上人口的比例达到10%，则称为进入老龄社会（或老龄化社会）。有时，也把65岁及以上老年人口的比例在7%以上称为老年型人口社会。两个标准的结果一般差别不大。

中国已于1999年进入人口老龄化国家的行列。2000年11月底第五次人口普查数据显示，我国65岁以上老年人口已达8811万，占总人口的6.96%，60岁以上人口达1.3亿，占总人口的10.2%，以上比例按国际标准衡量，均已进入了老年型社会。中国已经初步进入老龄化社会，并将在今后几十年内经历持续的老龄化过程，近10年老龄化速度加快，每年递增3.4%。2014年，60岁以上老年人口达到2.1亿，占总人口比例的15.5%，2.1亿人里有将近4000万人是失能、半失能的老人。预计到2025年，中国60岁及以上老年人口可达2.8亿，占全国总人口的18.4%左右；2050年将进一步增加到4.2亿人左右，占全国总人口的29.8%以上①。

根据预测分析，中国人口老龄化的发展进程大致要经历四个阶段②：一是从1982～2000年的过渡阶段，中国人口完成了从成年型向老年型的转变，劳动年龄人口的比重大幅度上升，人口抚养比下降；二是从2000～2020年的迅速发展

---

①②　《我国人口老龄化宏观对策研究》课题组：《我国人口老龄化宏观对策研究》，《宏观经济研究》，2003年第6期。

阶段，劳动年龄人口逐步达到峰值，劳动人口老龄化，高龄老年人口比重上升，农村人口老龄化日趋严重；三是从 2020～2050 年的高峰阶段，人口老龄化达到高峰期，抚养比达到最大值，45～59 岁劳动力人口占总劳动力人口的 1/3 以上；四是从 2051～2100 年的老年人口总量和人口老龄化水平相对稳定时期，人口开始负增长，老年人口规模达到最大，此后增速减慢，总人口规模为 15 亿以上，老龄化水平保持在 25% 以上。

四、人口老龄化问题对社会和经济发展的影响

人口老龄化是人口转变的必然结果，而人口转变则是社会经济发展到一定阶段上的客观现象。从这一点看，世界各国或早或迟地都会出现人口老龄化趋势。然而，中国的人口老龄化进程却与发达国家不同，它并非是人口自然变迁的过程，而是超越于社会、经济发展主要靠政策干预的结果。中国人口老龄化对社会、经济的影响主要体现在：

（一）人口老龄化问题对社会发展的影响

（1）人口老龄化将带来劳动适龄人口数量和结构发生重大变化。人口老龄化不仅使总人口的年龄结构老化，而且也使劳动适龄人口的数量和结构发生重大变化。按照国家统计局数据，2012 年，中国 15～59 岁劳动年龄人口 93727 万，比上年减少 345 万，占总人口的比重为 69.2%，比上年末下降 0.6%。2012 年，中国劳动年龄人口首次出现绝对数量减少，与此同时，劳动参与率也呈持续下降趋势，中国从此由"人口红利期"转向了"人口红利维持期"。2014 年，中国社会科学院发布了《社会蓝皮书：2015 年中国社会形势分析与预测》，该报告认为，中国劳动力总量供给和经济增长速度从双增长转向双下降，导致人力资源市场供求同时下降。2013 年，国家统计局将劳动年龄人口的统计范围调整为 16～60 岁。统计结果显示，16～60 岁的劳动年龄人口为 91954 万，比上年末减少 244 万，占总人口的比重为 67.6%。2014 年，统计局以 16～60 岁的劳动年龄人口为统计对象，结果发现，劳动年龄人口数量比上年末又减少了 371 万，总数为 91583 万，占总人口的比重为 67.0%。同时，该报告指出，未来中国劳动年龄人口将加速减少，按总和生育率 1.5% 测算，在 2020 年之前，劳动年龄人口减幅相对较缓，年均减少 155 万；之后一个时期减幅将加快，2020～2030 年年均将减少 790 万，2030～2050 年年均将减少 835 万。农村劳动力在经过前期大规模转移后，供给增长速度持续降低。2013 年全国农民工总量达到 26894 万，比上年增加 633 万，增长 2.4%；与 2012 年相比，少增加 350 万人，增幅下降 1.5%。未来中国农村劳动力转移规模的增长幅度还将继续减少。①。

（2）家庭结构和养老模式发生重大变化。伴随着人口老龄化和社会经济的发展，特别是社会经济转型的影响，中国传统的大家庭观念日益淡化、家庭结构日益核心化。20世纪50年代，中国家庭平均规模为5.5人左右，1995年人口的抽样调查结果显示，家庭平均规模已缩小到3.15人。随着未来人口老龄化程度的加深，空巢老人家庭和单身老人家庭将迅猛增加，至2025年，65岁以上的单身老人家庭将突破2000万户，其中女性单身老人家庭将占主体。家庭规模缩小、空巢家庭的增加，使传统的家庭养老功能削弱，并引起代际关系在供养方式、居住方式、照料方式、交往和沟通方式等方面的变化，使传统的家庭养老模式面临巨大挑战，家庭养老必然向社区和社会养老转化。

（3）老年性组织和为老年人服务的社会组织日益增多。随着人口老龄化的发展，中国的社会组织结构也将发生重大变化，以老年人为主的社会组织和为老年人服务的社会组织将不断发展和完善。近年来，中国的老年社会组织有了一定的发展，1983年中国成立了老龄问题全国委员会，随后各地老龄工作机构发展迅速，至20世纪90年代初，全国95%的省、市和80%的县成立了老龄问题委员会，大部分的区、乡、街道也成立了老龄工作机构。为适应未来老年性组织社会化、群众化的需要，目前这些机构正在向老年协会转变。为进一步强化老龄工作，1999年10月又成立了由国务院领导的全国老龄工作委员会。随着未来老年人口数量的急剧增加和社会性老年问题的日益严重，老年人为实现自己的经济和政治要求以及满足自身生活和娱乐的需要，老年组织和为老年人服务的社会组织，将由自发到自觉地快速形成，这是社会发展的必然趋势。

（4）人口老龄化将引起社会经济制度及文化氛围的变化。老年人是社会财富的创造者，对社会发展曾做出过积极的贡献。随着老龄社会的到来，老年人的社会经济权益日益受到重视。为适应未来老龄社会的需要，就要加强老年人的社会保障，改革现有的社会保障制度，完善退休制度、医疗保险及社会服务体系，制定老年人保护法，提高老年人的社会经济地位。同时还要树立新的老龄社会需要的伦理和价值观念，塑造没有年龄歧视、多代人互相尊重、相互支持的新的文化氛围，以建设不分年龄人人共融、共建、共享的社会。要实现上述目标，就需要对现行的社会经济制度和社会文化氛围进行重大调整。

（5）社会活力受到影响。保持社会活力和改革进取意识是现代社会快速发

---

① 参考中国社会科学院发布的《社会蓝皮书：2015年中国社会形势分析与预测》。

展的必要条件。在老龄化时代，由于参与社会生活的青年人口比重降低，整个社会发展的活力可能会下降。从价值观念上看，老年人改革的意识一般要比年轻人差一些，就改革创新的能力和要求来说，年轻人更强一些，因此，根据一般规律，人口老龄化可能会放慢社会改革的速度，社会活力可能要下降。但也有研究表明，人口老龄化程度很高的欧美国家，其社会活力、经济和科技发展速度是否受到人口老龄化的严重影响，尚无定论。[1]

（二）人口老龄化问题对经济发展的影响

人口老龄化的经济后果是十分广泛和深刻的，下面仅从五个方面加以概括[2]：

（1）对储蓄和投资的影响。处在生命周期的不同阶段，人们的储蓄倾向不同，因此，人口年龄结构的变化对储蓄有明显的影响。一般而言，一个社会中老年人口比例的提高是不利于储蓄的。但西方发达国家的情况有所不同，如对 1991 年美国人均储蓄存款利息收入和股票收入的年龄分布的分析发现，储蓄存款利息收入和股票收入与年龄之间存在明显的正相关关系，人口老龄化和老年人口的增多不但不会降低总储蓄水平，反而会使之提高。中国和广大发展中国家的情况是，老年人的储蓄水平低于全国平均水平，且随着年龄的提高，储蓄水平降低了。因此，中国人口老龄化和老年人口的增多不但会降低总的储蓄水平，而且会抑制储蓄增长率的提高。这势必要影响资本积累和投资，从而对经济发展产生不利的影响。投资是社会经济发展的依托，一国的投资主要来源于政府（社会）投资和个人投资。国民收入中的积累基金是政府投资的源泉，人口老龄化的发展和老年人口数量的增加会导致政府积累基金的减少和消费基金的明显增加，特别是在当前中国城乡老年福利设施匮乏、社会保障制度不完善的情况下，政府必须拿出大量的财政资金去满足上述需要，从而会进一步提高消费基金的数量，减少积累基金的数量，影响社会投资规模。同样，老年人口的增加也会降低个人投资的能力和倾向性，因为相对而言，老年人的储蓄水平低、预期收入少、承担风险的能力差。

（2）对社会及家庭收入再分配的影响。人口老龄化使越来越多的老年人退出劳动大军行列，由原来的生产者变为消费者，为保障老年人的生活、医疗、保健所付出的费用也会增加，使国民收入中用于消费的部分增加，而用于积累的部分减少。当消费基金增长到一定程度时，就会给国家财政和经济发展造成严重的困难和不利的后果。据预测，未来中国离退休人员的数量将迅速增加，退休职工

---

①② 张再生：《中国人口老龄化的特征及其社会和经济后果》，《南开学报》，2000 年第 1 期。

占在职职工的百分比将持续上升，到 2040 年将达到 40%，以后才开始下降。离退休人员的增加使离退休人员的费用迅速膨胀，这不仅影响国民收入的分配比例，而且还增加了企业负担和产品成本，影响了企业竞争力和扩大再生产的能力。随着人口老龄化进程的加速发展，家庭收入和代际收入分配方式也将发生变化。未来中国老年人口的抚养系数将不断上升，但初期由于青少年人口的抚养系数下降得更快一些，从而使总人口的抚养系数呈下降趋势，这一趋势将保持到 2025 年，随后，由于青少年人口的抚养系数下降减缓，而老年人口的抚养系数加速上升，从而使总人口的抚养系数增加。人口抚养系数的这种变化趋势说明，在 2025 年以前，人口老龄化虽然已使家庭代际收入分配明显地向老年人倾斜，但在 2025 年以后，这种倾斜将变得更加明显。

（3）对生产和消费的影响。人口老龄化意味着新增劳动力的减少和劳动力结构的老化。2020 年以后，中国新增劳动力的数量开始下降，劳动力老化现象也已十分明显，从而导致某些部门和地区生产资料和技术装备的闲置，进而影响到社会生产；同时，劳动力老化又会直接影响新技术的推广和设备更新，以及妨碍劳动生产率的提高。但是，如果我们能够抓住人口和劳动力老化的机遇，率先采用先进的科学技术和管理手段，提高生产的技术构成，就可以解决区域和部门劳动力不足的问题，以此提高劳动生产率。与此同时，由于人口老龄化使社会的消费结构发生了变化，为满足消费需求，社会的生产结构、投资结构和产业结构也将做出相应的变化和调整。人口老龄化使作为纯消费者的老年人口数量增加，从宏观来看，老年人口数量的增加会导致社会对消费基金需求总量的上升，增加社会的消费负担；而在消费基金总量一定的情况下，人口年龄结构的老化又会导致人均消费基金水平的降低。从微观家庭来看，家庭人口老龄化会使家庭收入水平降低，从而影响家庭人均消费水平的提高，使家庭消费向老年人倾斜，进一步影响了其他家庭成员消费水平的提高。与此同时，人口老龄化也使家庭和社会对老年消费品的需求急剧上升，使未来社会的消费结构和消费偏好发生重大变化。为满足老人的消费需求，大力发展"老年产业"将在一定程度上对经济发展产生积极的影响。但由于老年人口的消费水平低于劳动力人口的消费水平，因此，人口老龄化对刺激经济增长的作用将十分有限。

（4）社会经济负担加重。人口老龄化使老年人口的健康问题日益严重，特别是高龄老人的健康问题令人担忧。在老年人口中，健康状况较好的只占 35% 左右；健康状况一般的占 40% 左右；健康状况较差及有重病的占 25% 左右。另据中国老龄科学研究中心的调查〔1992〕表明，60 岁以上的老年人，在穿衣、吃饭、洗澡和上厕所等基本生活能力方面，有2%~7%的人不能自理或不能完全自理，但85岁及以上的老人情况更加恶化，该比例上升到10%以上。在日常生活方面，需要别人帮助的老年人，在城市的为60%左右，在农村的大约为75%。由此可见，中国老年人的生活照料负担是很沉重的，并且随着老龄化程度的加深，高龄老人的比重不断增加，老人的生活照料负担还有日益严重的趋势。

（5）老年人的经济负担需求加剧。目前，中国老年人口具有经济负担需求的仍占有一定的比例（城市为17.7%，农村为48%），特别是农村老年人口和女性老年人口的经济负担需求明显大于城市老年人口和男性老年人口。在老年人口中，经济负担需求最大的是农村老年妇女，她们生活的经济来源（72%）主要是依靠子女、家庭和社会。在正常情况下，老年人的经济负担需求会随着社会经济的发展而下降，而老年人的生活负担需求会随之呈现提高的趋势。考虑到生活照料时间的机会成本，生活负担又会转化为经济负担，如果未来个人收入的提高赶不上老年人生活负担成本提高的速度，那么老年人的经济负担需求也会提前出现或者加剧。

五、面对人口老龄化的对策

面对21世纪的人口老龄化问题，需加强顶层设计，构建以人口战略、生育政策、就业制度、养老服务、社保体系、健康保障、人才培养、环境支持、社会参与等为支撑的人口老龄化应对体系。

（1）促进人口均衡发展。要坚持计划生育的基本国策，全面实施一对夫妇可生育两个孩子的政策。改革完善计划生育服务管理，完善生育登记服务制度。提高生殖健康、妇幼保健、托幼等公共服务水平。做好相关经济社会政策与全面两孩政策的有效衔接。完善农村计划生育家庭奖励扶助和特别扶助制度，加强对失独家庭的关爱和帮助。要完善人口发展战略，建立健全人口与发展综合决策机制。综合应对劳动年龄人口下降，实施渐进式延迟退休年龄政策，加强老年人力资源开发，增强大龄劳动力就业能力。开展重大经济社会政策的人口影响评估，健全人口动态监测机制。[①]

（2）根据社会主义市场经济体制要求，逐步建立中国城镇居民和农村的养老保险制度。中国与发达国家相比，经济还比较落后，人均国民收入还比较低。

---

① 摘自《中华人民共和国国民经济和社会发展第十三个五年规划纲要》。

因此，社会保障水平一定要与经济发展水平相适应，不能定得过高。建议国家的养老保险基金，除吸收职工和企事业单位的积累外，还应该建立吸收国内外企业、财团和社会（包括个人）的各种资金的机制，保证养老基金的不断增长。同时，要根据中国城市化的发展进程，研究和解决不断进入城镇的农民（新职工）的养老保险的问题，以保证社会的持续、稳定发展。城市化进程的加快会使农村的劳动力大量向城市转移。在这种情况下，不仅农村老龄化的程度会高于城市，而且由于子女可能会迁出农村，农村老年人口和子女同住的情况会减少，老年人的供养会成为问题。今后农村的养老主要还是以家庭养老为主，需要政府在立法、社会舆论、伦理道德方面来维护家庭养老制度的稳定。同时必须发挥国家、集体和个人多方面的作用，逐步建立适合农村经济发展程度的、多种形式的老年保险制度，使农村老年人口的供养有一定的来源保证。可以先在经济发展不同的地区建立不同的模式，进行试点，然后逐步推广，使养老保险能涵盖所有的农村人口。同时，为适应城市化发展的需要，还应建立可以和城镇养老保险相衔接的农村养老保险办法。

（3）扶持老龄服务事业。在人口老龄化与家庭小型化、核心化过程中，老年人的生活需求增加，发展老龄服务事业迫在眉睫。现在中国老龄化的问题刚刚反映出来，各种老龄服务事业还很不完备，需要大力发展。当前，要切实采取以下措施：一是建立以居家为基础、社区为依托、机构为补充的多层次养老服务体系。二是统筹规划建设公益性养老服务设施，支持面向失能老年人的老年养护院、社区日间照料中心等设施建设。三是全面建立针对经济困难高龄、失能老年人的补贴制度。四是加强老龄科学研究。五是实施养老护理人员培训计划，加强专业化养老服务护理人员和管理人才队伍建设。六是推动医疗卫生和养老服务相结合，完善与老龄化相适应的福利慈善体系。[①]

（4）发展老龄产业。老龄产业是指与老龄有关的产业，其中既包括第一产业，也包括第二产业，更多的是第三产业。现在中国的市场还不能满足老年人的需求，随着社会主义市场经济的发展和老龄人口的增加，有关老龄的产业一定会有很大的发展。政府要在老龄产业的发展中充分发挥作用，也就是要做好产业的指导和产业政策的研究工作，对老龄产业给予更多的支持、鼓励和帮助，制定更多的经济优惠政策，规范和指导老龄产业的发展。老龄产业是大有可为的，它是中国老龄化社会的重要支持体系，它的发展既是现实的需要，也可以带来丰厚的

---

① 摘自《中华人民共和国国民经济和社会发展第十三个五年规划纲要》。

利润，完全可以在市场经济中占有一席之地。在当前特别要重视发展适合老年人需要的饮食业、保健业、旅游业、制造业、医药业、运输业、教育业、文化业、出版业、影视业、公共业和各种服务业，以满足老年人不断增长的物质文化生活的需要。为此，要全面放开养老服务市场，通过购买服务、股权合作等方式支持各类市场主体增加养老服务和产品供给。

（5）调整老年就业政策。20 世纪 90 年代末，中国老年人随着健康水平的提高和市场经济的发展，就业比例有所增加，就业者占 33.17%，其中城市就业者占 14.78%，城镇就业者占 15.37%，农村就业者占 64%，这种情况反映了老年人就业的客观需求。但是，在未来的 20 年之内，中国新增的劳动力人口和农业剩余劳动力人口对就业的压力依然巨大。这期间，像一些人提出的比照西方国家的做法，提高退休年龄的想法是不可取的。至于到了 2020 年以后，人口就业的压力减轻了，老年人的预期寿命更长了，适时地提高劳动力的退休年龄是水到渠成的事。但是，不在法律上调整退休年龄，而在政策上应该鼓励和支持老年人重新就业。特别是中国年轻型的老年人数量很大，他们有条件和能力重新就业。老年人口的重新就业不会与劳动力人口的就业发生冲突，因为重新就业的老年人口并非挤占一般的就业机会，他们主要是填补社会经济变动过程中的结构性的职业空缺。老年人口重新就业和劳动力人口就业的两个方面可以协调一致、互为补充。老年人的重新就业不仅有利于老年人参与社会活动，还有利于老年人的健康，而且可以增加老年人的收入，减轻社会的负担。

（6）完善老年立法体系。1996 年，中国颁布了《中华人民共和国老年人权益保障法》，这是中国第一部全面保障老年人合法权益的重要法律。它的制定和实施为老年人提供了有力的法律保障。但是老年立法应该是一个完整的法律体系，老年人权益保障法是以宪法为依据的老年人的基本法，我们必须依照这个基本法建立相关的法律和法规。建议各级地方政府也应该制定相应的法规和实施细则，使整个社会对老年人权益的保护、老年人生活的照顾、老年人事业的发展等都能做到有法可依，并逐步地建立有关老年人的社会保障法、社会救助法、保健法、劳动就业法以及老年产业发展、老年文化组织、老年保护设施、老年教育、老年服务等法规。通过立法，规范社会的行为，保证中国的老年人能够做到"老有所养、老有所医、老有所为、老有所学、老有所教、老有所乐"，"建立一个不分年龄人人共享的社会"。

第三节 养老保险制度改革与完善

在人口老龄化趋势的压力下，世界上绝大多数实行现收现付制的国家均面临着亟待解决的财务困难。许多国家都在寻找一条可以规避不足清偿风险和实现体制长期平衡的改革道路，这是每个进行养老保险体制改革的国家的共同目的。面对现收现付制养老保险体系的财务困难，经济学家提出了许多政策建议，包括：降低养老金发放水平，增加养老保险税，推迟退休年龄，通过移民或扩大养老保险覆盖面保持养老保险体系的财政均衡以及由现收现付制向基金制转轨等。与世界许多国家一样，面临日益老龄化的人口年龄结构，中国也同样面临着人口老龄化带来的养老保险体系的财务平衡问题。对此，中国提出了"三支柱"的改革方案，即在保留部分现收现付制的基础上，引入基金制养老保险计划和补充养老保险计划。

一、养老保险制度改革

（一）养老保险制度改革历程

1984 年国家在全民所有制企业范围内进行了以退休费用社会统筹为主要内容的改革试点，社会统筹以市县为单位。这种做法缓和了企业之间退休费用负担不均衡的矛盾，基本保证了退休职工的生活。但其缺点是社会保障程度不高，养老保险基金管理分散，调剂功能不强。

1991 年 6 月，国务院在总结各地改革试点经验的基础上，发布了《关于企业职工养老保险制度改革的决定》，明确实行养老保险社会统筹，即提高退休费用社会统筹的层次，从市县统筹提高到省级统筹。费用由国家、企业和职工三方负担，基金实行部分积累。

1995 年 3 月，国务院在 11 个部委共同组成的"社会保障体系专题调研组"联合调研的基础上，下发了《关于深化企业职工养老保险制度改革的通知》（以下简称《通知》），自此，全国养老保险制度改革工作进入了一个新阶段。《通知》明确了基本保险实行社会统筹和个人账户相结合的制度，并逐步形成基本保险、企业补充保险和个人储蓄性保险相结合的多层次养老保险制度。企业养老保险实行社会统筹与个人账户相结合，借鉴发达国家和一些新兴工业化国家的经验教训，符合我国国情，是社会保险制度改革上的一项重大制度创新。

"统账结合"制度虽起了一定的归并作用，但由于各地个人账户比例不同（3%～17%），中央难以管理、调控，各地区相互攀比，职工跨地区流动困难。1997 年 7 月 16 日，国务院发布《关于建立统一的企业职工基本养老保险制度的决定》，明确全国城镇企业职工基本养老保险实行统一方案。国务院要求全国各地尽快向统一方案过渡，过渡最后期限为 1998 年底。

1998 年 8 月，国务院发出了《关于实行企业职工基本养老保险省级统筹和行业统筹移交地方管理有关问题的通知》，决定 1998 年 8 月完成 11 个行业统筹移交地方工作，12 月底全国范围内实行省级统筹。实行省级统筹始终是养老保险改革的重要目标之一，这对提高决策和管理水平、提高基金抗风险能力、推动社会保险事业发展是至关重要的。

中国确立的是"社会统筹与个人账户相结合"的养老保险模式，并初步形成个人缴费机制。企业缴费比例不超过工资总额的 20%，个人缴费比例为 5% 左右（最终达到 8%）。个人账户按本人缴费工资的 11% 建立，个人缴费全部记入，其余从企业缴费中划入。个人缴费年限累计满 15 年的，退休时的养老金包括基础养老金和个人账户养老金；不满 15 年的，不享受基础养老金，其个人账户储存额一次性支付给本人。该模式从总体讲有利于处理好个人、企业和国家三者之间的关系，可以使养老资金由现收现付转化为预筹积累，并使眼前利益和长远利益有机结合起来。根据有关精算，基本养老保险个人账户按职工工资的 16% 左右记入，35 年工作期间储存的本金和利息可以为退休后支付 18 年养老金，能够保障退休职工的基本生活。[①] 为适应统筹城乡发展要求，2009 年、2011 年我国先后开展了新型农村社会养老保险和城镇居民社会养老保险试点，并在此基础上全面推开，2014 年建立了统一的城乡居民基本养老保险制度。

2015 年，国务院印发了《关于机关事业单位工作人员养老保险制度改革的决定》，该决定从 2014 年 10 月 1 日起对机关事业单位工作人员养老保险制度进行改革，基本养老保险费由单位和个人共同负担。单位缴纳基本养老保险费的比例为本单位工资总额的 20%，个人缴纳基本养老保险费的比例为本人缴费工资的 8%，由单位代扣。按本人缴费工资 8% 的数额建立基本养老保险个人账户，全部由个人缴费形成。这意味着近 4000 万机关事业单位人员养老将告别"免缴

---

① 国家体改委：《社会保障体制改革》，改革出版社 1995 年版。

费"时代，持续多年的养老保险"双轨制"彻底被打破。

（二）现行养老保险制度

中国的养老保险模式由基本养老保险、企业补充养老保险（企业年金）和个人储蓄性养老保险三个层次构成，或称为覆盖基本养老保险、企业补充养老保险和个人储蓄性养老保险三个支柱的养老保险体系。基本养老保险是由国家通过立法强制实行，要求全体劳动者和企业必须参加保险，当劳动者在年老丧失劳动能力时，能给予基本生活保障的制度。基本养老保险事务通常由政府设立的社会保险机构负责经办。企业补充养老保险又称企业年金，是指在参加国家法定基本养老保险的基础上，另由企业为提高本企业职工的养老保险待遇水平，用自有资金设立的一种辅助性的养老保险。企业补充养老保险在国家法律法规和政策的指导下进行，由用人单位与职工视企业经营状况进行民主协商，自主确定是否参加补充养老保险，并确定相应的保险水平和选择经办机构。个人储蓄性养老保险是由职工根据个人收入情况自愿参加的一种养老保险形式，劳动者个人可以按照自己的意愿决定是否投保，并确定相应的投保水平和选择经办机构。

就基本养老保险制度来讲，目前实行的是社会统筹和个人账户相结合的部分积累制。其中，社会统筹的模式是现收现付制，所谓现收现付制往往制定特定的受益标准，并根据个人当前的具体状态，如年龄、身体状况等条件是否符合该标准来确定其是否受益及受益多少，具有明显的收入再分配性质。现收现付制通常以征税方式，依据收支平衡原则，本期征收，本期使用，没有提供预期储备因而不涉及资金的投资管理和保值增值。个人账户则是基金积累式，通过企业（包括职工）在职工工作期间缴费的方式，建立一个专门的延迟支付的养老保险基金，在职工退休时开始支付，直至其死亡，因此具有保值增值性。企业补充养老保险一般也采用个人账户积累式的筹资模式，通常按基金会组织形式进入金融市场营运管理。个人储蓄性养老保险则由商业保险公司举办，个人自愿投保。

与远景目标和国际规范相比，中国当前用于保障退休职工基本生活需要的部分，即基本养老保险部分，其范围较宽，费率负担和替代率也比较高，相当于国际上的第一层次和第二层次。从筹资方式来看，当前的基本养老保险采取强制性收费的方式，实行的是现收现付制的社会统筹和基金积累式的个人账户相结合的部分积累制，其本质上毫无积累，为名义个人积累制。现行养老保险制度试图解决养老保险的储蓄与再分配功能，实现公平与效率的统一，并将所有的东西都捆绑在一起。

二、完善中国养老保险体制的对策

（一）养老保险制度改革的难点和热点

（1）基本养老保险模式问题。基本养老保险亦称国家基本养老保险，是国家根据法律、法规的规定，按国家统一政策规定强制实施的为保障广大离退休人员基本生活需要的一种养老保险制度。在这一制度下，用人单位和劳动者必须依法缴纳养老保险费，在劳动者达到国家规定的退休年龄或因其他原因而退出劳动岗位后，社会保险经办机构依法向其支付养老金等待遇。1992 年党的十四大提出中国企业职工基本养老保险要实行社会统筹与个人账户相结合的模式，1995年这一模式开始运行。按照这个模式，社会统筹与个人账户放在一个"兜里"收支，实行现收现付或部分积累，没有结余或结余很少，因而个人账户也被称为"空账"。国内外一些专家对这一模式提出了不同的看法，认为应将社会统筹与个人账户分开，社会统筹部分实行现收现付或部分积累，个人账户建成"实账"，实行完全积累。还有人认为，养老模式由"现收现付制"逐渐向"部分积累制"转变，但现阶段，部分积累率不宜过高，这样对老职工不存在"欠账"问题。综观世界各国养老保险制度，除新加坡、智利等少数国家外，绝大多数国家的养老保险基金实行的还是现收现付制。中国由于老龄化发展迅速，实行部分积累制是必要的，但积累率不可能太高，也不宜过高。这是由于考虑到国家的实力和日后通货膨胀的风险，同时也考虑到企业和财政不可能既负担现有离退休人员的养老金，又为年轻职工积累全部养老金。[①] 从整个养老保险制度看，西方国家一直存在着部分积累，其中国家提供的基本养老金采用现收现付，雇主提供的职业年金采取完全积累，由此形成两种制度结构上的分工。借鉴国际经验，有学者阐述了中国基本养老保险的部分积累将来可能有三种定位：第一种是把部分积累制作为应付老龄化的手段，在老龄化过程的前期开始积累，用以弥补老龄化高潮时的支付，到出现静态人口结构时，全部积累用完，并进入现收现付制。因此，部分积累制是一种过渡现象，最终将过渡到现收现付制。据美国社会保险署精算家预测，中国可到 2040 年用完积累金。第二种是把部分积累作为向完全积累进行过渡的手段。近年来，不断有人提出采用智利等南美国家的做法，即采取国家债务的方法，承担已有退休人员的养老金，从而使完全积累制在短期内实行。但这种设想实施起来有相当的困难，快速实现筹资模式的转换，还不符合目

---

① 张卓元等：《20 年经济改革回顾与展望》，中国财政出版社 1998 年版。

前我国的国情。根据世界银行的测算，我国采取第二种手段，还需要 80 年左右的时间完成这种过渡。第三种是把部分积累作为目标模式，且长期维持下去。即使进入静态人口结构，基本养老保险仍然分解到个人账户积累和现收现付的社会共济两部分。[①]

（2）关于"空账"问题。养老保险制度中设立个人账户，是为了职工的未来养老进行预先积累和保值增值。但目前承担着为职工积累保险基金的个人账户基金在很大比例上被挪用为退休职工的养老金，出现了所谓"空账"问题。中国社科院世界社保研究中心发布的《中国养老金发展报告 2015》认为，截至2014 年底，个人账户的空账额已经超过了 3.5 万亿元。如何看待空账，人们看法不一：有人认为空账风险极大，如不重视，将来恐积重难返；但另有人持相反意见，认为通过代际转移，空账并无危险，甚至还有人认为实账因无保值增值手段风险反而更大。从中国目前实际情况看，不可能在短期内实现个人账户"实账化"，而是根据我国实际经济承受能力，个人账户沿着"空账—适度空账—实账"的轨迹逐步实现个人账户"实账化"，亦即留有"适度空账"，仍沿用社会统筹方式，靠几代人代际分摊负担。此处的"适度空账"是建立在适度的经济增长和一定的经济承受能力基础上的"空账"。因此，空账将是一个长期存在的客观事实，但将其控制在一定的度上则是必要的。要注意使个人账户记入比例适中，并在制度设计上使个人账户在动态过程中有逐渐做实的可能性。[②] 如何把空账实账化，这就需要庞大的资金填补以前的缺口，据世界银行测算，要使"老人"、"中人"和"新人"都有一个实实在在的有钱的账户，需要 19170 亿元（1994 年价格，含机关事业单位的养老金权益）。[③] 这是国家的"隐性债务"，也是一个更大的"空账"。根据众多专家学者的意见，国家还是应该把应担的责任担起来，即对于按老办法对"老人"的现付应由国家财政预算列支；对于"中人"视同缴费的"空账"，国家应按养老金缴费比率代他们参与缴费；对一些确实无力缴纳养老保险费的企业，国家应作为"雇主"替他们缴费。在国家应承担的责任以外，由地方、企业、个人承担相应的责任。[④]

（3）关于国家补充社会保险金的问题。对于这个问题，理论界曾表现出极大的热情，也提出了许多方案。诸如，一些学者提出，以国有资产向社会保障基

---

① 孙炳耀：《人口年龄结构与老年社会保障筹资模式》，《中国人口科学》，1999 年第 3 期。
② 卢元：《关于养老保险可持续发展的若干思考》，《市场与人口分析》，1998 年第 11 期。
③ 李卫东：《我国基本养老保险模式分析》，《中国改革》，1999 年第 8 期。
④ 江春泽，李南雄：《养老保险改革老矛盾新问题》，《中国经济信息》，1999 年第 22 期。

金转化。应该把社会保障基金纳入统一的中央财政预算，根据各地区的实际需要采取转移支付的方式统一调配。这是尊重历史、面向未来的一种新型财政体制。建议在 5～10 年，我们应该采取特殊措施：用国债来补充社会保险基金。10 年后个人所得税、遗产税账户积累的基金基本上够用了，这个政策便可停止执行。[①]国有资产向社会保障基金转化的数量，应以 3000 万老职工的需要为限，大约需要 10000 亿元人民币。建议分为 5 年，每年从国有资产转化 2000 亿元，建立社会保障基金加入证券市场经营，以其利润支付老职工的医疗和养老保险金；国有资产向社会保险基金的转换方式可以有三种：向职工发放一部分股票、划分一部分国有企业归社会保险基金、从上市公司股票发行收入中提取 20%。[②] 上述建议终于在党的十八届三中全会上有了明确回应，党的十八届三中全会指出，划转部分国有资本充实社会保障基金，完善国有资本经营预算制度，提高国有资本收益上缴公共财政比例，2020 年提高到 30%，更多用于保障和改善民生。2014 年 5 月 6 日，财政部发布通知，从 2014 年起，适当提高中央企业国有资本收益收取比例，最高达 25%。2014 年，中央国有资本经营预算支出安排 1578.03 亿元，其中，企业调入公共财政预算用于社保等民生支出 184 亿元。另有资料显示，国有资产划拨全国社保基金的工作正由财政部牵头，国资委、人社部、社保基金理事会、证监会等部门共同推进。

（4）关于建立企业补充养老保险制度。补充养老保险制度是在强制性社会基本养老保险制度外，国家通过一定的政策引导、支持和规范发展的，以自愿性、市场化运作为基本原则的养老保险体系。我国补充养老保险业务经历了三个发展阶段，初步形成了包括企业年金、享受国家政策支持的团体养老年金保险业务及个人养老年金保险业务在内的补充养老保险业务体系。第一阶段是补充养老保险制度的提出阶段。1991 年，国务院印发的《关于企业职工养老保险制度改革的决定》提出，"随着经济的发展，逐步建立起基本养老保险与企业补充养老保险和职工个人储蓄性养老保险相结合的制度"；1995 年，国务院印发的《关于深化企业职工养老保险制度改革的通知》明确了补充养老保险性质和经办方式。第二阶段是企业年金大发展时期。《企业年金试行办法》、《企业年金基金管理试行办法》、《企业年金管理指引》等规范性文件的出台推动了企业年金的快速发展，并明确企业年金是补充养老保险的唯一形式。第三阶段是商业补充养老保险业务的发展。2007 年后，中国保监会等部门为推动商业补充养老保险业务采取

① 洪唯一：《要把社会保障问题当头等大事来抓》，《中国经济时报》，1999 年 10 月 29 日。
② 扬帆：《新旧体制转换过程中的中国社会保障体系建设》，《中国社会保障》，1999 年第 1 期。

了许多措施，例如，明确企业团体养老保险属于补充养老保险，印发了《保险公司养老保险业务管理办法》，补充养老保险逐渐呈现企业年金、商业养老保险业务共同发展的格局。

（5）关于对补充保险实行鼓励优惠政策。包括：①免税政策。国家要对企业补充保险费用免征企业所得税、运用储存的企业补充养老保险基金进行投资所得免征企业所得税、职工所得企业补充养老金免征个人所得税。②补偿政策。允许企业补充养老费用的一部分进入成本，使原来由企业负担的这部分费用，从产品销售收入中得到补偿。③实行特优利率和补贴率。为了保值增值，国家应当对储存银行的补充养老保险基金实行特优利率和保值贴补率。企业补充养老保险，要在国家政策指导下大力发展。国家也要对企业补充养老保险进行总量控制。一是对企业要控制在工资总额的一定比例之内；二是对个人要控制在养老金总体水平的一定标准内。在实践中，2009 年 6 月 2 日，财政部和国家税务总局发布《关于补充养老保险费补充医疗保险费有关企业所得税政策问题的通知》，明确给予团体投保企业保费支出在不超过职工工资总额 5% 标准内的部分，在计算应纳税所得额时准予扣除。另外，相关政策也规定，给予补充养老保险不超过上年工资总额 4% ~ 15% 企业所得税的税前扣除优惠。

除上述之外，大家比较关注的问题还包括：一是城镇职工、居民和农村居民养老保险并行设置，尚未形成城乡社会保险有效衔接的科层结构；二是现行制度偏重城镇正规就业，对新农民工和劳务派遣工的制度包容性不强，城乡社会保险的衔接和流动转移接续不够顺畅，对被动"断保"者缺乏平衡性的补救措施；三是对个别企业漏缴、不缴规费的处罚亟待规范，基层劳动保障监察对企业侵权制约监督不够，缺乏劳动保障政策的制度刚性和强制力。①

（二）完善养老保险制度的思路

党的十八届五中全会通过的《中共中央关于制定国民经济和社会发展第十三个五年规划的建议》指出，"建立更加公平更可持续的社会保障制度。实施全民参保计划，基本实现法定人员全覆盖。坚持精算平衡，完善筹资机制，分清政府、企业、个人等的责任。适当降低社会保险费率。完善社会保险体系。"针对上述部署，不少学者进行了解读，例如，郑秉文指出，上述表述是养老保险制度改革的指导方针，具有三层含义：一是养老保险制度全面深化改革的总体目标是更加公平和可持续。公平性体现在，横向上要解决不同群体和不同部门的特权制

---

① 钮友宁：《解决我国养老保险制度难题的路径思考》，http://finance.people.com.cn/n/2014/0201。

度等问题，例如，机关事业单位要加入养老金改革；纵向上要理顺养老金倒挂等问题，例如，建立养老金正常调整机制。可持续性主要是指城镇职工基本养老保险的支付能力与收入能力的改革与匹配。二是全面深化改革的检验标准是推进实现全国统筹和坚持精算平衡原则。三是全面深化改革的主要任务是通过完善个人账户制度，健全多缴多得的激励机制，以确保参保人权益。[1] 正因如此，《中华人民共和国国民经济和社会发展第十三个五年规划纲要》对养老保险制度改革明确了思路：完善统账结合的城镇职工基本养老保险制度，构建包括职业年金、企业年金和商业保险的多层次养老保险体系，持续扩大覆盖面。实现职工基础养老金全国统筹。完善职工养老保险个人账户制度，健全参保缴费的激励约束机制，建立基本养老金合理调整机制，推出税收递延型养老保险。下面，介绍胡晓义指出的未来养老保险制度改革的主要任务。[2]

（1）实现基本养老保险全覆盖。要继续把扩大养老保险覆盖面作为重要任务，实施"全民参保登记计划"。对城镇就业群体，以小微企业、非公单位员工、农民工、劳务派遣员工、灵活就业人员、城镇个体户等为重点，通过严格执法、扩大宣传、权益累计以及适当降低费率等方法，持续扩大覆盖面，并积极向家政服务、网络就业、农村新兴产业从业人员扩展养老保险的覆盖面。对城乡居民进一步强化多缴多补、长缴多得的激励政策，并引导他们积极参保和持续缴费。

（2）深化养老保险重点领域改革。合并实施新农保与城居保，建立统一的城乡居民基本养老保险制度。出台落实职工养老保险与城乡居民养老保险的衔接政策。继续推进机关事业单位养老保险制度改革，逐步解决"双轨"运行矛盾。进一步提高统筹层次，实现职工基础养老金全国统筹，清晰界定各级政府对基本养老保险的筹资和支付责任，均衡地区负担，增强抵御风险能力。

（3）稳步提高社会保障水平。在经济发展基础上，统筹确定各项基本养老保险待遇标准，逐步缩小城乡之间、地区之间、不同群体之间的待遇水平差距。另外，建立与经济发展、收入水平、物价变化及各方面承受能力相联系的基本养老保险待遇正常调整机制，使人民群众更好地分享经济社会发展成果。实施支持企业年金、职业年金的税收优惠等政策，大力发展补充养老保险和个人储蓄性养老保险，加快形成多层次的保障体系。弘扬尊老敬老的民族优良传统，继续发挥

---

① 郑秉文：《对养老保险制度全面深化改革的思考》，http：//www.clssn.com/html1/report/14/2981 – 1.htm。

② 胡晓义：《到 2050 年建立起有中国特色多层次养老保险体系》，《求是》，2014 年第 8 期。

好家庭的养老保障功能。

（4）建立有利于制度持续稳定发展的体制机制。要进一步拓宽养老保险筹资渠道，调整财政支出结构，加大政府对社会保障的投入，落实用人单位和个人依法参保缴费的责任。划转部分国有资产充实并做大做强社会保障战略储备基金。在确保安全的基础上，推动养老保险结余基金进行市场化、多元化投资运营，实现保值增值。坚持精算平衡原则，综合考虑人力资源供需、教育水平、人均预期寿命、基金收支等因素，研究制定渐进式延迟退休年龄政策，改善养老保险抚养比。进一步加强社保基金监管，完善预算制度，积极探索社会直接监督的有效方式，提高透明度，使基金在阳光下运行，确保亿万群众"养命钱"的安全完整。

（5）健全经办服务体系。大力提升社保管理服务的规范化、标准化、信息化水平。整合分散设置的各类养老保险经办管理机构，优化服务规程。加快制定实施社会保障的国家标准、行业标准和地方标准，形成统一的服务标准体系。以中西部地区和基层为重点，加强社会保障服务平台规范化建设。实施"金保工程"二期（全民社会保障信息化工程），全面实现基本数据省级集中管理，大力推进网上经办等服务新模式。

[小结]

适度人口论分为早期的适度人口论和现代适度人口论。早期适度人口论把人口增长和工农业生产率、人均收益以及自然资源等联系起来分析，认为在任何一定时期，或者在任何特定的条件下，或其他条件都保持不变，总有一个适度人口使得产业收益最大；与早期的适度人口论相比，现代适度人口理论涉及的领域更宽泛，确定适度人口的标准趋于多元化，从静态走向动态，使适度人口论更实用、更切合实际。如索维为适度人口设立了9个目标：个人福利、福利总和、财富增加、就业、实力、健康长寿、寿命总和、文化知识、居民人数。在上述目标中，首先应当考虑个人经济福利。

人口转变过程划分为三个发展阶段：高出生率和高死亡率阶段；高出生率、低死亡率阶段；低出生率、低死亡率阶段。

一个国家或地区的人口是由未成年人口、成年人口和老年人口构成的。在总人口中，如果老年人口的比重不断提高，而其他年龄组人口的比重不断下降，我们称这一动态过程为人口老龄化趋势。目前国际上一般把60岁及以上人口称为老年人口，如果一个国家或地区的总人口中60岁及以上人口的比例达到10%，则称为进入老龄社会（或老龄化社会）。有时，也把65岁及以上老年人口的比例在7%以上称为老年型人口社会。

中国的养老保险模式由基本养老保险、企业年金和个人储蓄性养老保险三个层次构成。基本养老保险是由国家通过立法强制实行，要求全体劳动者和企业必须参加保险，当劳动者在年老丧失劳动能力时，能给予基本生活保障的制度。企业年金又称企业补充养老保险，是指在参加国家法定基本养老保险的基础上，另由企业为提高本企业职工的养老保险待遇水平，用自有资金设立的一种辅助性的养老保险。个人储蓄性养老保险是由职工根据个人收入情况自愿参加的一种养老保险形式，劳动者个人可以按照自己的意愿决定是否投保，并确定相应的投保水平和选择经办机构。

[思考题]

1. 简述适度人口论的主要内容。
2. 简述人口增长对自然资源、环境与经济发展的影响。
3. 什么是人口转变？人口转变的阶段及中国人口转变的特点。
4. 简述人口老龄化对社会经济的影响。
5. 试论人口控制与可持续发展的关系。
6. 试论中国养老保险制度的建立与完善。

第九章　人口流动与城乡统筹

[**内容提要**] 人口流动一直是西方经济学家关心的焦点问题，他们也构造了一些著名的人口流动模型。同样，随着经济社会的发展，我国的人口流动问题也是不可回避的。我国的人口流动有与其他国家相一致的共性，也有其特殊的个性，尤其表现在人口流动的动因上。要解决我国农村剩余劳动力，基本途径是统筹城乡的经济发展，同时也有许多具体的措施。

人类的流动一开始就与其生存和发展紧密相连。正如列文斯坦早在 19 世纪末所说的那样，人口的迁徙流动意味着生存和进步，而静止则意味着停止和萧条。经济发展不仅意味着收入的增长——量的增加，同时也意味着结构的变化——质的转变。一个国家最基本的结构莫过于城市与乡村、工业与农业。城市是工业文明的发源地和聚集地，是现代经济增长的温床。要完成经济结构由不发达到发达的转换，一国的人口和经济重心就要由农村转移到城市，由农业转移到工业。

第一节　西方的人口流动模型

作为一种与社会经济发展紧密相关的社会现象，人口流动历来是经济学家和社会学家十分关注的焦点之一。从古典经济学的创始人到当代发展经济学家，都从不同角度对人口流动进行了研究。这些理论大致可分为利益驱动型人口流动理论和非利益驱动型人口流动理论，在利益驱动型人口流动理论中，有莱文斯坦的迁移法则（Ravenstein E. G. ，1885）、迁移规律（E. S. Lee，1966）、"推—拉"

理论、刘易斯二元人口流动模型、拉尼斯—费景汉劳动力迁移模型、乔根森人口迁移模型、托达罗人口流动模型等。非利益驱动型人口流动包括非自愿人口流动、生态人口流动等。这里我们主要介绍一些经典学者对人口流动的模型进行研究而得出的理论观点。

一、刘易斯人口流动模型

1954 年，阿瑟·刘易斯提出了第一个人口流动模型。刘易斯认为，发展中国家普遍存在着"二元经济结构"：一个是以传统生产方式进行的、劳动生产率极低的农业部门；另一个是以现代方式进行的、劳动生产率和工资水平较高的工业部门。刘易斯认为，经济的发展依赖于现代工业部门的扩张，而现代工业部门的扩张又需要农业部门提供丰富廉价的劳动力。在这个人口流动模型中，有三个假设前提：①农村存在着无限的劳动力供给；②现代部门的成长无限地吸收剩余劳动力；③工资水平不变。刘易斯认为，在二元经济结构下，农业剩余劳动力的转移过程可以用图 9-1 说明。图中 OA 表示农业部门维持最低生活水平的实际收入，OW 表示工业部门的实际工资。WSS' 是工业部门的劳动供给曲线，D_1K_1、D_2K_2、D_3K_3 分别为在不同资本量下工业部门的劳动需求曲线。对工业部门而言，在 OW 工资水平下，来自农村的劳动力供给是无限的、具有完全弹性的，即不必提高工资，就能不断地得到来自农村的劳动力的能源供给。劳动供给曲线是一条完全水平的直线 WS。假定工业部门在初始阶段的资本量为 K_1，但资本固定为 K_1 而逐渐增加劳动投入时，按照生产要素边际报酬递减规律，劳动的边际产品将逐渐减少，如曲线 D_1K_1 所示。这条曲线也正是工业部门的劳动需求曲线。工业部门雇用工人的数量由劳动供给曲线和劳动需求曲线的交点决定的。但资本量为 K_1 时，雇用的劳动力数量为 OL_1。工业部门的总产量为 OD_1FL_1，付出的工资总量为 $OWFL_1$，剩余产出即利润量为 D_1FW。利润可以再投资而形成资本，使资本量由 K_1 增加到 K_2。重复这个过程就使工业部门的资本量继续增加，雇用的劳动力数量随之增加，利润额不断扩大，工业生产规模不断扩展。

但工业部门雇用的劳动力数量增加到一定限度，农业部门的剩余劳动力已经全部转移到工业部门时，两地的劳动力分配达到均衡。农业中的劳动边际生产率提高，农业劳动力的收入也提高。此时，工业部门要想得到更多的劳动力，就不得不提高工资水平。如图 9-1 所示，农业剩余劳动力数量为 OLS，超过 OLS，工业部门的劳动供给曲线将向右上方上升，成为 SS'。

刘易斯认为资本积累是经济发展和劳动力转移的唯一动力，当农村的收入低

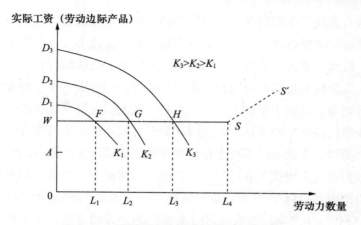

图9-1 刘易斯的农业剩余劳动力转移模型

于城市的收入时，城市工业部门资本投入的增加将会促使农村剩余劳动力的外流和吸收，但农村剩余劳动力转移出去以后，农村的收入也会相应地提高直至与城市相等。而人口流动最终将推动国家从二元经济进入一元经济。

刘易斯模型回答了落后国家如何实现经济发展的起步问题，在刘易斯建立该模型后的初期，受到众多发展经济学家的赞扬：一是该模型所说的二元经济结构，大体上符合许多发展中国家的经济特点，与哈罗德—多马模型之类的总量发展分析相比，更接近发展中国家的现实。二是该模型把经济增长和人口流动联系起来观察落后国家的经济发展，其过程与发达国家曾经走过的道路有一致之处，因而模型具有一定的历史经验基础。三是刘易斯模型的重点在于工业的扩大，但也提到剩余劳动力的消失将逐渐促进农业的进步。

但是，一些学者也指出了这一模型的不足或缺陷，其主要观点有：一是刘易斯模型暗含地假定，现代工业部门的劳动转移率和就业创造率与这个部门的资本积累率成正比例的关系而增加：资本积累率越高，生产规模越扩大，新工作创造率就越高，从而使劳动转移率随之上升。但是，这种情况的出现必须有一个前提条件，即生产技术不变，投入要素比例不变，按照原来的生产技术、投入要素比例，扩大投资、生产规模，而事实上这个前提条件不一定有。现代工业部门在资本投入量增加、生产规模扩大时，会越来越倾向于资本密集型技术的采用，结果现代工业部门虽然扩展了，但创造的就业机会并不同步增长。二是刘易斯模型暗含地假定，农村有剩余劳动，城市不存在失业。这一假定也不一定符合发展中国家的实际情况，在不少发展中国家中，农村虽然有季节性失业和地区性失业现象，但剩余劳动的存在并不普遍。但在城市中，失业问题往往很严重。三是刘易斯模型暗含有现代工业部门存在一个竞争的劳动市场的假设，在竞争条件下，农村剩余劳动被完全吸收之前，城市工业实际工资将保持不变。但发展中国家的实际情况是，城市工资都一直有上升的趋向。原因是工会组织的讨价还价能力、公务人员的工资升级制度以及跨国公司雇用人员的惯例等因素易于使发展中国家的劳动市场的竞争力量起不了什么作用。四是一些发展经济学家指出，发展中国家的传统农业部门虽然生产率低，但资源配置是有效率的，不可能存在零值边际生产率的剩余劳动，因此也就不可能存在对现代工业部门的无限劳动供给。当农业部门一部分劳动流向现代工业部门后，农业产出将减少。为此，刘易斯后来辩解说，他所说的劳动边际生产率为零不是指"一个人时"的边际生产率，而是指"一个人"的边际生产率。当农业部门流出一部分劳动力后，余下的劳动力会通过增加劳动时间来保持总产出不变，而且他的模型的建立并不依赖于零值劳动边际生产率，模型要求的只是在现行工资水平上，工业部门的劳动供给大于劳动需求。在发展中国家，资本主义工资大大高于非资本主义收入，由于人口迅速增长，劳动供给大于需求的状况是存在的，因而他的模型并不是背离实际的。五是在刘易斯看来，在剩余劳动消失之前，农业不过是一个向现代工业部门输送劳动力的被动而消极的部门，即只要存在农业劳动者收入低于工业工资水平，现代工业部门的扩张就可以持续地进行下去，而不管农业是否发展。一些发展经济学家提出刘易斯的上述推理是不符合实际的。他们指出在农业中，必定有一部分劳动力的边际生产率大于零而小于他们所获得的平均收入，当这部分劳动力转移到工业部门后，在农业生产率不变的情况下，农业总产出必然减少，因而给工业部门提供的粮食也随之减少，这就会引起粮价上涨，工业工资水平也要相应提高，以致利润下降，工业扩张减速直至停止。

二、拉尼斯—费景汉劳动力转移模型

美国耶鲁大学的拉尼斯（G. Ranis）和费景汉（J. Fei）于 1961 年首次发表了一篇论文《经济发展理论》，在刘易斯人口流动模型的基础上进行了补充和修正，建立了一个更加精细的劳动力转移模型。他们认为因农业生产率提高而出现农业剩余，是农业劳动力流入工业部门的先决条件。他们把劳动力向工业部门的流动过程划分为以下三个阶段：第一个阶段，劳动力无限供给，类似于刘易斯模型。第二个阶段，工业部门吸收那些边际劳动生产率低于农业部门平均产量的劳动力。第三个阶段，经济完成了对二元经济的改造，农业完成了从传统农业向现代农业的转变。这个"三段论"比刘易斯模型更准确地反映了二元经济发展的内在联系和自然演进过程。

拉尼斯—费景汉模型与刘易斯模型的基本假定大部分相同，关键区别有两点，一是前者考虑了农业技术进步因素，二是前者明确了维持最低生活的不变制度工资与劳动供给曲线的区别（在刘易斯模型中，劳动供给曲线就是不变制度工资水平线）。

拉尼斯—费景汉模型把现代工业部门的扩展过程与农业的进步问题联系起来并加以说明，其分析过程如图9-2（a）、图9-2（b）和图9-2（c）所示。

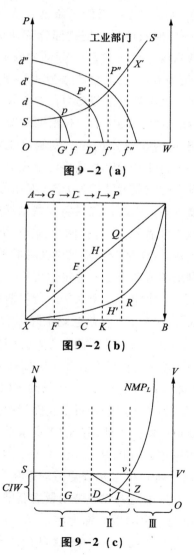

图9-2（a）

图9-2（b）

图9-2（c）

图9－2（a）表示现代工业部门的扩展情况，分析过程与刘易斯模型基本一致，横轴 OW 表示工业劳动量，纵轴 OP 表示劳动边际生产率和实际工资 df，$d'f'$，d 和 $d''f''$ 表示不同资本量的劳动需求曲线，SS' 表示劳动供给曲线，其由二部分组成，水平部分 SP 和上升部分 PS'。

图9－2（b）和图9－2（c）表示农业部门的变化，在图9－2（b）中，O 点为原点，OA 表示农业劳动量，OB 表示农业总产出。$ORCX$ 为农业部门总产出曲线，其由两部分组成：ORC 部分凹面向上，表示边际生产率递减，CX 部分为水平线，表示边际生产率为零。过 C 点作一条垂直线与 OA 轴相交于 D 点，则 AD 部分的农业表示不生产任何农产品，把这部分劳动从农业中抽出，农业总产量不会减少。拉尼斯和费景汉把体现这部分劳动的农业劳动者称为"剩余劳动力"。假设农业的总劳动量为 OA，农业总产量为 AX，则 AX/OA 表示农业的平均产出。由于农业部门存在着大量的剩余劳动力，农业人均收入很低，农业劳动只有获得平均产出才能维持最低水平的生活，拉尼斯和费景汉称这个收入水平为不变制度工资，因它由非市场因素决定的。不变制度工资由 OX 线的斜率（AX/OA）表示。作一条 OX 的平行线与 $ORCX$ 线相切于 R 点，在 R 点上，边际劳动产品等于平均收入，此时投入的农业劳动量为 OP，农业劳动量一旦大于 OP，劳动边际产品将低于不变制度工资，由此，拉尼斯和费景汉把 P 点以后的 PA 劳动量的农业劳动力称为"伪装失业者"，它包括两个部分：PAD 部分劳动的边际产品大于零但小于不变制度工资。DA 部分劳动的边际生产率为零，其所体现的农业劳动力为多余劳动力；剩余的劳动力是一个技术现象，它决定于生产函数，而伪装失业者是一个经济概念，它决定于工资水平。拉尼斯和费景汉把农业总产出减去农民消费的余数称为农业总剩余，农业总剩余除以农业劳动得出农业平剩余。他们认为，如果没有农业剩余，农业劳动流向工业部门是不可能的，农业总剩余由总产出曲线 $ORCX$ 与 OX 线的垂直距离表示。比如有 GA 劳动量流入工业部门，农业总产出 GF 减去农业部门自身消费 GJ，其差额 FJ 即是农业总剩余，农业平均剩余则为 FJ/GA。他们认为，农业剩余对工业部门的扩张和农业部门的流动具有决定性意义，因为农业剩余影响工业部门的工资水平，并进而影响工业部门的扩张速度和农业劳动流出速度，在图9－2（c）中，O 点为原点，位于右下方，横轴 OA 表示农业劳动量，纵轴 OV 表示农业劳动边际产品和平均产品、$VUDA$ 曲线为劳动边际产品曲线，它反映随着农业劳动量逐渐增加，边际生产率递减，当农业劳动量增加到 D 点以后，边际生产率为零。SU' 为不变制度工资曲线，这条曲线与横轴的距离实际就是图9－2（b）中 OX 线的斜率，即农业劳动平均产品。

SYO 曲线表示农业平均剩余，例如，当流出劳动量为 DA 时，平均剩余为 YD。

拉尼斯和费景汉把农业劳动的流动过程分成三个阶段。第一阶段为劳动力无限供给阶段（由 DA 线段表示），在这一阶段劳动边际生产率为零，任何劳动量的流失不会使农业总产出减少，也不会产生粮食短缺问题，因此农业平均剩余与不变制度工资相等，在图 9 - 2（c）中表现为在 SY 线段农业平均剩余曲线与不变制度工资线相重合，也就说，不会影响工业部门的现行工资水平。第二阶段是边际生产率大于零但小于不变制度工资的那部分劳动的流出（由 PD 线段表示），流出的两部分之和（PD 加 DA）为 PA，它是农业中伪装失业者的劳动。在该阶段，由于劳动边际生产率为正数，当劳动流出时，农业总产出就会减少，而农民的消费不变，可是农业平均剩余低于不变制度工资，在用图 9 - 2（c）中表现为农业平均剩余曲线的 YO 部分在不变制度工资线的 YU 部分的下方。结果，提供给工业部门消费的粮食不足以按不变制度工资满足工人的需要，于是，粮食价格上涨，工业工资不得不随之提高。因此，劳动供给曲线在第二阶段转为上升，如 $P'X'$ 所示。第三阶段是前两部分劳动流出后余留下来的劳动的动向，这部分劳动的边际产品在价值上大于不变制度工资，这时，工业部门要吸引更多的农业劳动，就必须把工资提高到至少等于农业劳动边际产品的价值，劳动供给曲线迅速向右上方升起，如图 9 - 2（a）中 $X'S'$ 所示，工资水平将由市场力量决定，而不再取决于制度因素。进入该阶段后，由于按边际劳动生产率决定的工资高于不变制度工资，农业总剩余将小于 OX 直线与 $ORCX$ 曲线的垂直距离，即是设定的 OUQ 曲线与 $ORCX$ 曲线之间的垂直距离。相应地，由于农业劳动边际产出的价值越来越高于不变制度工资，农业消费也将提高，结果，农业平均剩余将更快地下降，在图 9 - 2（c）中表现为农业平均剩余曲线部分与不变制度工资线 UU' 部分相距更远。拉尼斯和费景汉从上述分析得出结论：发展中国家经济发展的关键就在于如何把农业部门的伪装失业者全部流动到工业部门去。在第一阶段，不会出现粮食短缺现象，因而农业劳动流出不会受到阻碍。进入第二阶段后，农业总产出因农业劳动的减少而减少，粮食价格开始上涨，农业劳动流出越多，粮食价格就越高，工业部门工资越上涨，工业部门劳动供给曲线弹性越小。结果，在伪装失业者全部流入工业部门之前，农业劳动的流出就已遭受阻碍，工业部门的扩张也会停止下来。如果在农业劳动流出的过程中，农业生产率的提高足以使农业平均剩余不致降低，从而一方面使农业劳动的流出和工业部门的扩张不受阻碍，另一方面使农业可以早日改变停滞状况，出现农业发展与工业发展平衡进行的局面。

拉尼斯—费景汉模型被认为是刘易斯模型的重大发展，体现在以下三点：一是农业不仅为工业部门的扩张输送劳动力，而且还提供所需的农业剩余。在刘易斯看来，发展中国家的农业对经济发展的贡献只在于可为工业部门的扩张提供所需的廉价劳动力，至于农业本身是否发展，在劳动流出的过程中无关紧要。拉尼斯和费景汉则认为农业除了提供廉价劳动力外，还为工业部门的扩张提供所需的农业剩余。如果没有农业剩余，工业扩张就会受阻。二是强调技术进步的作用。刘易斯把资本积累看作是工业部门扩张的唯一源泉，认为只有通过资本积累，技术进步才能得到体现。拉尼斯—费景汉模型则把技术进步和资本积累都看成是工业扩张和经济发展的源泉。三是要素比例可以变化。在刘易斯模型中，刘易斯暗含地假定资本积累与劳动吸收是同步进行的，或者说，要素比例是固定不变的，技术进步是中性的。拉尼斯和费景汉则注意到了技术进步对经济发展的作用，因此，要素比例被看成是可以变化的，也就是说在资本积累过程中有可能出现不利于劳动转移和就业增长的情况。在这一点上，拉尼斯—费景汉模型提醒了发展中国家的决策者在开发技术、引进技术时要防止偏重于资本密集型的倾向。

当然，拉尼斯—费景汉模型也有其缺陷：一是和刘易斯模型一样，依然假定农业部门存在剩余劳动，而工业部门不存在失业。实际上，发展中国家的城市存在着大量失业。二是和刘易斯模型一样，把工业部门的工资水平看成是由农业部门的收入水平决定的，并且是不变的，但事实上，城市工资水平总在上升。三是该模型假定第一、第二两个阶段的农业劳动者的收入水平不会因农业生产率变化而变化。实际上，发展中国家农民的生活水平随农业的发展得到了提高。

三、托达罗人口迁移模型

在刘易斯等的模型中，劳动者从农村迁入城市的唯一原因是城乡收入差距，只要城市的工资水平高于农业部门，农民就愿意迁移到城市谋求新的职业。这个观点其实包含了这样一种假定：城市中不存在失业，任何一个愿意迁移到城市的劳动者，都可以在城市现代工业部门找到工作。当然短期失业是有可能存在的，但这会降低工资水平，从而减慢人口流入城市的速度和规模，使得城市劳动力的供给和需求相适应，从而达到充分就业的均衡状态。20世纪六七十年代，发展中国家的失业问题越来越严重。与此同时，人口从农村流入城市的速度并没有减慢，反而呈现出有增无减的趋势。这一事实使得建立在充分就业假定上的人口流动模型丧失了它的有效性。托达罗正是在这种背景下提出了他的人口流动模型，他的模型与建立在充分就业假定上的刘易斯模型形成鲜明对照。

（一）托达罗模型的基本含义

与刘易斯等的二元经济结构模型相比，托达罗的前提假定有着鲜明的特点，其主要有以下三点：

（1）农业劳动边际生产率始终是正数，农村不存在剩余劳动，而城市部门则有大量失业。这一点与刘易斯模型等的假定刚好相反，后者都假定发展中国家中农村存在着剩余劳动而城市实现了充分就业。这是由于托达罗模型不强调劳动力流动对经济发展的积极意义，而是着重研究如何放慢人口流动速度，减轻城市的失业压力。

（2）城市工业部门的工资水平是由政治因素（政府和工会）决定的，因而不是固定不变的，而是上升的。二元经济结构模型都假设城市工业部门的工资水平是固定不变的，而在农业部门由于存在着剩余劳动，农业劳动收入水平维持在生存不变的制度工资上。因此，在这些模型中，不存在城乡收入差异扩大和城市失业扩大化的问题。但在托达罗模型中，不能上升的工资水平导致城乡实际收入差异拉大，引起人口流动速度快于城市工业部门就业创造的速度，从而造成城市失业率上升。

（3）农业劳动者迁入城市的动机主要取决于城市预期收入差异，而不仅是实际收入的差异。托达罗指出，当城市失业率很高时，即使城乡实际收入差异很大，农业劳动者也不会简单地做出迁移到城市去的决定。农村劳动者如果只从现实的城乡收入差异出发，贸然决定向城市迁移，进入城市劳动力市场，那么他们有可能找不着工作，沦为失业者。因此，他们在比较城乡实际收入差异时，还必须预期到达城市后失业的风险有多大。假设一个农村劳动者在农业部门劳动的年收入为200元，如果他迁移到城市工作实际收入为500元。如果城市中不存在失业的话，该农民为了谋求高收入就会选择迁入城市，这种选择是理所当然的。但是，实际情况是城市中存在着失业，因此，农村劳动者在做工作迁移决策时，必须在获得高收入和遭受失业风险之间进行权衡。就是说，潜在的迁移者一方面要考虑城乡的实际收入差异，另一方面还必须考虑在城市找到高收入工作的就业概率。如果他预期能找到高收入工作的可能性只有30%，那么他预期的城市工作的实际年收入为500×30%＝150元，还低于他在农村工作的实际年收入，这时他迁入城市的选择就是不经济的；如果城市失业率较低，预期在城市能找到高收入工作的可能性为60%，那么预期的城市工作的实际年收入为500×60%＝300元，要比他在农村工作的实际收入高100元，这时他从农村迁入城市就是合理的。

通过上述分析，托达罗认为，由于城市中失业的存在，农村劳动者在决定是否迁往城市工业部门工作时，就不能仅仅考虑城乡的实际收入差异，而且同时也要考虑城市的就业率或失业率，即他在城市找到工作的概率有多大。也就是说，是城乡预期的收入差异影响劳动力迁移的决策。影响预期的因素有两个：一个是预期的城乡实际收入差异，另一个则是预期在城市找到工作的可能性。

托达罗认为，一个农业劳动者决定他是否迁入城市的原因不仅决定于城乡实际收入差距，还取决于城市的失业状况。当城市失业率很高时，即使城乡实际收入差异很大，一个农民也不会简单地做出迁移到城市去的决定。托达罗的人口流动模型如下：

$$M = f(d) \quad f' > 0 \tag{I}$$
$$d = p \cdot w - r \tag{II}$$

式（I）中，M 表示从农村迁入城市的人口数，d 表示城乡预期收入差异，$f' > 0$ 表示人口流动是预期收入差距的增函数。在式（II）中，w 表示城市实际工资水平，r 为农村实际收入，p 为就业概率。

托达罗模型的基本含义：①促进农民向城市流动的决策，是预期的而不是现实的城乡工资差异，它取决于两个因素：一是工资水平，二是就业概率；②农村劳动力在城市获得工作机会的概率与城市的失业率成反比；③人口流动率超过城市工作机会的增长率不仅是可能的，而且是合理的。在城乡预期工资差异很大的条件下，情况就会如此。因此在许多发展中国家，城市高失业率是城乡经济发展不平衡和经济机会不平等的必然结果。

（二）托达罗模型的政策含义

托达罗认为，他的模型不仅指明了发展中国家城市失业问题的根源，而且有着重要的政策意义。

（1）不能单纯地依靠工业扩张解决发展中国家严重存在的失业问题，而应同时大力发展农村经济。托达罗认为，技术进步必然带来资本有机构成的提高，资本积累的扩大必然伴随着劳动生产率的提高。在托达罗模型中，现代部门工作创造率等于工业产出增长率减去现代部门的劳动生产增长率。因此，工业产业的增长必然大于对劳动力需求的增加。也就是说，由工业扩张而提供的新的就业机会总是小于工业产出的增长。另外，现代部门创造的就业机会越多，就业概率就越大。即使城乡实际收入差异不变，预期的城乡收入差异也会增长，城市对农业劳动力的吸引力也就越大。据托达罗估计，现代部门每创造一个就业机会或每解决一个失业人员，就会有 2~3 个农民流入城市。因此，城市创造的就业机会越多，失业问题反而越严重。托达罗指出，为了解决城市失业问题，不能单纯指望工业扩张，而应同时大力发展农村经济。政府应当改变重城市轻农村的发展战略，把更多的资金用于改善农村的生产条件和农村的生活环境。同时，应鼓励农村的综合开发规划，寻找农业或非农业的生财之道，提高农村劳动力的就业率，增强初等教育和专业技术培训，发展道路、供排水等基础设施建设，改善卫生保健条件等。只有改善农村的生活条件，提高农业劳动者的实际收入水平，缩小城乡差异，才能从根本上减少促使人口从农村流入城市的诱因，城市就业压力才能减轻。

（2）应适当控制城市工资率的提高，或增加农民的收入，缩小城乡收入差异。归根结底，城乡人口流动是由城市和农村经济机会的差异所引起的。在当今发展中国家，政府往往采取偏重城市的发展战略，如对城市现代部门的工资进行补贴，使其增长速度高于农村实际收入的增长速度，以及加大对城市的公共建设投资，改善城市居民的生活条件等。再加上最低工资法和工会垄断力量的作用，导致发展中国家城市现代部门的实际收入远远高于农村的收入水平，前者一般是后者的 2~3 倍。这么大的收入差异并非源自劳动生产率的差异，而主要是人为干预的结果。在这种情况下，尽管城市失业率很高，也仍然会吸引农村人口源源不断地流入城市。其结果不仅使城市失业状况进一步恶化，而且使农村劳动力发生短缺，特别是在农忙季节，对农业生产十分不利。因此，要降低城市失业率就应当取消最低工资法和工资补贴，限制工会的权利，停止对城市发展的政策倾斜。但由于政治原因，降低城市现代部门的收入水平是难以做到的。更实际的做法是改善农村的生活条件，提高农村收入水平。

（3）不宜不恰当地、过分地扩大对教育事业、特别是对中、高等教育事业的投入。由于农村劳动力迁移速度大大超过了城市创造就业机会的速度，在城市就出现了大量的过剩劳动力，从而使得城市现代化部门在选择就业者时，对学历的要求越来越高，虽然在很多情况下，更高的学历根本无助于所担任的工作。随着城市失业率的提高，学生们面临的继续接受更高一级教育的压力不断增大。可以说，发展中国家的民众对提高教育程度的要求在很大程度上是为了获得城市就业机会所派生出的要求，它会促使政府继续增加对高等教育的投资。但是，这种教育政策并不符合发展中国家经济发展的实际需要。高等教育的过度膨胀会导致知识失业，进而造成社会资源的浪费。与此同时，农村居民受教育的程度越高，在城市找到正式工作的机会越大，就越愿意往城市迁移，这会导致农村的人才大量流失，农村劳动力素质下降。

第二节 我国人口流动的成因与对策

中华人民共和国成立 60 多年来，社会经济发展取得了举世瞩目的成就，社会经济结构也发生了深刻的变化。作为社会经济结构变化的表现及其劳动力的人口与劳动力就业及分布，在这期间也发生了巨大变化。

一、改革开放以来人口流动进程的变化

以 20 世纪 80 年代初席卷全国的农村生产责任制和城镇经济体制改革为契机，我国的人口流动以前所未有的规模和速度在全国展开。这一时期的人口流动，与我国社会经济结构的重大调整以及以市场为取向的国民经济和社会生活制度的改革同时进行，在社会经济发展及其结构的变化和调整中的作用和地位显得尤其突出。

20 世纪 90 年代，中国国内人口流动日趋活跃，中国人口迁移与流动出现了大规模、跨区域、长距离的引人注目的现象。与 80 年代人口迁移与流动的不同之处在于，它不仅出现在城乡之间，而且出现于省区之间。20 世纪 80 年代，我国农村劳动力在产业间转移的主要方式是离土不离乡，而 90 年代，由农村向城市、由内地向沿海的地区间劳动力转移加快了速度。80 年代，以到乡镇企业从事非农职业为主，进城打工的农民以建筑业、当保姆为主。到了 90 年代以后，农民外出所从事的工作已经涉及城市第二、第三产业的上百种行业，在建筑、运输、邮电、商业、餐饮业、渔业、修理、生活服务，以至工矿企业，到处都有农民的身影，其中建筑业中农民工始终是主力。国家统计局的统计表明，全国流动人口数量从 1993 年的 7000 万增加到 2000 年的 1.4 亿，10 年内翻了一番。跨省流动超过 5000 万人，其中从四川流出的占 16.4%，从安徽流出的占 10.2%，从湖南流出的占 10.2%，从江西流出的约占 8.7%，从河南流出的约占 7.2%，从湖北流出的约占 6.6%。从流入的地区看，流入广东的占 35.5%，流入浙江的占 8.7%，流入上海的占 7.4%，流入江苏的占 6%，流入北京的占 5.8%，流入福建的占 5.1%，六省市流入人口占全国跨省流动人口的 68.5%。

2010 年全国第六次全国人口普查数据显示，我国流动人口发展呈现出以下特点：一是规模庞大，增长快速。从 1982～2005 年，在短短 20 多年时间内，我

国流动人口从 657 万增长到 1.47 亿,年均增长 14.5%。2005~2010 年,我国流动人口继续保持高速增长势头,5 年增长 49.99%,年均增速达 8.4%。二是能见度提高。流动人口能见度是指某地区流入人口数占常住人口数的百分比,即该地区的 100 个常住人口中,有多少人是流动人口。同 2000 年相比,2010 年各地区流动人口能见度均有所提高。浙江、上海、北京、福建是提高较为明显的地区,尤其是浙江,流动人口能见度由 2000 年的 13.67% 提高到 2010 年的 32.46%,提高了 1 倍以上。2000 年,广东的流动人口能见度已经达到 24.98%,与当时排名第一的上海仅差 0.1%。三是流动人口以经济型为主。2010 年,在劳动年龄人口中,75% 的流动人口是由于务工经商、学习培训和工作调动而流动,其中,经济型流动人口占所有流动人口的 65.7%,务工经商型流动人口占流动人口一半以上。四是"不流动"流动人口比重增加。2010 年,流动人口离开户口登记地的平均时间为 4.5 年,流动人口"不流动"的现象较为明显。从时间构成来看,离开户口登记地时间在 1 年以内或 5 年及以上的比例均持续下降,1~5 年的比例持续上升,"中长期"流动不断增加。五是跨省流动人口比重提高。2010 年,从流动范围来看,我国流动人口以跨省流动为主,跨省流动人口所占比重比 10 年前提高了近 6%。省内跨市和市内跨县流动所占比重略有下降,2010 年占比为32.46%,比 2000 年下降 0.8%。县内跨乡流动则出现了明显减少,2010 年比 2000 年下降 5.14%①。

2015 年,国家卫生计生委发布了《中国流动人口发展报告 2015》,对流动人口的总量、结构、分布特征和发展趋势等进行了动态监测和展望。该报告认为,我国流动人口发展呈现出一些新特征:一是流动人口增速放缓。"十二五"时期,我国流动人口年均增长约 800 万人,2014 年末达到 2.53 亿人。根据城镇化、工业化进程和城乡人口变动趋势预测,到 2020 年,我国流动迁移人口(含预测期在城镇落户的人口)将逐步增长到 2.91 亿,年均增长 600 万左右,其中,农业转移人口约 2.2 亿,城城之间流动人口约 7000 万。"十三五"时期,人口继续向沿江、沿海、铁路沿线地区聚集。随着区域经济一体化的推进,区域间经济联系的加强,城镇之间人口流动将日趋活跃。二是流动人口中劳动年龄人口比重不断下降。调查表明,近 9 成的已婚新生代流动人口是夫妻双方一起流动,与配偶、子女共同流动的约占 60%。越来越多的流动家庭开始携带老人流动。2014年,15~59 岁劳动年龄人口约占流动人口总量的 78%,较 2010 年下降 2%。流

---

① 段成荣等:《我国流动人口的最新状况》,《西北人口》,2013 年第 6 期。

动人口的平均年龄不断上升，45 岁以上的流动人口占全部流动人口的比重由
2010 年的 9.7% 上升到 2014 年的 12.9%。大专及以上文化程度的流动人口比例
不断提高，由 2010 年的 7.6% 上升到 2014 年的 12.1%。三是流动人口的居留稳
定性增强。2014 年，流动人口在现居住地居住的平均时间超过 3 年，在现居住地
居住 3 年及以上的占 55%，居住 5 年及以上的占 37%。半数以上流动人口有今
后在现居住地长期居留的意愿，打算在现居住地继续居住 5 年及以上的占 56%。
随着在现居住地居住时间的增长，流动人口打算今后在本地长期居住的意愿增
强。四是流动人口服务保障覆盖率稳步提升。流动人口参加社会医疗保险比例持
续上升，2014 年 83% 的流动人口至少参加 1 种基本医疗保险，比 2011 年上升
15%。五是流动人口子女在现居住地出生的比例不断上升。与 2010 年相比，
2013 年流动人口子女在现居住地出生的比例上升了 23%，达到 58%。相应地，
在户籍地出生的比例明显下降。跨省（区、市）和省（区、市）内流动人群都
保持了这一趋势。

二、当前我国流动人口面临的主要问题

2006 年，国务院《关于解决农民工问题的若干意见》对农民工和流动人口
工作做了全面部署，涉及就业、收入、工资拖欠、劳动合同、劳动保护、工伤死
亡、社保、医疗、劳动培训、子女教育、计划生育、维权、住房等近 20 个方面。
2007 年，中共中央办公厅、国务院办公厅转发了《中央社会治安综合治理委员
会〈关于进一步加强流动人口服务和管理工作的意见〉的通知》，之后，各地纷
纷出台加强流动人口服务和管理方面的政策文件。总体看来，近年来，我国流动
人口工作取得了长足进步：一是户籍改革不断深入，居留权基本得到保障；二是
大部分歧视性制度已被废除，就业安全程度明显提高；三是流动人口享受的社会
福利项目逐渐增加。但也还存在不少问题，集中体现在现存流动人口管理和服务
模式向新户籍制度框架下成功转型过程中的困境。

2014 年，国务院印发了《关于进一步推进户籍制度改革的意见》（以下简称
《意见》），取消了过去以"农业"和"非农业"区分性质的城乡二元户籍制度。
该《意见》指出，到 2020 年，基本建立与全面建成小康社会相适应，有效支撑
社会管理和公共服务，依法保障公民权利，以人为本、科学高效、规范有序的新
型户籍制度，努力实现 1 亿左右农业转移人口和其他常住人口在城镇落户。该
《意见》就进一步推进户籍制度改革提出的 3 方面 11 条具体政策措施。一是进一
步调整户口迁移政策。全面放开建制镇和小城市落户限制，有序放开中等城市落

户限制，合理确定大城市落户条件，严格控制特大城市人口规模，有效解决户口迁移中的重点问题。二是创新人口管理。建立城乡统一的户口登记制度，建立居住证制度，健全人口信息管理制度。三是切实保障农业转移人口及其他常住人口的合法权益。完善农村产权制度，扩大义务教育、就业服务、基本养老、基本医疗卫生、住房保障等城镇基本公共服务覆盖面，加强基本公共服务财力保障。

但现在的流动人口管理模式难以适应新户籍制度的变化：一是重管理、轻服务。目前，各地政府对以农民工为典型的城市流动人口的治理模式，主要采取按照治安、计生、综治等相关制度规定从严管理的模式，治理目标是实现在流动人口不断涌入城市的情况下，保持城市社会秩序不紊乱。这种模式导致流动人口的基本权益难以得到有力的保护，特别是大量的农民工与户籍人口在享受公共服务等普惠性政策上存在较大的差异。二是重秩序、轻自由。目前，我国很多地市都把流动人口作为城市发展的不稳定因素予以严格的管理，特别是在居住、安置等环节上施加种种限制。这种管理模式是类似于"监狱式"的管理模式，限制了流动人口的自由流动和基本权利，有悖于城市管理的主流方向。三是重效率、轻民主。我国各地政府在对流动人口的管理中还存在一个明显的倾向，那就是注重管理效率，忽视了民主公平。为了提高流动人口管理效率，地方政府对流动人口实施了区域化、网络化的管理制度，对区域内的流动人口实施了有针对性的管理措施。由于管理制度与城市户籍人口有明显区别，使得流动人口难以享受城市人口同样的待遇。由于上述问题的存在，在新户籍制度下，流动人口治理可能存在如下困境：迅速转变对待流动人口态度的困境，完善流动人口的治理机制困境，有效引导流动人口的流动方向的困境。

三、流动人口治理对策

1. 创新流动人口治理模式

党的十八届三中全会提出要"创新社会治理体制"，流动人口治理是社会治理的重要组成部分。20 世纪后半期，随着新公共管理理论的风行，理论界对社会治理问题进行了深入研究。20 世纪 90 年代，联合国全球治理委员会对"治理"的界定是："个人和各种公共或私人机构管理其事务的诸多方式的总和"，并列出了"治理"概念的四个特征：其一，治理不是一套规章条例，也不是一种活动，而是一个过程。其二，治理的建立不以支配为基础，而以调和为基础。其三，治理同时涉及公、私部门。其四，治理并不意味着一种正式制度，但确实有赖于持续的相互作用。值得关注的是，在这段对"治理"特点的表述中，可以概括提炼出四个关键词，即"过程"、"调和"、"多元"和"互动"。按对"治理"的理解来看"社会治理"，可以做这样的界定：在社会领域中，从个人到公共或私人机构等各种多元主体，对与其利益攸关的社会事务，通过互动和协调而采取一致行动的过程，其目标是维持社会的正常运行和满足个人和社会的基本需要。参照以上提出的"治理"的四大特征，对比"社会治理"和"社会管理"这两个概念，也可以概括出"社会治理"的四大特征：①社会治理必须强调"过程"。在这里，"过程"的含义是：社会治理的动态性、发展性和延续性——社会治理是在不断发展变化的社会经济背景下进行的，所以既不能靠制定一套"一刀切"的规章条例，试图在任何时空条件下都以不变应万变；同时也不能靠一场"运动式"的大轰大嗡，试图在短时间内一蹴而就。而这两者，恰恰是以往"社会管理"的最显著特点。②社会治理必须倡导"调和"。社会本身是一个有组织能力的有机体，通常处于一个生机勃勃的过程中。所以，不能试图用某种强力乃至蛮力去"支配"社会。而是要让社会本身发挥其自我生存、自我发展乃至自我纠错、自我修复的功能。所以，社会治理需要高超的"治理艺术"，在收放张弛之间拿捏得恰到好处。而以往的社会管理的缺陷恰恰是过于迷信强制力量。③社会治理必须兼顾"多元"。社会是由各个社会阶层和社会群体构成的，不同的阶层和群体的经济利益、社会地位和政治诉求都是不一致的。因此，社会治理必须非常重视治理主体的多元化——不论多数少数，不论强势弱势，不论公立民营，共同参与社会治理，共同分享发展成果。而以往的社会管理常常错把高高在上的施恩赐惠当成了最高境界，而且极具"社会排斥"的色彩。④社会治理必须注重"互动"。要引导全社会达成利益共识，尤其是针对长期目标的利益共识，就要建立一个适合多元主体参与的治理框架和社会机制，使多元主体都能够提出自己的利益诉求，然后在沟通交流、相互妥协、协商一致的基础上达成社会共识。在行动上，也应该是互动型的，上下配合，同心同德。而以往的社会管理常常是"一言堂"，急功近利，短视而只顾眼前利益。

按照社会治理的思路，我国流动人口治理模式应当以政府责任为主题、以社区治理为平台、以市场化流动机制为核心：①政府是推动流动人口治理的责任主体。这是因为政府行政部门和公共事业管理部门可以借助政策和法规实现对流动人口的有效治理，可以为流动人口的治理提供有力的制度保障。②以社区为平台推动流动人口治理。流动人口治理应当以社区为载体，充分发挥社区中介组织、社区居民和社区自治组织的主体作用，共同参与社区事务的治理，形成多元化的社区组织工作网络及工作协调机制，同时加快推动社区人口治理的信息化，提高社区人口治理的效率。③充分发挥市场化流动机制的作用。按照党的十八届三中全会提出的要"发挥市场在资源配置中的决定性作用"的思路，将户籍制度、就业制度、教育制度、社保制度等与市场经济结合起来，使得人口流动与产业发展、结构调整、产业布局等步伐相统一，实现人口流动与经济发展的相互促进。

2. 创新流动人口治理机制①

建立权威的流动人口治理机构，真正实现对流动人口的全方位、多层次和广泛性治理。各级政府应当整合各部门的力量，共同治理流动人口，建立统一、权威、全方位的流动人口综合治理部门，完善流动人口管理与服务的政府职能。建立市场化治理运行机制，逐步强化利益引导机制。政府通过合理的指导和协调，促进市场机制的完善，形成统一、开放、竞争、有序的外来劳动力市场，充分发挥市场机制对劳动力资源的配置作用。建立健全长效性的综合治理机制。特别是要加强社会综合治理的信息化建设，建立统一的社会综合治理信息系统，搭建起融合工商、卫生、计生、劳动、教育等部门在内的流动人口信息化平台，进而实现流动人口治理的网络化。加强对流动人口的教育培训。流动人口来到城市工作，需要接受完善系统的技能培训，以此提高其综合素质。同时，健全责任追究运行机制。不断完善监督体系，构建有政府、社会团体、社区、媒体和公民共同参与的依法监督网络体系。

3. 构建全国统一的基本社会保障体系

在我国长期的城乡二元结构里，由于经济发展水平和财力水平的差距，城乡、区域的社会保障水平差异已较为明显，而作为以体制外方式生存的流动人口又增加了复杂的社会层级因素，务必需要改变当前碎片化的、分立式的社会保障制度，尽快构建全国统一的基本社会保障体系，将基本社会保障作为一种公共产品，以公平的方式，分地区、分阶段、分层次地逐步实现全覆盖。一方面，要完善基本养老保险制度，全面落实城镇职工基本养老保险省际统筹和实现基础养老金全国统筹，只有实现了这两级统筹，才能从根本上提高以农民工主体的流动人口养老保险参保率，提高参保缴费覆盖面；另一方面，要加快健全全民医疗保险体系，整合城乡居民基本医疗保险制度，全面实现统筹区域和省内异地就医即时结算。

4. 鼓励建立流动人口自我治理组织

流动人口的自我治理是实现流动人口有效治理的重要方式。只有实现了流动

① 彭科：《新户籍制度下流动人口治理模式与对策》，http://www.chinareform.org.cn/society/huji/Practice/201404/t20140406_193755.htm。

人口的自我治理、自我教育和自我服务，才能提高流动人口治理的效率，弥补政府在流动人口治理上的短板和不足，特别是可以更好地保护流动人口的切身利益。针对目前我国人口流动的时期情况，"人户分离"的现象广泛存在于流动人口之中，实现自我治理能够对这部分流动人口的有效治理发挥十分关键的作用。

第三节　农村剩余劳动力转移态势与市民化

一、我国农村剩余劳动力转移的基本状况

1. 农村剩余劳动力转移数量呈逐年增长趋势

《中国统计年鉴》数据显示，2004年农村劳动力转移数量为13455万人，2009年达到17167万人，到2011年这一数量已经达到25278万人，较2004年增加了87.87%。2015年，国家统计局发布《2014年全国农民工监测调查报告》（以下简称《报告》），《报告》显示，2014年全国农民工总量为27395万人，比上年增加501万人，增长1.9%。其中，外出农民工16821万人，比上年增加211万人，增长1.3%；本地农民工10574万人，增加290万人，增长2.8%。但数据同时也显示，近年来，我国农村剩余劳动力转移增速呈回落态势。《报告》显示，2011年、2012年、2013年和2014年农民工总量增速分别比上年回落1.0%、0.5%、1.5%和0.5%。2011年、2012年、2013年和2014年外出农民工人数增速分别比上年回落2.1%、0.4%、1.3%和0.4%。近3年来本地农民工人数增速也在逐年回落，但增长速度快于外出农民工增长速度。

2. 农村转移劳动力的群体特征发生明显变化

《报告》显示，年轻农民工比重逐年下降。分年龄段看，农民工以青壮年为主，16~20岁的占3.5%，21~30岁的占30.2%，31~40岁的占22.8%，41~50岁的占26.4%，50岁以上的农民工占17.1%。调查资料显示，40岁以下农民工所占比重继续下降，由2010年的65.9%下降到2014年的56.5%，农民工平均年龄也由35.5岁上升到38.3岁。高中以上文化程度比例增加。高中及以上农民工占23.8%，比2013年提高1%。其中，外出农民工中高中及以上的占26%，比2013年提高1.6%，本地农民工高中及以上的占21.4%，比上年提高0.3%。接受技能培训的比例提高。接受过技能培训的农民工占34.8%，2013年、2014

年分别提高 1.9%、2.1%。其中，接受非农业职业技能培训的占 32%，比上年提高 1.1%；接受过农业技能培训的占 9.5%，比 2013 年提高 0.2%；农业和非农业职业技能培训都参加过的占 6.8%，比 2013 年提高 0.4%。分性别看，男性农民工接受过农业和非农业职业技能培训的占 36.4%，女性占 31.4%。分年龄看，各年龄段农民工接受培训比例均有所提高。

3. 农村转移劳动人口收入逐年增加

各行业农民工收入均保持增长。2010 年增长 19.3%、2011 年增长 21.2%、2012 年增长 11.8%，2013 年外出务工人均月收入达到 2609 元，比 2012 年增加 319 元，增长 13.9%，2014 年又增长 9.8%。近年农民工工资水平的快速提高，既是国民经济持续快速增长的结果，也是农民工工资水平长期偏低这一不正常现象的合理回归。农民工工资水平持续快速的提高是多方面因素的综合作用，一方面是最低工资水平标准不断提高，2013 年有 27 个省（区、市）相继提高了最低工资标准，各级人民政府高度重视维护农民工的合法权益，促使了农民工工资水平的提升；另一方面也是我国劳动力市场供求关系正在发生深刻变化，城市生活成本迅速上升等现实情况的客观反映。在看到农民工月均收入快速提高的同时，我们还要看到行业间农民工收入水平差距较大的现象。2013 年收入较高的交通运输邮政业农民工的平均收入水平是居民服务业农民工平均收入水平的 1.4 倍。收入增速较低的批发零售业农民工的收入增速不足制造业农民工收入增速的一半。

4. 农民工权益保障有喜有忧

调查显示，农民工权益保障取得了较为明显的进展。与 2008 年相比，2013 年参加养老保险、工伤保险、医疗保险、失业保险和生育保险的比例分别提高了 5.9%、4.4%、4.5%、5.4% 和 4.6%；工资拖欠问题也得到有效抑制，工资被拖欠的外出农民工所占比重由 2008 年的 4.1% 下降到 0.8%，下降了 3.3%。但同时，也存在超时劳动、工资拖欠等问题，签订劳动合同的比例也不高。存在这些问题的原因主要有两方面：一是中西部地区农民工快速增加，而权益保障相对滞后。与 2010 年相比，2013 年中西部地区农民工总量增加 2685 万人，农民工总量增长主要来自中西部地区。而与东部地区相比，中西部地区农民工权益保障水平比较低。其中，工资被拖欠的农民工比重高 0.3%；签订劳动合同的比重低 11.1%；参加养老保险、工伤保险、医疗保险、失业保险和生育保险的比例分别低 9.3%、10.2%、8.7%、5.5% 和 4.1%。二是个别行业农民工权益保障水平低，存在明显的"短腿"现象。建筑业与制造业相比，工资被拖欠的比重高

0.9%；签订劳动合同的比重低 25.8%；参加养老保险、工伤保险、医疗保险、失业保险和生育保险的比例分别低 17.3%、18.3%、16.5%、10.3% 和 7.5%。

5. 农村转移劳动力市民化进程缓慢

根据我国现在城镇化的指标，只要在城市中居住 6 个月以上就算城市人口。这就意味着我国农村转移劳动力有接近 80% 已经被算作城市人口。但实际上目前在非农产业就业的农民绝大部分都没有退出承包地，他们多以短期打工为主，工作单位也不固定，经常往返于城市与农村之间，成为城镇特有的流动人口。由于户籍制度改革推进乏力，即便是那些有固定工作和稳定经济收入的农民工，也依然受到就业、住房、子女教育、医疗及社会保障等多方面的限制。进城的农村转移劳动力依然受到就业、子女教育、医疗及社会保障等多方面的限制而难以融入城市成为真正的市民。

二、托达罗模型对解决我国农村剩余劳动力问题的启示

从前面的分析可以看到，当前我国城市下岗工人在增多，乡镇企业的就业弹性在降低。托达罗曾提出，在发展中国家，仅靠工业的扩张是不可能完全解决其流动人口问题。那么，我国上亿的农村剩余劳动力何处去？大力挖掘农村本身的就业潜力，寻求我国农村劳动力转移的新途径，也是托达罗提出的通过"大力发展农村经济来解决城市失业问题"的主张对解决我国农村剩余劳动力的有益启示。

（1）调整工农关系，增加农民收入，实现城乡经济平衡发展。在"二元经济"向"一元经济"转化的过程中，农业经济的发展对这种转换具有举足轻重的作用。从 20 世纪 50 年代开始，我国就选择了重工业优先发展的战略，通过农产品统购统销制度来转移农业剩余进行工业化积累。虽然在改革后情况有了很大好转，但仍未从根本上得到遏制。据测算，从 1994～1998 年，通过"剪刀差"从农业流出的资金达 13145.1 亿元，年均流出量高达 2629 亿元。农村资金短缺，农业发展后劲不足，农民收入水平低下，从而使托达罗模型中的城市预期收入扩大。因此，我国必须采取有力措施理顺主要产品与农业生产资料的价格关系，缩小工农剪刀差，提高农业比较效益，防止农业剩余资金继续流入工业而自身经常处于"失血的状态"。

（2）调整农业产业结构，推进农业产业化。长期以来，我国农业是以增产为目标，而不是面向市场，不是根据资源禀赋的特点来发展农业。加入 WTO 后，我国的农业生产必须面向国内和国外两个市场，发挥农业比较优势，提高国际竞

争力，生产优质、高档、专用性强的农产品。这种调整必然会增加对劳动力的需求。同时，从发挥我国农产品的比较优势来看，也要求农业生产从耕地密集型向劳动密集型转变，这也会给农业内部就业创造很大的空间。另外，还应推进农业的产业化，延长农产品生产经营环节的产业链条，开创农村劳动力在农产品生产、加工、销售与服务部门等多种渠道就业的新局面。

（3）加强农业基础设施建设，为农村剩余劳动力提供大量的就业机会。我国农业基础设施落后，抵御自然灾害能力不强。因此，必须大力进行农田基本建设、水利设施建设、生态环境建设、农产品存储和营销设施建设等。政府可采取以工代赈的形式动员当地农民参与建设，这样既可以改善农村的生产环境和生活条件，缩小城乡差距，又可以为农村劳动力提供广阔的就业空间。

（4）发展乡镇企业仍是解决我国农村剩余劳动力的有效途径。从总的趋势来看，乡镇企业在近年呈现出资本增密现象，吸纳农村剩余劳动力的能力逐年降低。但由于我国地域辽阔，经济发展不平衡，不同地域应根据实际情况采取不同的发展战略。我国中西部地区幅员辽阔，资源丰富，农村剩余劳动力多，是我国"民工潮"的主要形成地区。因此，中西部地区的乡镇企业发展应充分利用劳动力优势、资源优势、地域优势，发展农产品的深加工。此外，加入世界贸易组织后，对外贸易环境的优化有利于我国乡镇企业的某些优势产品，特别是劳动密集型产品的出口。因而，乡镇企业吸纳农村剩余劳动力仍有较大的空间。

（5）采取有效措施，促进劳动力的有序流动。当前，我国劳动力的大规模转移，绝大多数都是靠自发转移实现的。这种自发的盲目流动不仅使农民易陷入生活困境，加剧城市失业，而且还给城市的管理带来了诸多问题；同时，劳动力大规模、过度地向非农产业转移，也会影响农业本身的发展。因此，有必要建立劳动力的市场信息网络，及时、准确、充分地提供求职和用人方面的信息服务，减少农民外出打工的盲目性。

（6）加强对劳动力的技术技能培训。按刘易斯模型的分析，城市工业的扩张需源源不断地从农村吸纳剩余劳动力，但如果劳动力的素质极其低下，也将阻碍这种转移。为此，国家和地方政府在加大义务教育、基础教育、职业教育的同时，还应有针对性地举办各类专业技术培训班，以增强农村剩余劳动力的市场竞争力和对我国产业结构升级的适应能力。

三、统筹城乡经济发展是解决农村剩余劳动力问题的基本途径

传统的中国农村劳动力转移有很多具体形式，有人将其概括为上海模式、苏

南模式、阜阳模式、南街模式、珠海模式、温州模式、宝鸡模式、云南模式等①。虽然各种模式的具体做法不同，但通过考察可以发现各种不同的模式有一个共同特征，就是职业流动与身份转换的严重背离。也就是说，尽管转移劳动力大部分是在非农产业部门就业，但他们却无法摆脱自己以世袭方式继承下来的农民身份。除了少数城市化进程较快的地区（如珠江三角洲和长江三角洲一些地区）实现了真正意义上的农民到市民的变迁外，大部分地区农村劳动力转移只是作为商品的劳动力本身的空间位移，和劳动力转移相关的其他因素并没有发生变化。例如，居住地仍然在农村的农民工在农忙或城市找不到工作时依然要返回农村；他们仍然将土地作为最后的保障；他们的职业流动是飘忽不定的，时而是农民，时而是工人；他们不能摆脱法律强加给他们的农民身份，从而不能和城市居民进行平等的劳动竞争。

就目前情况看，解决农村剩余劳动力的问题，不能就农村论农村、就转移论转移，必须从根本上解决产生农村剩余劳动力的体制和结构性矛盾，改革长期以来形成的城乡分治的各种制度，全面统筹城乡经济社会发展。从统筹城乡经济社会发展出发，实行农业和农村发展战略转型。立足于城乡开通，推进城镇化进程，带动农村剩余劳动力转移，同时以市场为导向，推动农业和农村产业结构调整，提高农业比较效益，探索一条以城镇化为先导，统筹城乡发展的新型增长方式，从而彻底解决农村剩余劳动力问题。

（1）要进一步完善农村土地制度。进一步完善农村土地制度，关键是明确界定农民的土地财产权利、将土地农民集体所有明确界定为农民按份共有制、明确界定农民土地承包权的物权性质，使农户真正享有占有、使用、收益和处分四权统一的承包经营权，培育土地使用权市场，建立"依法、自愿、有偿"的土地流转机制，改革现行土地征用地制度，把强制性的行政征用行为转变为交易性的市场购买行为。

（2）推进制度创新，包括加快户籍制度改革步伐以及农村金融改革和创新。城乡都按照常有人口与暂住人口进行户籍登记，只要在城里就有合法的住处、有较稳定的收入来源、在城里有基本生存条件的人口，都可以登记为城镇常住居民，让农民享有自由进城和自由迁徙的权利，让城市成为农民创业的新领地。同样，从根本上解决当前我国农村金融中的突出问题，必须以促进农村金融市场的发展为目标，推进农村金融体制的整体改革。

① 李飞：《中国农村剩余劳动力的空间分布和转移模式研究》，《中国人口科学》，2000年第5期。

（3）进行社会就业制度改革。要改革城乡分割的就业制度，开展城乡统筹就业，发挥市场在调节就业中的基础作用，建立城乡劳动者自主择业、平等就业的新型就业制度，建立健全统一、开放、竞争、有序的城乡一体化的劳动力市场，引导农村富余劳动力在城乡、地区间有序流动。在沿海和经济发达地区以及部分具备条件的中西部地区，选择一些中小城市或县城，按照城乡统筹就业的原则，大力推进城市化进程。例如东南沿海一些中小城市，在小城镇建设中开始打破户口和区域限制，以劳动力素质为决定用工的主要标准。温州市放宽对外地农村劳动力进入本市劳动力市场的限制；厦门市对外来民工 34 万人做到就业求职、社会保障和权益保障三个一视同仁；江阴市将劳动合同制、月薪制和养老保险制度推行到乡镇企业，实行劳动者在城乡流动就业的相互衔接。还有一些地区在城乡劳动力的社会保障、农村进城劳动力的土地转包等问题上制定了相应的政策措施。

（4）适应农村劳动力向非农产业转移的需要，大力组织转移培训。目前，我国农村剩余劳动力的文化素质和技术素质普遍较差，大多数农民只掌握粗放型、浅层次的种植业技术，对技术要求较高的经济作物、精养畜牧业等却不太熟悉，特别是对农产品的深加工和发展储存、商业、信息等第二、第三产业难以适应，这是造成农业对现有剩余劳动力吸收不足的重要原因，也是产生农村剩余劳动力的根源。人口素质的低下不仅降低了农业生产对劳动力的有效需求，而且也对农业的发展带来巨大的冲击。因此，为了实现农村的全面发展，增强农业对剩余劳动力的吸收能力，必须强化农村人才培训工作，提高广大农民科学文化素质，加快农村人才、技术多样化的进程。为农村富余劳动力的顺利转移创造条件。

（5）配合西部大开发，推进西部地区农村劳动力开发就业。我国西部地区农村劳动力有 1.8 亿人，占全国农村劳动力总数的近 1/3。西部地区自然环境条件差，农民就业渠道狭窄，农村就业不充分现象严重，贫困现象十分普遍。试点的主要任务是配合西部大开发战略，以西部省份为依托，建立跨省区的劳务协作关系，加强西部地区农村劳动力开发就业，为西部开发提供合格的劳动力。同时，还要求东部、中部地区和西部地区在技术、信息、人才等方面加强合作，开展农村劳动力培训。在劳动力输出和开展培训中充分发挥市场机制的作用，调动民间积极性和资金力量，走产业化经营的道路。

（6）实行社会保障体制改革。要改变"土地就是农民的保障"的片面认识，改革原来主要涉及国有单位和福利保障制度，扩大社会保障面，逐步建立农民与市民、各种所有制企业职工平等一致的、覆盖全社会的包括养老保险、失业保险和医疗保险等在内的社会保障体系，为市场经济的顺利发展编织一张社会安全网。当前，应对各种所有制企业中的不同身份的员工，建立同等的养老保险和医疗保险制度；要把最低生活保障制度从城市向农村延伸；还要建立农村大病保险制度和农村合作医疗制度。

（7）建立公共财政体制，逐步统一城乡税制，以税惠农。建立公共财政，将财政支出主要用于满足人民群众在政治、经济和文化等各方面的社会公共需要；一切凡是能够面向市场，有经济效益的项目建设，政府财政都应该退出来，都应通过市场机制的运作，由业主来投资建设。按照建立公共财政体制和现代税制的要求，逐步减少以至完全取消专门对农民设置的税制体系，使农民作为纳税人取得与其他社会成员平等的纳税地位，逐步统一城乡税制。我国农民收入水平低，长期以来农民负担重，农村需要休养生息，不应把从农业中征税作为增加财政收入的来源。在税收政策上对农民应该有所倾斜，以税惠农，保证农民直接受益。

（8）适应流动就业新形势的需要，鼓励扶持返乡创业。目前，每年都有大量外出务工的农村劳动力把在务工地学到的技术、管理知识和资金带回来，创办自己的事业。返乡人员是一笔巨大的资源，开发利用好了，就可以成为农村经济新的增长点，带动更多的人就业。一些地区党政领导高度重视，将其作为促进当地经济发展的重要措施。河南、湖南、贵州等地召开了专门会议，总结劳务输出和返乡创业的成果，表彰做出突出贡献的先进个人，采取具体的政策措施，吸引外出务工人员回乡创业。这一试点的主要任务是顺应这种创业潮，采取多种形式，在外出务工农村劳动力多的劳动力输出地区营造一个好的创业环境，为返乡人员提供创业培训、创业咨询和创业服务，帮助他们完成创业过程。同时树立起一批返乡创业的好典型。

农业劳动力向非农产业转移是经济发展的必然趋势。在全社会总劳动力中，如果以从事农林牧渔业的劳动力的比重由75%降到10%左右作为初步完成农业劳动力转移的标志，那么完成这个过程英国大致用了300年，法国用了120年，加拿大、美国、日本用了100年左右。中国真正完成农村劳动力向城市的转移也要经过相当长的时间，但既然是历史发展的必然规律，我们就应当按照经济规律办事，顺应这种历史趋势，而不是设置种种藩篱，妨碍农村劳动力转移和城市化的进程。

[小结]

人口的迁徙流动意味着生存和进步，而静止则意味着停止和萧条。城市是工业文明的发源地和聚集地，是现代经济增长的温床。要完成经济结构由不发达到发达的转换，一国的人口和经济重心就要由农村转移到城市，由农业转移到工业。

西方的经济学家和社会学家为了研究人口流动，构造了许多的人口流动模型。最经典的有刘易斯模型、拉尼斯—费景汉模型和托达罗模型。这些模型都分别提出了自己解决人口流动问题的政策建议。

随着我国社会经济的巨大发展，社会结构也发生了深刻的变化。转轨时期的人口流动，尤其是农村剩余劳动力的转移，已汇成一股强大的潮流。目前，我国人口流动的特点包括：流动人口数量大，分布面较广，流向比较稳定；人口流动表现出一定的时间特性；流动人口具有显著的空间特点；流动人口的构成复杂。

分析我国人口流动的动因，主要包括农村对剩余劳动力的"排斥力"；城镇对劳动力的"吸引力"；经济发展和改革不平衡的"集聚力"；政策则起着类似闸门的控制作用；改革开放也使人们的观念改变，广大农民逐步走出乡土观念和小农意识的束缚，市场经济意识、竞争意识和流动意识逐渐加强。

当前，我国的剩余劳动力转移发展面临三个主要趋势：①农业剩余劳动力总量将进一步加大；②农村剩余劳动力就地转移以往小城镇集中为主；③城市对农民进城的"门槛"逐渐降低，城市化进程加快。那么这种剩余劳动力的转移必然会带来一些正面和负面的影响。

我国解决农村剩余劳动力的基本途径是统筹城乡的经济发展。具体措施应当是：进一步完善农村土地制度；推进制度创新，包括加快户籍制度改革步伐以及农村金融改革和创新；进行社会就业制度改革；适应农村劳动力向非农产业转移的需要，大力组织转移培训；配合西部大开发，推进西部地区农村劳动力开发就业；实行社会保障体制改革；建立公共财政体制，逐步统一城乡税制，以税惠农；适应流动就业新形势的需要，鼓励扶持返乡创业。

[思考题]

1. 你如何理解我国现有的人口流动，请加以阐述。

2. 尝试对书中列举的三个人口流动模型进行述评。

3. 分析我国人口流动的特点和动因，用自己的观点展望我国的人口流动的趋势。

4. 民工潮就是人口流动的特殊产物，你如何理解民工在城市发展中的积极和消极作用？

5. 为什么说统筹城乡经济是解决我国农村剩余劳动力的基本出路？请加以阐释。

第十章　资源、环境与可持续发展

[内容提要] 基于当前严峻的资源与环境形势，我们不得不认识到可持续发展是经济社会发展的最佳途径。必须从战略的角度考虑环境保护和资源利用。我国的能源与环境情况更加恶劣，要采取更加积极的环境保护与资源利用的政策措施，通过技术创新、制度创新和管理创新，走科学的发展道路，实现经济社会的可持续发展。

面对日益严峻的资源、环境和发展等问题，人们全面反思工业化以来社会经济发展的经验教训，并形成了共识：过去不顾资源基础和环境承载力而单纯追求经济增长的传统发展模式，已不能适应当前和未来人类生存和发展的需要，因此必须努力找到一条社会、经济、环境、资源相互协调的发展新模式。可持续发展是社会最终福利的最大化方式，也成为人类社会发展的唯一现实选择。

第一节　资源与环境形势

一、全球资源与环境状况

近几十年来，资源和环境的制约越来越成为全球可持续发展当中所面临的一个重大问题。由于经济、社会的持续发展，对矿产资源和化石能源的消费日益增长，不仅带来日益严峻的资源短缺，也带来了对全球空气、水资源、土壤，乃至生态环境的破坏。

1. 气候变化是当今人类社会面临的最大挑战

工业革命以来的人类活动，特别是发达国家大量消费化石能源所产生的二氧化碳累积排放，导致大气中温室气体浓度显著增加，加剧了以变暖为主要特征的全球气候变化。政府间气候变化专门委员会第五次评估报告指出，全球几乎所有地区都经历了升温过程，1880～2012 年全球表面平均温升达到 0.85℃，最近的 3 个 10 年比 1850 年以来其他任何 10 年都更温暖。极端气候事件频发等给人类生存和发展带来严峻挑战，降雨量不可预测性的增加威胁到粮食生产，日益上升的海平面污染了沿海淡水储备并增加了洪水泛滥的风险。

2. 环境污染对人们的生存和生活造成严重影响

数量极有限的淡水正越来越多地受到污染。全世界每年约有 4200 多亿立方米污水排入江河湖海，污染 5.5 万亿立方米淡水，这相当于全球径流总量的 14%以上。2013 年 3 月，联合国常务副秘书长扬·埃利亚松表示，尽管全世界无法获得安全饮用水的人口从 2005 年的近 10 亿下降到 7.83 亿，但仍有 25 亿人缺乏基本卫生设施；全世界每天约有 3000 名 5 岁以下儿童死于痢疾、霍乱、脱水等与缺乏安全饮用水和卫生设施相关的疾病。据医学专家统计，世界上 80%的疾病与水污染相关。水体中的污染物种类已高达 2000 多种，包括极微量的农药、抗生素、激素、化工中间体等各类有机污染物，污染物成分的复杂化成为世界水污染新趋势。

大气污染问题仍是影响人类生命健康安全的重要因素。世界卫生组织 2014 年发布的一份报告指出，空气污染导致 2012 年全球 700 万人死亡。2014 年，在 90 多个国家的 1600 个空气污染监测城市中，约半数城市人口生活区域的空气污染程度至少超过世卫组织规定水平的 2.5 倍，仅有 12%的城市人口生活区域符合相关标准。由于依赖化石能源、汽车数量增加、城市建筑中能源使用效率低下以及过多地使用生物能源取暖和烹饪等原因，许多城市的空气质量仍在恶化。此外，随着对二氧化硫等污染物排放控制，欧美国家的酸雨总体上已相当程度得到缓解，但在亚洲，酸雨问题未能得到有效治理。

土壤是污染物的重要集散地。在城市扩张、开荒毁林、过度放牧、农药化肥过度施用、工矿企业排污等多种人为因素的影响下，土壤环境质量正面临着前所未有的威胁。自 1980 年以来，西欧人均产生的废料增加了 35%；虽然已回收利用了很多废料，但 66%的废料最终还是变成垃圾用于填埋土地。2014 年 12 月 5 日，联合国秘书长潘基文表示，全球约 33%的土壤已因城镇化而退化；水土流失、养分耗竭、盐碱化、干旱化和污染又带来更多威胁。由于土壤污染的隐蔽性、累积性和长期性，导致欧美、日本等发达国家的污染场地和耕地在治理几十年后，仍未能得到彻底修复。在发展中国家，一方面，大量工矿造成的土壤重金属、有机污染未能被正视；另一方面，化肥农药的长期施用造成其耕地土壤大面积污染。

3. 生物多样性丧失直接关乎人类的生存和发展

生物多样性是人类社会赖以生存和发展的基石。由于生态环境的退化和丧失、自然资源的过度利用、环境污染、外来物种入侵、气候变化等原因，生物多样性丧失的问题十分严重。据统计，大西洋的捕获量从 1971 年的 250 万吨减少到 1994 年的不到 50 万吨。世界自然保护基金 1999 年的报告显示，在 1970～1995 年，包括哺乳动物、鸟类、鱼类、两栖类在内的淡水动物数量减少了 45%，海水动物的数量则减少了 35% 左右。2014 年，世界自然保护联盟发布的评估结果显示，全球被评估的 73686 个物种中，有 22103 个物种受到灭绝的威胁。2014年 10 月发布的第四版《全球生物多样性展望》显示，虽然全球生物多样性保护取得重要进展，但至少在 2020 年前，生物多样性状况将持续下降①。

区域生态系统结构与功能受损。世界自然保护基金 1999 年的报告显示，在1970～1995 年，全球的森林面积减少了 10% 以上，每年消失的森林面积达 15 万平方千米，相当于希腊的国土面积。与此同时，环境的恶化造成物种灭绝速度加快。在短短的 25 年，包括哺乳动物、鸟类、鱼类、两栖类在内的淡水动物数量减少了 45%，海水动物的数量则减少了 35% 左右。联合国粮农组织发布《2015全球森林资源评估》称，自 1990 年以来，全球已有约 1.29 亿公顷的森林消失，面积几乎与南非相当。全球重要湿地依然受到干扰/退化威胁，据中国科技部国家遥感中心发布的《全球生态环境遥感监测 2014 年度报告》，在监测的 100 个大型国际重要湿地中，2013 年干扰较为严重的达 22 处。受损的生态系统将增加洪涝、干旱、水土流失、沙漠化、流行性疾病暴发等灾难发生的风险①。

无可争辩，西方的工业文明在推动人类的科学技术进步和物质文明发展等方面表现出了巨大的历史进步性，给人类带来了农业文明无法想象的物质财富；但是发达国家以技术优势、资源优势和市场优势在境外掠夺资源和制造污染，迅速消耗着地球上有限的资源。这种掠夺资源和垄断市场的局面导致了南北方发展的严重失衡，继而带来了全球性的资源耗竭、环境污染、生态破坏等一系列生态危机，把生态与经济、人与自然推向了严重对立的状态。这种人与自然关系的生态危机标志着工业文明价值观和财富观有可能把现代经济引上不可持续的发展道路。

---

① 上述分析摘自高吉喜、葛峰和鞠昌华的文章《全球生态环境演变及当今面临的主要问题》。

二、我国的能源与资源形势

（一）我国的能源形势

1. 能源储存和开采形势

我国煤炭资源储藏丰富，2009 年煤炭探明储量为 1.01 万亿吨，2010 年煤炭产量为 32.4 亿吨，产量居世界第一。但按照世界采矿大会国际组委会主席约瑟夫·杜宾斯基的分析，中国现已探明的煤炭储量只可供开采 33 年，而美国可开采 240 年，澳大利亚 185 年，哈萨克斯坦 290 年，俄罗斯超过 470 年，印度 100 年。我国属于石油资源贫乏的国家，石油资源主要分布在东部地区。数据显示，"十二五"期间，我国石油总产量为 10.47 亿吨，较"十一五"增加 0.94 亿吨，增长 9.9%。我国石油每年新增探明的地质储量连续 5 年超过 10 亿吨，累计新增石油探明的地质储量 61.27 亿吨，新增石油探明的地质储量超过 1 亿吨的油田 10 个。2015 年全国石油勘查新增探明的地质储量 11.18 亿吨，是第 13 个也是连续第 9 个超过 10 亿吨的年份；新增探明的技术可采储量 2.17 亿吨；2015 年全国石油产量 2.15 亿吨，同比增长 1.9%。但据《世界能源统计评论》和《油气杂志》估计，我国石油探明的储量大致为 240 亿桶，储产比不到 15 年。BP 石油公司发布的最新统计报告《Statistical Review of World Energy 2015》则显示，我国石油储产比为 11.9 年。我国天然气分布较广，但主要集中在中部和北部含油区。2015 年，全国天然气新增探明的地质储量 6772.20 亿方，新增探明的技术可采储量 3754.35 亿方，2 个气田新增探明的地质储量超过千亿方。至 2015 年底，全剩余技术可采储量 51939.45 亿方。

"十二五"期间，我国页岩气勘查获得重大突破，累计新增探明的地质储量 5441.29 亿方。自 2014 年正式进入商业开发以来，我国页岩气总产量已达 57.18 亿方。2015 年全国页岩气勘查新增探明的地质储量 4373.79 亿方，新增探明的技术可采储量 1093.45 亿方。至 2015 年底，全国页岩气剩余技术可采储量 1303.38 亿方。另据世界能源研究所（WRI）的一项最新研究表明，我国页岩气储量高达 30 万亿立方米以上，居世界第一，几乎是美国的两倍，但因受水资源限制，开发难度相当大。"十二五"期间，我国煤层气累计新增探明的地质储量 3504.89 亿方。2015 年全国煤层气勘查新增探明的地质储量 26.34 亿方，新增探明的技术可采储量 13.17 亿方。至 2015 年底，全国煤层气剩余技术可采储量 3063.41 亿方。

2. 能源消费形势

能源消费结构深刻地反映着一个国家的产业结构状况，产业结构的优化程度又反过来决定能源消费总量和利用水平。近年来，我国能源消费变动的特点，显示我国经济结构调整、转型升级的步伐加快，也揭示我国经济也正从高速增长转向中高速增长，经济发展方式也正从规模速度型粗放增长转向质量效率型集约增长的新常态特征。

（1）能源消费增速放缓。从世纪之交开始看，我国能源消费表现出很强的先加快后放缓的阶段性特征。1998～2005 年是能源消费增速加快阶段，2004 年达到 16.8% 的峰值，2003～2005 年连续 3 年增速位于两位数。2005 年以后，我国加大节能降耗的力度，能源效率明显提升，再加上 2012 年后经济增长放缓原因，我国能源消费进入增速明显放缓阶段。根据第三次经济普查调整后的数据，2014 年我国能源消费总量为 42.6 亿吨标准煤，增速为 2.2%。但因经济总量大和能源利用水平不高，我国能源消费总量仍然巨大。根据全国第三次经济普查更新后的数据，我国 2013 年和 2014 年能源消费总量分别为 41.7 亿吨标准煤和42.6 亿吨标准煤，占全球能源消费总量的 20% 左右，节能降耗的任务繁重①。

（2）能源消费结构不断优化。我国能源消费结构呈现出以下特征：一是煤炭、石油等化石能源的消费比重在下降，天然气、电力及其他能源消费量在逐步提高。进入 21 世纪后，煤炭以及石油在我国能源消费中的份额趋于下降。2000年，煤炭所占份额为 68.5%，石油为 22.0%，到 2014 年，分别下降为 66% 和17.1%，两者合计下降 7.4%。二是火电的比重在下降，新能源发展迅速。2014年火电装机容量占全部装机容量比重为 67.3%，比 2000 年下降 7.1%。核电近年发展迅速，2013 年和 2014 年装机容量增速达到 16.6% 和 35.6%。2014 年核电装机容量达到 1988 万千瓦，比 2000 年的装机容量提高了 0.8%。风电经历了2007～2009 年 100% 左右的超高速增长后，目前装机容量保持 25% 左右的增长速度。2014 年风电装机容量为 9581 万千瓦，占比较 2000 年大幅提高 6.9%。太阳能发电近两年异军突起，2014 年装机容量增长 66.9%，达到 2652 万千瓦，所占份额达到 1.9%。三是工业能源消费占比下降，服务业消费占比上升。2013 年，工业能源消费占比为 69.8%，比 2010 年的 72.5% 下降了 2.7%。从用电量看，工业电力消费占比也由 2010 年的 73.6% 下降到 2013 年的 72.4%。服务业能源消费占比提高，2013 年服务业能源消费占比 15.6%，比 2010 年提高 1.7%，电力消费占比也由 10.7% 提高到 11.6%②。

（3）能源利用效率提升。一是单位 GDP 能耗持续下降。2010 年与 2005 年相

---

①②　马建堂：《近期我国能源消费呈现四大趋势》，《经济日报》。

比，单位 GDP 能耗 5 年累计下降 19.06%。进入"十二五"后，除 2011 年外，后 3 年均完成了年度节能降耗任务。2015 年单位 GDP 能耗比 2010 年下降 16% 左右的目标任务可以超额完成。二是能源消费弹性系数下降。从 2005 年以后，尤其是降能降耗状况成为约束性指标后，能源消费弹性系数尽管时有波动，但总体上呈现逐步下行态势。2014 年，我国能源弹性系数下降为 0.3，表明经济增长对能源投入的依赖性在减弱①。

（二）我国的自然资源形势

我国用于工业、农业等生产部门所使用的自然资源，主要包括各种矿产、森林、水、土地、水产资源等。

从矿产资源来分析，中国大地构造处于欧亚板块的东南部，东与太平洋板块相连，西南与印度板块相接，大部分地区受喀斯特构造的控制和影响。由于特殊的大地构造背景，造成中国地层发育齐全，沉积类型多样。地质构造复杂，岩浆活动频繁，变质作用复杂多样。较优越的矿产地质条件，形成了中国丰富多彩的矿产资源，当然也造成许多矿产资源遭受破坏，特别是石油和天然气。这种背景也控制了中国矿产资源不以人们意志转移的分布特征。新中国成立以来，经过矿业战线各方面人员的共同努力，我国矿产资源勘查和开发取得了巨大成就。先后发现大庆、胜利、辽河、南海、江苏、中原、长庆、新疆等油田，建成 2 万多个大小矿山，基本保证了几十年来国民经济发展对矿产品的需求。已有的矿产地质勘查成果表明，我国是世界上矿产资源总量比较丰富、矿种配套程度比较高的少数国家之一。中国已发现 168 种矿产资源，157 种已探明储量，能源矿产 9 种，金属矿产 54 种，非金属矿产 91 种，水气矿产 3 种，其中 45 种主要矿产的探明储量占世界矿产总价值的 12%，居世界第三位②③。从我国已探明储量的主要矿产资源与世界总"储量基础"进行比较表明：具世界性优势的矿产有钨、锡、锑、钼、钛、稀土、石膏、膨润土、芒硝、重晶石、菱镁矿、石墨等，其探明储量居世界第一、第二位；具区域性优势的矿产有煤、锯、汞、硫、萤石、磷、石棉等，其探明储量居世界第二、第三位；具潜在优势的矿产有锌、铝土矿、矾、珍珠岩、高岭土、耐火黏土等。探明储量相对不足的有铁、锰、铜、铅、镍、金、银、铀、石油、天然气等，紧张的矿产有铬、铂族金属、金刚石、钾盐、硼、天然碱、宝石资源等。

---

① 马建堂：《近期我国能源消费呈现四大趋势》，《经济日报》。
② 宋瑞祥：《中国矿产资源报告》，地质出版社 1997 年版。
③ 一兵：《工业经济的血液—矿产资源》，《河北国土资源》2002 年第 4 期。

分析中国的矿产资源状况，不难发现存在下列问题：①我国矿产资源虽然品种齐全，总量较丰富，但人均占有量低。与世界平均水平相比，除稀土、钨等占有量较高，钛、锌等达到世界平均水平外，其余均较低。②在经济发展中占支柱性地位的大宗矿产储量不足，而且大矿少，中小矿居多，缺少特大型矿产和富矿石①。例如铁矿，我国品位大于50%的仅占50亿吨，人均仅14吨，能直接进高炉的仅占4.2%，而澳大利亚的铁矿大多数都能直接进高炉。③矿产地区分布极不均匀。如煤、石油、天然气和黑色金属等主要分布在北方，有色金属主要分布在南方。而且大部分矿产分布于交通和经济均较差的地区。例如我国两个巨型铜矿中，玉龙巨型铜矿就分布于交通极不发达的西藏地区，并因此目前尚不能开发利用。同时，单一矿少，共生和伴生矿较多。例如铁矿中约有1/3以上是共生或伴生矿。有色金属更是如此，云南的大红山是大型铜矿，也是大型铁矿。④矿产资源利用效率低，浪费严重，体现在采矿、选矿、冶炼和矿产品利用等各个环节。由于我国采、选、冶的技术与装备水平落后加之管理不善，造成我国矿产资源总收率只有30%~40%，比世界平均水平低10%~20%②。回收率低一方面造成矿产资源的极大浪费和破坏，另一方面未被利用的矿产进入环境，将造成环境的极大破坏。除回收率低外，我国矿产品的利用率也极低。目前我国矿产资源综合利用率仅在30%左右，而美国、日本等发达国家的综合利用率则达66%~92%，我国仅是美日等发达国家的1/3~1/2，这意味着我国在利用矿产资源进行国民生产创造国民收入的时候，要比美日等发达国家多动用1~2倍的资源储量，如果加上冶炼损失，我国相关水平低很多；据调查，仅就采选而言，中国有色金属矿损失的金属竟达25%~33%；黑色金属矿的损失达20%~50%。如此严重的资源浪费，对我国本来就十分有限的资源储量而言，无疑是非常严峻的挑战。

我国目前的森林资源：面积15894公顷，蓄积112亿立方米，森林覆盖率16.55%，除港澳台地区外，人工林面积4666万公顷，人工林蓄积量10亿立方米③。目前，森林资源面临的形势严峻，表现在：①森林质量下降，单位面积蓄积量降低。每公顷蓄积量、单位面积用材林、人工林林分等指标都低于世界林业发达国家的水平。②林业分布结构不合理，可采资源持续减少。全国森林面积中，幼、中龄林面积占3/4左右，对森林资源可持续经营构成很大威胁。③林地被改变用途或被征占现象严重。④森林蓄积消耗量呈上升趋势，超额采伐问题十

---

① 景跃军：《中国矿产资源与经济可持续发展》，《人口学刊》，2002年第5期。
② 唐咸正：《国土资源开发利用状况对产业结构的影响》，《资源·产业》，1999年第5期。
③ 根据国家林业局2000年6月13日公布的第五次全国森林资源清查结果。

分严重。

水在我国属珍贵资源,全国总储量为 28 万亿立方米,居世界第六位,人均占水量为 2380 立方米,为世界人均占有量的 1/4,居世界第 84 位,而在我国北方则更少,仅有 400 立方米,为世界人均水平的 1/24,我国目前 15 个省、自治区、直辖市人均水资源量低于严重缺水线,7 个省区人均水资源低于生存的起码线,全国 400 多座城市供水不足,日缺水量达 1600 万立方米,因此,干旱少水是我国的基本国情,加上严重的污染,严酷的水危机正向我们逼来。

我国土地总面积居世界第三位,人均土地面积为 0.777 平方千米,相当于世界人均 1/3;人均耕地面积为 0.106 平方千米,是世界人均数的 43%。1999 年全国耕地面积减少 84.2 万平方千米,耕地减少主要原因为生态退耕林面积大幅度增加的结果。21 世纪以来,耕地流失的情况进一步加剧。目前,全国水土流失面积已由新中国成立初期的 120 万平方千米增至 160 万平方千米以上。

总体说来,我国正面临着土地资源,尤其是耕地资源匮乏、土地荒漠化;水资源短缺;能源供应总量不足;一些支柱性矿产如石油、铁、铜、钾盐等数量不足、质量较差;森林资源不断减少;草原退化;海洋生物大量衰减等一系列资源问题,这些问题的解决迫在眉睫。

三、我国的环境状况

中国人民是世界环境意识的先知者,但我国也是近代环境保护起步较晚、环保工作滞后的国家之一。从半坡遗址中证实,我国在 5000 年前,烧制陶器的柴窑就能采用烟囱排烟以减轻烟尘污染,1000 年前西周颁布《伐崇令》:"毋坏屋,毋填井,毋伐树木,毋动六青,有不如令者,死无赦。"这可说是世界上最早的保护水源、动物和森林的法令。但在近代人类生产发展过程中,我国的环保工作则呈现严重滞后状态,先生产、后生活指导思想造成生产过程中三废物质的排放总量巨大,受污染的大气、水体、土壤、生物等有害物质含量之高,受害地域之广,危害之大,已接近或超过 20 世纪五六十年代发达国家污染最严重时期的水平。全世界空气中二氧化硫含量最高的十大城市中,中国竟占三个:沈阳、西安、北京,分别居第二位、第七位、第九位。南方酸雨来势凶猛,最低 pH 值 3.0 ~ 3.2,上海酸雨频率为 76% ~ 78%,贵阳、重庆等地频率更高为 90% 以上,每年造成经济损失高达上千亿元,而生态环境破坏带来的损失更是难以估计。现将我国环境污染状况分述如下:

(一)水资源污染状况

我国主要河流普遍遭受有机物污染,七大水系污染程度中从重到轻顺序为辽河、海河、淮河、黄河、松花江、珠江和长江。我国城市河流普遍受到污染，在141个国控城市河流中，36.2%的城市河段为一类至三类水，63.8%为四类至劣五类水质。在大型淡水湖泊里，太湖处于中等富营养化状态，滇池流域富营养化比较严重，而巢湖流域虽然1999年工业污染达标排放后，富营养化状态有所下降，但五类和劣五类水质占比较高。其他大型湖泊以洞庭湖、洪泽湖水质较差，白洋淀污染较重。而大型水库水质从总体情况看，污染较轻，水质处于二类至三类，部分水库属中等富营养化状态。九大水库相对污染程度由重至轻顺序为合肥董铺、天津于桥、青岛崎山、汉中石门、烟台门楼、辽宁大伙房、北京密云、杭州新安江、湖北丹江口。

在废水和主要污染物排放量上，仅1999年，全国工业和城市生活废水排放总量为401亿吨，其中工业废水197亿吨，生活污水204亿吨；废水化学需氧量（cod）排放总量达1389万吨。工业废水处理率为87.2%，而生活废水处理率则比较低。

（二）大气环境污染状况

根据检测统计的我国338个城市中，33.1%的城市满足国家空气质量二级标准。66.9%的城市超过国家空气质量二级标准，其中超过三级标准的城市有137个，占统计城市数的40.5%。我国大气环境污染主要以煤烟型污染为主，主要污染物为总悬浮颗粒物（TSP）和二氧化硫、少数特大型城市属煤烟和汽车尾气并重类型。

我国酸雨污染的分布区域广泛，成因复杂，酸雨出现的区域主要分布在长江以南，青藏高原以东的广大地区及四川盆地。华中、华南、西南及华东地区存在酸雨污染严重的区域，北方地区局部出现酸雨。酸雨区面积已达国土总面积的30%。据106个城市的降水pH值监测结果统计，降水年均pH值范围在4.3~7.47，降水年均pH值低于5.6的城市有43个，占统计城市的40.6%。

而废气及主要污染物排放量更值得关注。近些年来，主要污染物排放量虽然呈下降趋势，但总量依然很大。以2014年为例，化学需氧量排放总量为2294.6万吨，同比下降2.47%；氨氮排放总量为238.5万吨，同比下降2.90%；二氧化硫排放总量为1974.4万吨，同比下降3.40%；氮氧化物排放总量为2078.0万吨，同比下降6.70%；全国工业固体废物产生量为325620.0万吨；全国城市生活垃圾清运量为1.79亿吨，城市生活垃圾无害化处理量为1.62亿吨，无害化处理率达90.3%。

（三）土壤污染状况

2014年，环境保护部和国土资源部17日公布《全国土壤污染状况调查公报》（以下简称《公报》），该《公报》显示，全国土壤总超标率为 16.1%，其中重度污染点位比例为 1.1%。土壤污染以无机型为主。南方土壤污染重于北方，长江三角洲、珠江三角洲、东北老工业基地等部分区域土壤污染问题较为突出，西南、中南地区土壤重金属超标范围较大。镉、汞、砷、铅 4 种无机污染物含量分布呈现出从西北到东南、从东北到西南方向逐渐升高的态势。耕地土壤点位超标率为 19.4%，其中轻微、轻度、中度和重度污染点位比例分别为 13.7%、2.8%、1.8% 和 1.1%，主要污染物为镉、镍、铜、砷、汞、铅、滴滴涕和多环芳烃。林地点位超标率为 10.0%，草地点位超标率为 10.4%，未利用地点位超标率为 11.4%。

（四）森林和草地损毁情况

我国林业用地面积为 26 亿平方千米，森林面积为 13 亿平方千米，人均占有森林面积 0.11 平方千米，相当于世界人均水平的 17.2%，居世界第 119 位，人均森林蓄积量为 86 立方米，相当于世界人均水平的 12%，属人均占有森林蓄积量较低的国家之一；森林覆盖率 13.9%，明显低于世界森林覆盖率 26.0% 的水平。2015 年，全国共发生森林火灾 2936 起（其中一般火灾 1676 起、较大火灾 1254 起、重大火灾 6 起），受害森林面积 12940 公顷，因灾造成人员伤亡 26 人，与 2014 年相比，分别下降 20.7%、32.3% 和 76.8%，森林火灾起数、受害森林面积和人员伤亡数量继续呈现"三下降"。其中，森林火灾发生数实现连续 7 年持续下降，与 2008 年相比降幅度达 79.2%。

我国也是草地资源大国，拥有各类天然草地面积 39 亿平方千米，约占国土面积的 40%，但人均草地面积仅为 0.33 平方千米，约为世界人均草地面积的1/2。目前，我国大部分草地因污染和灾毁已经或正在退化，其中中度退化程度以上（包括沙化、碱化）的草地 13 亿平方千米。全国共有沙化土地 1689 万平方千米，约占国土面积的 17.6%（但按联合国沙漠化公约的明确定义，我国沙化土地 262 平方千米，占国土总面积的 27.3%），主要分布在北纬 35°~50°，形成一条西起塔里木盆地，东至松嫩平原西部，东西长约 4500 千米，南北宽约 600 千米的风沙带。

四、我国的食品安全问题

食品安全问题关系到人民健康和国计民生的重大问题。我国在基本解决食物量安全的同时，食物质的安全越来越引起全社会的关注。尤其是我国作为世贸组织（WTO）的新成员与世界各国间的食品贸易往来日益增加，食品安全已经成为影响农业和食品工业竞争力的关键因素，并在某种程度上约束了我国农业和农村经济产品结构与产业结构的战略性调整。

尽管我国的总体食品安全状况是好的，特别是 1995 年《食品卫生法》实施以来，出台了一系列法规、标准，也建立了一批专业执法队伍，致使总的食品合格率不断上升。然而，随着市场经济的发展和食物链中新的危害不断涌现，存在着不少亟待解决的不安全因素以及潜在的食源性危害。

（一）微生物污染造成的食源性疾病问题突出

进入 21 世纪以来，每年卫生部接到食物中毒报告 100～200 起，涉及数千人发病，百余人死亡；除意外事故外，大部分均是致病微生物引起的。如 20 世纪80 年代在上海因食用污染毛蚶引起甲型肝炎大暴发累及 30 万人。2001 年在江苏、安徽等地发生了有史以来最大的肠出血性大肠杆菌 O157：H7 食物中毒暴发，造成 177 人死亡。每年上报的沙门氏菌食物中毒多起，其中不乏上百人的大型食物中毒。而且，我国目前掌握的食物中毒数据仅为我国实际发生的食源性疾病的"冰山一角"。至今，食源性疾病依然是头号食品安全问题，致病性微生物引起的食源性疾病是全世界的头号食品安全问题，也是中国的头号食品安全问题。

（二）化学污染带来的食品安全问题

化学污染因素主要包括农（兽）药残留、环境污染物（如二噁英）和生物毒素（如细菌、霉菌毒素）等。种植与养殖业的源头污染。化肥、农药、兽药、生长调节剂等农用化学品的大量使用，从源头上给食品安全带来极大隐患。我国每年氮肥的使用量达 2500 万吨，农药超过 130 万吨，单位面积使用量分别是世界平均水平的 3 倍和 2 倍。过量地施用化肥，除造成土壤板结、土质下降外，还会造成蔬菜中硝酸盐积累较多，而硝酸盐会进一步形成强致癌物质亚硝胺，对人体造成危害。农药滥用或残留超标同样会造成对人体的巨大危害。

环境污染对食品安全的威胁也很大。首先，江河、湖泊、近海等污染是导致食品不安全的重要因素。目前我国有 850 条河流、130 多个湖泊和近海区域受到不同程度的污染，其中 51 个湖泊藻类污染及富营养化程度严重。这些被污染水体中的持久性有机污染物和重金属会在农、畜、水产品中富集，进而对人体健康构成严重危害。其次还有生物毒素污染，主要包括细菌毒素和霉菌毒素两个方面。

（三）食品加工生产过程造成污染

食品加工生产过程造成的食品安全问题主要有以下三个方面：①生产加工企

业未能严格按照工艺要求操作，微生物杀灭不完全，导致食品残留病原微生物或在生产、储藏过程中发生微生物腐败而造成的食品安全问题。如2001年发生的6000多名学生豆奶中毒事件，即是因为企业未严格按工艺要求操作而造成的食品安全事件。②超量使用、滥用食品添加剂，非法添加物造成的食品安全问题。如2011年3月15日央视3·15特别节目曝光，双汇宣称"十八道检验、十八个放心"，但猪肉不检测"瘦肉精"。河南孟州等地添加"瘦肉精"养殖的有毒生猪，顺利卖到双汇集团旗下公司。③应用新原料、新技术、新工艺所带来的食品安全问题。另外，保健食品原料的安全性问题、转基因食品的安全性问题等也已引起学术界的普遍关注。

第二节 资源、环境的开发利用与可持续发展

资源、环境是经济发展的基本要素，经济发展离不开对资源、环境的开发与利用，同时经济发展也必须考虑资源与环境的承载能力和对资源、环境的保护。合理开发和利用资源与环境，不仅能够有效地推动经济的发展，同时也兼顾对资源的保护，这二者之间既相互制约又相互促进。

一、资源、环境与经济的关系

第二次世界大战以后，世界经济发展的特征主要表现在：发达国家以重工业、化学工业和自动化为核心，使生产力得到了飞跃发展，并取得了经济的高速增长。但是，支持这些发达国家经济高速增长的是前所未有的资源的大规模投入和技术创新。大多数发达国家在20世纪50年代初，就完成了"能源革命"，即能源由主要消耗煤炭向主要消耗石油转换，从而更加巩固了大批量生产的基础。与此同时，中东的石油开始成为世界性的能源资源。

然而，第一次石油危机使世界经济陷入了"低增长"状态，在这期间，美国工业经济增长下降了14%，日本工业经济增长下降了20%，呈现了负增长。石油危机警告了人类，绝大多数资源是会枯竭的[①]。

因为受物理定律（能量守恒、物质不灭）的约束，生产过程是一个能量转

---

① 1973～1974年版，第四次中东战争爆发，原油价格由1973年1月1日的每桶2.591美元狂涨到1974年的11.651美元。

换的过程，所以，再有益的生产在生产过程中也要或多或少地产生一些废物，即只有负价值的物质或能量（废气、废水、废渣等）。若以经济（生产）为轴心来考虑问题的话，在投入方面表现为资源问题，在产出方面则表现为环境问题。

　　人类的经济活动或者说经济增长，是靠消费大量的资源来维持的。资源、环境与经济增长的关系可以用图 10－1 来描述。

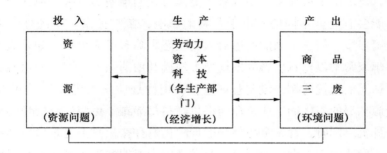

图 10－1　资源、环境与经济增长的关系

　　经济发展是把"双刃剑"。毫无疑问，经济发展对环境会产生许多积极的影响，如提供了财力、人力、科技及促进更有利于生态环境的社会结构与经济制度的建立等。这就是传统上认为的经济增长通过人口变动、要素投入结构的变化、城市化的发展与人们需求结构的变化等方面对生态环境产生负的或正的影响。

　　然而，在极大推动人类社会进步的同时，又给人类赖以生存的环境带来巨大的负面影响。人类历史上的三次革命使人类社会实现了三次重大的飞跃，人们通常称其为"三次浪潮"。"第一次浪潮"就是农业的产生，这一时期经济发展对环境产生的负面影响主要有对土地、水源、森林与草场的不合理开发及过度利用导致的水土流失与荒漠化问题，并延续至今。"第二次浪潮"始于工业革命时期，工业文明使得人类所能获取的物质资料与精神资料都有了爆炸式增长。同时，各国都不顾破坏生态系统的危险，盲目致力于国民财富的增加。由于"竭泽而渔"式的资源开采与利用，巨量污染物质的排放，"第二次浪潮"极大地破坏了人类生存的环境。这使得经济发展对环境的负面影响达到了前所未有的水平。当前以电子技术、信息技术与生物技术为代表的知识经济时代的到来，被人们认为是"第三次浪潮"的标志。这一时期的科技与经济发展都考虑到了其对环境影响的评价，这次新的科技革命在目前看来有利于解决前两次浪潮带来的环境问题。然而，正如其本身前景与发展方向的不确定一样，"第三次浪潮"会产生哪些不可预料的环境问题呢？如"基因污染"就给我们敲响了警钟。如果说前两次浪潮中经济对环境与生态影响都是作用于人的外在环境，那么，"第三次浪潮"则有可能作用于位于生态系统最顶端的人的内在，即作用于人的身体与精神的本原，因此"第三次浪潮"对环境的影响究竟如何，做过于乐观的判断还为时过早。我们不要过分陶醉于新的技术革命对原有经济技术条件下产生的环境问题的改善，每一次革命在第一步都有可能取得我们预期的改善，但在第二步和第三步却可能会有完全不同的、出乎预料的影响，常常把第一步的好结果又抵消了，甚至第二步、第三步来的后患对人类生态影响有可能更糟。如乐观的环境与资源经济学家常常以化石燃料的发现及大规模利用消除了早期人们对森林砍伐与木材资源枯竭的担忧为例，说明悲观论者的担忧是"杞人忧天"。然而，消除了对木材资源枯竭的担忧的工业革命与石化燃料却导致了更为严重的环境灾难与资源、生态危机。同时，森林资源枯竭的危险仍然存在，只不过是由发达的工业国转移到了不发达的广大发展中国家，由发展中国家的城市扩散到乡村。因此，尽管在知识经济时代，在人力资本对自然资本的替代作用越强的今天，我们对经济发展有可能导致的环境问题更应该抱审慎的乐观态度。

从社会系统论的观念来看，环境对经济发展的反向约束作用，在于自然环境系统的物流、能流是经济系统物流与能流的最终来源与出路，只有环境系统源源不断为经济系统提供物质与能量，并接受其排放物，才会使经济发展成为可能。从经济学的观点来看，一方面由于边际报酬递减规律的作用，而自然资源又是可能耗竭的要素，因此，在使用自然资源的场合，边际收益递减的过程可能会提前到来，其递减的程度更为明显。另一方面人们的效用与满足不仅源于物质资料的消费，还源于健康的身体、清洁美观的环境与良好的社会氛围等，而生态环境的恶化会使这些资源变得更为稀缺，导致边际替代率的上升，人们需要更多的物质消费才能保证其效用不会下降。其最终结果是进入生产与消费的恶性循环，而物质资料的供给却仍然相对有限，最后造成消费者效用与社会福利的下降。例如，一方面是部分地区的沙漠化导致了数万名生态难民的出现；另一方面是一些地区良好的生态环境使得其树立了良好的城市形象。环境对经济发展的反向作用一目了然。

二、经济盲目扩张对资源与环境的影响

环境的恶化起因于经济活动的盲目扩张。环境污染和生态恶化一般是由于资

源的过度开发和低效率利用引起的。地方性和全球性的工业污染和与能源相关的污染、商业性开采造成森林砍伐和水资源的过度使用，都是经济盲目扩张的结果，而这种扩张根本不考虑环境的价值和资源的稀缺性。20世纪50年代的增长热就是以资源的破坏为代价的。一些国家为了达到经济高速增长的目的，它们无情且无偿地掠夺自然生态环境。经济发展虽然在短短几十年里把一个受战争创伤的世界推向一个崭新的、高度发达的和前所未有的工业化时代，但是工业化和城市化大大加剧了耕地、淡水、森林和矿产的消耗。当人们庆贺经济这棵大树结出累累硕果的时候，人类赖以生存和发展的环境却遭到了十分严重的破坏。

当然，人口的迅速增长通常也是环境遭到破坏的一个重要原因。一方面，迅速增加的人口导致对资源的过度需求，而传统的土地和资源管理制度不可能迅速适应防止过度利用资源的需要。另一方面，人口增长增加了对基础设施和生活必需品以及就业的需求，而政府又无力应付这种局面。如果人口增加的局面不改变的话，增加的需求将加剧对环境的破坏，同时将对自然资源施加额外的直接压力。此外，人口的绝对密集也对环境管理提出了挑战。

另外，经济的不平衡发展造成的大量贫困与生态环境恶化密切相关。贫困者既是环境破坏的受害者，又是环境破坏的责任者。全世界的穷人中有大约半数居住在环境易遭破坏的农村地区，他们对赖以为生的自然资源几乎没有法定的控制权。穷人更关心他们今天能从自然资源中得到什么，而不是为了明天而保护自然资源。贫困的家庭为了首先解决应急的短期需要，他们对自然资本采取"为我所用"的态度，如为了薪柴而滥伐树木。土地退化和森林砍伐最后导致土地生产率降低，结果是人们的生产和生活条件更加糟糕，贫困进一步加剧。因此，贫困、人口增长和环境破坏之间形成了一种相互强化的关系。人口增长过快增加了对有限资源和脆弱环境的压力，导致对自然资源的过度利用和生态环境的破坏，形成"贫困—人口增长—资源环境破坏—贫困加剧"的恶性循环。

经济的不断扩张和人口的迅速增长会加深由贫困和环境这两者共同造成的严重影响。自1950年以来，全球经济规模扩大了5倍多，现在全球人均收入的平均数是1950年的2.6倍（实际值）。全球人均收入现已超过5000美元，但仍有1.3亿以上的人每天的生活费不足1美元。全球人口的年增长率为1.7%左右，虽然它低于20世纪60年代末期最高峰时的2.1%，但每年几乎1亿人的绝对增长数字却高于以往。据预测，1990～2030年，世界人口很可能增加37亿，增加的人口中有90%将出生在发展中国家，特别是贫困地区。经济在不断增长，贫困也在不断加剧。"地球上的居民大多数仍生活在贫困中，而少数人却过度消费，这是环境退化的两个主要原因。"

在市场经济条件下，以利润最大化为最终目标的生产者所关心的是降低自身的成本，追求最大的经济效益，而很少考虑其行为的生态后果。结果是企业内部经济性的实现是以外部不经济性为代价的。特别是生产的主体在进行自身经济核算时，根本不考虑资源利用过程中的负外部性，从而引起诸多环境问题。由于对资源的占有、消耗和污染造成的损害没有按市场价格来支付费用，资源浪费和环境破坏的现象难以制止。在这种情况下，市场在配置资源方面效率低下，市场失灵是不可避免的。由于市场失灵，环境的社会价值不能通过市场精确地反映出来，市场通常也反映不出环境破坏使社会付出的代价。在现实中，环境（如大气质量）的所有权和使用权没有明确界定清楚，所以很难区分和履行对环境的所有权和使用权，而价格并不能体现污染物的有害影响，结果导致大量的大气污染。

当自然资源产权不存在或没有被履行时，即当自然资源是开放的时候，没有哪个人来承担环境退化所造成的全部损失，而且也不存在对自然资源使用进行调控的机制，结果就是经济盲目扩张使得资源被过度开发，如过度捕捞、过度放牧、过度掘取地下水、过度使用"全球共用品"。开放资源使它们可为所有人开发使用。

三、可持续发展理念下的资源与环境

（一）可持续发展的本质

可持续发展的概念，是20世纪80年代初在国际上提出来的。1987年，以前挪威首相布伦特夫人为首的世界环境发展委员会根据联合国第38届大会通过的38/161项决议，向全世界公布了《我们共同的未来》，提出了可持续发展的概念：人类的发展必须寻求一条人口、经济、社会发展和资源、环境相互协调的道路，也就是既能满足当代人的需要，而又不危害后代人满足其需求能力的可持续发展之路[1]。可持续发展概念的提出，意味着人类的文明程度又上了一个新台阶。人类社会在处理资源、经济增长、环境的关系时，不但要考虑到当前利益，而且要考虑到长远利益，更要考虑到千秋万代的利益。

可持续发展是一种从环境和自然资源角度提出的关于人类发展的战略和模式，它特别强调环境资源的长期承载对发展的重要性以及发展对改善生活质量的重要性。一方面，可持续发展的概念从理论上结束了长期以来经济发展同环境与

---

[1] 周光召主编，牛文元执行主编：《中国可持续发展战略》，西苑出版社2000版。

资源相对立的错误观点，指出了它们之间相互影响，互为因果的内在联系。另一方面，可持续发展是一个涉及经济、社会、文化、技术以及自然环境的综合概念，是经济、社会、生产三者互相影响的综合体，也是自然资源与生态环境的可持续发展、经济的可持续发展、社会的可持续发展的总称。

实现可持续发展的前提条件是保证自然生态财富（即生态资本存量）的非减性，承认自然环境承载力的有限性，遵循生态环境系统所固有的规律。此外，我们还必须明确可持续发展不仅涉及当代人或一国的人口、资源、环境与发展的协调，还涉及与后代人或国家和地区之间的人口、资源、环境与发展之间的矛盾和冲突。全面理解和认识可持续发展的本质含义需要从以下几方面着手：

（1）可持续发展的核心问题是整个人类社会的资源、环境与发展的协调。可持续发展是一种从自然资源持续利用和环境保护角度提出的关于人类经济社会长期发展的战略模式。所以，可持续发展从地域上表现为不同国家或地区人群间资源分配和社会公平协调问题；从时间上表现为当代人的福利与后代人的福利协调问题。

（2）可持续发展的基础是多元的。其生态基础是整个生态系统功能的永续性，具体包括自然资源利用的持续性、适宜环境条件的永久性和生物物种的多样性；其经济基础是通过一定的经济增长，保持和提高人类的生活水平和生活质量；其社会基础是保持社会文化的多样性。

（3）可持续发展的目标是实现人类经济发展、社会进步和环境保护的有机统一，通过实施可持续发展战略，转变经济增长的方式和质量，在生态系统的可容纳范围内，保持一定的经济增长，并使人类的生活质量能够不断提高；同时，实现自然资源和社会财富在地域、时空上的公平分配，推动整个人类社会的全面进步。

（4）可持续发展的基本内容在不断扩展。目前，自然资源和环境可持续发展、经济可持续发展和社会可持续发展已经构成了现代可持续发展体系的基本内容。

（二）资源配置、环境保护与可持续发展

可持续发展对于资源来说，体现在资源在近期与远期之间的配置，体现在资源在当代人和后代人之间的配置方面。在可持续发展的体系中，自然资源是生命赖以存在的基础，也是经济活动最原始的物质来源。对于不同的资源种类，应根据其特点，采取最优策略，才能保持自然资源的永续利用。而任何一种自然资源都离不开其环境支持体系，环境质量的优劣是自然资源经济价值发挥与否的前提。人类生产活动必然要开发资源，影响环境。因此，资源、环境与可持续发展的关系就可以做如下分析。

1. 合理利用自然资源是可持续发展的基础

人类面临的最大挑战之一就是如何按照时间的推移有效地管理和充分利用地球上的各种资源。如果不考虑人类的长远发展，毫无顾忌地开采地球上现有的资源，不断减少不可再生资源的储量，使可再生资源的消耗超过再生的速度，就会造成资源枯竭。这种资源开发战略虽然可以最大限度地增加当代人的经济福利，但最终将会导致人类文明的迅速毁灭。因此，为了人类文明的延续，就必须采取资源的可持续利用模式。

2. 大力保护环境是可持续发展的关键

自然生态环境的严重破坏使人类可获取的资源数量不断减少，质量不断下降，生活环境质量不断恶化。21 世纪以来，环境污染的范围和程度仍旧以加速度在扩大和加深，尤其是发展中国家，这给社会各阶层的人们造成了种种不利影响，直接威胁着当前人类的整体利益，而且随时可能引发整个生态环境系统崩溃的突发性环境污染灾难。

从发达国家经济发展的历程上看，受环境意识和经济、科技条件等因素的影响，在环境保护和经济发展关系的处理上，基本上走了一条"先污染，后治理"的弯路。长期积累的环境污染问题到了一定阶段成为经济发展的限制性因素，不得不投入大量的人力、物力、财力来加以治理。而且有些环境污染和破坏代价即使投入再大的精力也是无法弥补的。因此，环境保护是全球范围实现可持续发展的关键。不论是发达国家，还是发展中国家，离开了环境保护，就不能为发展提供一个可以持续利用的资源环境基础，可持续发展就是一句空话。

四、环境资源可持续发展系统

可持续发展理念将环境包括进经济系统，使得环境作为整个环境——经济大系统的一部分，从而建立环境资源可持续发展系统，逐步形成的一种新的系统观点。

环境资源可持续发展系统是由不同属性的子系统相互交织、相互作用、相互渗透而构成的具有特定结构和功能的开放复杂系统。有学者将其内涵用函数表述为：

$$RSDS \subseteq \{S_1, S_2, \cdots, S_m, R_{el}, O, R_{st}, T, L\}; \quad m \geqslant 2; \quad S_i \subseteq \{E_i, C_i, F_i\}$$

式中：S_i 表示第 i 个子系统；E_i，C_i，F_i 表示系统 S_i 的要素、结构和功能；

R_{el}表示系统关联集合；R_{st}表示系统限制或约束集；T，L表示时间、空间变量；m表示子系统的数目。

"经济—资源环境—社会"，复合系统中各子系统之间、内部各要素之间以及与外部环境之间都存在着复杂的非线性相互作用：经济增长速度不随投资的增长而线性上升，生产规模越大并不意味经济效益越高，资源消耗不随经济增长而线性增加等。同时，该复合系统是一个非平衡的开放系统，这表现为该复合系统中各要素时空分布是不均匀的，子系统之间具有层次性，且输入与输出是不平衡的。这种不平衡将引起竞争和涨落，形成了系统内部各处不同的吸引势，驱动系统内部及与周围地区间的物质、能量和信息等的流动，在复合系统非线性机制作用下促进系统的协同化和有序化。

作为经济供给要素的资源、环境与经济生产的关系也可以用函数来表述：

$$Y_{(t)} = f[L_1(t)，K_1(t)，R_1(t)]$$

式中：$Y_{(t)}$表示t期的生产系统的总产出，代表生产的规模；$L_1(t)$表示t期投入的劳动力；$K_1(t)$表示t期的资金投入；$R_1(t)$表示t期的环境、资源投入；t表示时间变量，用于综合测定技术进步等因素的影响。

显然，各种投入的不同组合，生产发展的不同阶段，环境资源与经济生产协调发展的模型体现形式也是不一样的。

第三节 资源利用和环境保护的战略选择

环境与资源战略是经济发展的重要组成部分，是全世界关注和研究的重大问题。庇古理论和科斯定理以及发达国家的实践证明，社会经济的发展离不开一个适合本国国情的环境与资源战略。

在人类环境保护史上，存在着四个历史性的标志：一是1972年斯德哥尔摩的"人类环境会议"，这是国际社会就环境问题召开的第一次世界性会议；会议特别提出："保护和改善人类环境，已经成为人类一个紧迫的目标。这个目标将同争取和平和全世界的经济与社会发展这两个既定的基本目标，共同和协调地实现。"二是1992年里约热内卢的"联合国环境与发展大会"。会议提出"可持续发展战略"的崭新理念——"既满足当代人的需要，又不损害子孙后代满足其需求能力的发展"。三是2002年约翰内斯堡的"可持续发展首脑会议"。会议提出各国的"伙伴关系倡议",同时强调将联合采取行动以"拯救我们的星球,促进人类发展,并实现共同的繁荣与和平"。四是 2015 年巴黎第 21 届联合国气候变化大会。《联合国气候变化框架公约》近 200 个缔约方一致同意通过《巴黎协定》。《巴黎协定》共 29 条,包括目标、减缓、适应、损失损害、资金、技术、能力建设、透明度、全球盘点等内容。《巴黎协定》指出,各方将加强对气候变化威胁的全球应对,把全球平均气温较工业化前水平升高控制在 2℃之内,并为把升温控制在 1.5℃之内而努力。

一、经济与资源环境可持续发展的实现手段

经济发展对环境的巨大影响与环境对经济的反向制约作用使得人们苦苦寻找实现可持续发展的良方。各国学者纷纷从人口或科学进步等角度考察了环境及经济发展的关系。如美国的环境经济学家米勒曾于 1995 年在《Environmental Science》中提出以下公式:

$$人口数 \times \frac{每人使用资}{源的单位数} \times \frac{使用每一资源单位对}{环境的破坏和影响} = 对环境的影响$$

然而,对研究可持续发展,研究社会经济的发展与生态环境的影响之间的关系来说,仅仅只有人口这一项指标是远远不能代表社会经济发展水平的。在社会总需求决定国家经济总量的条件下,满足平均每单位社会需求所使用的资源的单位数乘以使用每一资源单位(在从其获得、使用中及用后残余及遗留影响等整个资源的全生命周期内)对环境的破坏和影响等于满足平均每单位社会需求所造成的环境破坏与影响,再乘以社会总需求量,为经济发展对环境的总体影响。即:

$$\frac{社会总}{需求} \times \frac{满足单位社会需求}{使用资源的单位数} \times \frac{使用每一资源}{单位对环境的} = \frac{经济发展对环境}{与资源的影响}$$

可以看出,国民经济的发展在很大程度上取决于市场需求,社会总需求的发展过程与国民经济的发展过程是一种耦合互动关系,对经济发展给环境带来的负面影响的控制,也就在实际上初步实现了国民经济发展中环境的可持续利用,而对资源的经济利用,是资源可持续的基础。这几者的良性结合就会初步实现国民经济与社会的可持续发展。而从上式中我们可以确定经济发展与环境影响之间又存在着一个相互推动、相互制约的互动关系。这样就可以很好地解释,为什么发达国家的环境政策常常与经济周期相结合,在经济发展的高峰时,常常是从"果",也就是经济发展对环境影响的治理着手,来实现社会经济的可持续发展,

如克林顿时期。在低谷时，主要从"因"着手，也就是以促进经济发展为主来实现可持续发展。

这样，社会经济发展对环境影响的三个基本因子就是：社会总需求量、满足单位社会需求使用资源的单位数、使用每一资源单位对环境的破坏和影响。根据上述三因子，就可以找到实现国民经济的可持续发展的基本思路及与之相对应的基本方法，如表 10 - 1 所示。

表 10 - 1　可持续发展的基本思路与方法

基本思路	基本方法
控制社会盲目总需求	加强社会总需求的管理
减少满足需求所使用的资源的单位数	节约资源，高效率利用资源
降低使用每一资源单位对环境的破坏和影响	保护环境，使用低污染资源

当然，对社会盲目需求的管理并不是抑制正当的消费需求，相反，需求的增长是实现可持续发展的必要条件，而控制不合理的高消费与高享受，尤其是带来较大环境破坏效应的消费需求与消费模式，才能有助于实现社会总需求的良性增长。从中也可以知道，节能与环保是具有同一性的，而高效又往往意味着节能。环保则意味着尽量减少生成的污染因子及对污染的治理。当然，综合考虑能找到既高效又清洁的能源更好，若二者不可兼得，则要根据满足单位需求所使用资源的单位数与每一资源单位对环境的破坏和影响的乘积来选择。

从实证分析上看，联合国世界环境与发展委员会（WECD）曾经阐述过实现可持续发展的条件，共 7 条：保持增长；改变增长质量；满足人类的基本需求；保持人口的可持续水平；保护资源基础；控制技术和管理风险；将经济和环境因素融于决策之中。

二、我国环境保护与资源利用的战略选择

同时，制定了《中国 21 世纪议程》，从我国国情出发提出了人口、经济、社会、资源和环境相互协调，可持续发展的总体战略、对策与行动措施，明确指出我国不能再走高消耗能源和"先污染、后治理"、盲目追求经济数量增长的传统发展道路，而应当在保持经济快速增长的前提下做到自然资源的合理开发利用，使经济增长、社会发展与资源、环境的承载能力相适应，走协调可持续发展的新路。

中国的环境保护方针是："全面规划、合理布局、综合利用、依靠群众、大家动手、保护环境、造福人民。"这条方针指明了环境保护是国民经济发展规划的一个重要组成部分，必须纳入国家的、地方的和部门的社会经济发展规划，做到经济与环境协调发展。全国环境保护会议郑重宣布，环境保护是现代化建设中的一项基本保证条件和战略任务，也是一项基本国策。这样，对环境保护问题的认识大为深化。也就是说，环境保护已成为我国的治国之本、治国之策。

加强环境保护的基本战略措施包括：①充分认识我国的环境问题不仅具有明显的多层性、复杂性、严重性，而且还有更大的潜伏性和可能的突发性。因此，从长远来看，解决我国环境问题的根本出路在于：第一，严格控制人口，力求限制在可承受的环境容量之内（我国人口理想负荷在 7 亿～11 亿人）。第二，从我国国情出发，走以管理为核心的环保道路即首先采取强硬手段，控制污染和生态破坏，是现阶段最经济、最实用的办法；其次我国是发展中国家，经济上有困难，没有更多的钱去治理和用于污染治理的研究；最后加强环境管理本身就是国家宏观管理的一项内容。第三，加快科技进步，寻找发展经济、整治环境的新的生产力。②坚定不移地把环境保护作为一项基本国策，把消除污染、建设良好的生态环境作为社会主义物质文明和精神文明建设的重要内容，坚持经济建设与环境建设同步发展、以防为主、防治结合、综合治理的总方针。③把环境战略重点逐步转向农村，乡镇企业给农村环境带来的污染与破坏，生物灭绝等自然环境方面的问题结合在一起互为因果，恶性循环，使农村环境潜伏着日趋严重的巨大威胁，直接关系到我国未来的农村环境面貌，因此必须尽快决策并把环保战略重点逐步转向农村。④加强环境法规、环境标准的法制建设，加大环境执法监督力度，强化环境管理，充分发挥社会主义制度的优越性，依靠群众，依靠法律，做好根治环境问题的重要思想建设和法制建设。⑤提高全民族生态环境意识。生态意识、环境意识是人类生产力发展，社会高度文明基础上产生的一种先进思想，也是人类反思历史、总结教训的伟大觉醒，根据我国人民的思想觉悟和认识水平，大力宣传认真培养全民族生态意识和环境意识，纠正各种短期行为是一件刻不容缓的大事。

在合理利用资源方面，我们首先应考虑资源的最优利用和持续利用问题。为了解决这两个问题，一方面要找到资源开采的最优路径，另一方面通过市场和技术进步逐步减少对枯竭性资源的依赖。根据英国著名经济学家帕萨·达斯古普塔（Partha Dasgupta）的研究结果，资源开采的最优路径应该是资源价格的净价值在各个时段保持不变，或者使资源价格的增长率与市场利率相等。实现资源的可持续利用和持续消费取决于生产中不变资本与资源流量之间的替代弹性值。这里的"弹性值"指的是不变资本替代资源流量或消耗量的一种比率。如果固定资产或不变资本增加1%，所替代的资源流量大于1%，则资源可持续利用，否则将枯竭。市场和技术进步完全有可能使可枯竭资源过渡到持久性资源，即使人类耗尽了某一种不可再生资源，也可以由此再生资源取而代之，这样不会使经济活动和消费行为受到大的影响。

然后，我们应将资源配置从动态的角度加以延伸，从而使资源公平合理配置的内涵拓宽到代内公平和代际公平两个层面。在对资源与环境的需求上，未来各代人与当代人享有同样的权利。可持续发展要求当代人在考虑自己的需求与消费时，也要对未来各代人的需求和消费担负起历史的道义的责任。代内公平包括两个方面的内容：一是一个国家内同代人之间的横向公平；二是国家与国家之间的横向公平。代际公平就是资源在代际间配置的公平，即世代之间的公平。人类赖以生存和发展的自然资源是有限的，本代人不能为了满足自己的物质需求，采取掠夺性的资源利用方式将资源财富化，而不考虑后代人发展的需要，要给后代人以公平利用自然资源的权利。因此，可持续发展不仅要实现当代人之间的公平，而且要实现当代人和未来各代人之间的公平，向所有人提供实现美好愿望的机会。为了保证当代人的经济活动无损于后代人的福利状况，需要建立一个生态与经济、环境与发展的综合决策机制以确保资源能够传递给后人。

在环境保护方面，政府、企业和社会公众都应该有所作为。根据OECD市场经济国家和经济转型国家的环境管理经验，政府在环境保护中应有效发挥规制和监管的作用，同时提供必要的环境公共物品。作为市场经济主体的企业通常是环境污染的主要制造者，因此调整企业行为成为人类通向可持续发展之路的关键。企业在生产和经营过程中，首先要根据市场规则进行经济活动，并在遵纪守法的前提下实现利润最大化；通过各种措施和资金投入达到国家制定的污染物排放标准和污染物排放总量控制的要求，使生产的商品达到相应的产品质量、安全、健康和环境等标准。由于社会公众既是环境污染的生产者，又是环境污染的受害者，社会公众在可持续发展战略的实施中扮演着十分重要的角色。公众一方面应自觉地遵守环境法规和环保政策，另一方面可以通过抵制严重污染环境或选择有利于环境的商品进行消费，从而间接地影响企业的生产活动和经营活动；通过改变传统的不合理的消费模式和消费行为，树立绿色消费观念，鼓励并引导合理的、可持续的消费模式的形成与推广，从而降低消费活动对自然环境的影响程度。

从政策措施来看，资源压力和环境压力可以通过技术创新和富有成效的政策措施加以改变。尤其是我国这样的发展中国家尤其需要及时根据自己的国情采取适合自己情况的政策措施，可以通过技术创新、制度创新和管理创新来处理资源、环境与可持续发展之间的关系问题。

1. 技术创新

开发建立绿色技术支撑体系。"绿色技术"体系包括用于消除污染物的环境工程技术，包括用以进行废弃物再利用的资源化技术，更包括生产过程无废少废、生产绿色产品的清洁生产技术。建立绿色技术体系的关键是积极采用清洁生产技术，采用无害或低害新工艺、新技术，大力降低原材料和能源的消耗，实现少投入、高产出、低污染，尽可能把环境污染物的排放消除在生产过程之中。推行清洁生产技术要与产业结构调整相结合，通过清洁生产实现"增产减污"。同时可以采用互补性的技术创新、旁侧性的技术创新、废物利用型的技术创新、治理污染型的技术创新四大类，要把清洁生产的着眼点从目前的单个企业延伸到工业园区，建立一批生态工业示范园区。

通过这些技术创新，使国家企业在追求经济效益的同时解决一些外部不经济问题。比如提高能源使用效率。如前文所述，我国的使用效率为30%，日本为57%，美国为51%，英国为40%，因此必须大幅度革新技术，辅之以执行节约能源的经济制约机制。

2. 制度创新

①建立"节约"型的社会制度，包括建立促进循环经济的绿色法律法规，保护生态环境和自然资源，反对破坏生态和浪费资源。②以可持续发展战略为指导，对经济实行有效的宏观调控，合理调整产业结构，制定科学的产业政策：严格控制重污染产业、限制轻污染产业、鼓励和促进无污染产业的发展。③加强生态环境评价和资源资产化研究，将资源与环境成本反映到市场价格之中。④国家应将资源与环境纳入国民经济核算体系（探索建立绿色国民经济核算体系），各级政府和经济管理部门要建立生态与经济、环境与发展的综合决策机制。比如通过污染总量控制下的排污权交易这样特定的制度安排，可以使治理环境污染的成本最小化。⑤环境保护制度化。如我国1980年实行"环境影响评价制度"，此后相继建立了排污收费制、环保目标责任制、限期治理制、城市环境综合整治定量考察制、自然资源和生态环境保护许可证制。仅许可证制度主要包括森林采伐许可证、矿产资源开采许可证、渔业捕捞许可证、野生动物捕猎许可证、排污许可证和倾废许可证等。

3. 管理创新

可以考虑如下几点：①明确产权，避免因产权的不清晰而妨碍资源的保护。许多资源只有在明确了产权或长期经营权的情况下，环境保护问题才能得到根本或有效的解决。如近 10 年肯尼亚和津巴布韦对大象保护的政策差异，以及我国 20 世纪 80 年代末期林地承包的短期化行为等。②审查现存的补贴政策，取消那些对资源保护无刺激作用的手段，使价格更接近于生产的社会成本而不是私人成本。③调整能源结构，控制能源消费规模，发展核能、水电，逐步改变以燃煤为主的电力能源结构，关停小火电、小炼油厂等五小企业，减少燃煤在能源构成的比例，减少二氧化硫等酸性物的排放，控制酸雨的发展、控制能源消费增长速度，发展不产生和少产生二氧化碳等温室气体和非矿物能源，倡导和发展节能型生产和生活方式。④合理利用自然资源，加强森林植被保护以及加强土地和水资源管理，保护整体生态环境。生物多样性是稳定生态系统的必备条件，它是人类赖以生存和发展的基础，保护生物资源的多样性和永续利用是一项全球性的任务。⑤建立有效的管理机构，如设立职权相对独立于政府的监管机构等。同时，制定关系后代长远利益的环境资源规划。要引导当代人关心后代的利益和选择的权利，而不是将今日的发展建立在剥夺后代生存发展机会的基础之上。珍惜不可再生资源的开采，改粗放型的生产方式为效益型的生产方式，这也为后代储备了资源。

综上所述，通过合理开发和节约使用资源、有效防治各种污染、保护和改善环境、维护生态系统平衡制定和实施切实可行的宏微观政策措施，并把环境政策、经济政策和社会政策结合起来，采取适当的办法来鼓励经济部门以更有效、更合理和更负责的方式使用自然资源、保护生态环境，那么，我们的经济和社会将走上一条可持续的发展道路。

[小结]

在全球的所有地区（包括人迹罕至的两极地区），资源和环境的形势都无法令人乐观。工业文明在推动人类的科学技术进步和物质文明发展等方面表现出了巨大的历史进步性，给人类带来了农业文明无法想象的物质财富；但是发达国家以技术优势、资源优势和市场优势在境外掠夺资源和制造污染，迅速消耗着地球上有限的资源。

我国长期能源形势比较严峻，主要表现在：石化能源紧缺、水电资源亟待开发、核电发展缓慢、煤层气资源尚待开发、其他能源开发利用仍在起步阶段。而自然资源包括各种矿产、森林、水、土地、水产资源等的现状也无法令人乐观。至于环境状况，则是到了非常严重的地步，水资源、大气环境、耕地和土地、森林和草地资源都遭受到了前所未有的破坏。另外，还有非常严重的食品污染问题。因此，探寻一条资源、环境和经济协调发展的道路已经刻不容缓。

实现可持续发展，即是合理开发和利用资源与环境，不仅能够有效地推动经济的发展，同时也兼顾对资源的保护。经济发展是把"双刃剑"，经济活动的盲目扩张必然带来环境的恶化。因此，发展的前提条件应当是保证自然生态财富（即生态资本存量）的非减性，承认自然环境承载力的有限性，遵循生态环境系统所固有的规律。那么，现有的经济系统则应当包含环境的因素。

实现可持续发展就必须从战略的角度考虑环境保护和资源利用。我国环境保护与资源利用的政策措施应当实现技术创新、制度创新和管理创新。

[思考题]

1. 你如何理解"经济发展是把'双刃剑'"这句话？
2. 举例说明你对可持续发展问题的认识和理解。
3. 我国曾经实施过几次大的重点治污行动，也取得了一定的成果，但从长远来看，效果并不理想，你能否从技术、制度和管理层面来总结原因。

第十一章 社会保障制度的建立与完善

[**内容提要**] 社会保障应当包括社会保险、社会福利、社会救助、社会优抚等方面。社会保障的性质主要包括：政府之责、权利性、再分配性、部分项目的投资性、不可逆性、预防性等。社会保障的类型有传统型、福利型、储备金型、国家型等。社会保障有多方面的作用。社会保障的原则有：与经济发展水平相适应原则、权利与义务对应原则、兼顾效率与公平的原则、普遍原则等。建立具有中国特色的社会保障制度，一要加强社会保障制度各项目改革之间以及与其他社会经济体制改革的协调配合；二要对社会保障项目要坚持广覆盖、低标准、低起点；三要加强社会保险基金的管理及营运；四要加强社会保险管理体制；五要建立多元化的混合型社会保障制度，构建社会保障指标体系；六要加强对社会保障的监测与检查。

社会保障机制的形成虽然并非始于工业化社会，但其发展和完善则和工业化进程紧密相关。在前工业化时代，对少数社会成员因各种原因而陷入生存危机的救助，主要是由其家族、社区（邻里）及其他个人的慈善活动来实施的，国家在其中所起的作用是十分微弱的。工业化时代的到来，既给人们带来了更多的择业机会和更大的经济自由，但同时也给人们带来了更大的工作压力和更多的生存风险。人们随时面临着失业、伤残、疾病等方面的威胁，从而可能丧失基本的生存条件。同时，社会原有的保障体系在这一过程中，或随之消失或趋于弱化。这样，国家作为社会保障的主要供给者就逐步登上了历史舞台。而伴随工业化进程而来的社会财富的巨大增长，也为国家实施各种必要的社会保障提供了相应的资源手段。就现代社会而言，社会保障的内容十分庞杂，几乎包括个人从生到死这一过程中各种生活需要的方方面面。同时，对社会保障的研究，涉及政治、经济、法律、社会、道德、文化、心理、历史等诸多学科。本章侧重从经济理论方率的一个重要前提，那么，作为体制设计者和调控者的政府，对此应该承担必要的责任，也就成为顺理成章的事情。同样，对于社会保障的其他方面，如养老、医疗、教育等，我们也能找到必须由政府承担责任的体制原因。因篇幅关系，这里不再赘述。

2. 权利性

在前工业化社会，非家庭成员之间的救济活动不仅带有很大的随机性，而且带有浓厚的施舍——受惠意味，双方的地位是不平等的，受惠方往往须以牺牲自己的尊严和人格为代价。而在现代社会，社会保障的目的已由最初的社会公正、社会人道和社会稳定，演变为人权范畴的基本内容。它赋予所有社会成员应享有健康的、体面的、文明的最低限度的生存权和福利权，认为公民享有这些最低范围的生存和福利保障是公民应有的政治权利，而不是接受慈善施舍。以此为出发点，现代社会保障强调普遍性原则和公平性原则。也就是说，一方面，社会保障必须囊括所有个人可能出现危机而影响其正常生活和个性（人格）发展的领域；另一方面，社会保障必须针对全体社会成员而非某些特殊群体，同时，个人在依法享有社会保障时，不受其性别、年龄、党派、种族、肤色及宗教信仰等个人因素的影响，任何人在同等条件下，都应享有同等的保障权利。

3. 再分配性

社会保障通常有从高收入者向低收入者进行"垂直分配"的性质，这在很大程度上属于一种转移支付。简单地说，失业保险是由就业者向失业者进行的再分配；医疗保险是由健康者向非健康者进行的再分配；养老保险是由青年一代向老年一代进行的世代间再分配，当然在基金制下，也包括老年人自身由青年时向老年时的再分配（即年轻时缴纳年金，老年时领取）。从这种意义上说，社会保障是一种以税收和转移支付为形式的分配政策。

4. 部分项目的投资性

一些社会保障项目，如对已经丧失劳动能力的伤残者的救助，属于政府福利的净支出，这种支出主要基于社会公正和社会道义。但是还有一些社会保障项目，如教育补助、医疗保障、失业救济等，在短期虽然也表现为政府的福利支出，但在长期，随着被救助者人力资本存量的提高和劳动能力的恢复以及加入或重返劳动力市场，对其个人和社会都能创造新的财富，且由于其素质的提高能创造较以往更多的财富。因此，从长期的社会成本—收益账户看，它具有舒尔茨意义上的人力资本投资的作用，因而应该把它等同于投资看待，而不是一般学者心目中的纯粹再分配。

5. 不可逆性

制度化的社会保障一旦形成之后，就具有一定程度的刚性。这种刚性主要来源于各种制约因素的相互作用。一方面，对于社会保障制度直接受益者群体而言，政府任何试图压缩保障范围或降低保障基准的举动，都会遭受激烈反对。另一方面，立法的权威性和政党政治在一定程度上的非理性也使得对社会保障制度的调整需经过一个漫长的时期和支付巨额成本。特别是在多党竞选的政治体制下，竞争的各党派往往把扩大社会保障作为争取选民的一个重要手段。正是在上述种种制度背景下，原本以协调公平、效率为目标的社会保障，最后往往演变为社会整体效率进一步提高的阻碍因素，也就不足为奇了。

6、预防性

也就是说，同前工业化社会保障机制的事后补救特性相反，现代保障机制着重于事前预防。这要求在政策措施和经费筹措上具有一定的预见性和超前性，以避免临阵失措造成效率损失和社会混乱。

二、社会保障的类型、作用及原则

（一）社会保障的类型

1. 传统型

它是以俾斯麦的理论为依据，贯彻选择性（选择部分人）原则，强调个人责任，支付与收入、交费相联系，分配有利于低收入者，支付有一定期限，费用由个人、单位和政府三方（或两方）负担，工作统一由政府专门机构管理。这种类型以美国、日本等国为代表。如美国社会保障制度的特点是：社会保障内容广泛，但发展程度不高（与欧洲一些高福利国家相比）；多渠道筹谋社会基金；实行强制与自愿相结合的原则；多层次的管理体系等。

2. 福利型

福利型的社会保障以"贝弗里奇福利计划"为依据，贯彻普遍性原则，口号是："收入均等化、就业充分化、福利普通遍化、保障设施体系化"。保障范围包括"从摇篮到坟墓"的各种生活需要。社会保险按统一标准交费，统一标准支付，保障水平足以维持基本生活，享受时间以需要为标准，保障基金主要来源于税收，保险业务由国家设置机构统一管理。这种类型的社会保障以瑞典、英国等国为代表。

3. 储备金型

以新加坡等国为代表。这种保障制度采用劳方或劳资双方缴费，以职工名义存入储备金局，职工退休或其他情况需用时，连本带息发给职工。新加坡早在1955年就建立了"中央公积金制度"，并成立"公积金局"专门机构进行管理。公积金的用途规定为退休后生活费、购置住房或建造住宅、本人或家属医药费、购买股票及黄金、购买人身保险等。这种类型的保障制度的缺点是互助互济性差，在支付期出现货币贬值时，如不采取补救措施，就起不到应有的保障作用。

4. 国家型

以苏联及一些社会主义国家为代表。这种社会保障制度的主要特点是：①与就业相联系，从参加工作之日起就享有一切保障；②保障内容广泛，生死病老等都有保障；③资金由财政开支，个人不付费；④免费住房、医疗等；⑤退休费在一生中最高；⑥大量建立保障机构（干休所、疗养院、文化宫、俱乐部等）；⑦实行区别待遇原则，所有制不同、城乡不同其待遇也不同，对战斗英雄、劳动模范等实行特殊优惠待遇。这种类型的社会保障会造成沉重的财政负担，在经济落后的条件下会影响经济的发展。

（二）社会保障的作用

从个人层次看，社会保障具有扶优助弱的作用。在社会经济中，会有一些为社会做出了贡献而未得到应有收入的人（抗灾死伤人员、见义勇为人员、军人等），对他们经济上的补偿或扶持只有通过社会优抚来解决。在社会上也不可避免地会有一些不能靠自力维持生活的人（失业人员、病残人员等），对他们出于人道主义的考虑也应进行救助。所以，社会保障起着扶优助弱的作用。

从再生产来看，社会保障是劳动力再生产和物质资料再生产的必要保证。例如，扶贫可以保证贫困家庭人员劳动力再生产的顺利进行；可以使患病的劳动力尽快恢复身体健康，多为社会做贡献；同时社会保障还起着刺激消费、扩大需求的作用，这在过剩经济条件下是社会再生产顺利进行的重要条件。

从社会稳定来看，社会保障能够增强人们生活的安全感，从而减少因失业和贫困带来的不安定因素，进而实现社会稳定健康发展。

从发展目标来看，社会经济发展的重要目标是社会公平、消除贫困、共同富裕。社会保障是实现这些目标的重要手段。

从激励作用看，社会保障能够促使人们努力工作，提高效率，一方面，社会保障会提高人口素质，从而提高劳动效率；另一方面，社会保障会激发人们爱国主义热情，增进向心力，而努力工作使效率提高。但是，社会保障程度过高也会产生消极影响，如劳动者因要求工资提高而造成自愿失业增多，增加一些人的依赖思想等。

（三）社会保障的原则

1. 与经济发展水平相适应原则

一国经济发展的状况基本决定其社会保障的水平，因此，社会保障的水平就取决于两个方面：一是经济总量及其增长率；二是能用于社会保障资金的多少。总的来说，社会保障的提高程度要低于经济增长的速度；经济总量增加、速度提高，社会保障的水平也应提高。

2. 权利与义务对应原则

①社会保障是人人平等享有的权利。1948 年 12 月 10 日联合国大会通过的《世界人权宣言》第 22 条规定："人既为社会之一员，自有权享受社会保障，并有权享有个人尊严及人格自由发展所必需之经济、社会及文化各种权利之实现。"②社会成员作为义务主体，应承担为社会做贡献的义务，才能取得权利主体的资格。社会成员的义务包括两个层次。第一，通过劳动为社会做贡献的义务；第二，为社会捐献或缴费的义务。

3. 兼顾效率与公平的原则

公平与效率存在着某种交替关系，因此，社会保障所实现的公平要以不牺牲效率为优先。但是，公平与效率并非总是对立的：①效率提高会产生某些不公平，但不是说非效率必然能实现公平；②效率提高会产生某些不公平，不能反过来说不公平就必然有效率；③从长远来看，公平有利于效率提高，高效率也能促进公平。正因为如此，社会保障又要兼顾公平。

4. 普遍原则

社会保障的普遍原则意味着一种全民的保障，是社会保障发育成熟阶段的表现。最初的社会保障往往是为有工作的人们创办的，对有工作者提供某些保险或福利，对无能力工作者不给予保障。后来越来越多的人认为社会保障应扩展到任何无力自助的人（孤儿、孤寡老人、贫困人员等），政府应提供最低限度的生活保障金。这可追溯到德国俾斯麦时期的社会保险规划。"二战"以后，西方福利国家社会保障大都采取了普遍原则。现在许多国家的社会保障都具有内容广泛、法规完善、管理机构设施齐全的特点。因此，普遍性成为社会保障的一项原则。

第二节 社会保障体系结构

一、社会保险

(一) 社会保险和社会保障

社会保险和社会保障二者在客观上都具有对基本生活需要的保障功能，都是国民收入再分配的手段。但二者在保障范围、对象、职责等方面又有不同。

1. 实施范围和对象不同

社会保险在一定时期只在法律规定范围内实行，这取决于一国的经济发展水平。起初它主要以社会劳动者为保障对象；在当今发达国家，社会保险如养老保险、医疗保险也以全民为保障对象。而社会保障始终是在全社会范围内实行的，经济发展水平只决定其保障水平高低，不决定其范围大小，它以全体国民为保障对象，而不论其是否参加过社会劳动。

2. 职责不同

社会保险是对暂时或永久丧失劳动能力和失去劳动机会的劳动者承担生活保障责任，其职责只限于补偿劳动危险（含工伤事故）所造成的直接收入损失，因此它是维持劳动力再生产的特定手段。而社会保障不但承担所有国民可能遇到的一切普遍危险、困难和损失的保障责任，而且还包括社会发展方面的责任，如免费教育、卫生保健等，可见它是以保障整个社会机体正常运行为己任，协调社会各方面关系的、多功能、多责任的手段。

3. 分配原则和保障水平不同

社会保险的分配与国家、企业、劳动者对保险基金的贡献直接相关，保障水平不仅要适当考虑劳动者原有的收入水准，还要根据社会经济发展成果，适当提高其保障水平，以便在物价上涨的情况下，满足其基本生活需要。而社会保障分配在多数情况下是国家或社会对国民的单方面援助，待遇给付不考虑接受者原有的收入水准，它保障的是最低生活需要。至于有关社会发展方面的内容，则多以机会均等、大体平均的原则分配，而且明显有益于低收入阶层和无收入来源的人。

总之，社会保险是以社会劳动者为对象，在劳动危险损失前提下发挥作用的保障制度，而社会保障是以全体国民为对象的，在任何危险、损失以及满足社会全面发展方面发挥作用。因此，社会保险是社会保障体系中的一个重要内容，在社会保险作用充分发挥的情况下，社会保障作用就主要体现在社会救济、社会福利等发展方面。

（二）社会保险与商业保险

社会保险作为现代社会的一种保险形式，它与商业保险一样都是为人们提供保险服务。但它们又是两种完全不同的保险形式，必须加以区别：

1. 性质不同

社会保险是国家通过立法形式实施的保障劳动者遭遇到意外事故时的基本生活而建立的一种社会保障制度，它既是国家对劳动者承担的一种社会责任，又体现了国家对社会生活的强制干预，具有物质帮助性和非盈利性的特点。而商业保险则是一种金融活动，由专门的经济实体即保险公司按照市场价值规律的作用经营，以盈利为目的。

2. 对象不同

社会保险适用对象为薪金劳动者，而且是一种强制性保险制度，凡法律规定应投保的劳动者，须一律参加，无选择余地。而商业保险则以全民为对象，且是任意保险制，也就是一种完全自由的商业活动。公民可以根据自愿决定是否参加商业保险的投保。

3. 费用负担不同

社会保险费用一般由雇主、被保险人和政府三方负担。行政事务费系由政府补助或全部负担。保险费收取较商业保险低。而商业保险的保险费则由被保险人全部负担。营业费用及营业税收均在保险费项下支出。保险费收取标准较高。

4. 作用不同

社会保险强调其作用在于保障丧失劳动能力或劳动机会的劳动者的基本生活。实际上是利用国民收入的再分配，为劳动者提供切实的生存保障，以促进商品经济的发展和社会秩序的安定。商业保险的作用在于，在被保险人遭遇到被保险事故时，给予一定的经济补偿以减轻其损失。这种补偿的使用并不一定在于保障被保险人的基本生活，也不是一种国民收入的再分配，只是意味着保险方与被保险人之间一种金融活动的结算。当然，商业保险对于商品经济的发展和社会秩序的安定具有相当重要的作用。只是它不像社会保险那样直接、明显和普遍。

综上所述，社会保障是一项福利保障事业，而商业保险是一项商业经济活动。它们从本质上来说，是两种截然不同的事物。就社会保险与商业保险各自针对的风险而言，它们的逻辑关系又是交叉的。商业保险中以人的生命和身体为保险对象的人身保险，包括人寿保险、健康保险、伤害保险等，与社会保险所针对的风险事故多有相似之处。所以许多国家也把这部分商业保险作为"自愿保险"纳入社会保险体制之内。从不同的保险层次出发，社会保险与商业保险既有明确的分工，又相互密切配合。社会保险保障基本生活需求，使劳动者不能劳动时不致生计断绝；商业保险则通过经济赔偿，使投保者遭受风险时能迅速恢复生机。这样就形成了强制与自愿相结合的多重"安全网"，对满足人们的生存需求和风险保障，增强社会安全感，更具有重要意义。

二、社会保险基金

（一）社会保险基金的含义

社会保险基金是国家为举办社会保险事业而筹集的，用于支付劳动者因暂时或永久丧失劳动能力或劳动机会时所享受的养老保险、工伤保险、失业保险、生育保险等各项保险待遇的资金。可见，社会保险基金是社会保险事业得以建立和发展的经济基础和物质保证，没有社会保险基金也就谈不上对劳动者进行社会保险。

（二）社会保险基金的来源

综观世界各国社会保险制度的规定，社会保险基金的来源通常有以下三个：①由劳动者所在经济单位或雇主按本单位员工工资总额的一定百分比缴纳保险费。②由劳动者个人按其工资收入总额，或基本工资总额的一定百分比缴纳保险费。③由国家财政对社会保险基金的开支给予适当补贴。

此外，还可以有其他经常性收入，如利息、利润以及社会捐赠等。

（三）社会保险基金的筹集

1. 社会保险基金筹集的原则

社会保险基金是社会保险制度的物质基础。要想为丧失劳动能力和失业劳动者提供基本生活保障，就必须满足在这方面的实际开支需求。因此，社会保险基金筹集原则，就是"以支定收，收付平衡"，即一定时期内社会保险基金的筹集总额，应以同期预计需要支付的社会保险费用总额为依据来确定，并使二者始终保持大体上的平衡关系，否则就会使社会保险制度失去物质保证而无法维持。对于"以支定收，收付平衡"的原则，可以有以下两种基本的解释：

——近期横向收付平衡。一般是指当年或近年内，从所有参保单位按平均比例提缴的社会保险基金总额，应以同期所需支付的社会保险费用总额为依据，并在收付过程中保持平衡。这种平衡是着眼于当前需求，采取在所有参加社会保险的单位之间以平均比例横向地分散劳动危险并分担损失的做法。这是一种在短期内大量积聚基金并在同期内基本使用完毕的原则。

——远期纵向收付平衡。一般是指社会保险范围内的劳动者在整个就业投保期间，或是在一个相当长的计划期内提缴的社会保险基金与利息的总和，应以劳动者在整个享受保险待遇期间，或以计划期预计开支的社会保险费用总额为依据，并使二者在长期内始终保持平衡关系。这种平衡是着眼于将来的需求，采取在劳动者整个就业或投保期间，或是在较长的计划期间内根据预计的总需求，逐期按相同比例均匀地提缴保险费，以事先的积累储备来分担危险损失。这是一种在长期内逐步积累基金并逐期使用且不断增减循环的纵向的劳动危险分散原则。

2. 社会保险基金的筹集方式

在上述基本原则的指导下，社会保险基金的筹集，大体上有以下三种不同的方式：

——现收现付式。这是以近期横向收付平衡原则为指导的基金筹集方式，即先做出当年或近一二年内某项社会保险所需支付的费用测算，然后按照相同的比例分摊到参加社会保险的所有单位和个人，当年提取当年支付。其中保险基金的预测一般是根据上年度实际开支总额，加上本年度预计增支的总额求得的。提取比率则是根据预测需求总额占工资总额的比例确定的。此种筹集方式一般要使提取总额略大于预测支付总额，使支付之后略有节余。

这种筹集方式的优点是简便易行，可依需求增长及时调整征税比例保持收入平衡，也可以避免长期筹集方式所遇到的物价上涨造成的基金贬值危险。其缺点是缺乏长远规划，没有必要的储备积累，随着社会保险成员结构变化和需求水平的增长，提取比率亦会不断上升，使企业、个人和国家的负担加重，甚至出现支付危机。

——预筹积累式。这是以远期纵向支付平衡原则为指导的社会保险基金筹集方式，即首先对有关人口健康和社会经济发展指标进行长期的宏观预测，然后在此基础上预计社会保险成员在享受保险待遇期间所需开支的保险基金总量，并将其按一定比例分摊到劳动者整个就业期间或投保期间。其特点就是"先提后用"，从社会劳动者开始工作的第一天，就必须依法定期缴纳一定的社会保险费。与此同时，劳动者所在单位或雇主亦必须依法为所属职工定期缴纳一定的社会保险费。二者合一，经过几十年后，形成一笔可观的保险基金，待劳动者需要享受时，逐期或一次性给付。

此种方式的优点是在较长时期上分散劳动危险损失，提取比率稳定，个人或企业负担较小，在支付期间每年仍留有相当数量的储备积累基金，使社会保险有稳定的经济来源和雄厚的物质基础。缺点是在通货膨胀的条件下难以保值。而且此种方式需要对基金开支进行长期预算和科学管理，涉及的因素多，且专业性很强，在实施上有相当的难度。由于纯粹的预提积累方式及其影响制约因素众多且多变，特别是几十年内物价波动使基金面临贬值危险，迄今世界上尚无采取单一的积累方式的先例。

——部分积累式。即将上述两种方式相结合，在社会保险基金的形式上，一部分采取现收现付式，保证当前开支需要；另一部分采取预筹积累式，满足将来开支需求的不断增长。因此又可称之为"混合式"的基金筹集。此种方式兼取现收现付和预筹积累二者之长，现收现付额和积累额之间可以随时相互调整补充，在生产发展状况好、工资水平高的时期，可以多提一些积累，或是将现收现付的节余部分存入积累；在生产不景气、工资水平不高的时期，可以少提一些积累，甚至可以将积累适当拨入现收现付部分，以满足当年需求。这样，社会保险的保障功能和维持社会安定的作用，就表现得更加充分了。不过应特别注意解决积累基金的正确运用问题，关键是要使其在保值的前提下，实现不断的增值，以抵消物价上涨的影响。否则，几十年后积累部分将失去应有的意义。

（四）社会保险金的管理

1. 设置管理机构

不仅要设立全国统一的社会保险管理机构，还要设立专门从事社会保险的基金管理机构。前者主要从事政策研究、预测研究，后者主要负责日常基金收缴、支付、存放与运营。

2. 通过社会保险金的运营实现其保值增值

社会保险基金的保值增值，对于因物价上涨所引起的贬值，提高其基金的支付能力都有积极的意义。要使社会保险金保值增值必须做到以下几点：①政府制定对社会保险的优惠政策，包括减免税政策，优先获得投资项目政策，高存款利息率政策等。②搞好社会保险金的投资及运营，以取得较好的经济效益。如以高利率存入银行；以高利率委托贷款或直接贷款；购买有保证收益的有价证券，进行房地产开发投资，直接或委托银行投资兴办企业或事业等。所有这些都必须坚持投资安全、回收快、经济效益显著的原则。③搞好社会保险的使用和运营的监督与审计工作，避免其流失。

三、社会福利

这里的社会福利是专指在社会保障体系中除社会保险、社会救助和社会优抚之外用于改善人们物质文化生活的事业和措施。社会福利作为一种社会保障形式不同于社会保险，同时作为一种分配形式不同于工资。

社会福利与社会保险存在着如下四点区别：①目标不同。社会保险的目标在于保障劳动者的基本生活，而社会福利的目标在于使人们的生活水平在原有的基础上得到进一步提高。②作用性质不同。社会保险一般由国家立法，强制实施，而社会福利则没有强制特性，它由单位根据自己的情况，自主建立和实施。③覆盖范围不同。社会保险覆盖的主要对象是工资劳动者，而社会福利覆盖的范围是全体居民。④享受条件不同。社会保险以权利义务对等为原则，要享受保险待遇，必须具备基本条件（如工作期限、投保期限等）；而社会福利是个人的额外收入，不需要享受者为之付出代价，即享受福利是无特定条件的。

社会福利不同于工资。尽管有人把社会福利称为"社会工资"或"附加工资"。其实福利与工资存在着如下区别：①工资是按劳分配，不同劳动者工资收入差异很大，而福利是按需分配，劳动者之间福利差别较小。②工资具有下降刚性，员工工资下浮较为鲜见；而福利由经济状况决定，有较强弹性，既可升也可降。③工资主要表现为货币形式，而福利则有实物、货币、服务等多种形式。

社会福利依据不同标准可以多方面分类：①根据人们享受的福利范围，可分为全民福利（全体社会成员都有的福利）和职工福利（仅指就业者所享有的福利）。②根据存在的形式，可分为：货币形式的福利（如带薪休假等）；实物形式的福利（免费工作餐、工作服等）；服务形式的福利（免费交通等）。③根据内容，可分为公共福利（免费义务教育、体育娱乐设施等）、专门福利（疗养院、幼儿园、养老院等）、选择性或局部性生活福利（出差生活补贴等）。④根据举办者的地位和层次划分，有国家福利、地方福利、单位福利。我们研究的重点是职工福利。

四、社会救助

社会救助是根据居民因自然灾害、意外事故和个人原因（年老、生理、残病等原因）出现生活困难时，由社会或政府提供一定资助的社会保障制度。主要项目包括救灾、扶贫、建立救助设施（养老院、孤儿院等）等。社会救助作为社会保障的一个组成部分，主要有以下两个特点：①资金全部由社会筹集，受救助者无须缴纳任何费用；②受救助人享受救助待遇需要接受一定形式的经济状况调查，社会向符合救助条件的个人或家庭提供资助。

社会救助的措施有：①救灾。它包括生产自救和政府救灾两种方法。当自然灾害破坏程度较低、灾害时间较短时应以生产自救为主，政府辅以适当经济补助；若灾害破坏严重、历时较长，社会或政府应以筹集物质和资金给予救助。②扶贫。贫困有地区和个人（家庭）贫困两种，对于地区性贫困，政府应给予财政补贴或实施地区开发政策（增加物质和技术投入、以工代赈等）；对于个人或家庭性贫困，除政府发给最低生活救助外，更要提高个人或家庭的脱困能力（培训、优先安排就业、推迟下岗时间等）。③兴办救助机构和设施。例如，建立困难户养老院、孤儿院等。④发展社会捐助事业，广泛筹集社会救助资金。

五、社会优抚

社会优抚是社会保障体系中一种带有褒扬、优待和抚恤性质的特殊制度。政府依照法律对那些保卫国家或维护社会秩序做出贡献或牺牲的人员及其家属在物质上给予优待和抚恤。它面向的是备受尊敬和爱戴的特殊群体，如军人、军属、烈属、见义勇为者等。社会优抚项目包括：军地两用人才培训费、复转军人就业安置费、伤残军人抚恤金、军属优待费、烈军属抚恤金、见义勇为伤残抚恤金等。社会优抚工作的范围包括：①制定优抚法规和政策；②开展拥军优属和褒扬烈士和见义勇为者的活动；③实施审批烈士和见义勇为者评定伤残等级行政管理；④管理抚恤、补助及优待金的发放事宜；⑤开展国防教育和褒扬见义勇为行为的活动；⑥扶持优抚对象发展经济，解决困难；⑦兴办优抚事业等。

第三节　建立中国新型社会保障制度

经过多年探索，我国形成了以社会保险为主体，包括社会福利、社会救助与社会优抚在内的社会保障制度框架。目前，我国的社会保障制度总体运行平稳，覆盖范围不断扩大，待遇水平稳步提高，各种社会化管理服务体系已初步建立。党的十八大报告明确提出，要坚持全覆盖、保基本、多层次、可持续的方针，以增强公平性、适应流动性、保证可持续性为重点，全面建成覆盖城乡居民的社会保障体系。党的十八届三中全会又提出，要通过深化改革建立更加公平可持续的社会保障制度。党的十八届四中全会要求切实加强社会保障法治建设。《中华人民共和国社会保险法》对基本养老、基本医疗、工伤、失业、生育等社会保险制度和主要政策也做出了明确规定。可以期待，到 2020 年，全国基本养老参保率将达到 90%。

一、社会保障制度体系建设进展

可以说，"十二五"时期，是我国社会保障体系建设力度最大、投入规模空前、发展速度最快、惠及民生最广的时期，也是向新型社会保障体系全面转型的重要过渡时期，已经建立了普遍性养老金制度、覆盖城乡的全民医保制度、综合型社会救助制度和面向老年人、残疾人、儿童的社会福利制度。据中国劳动保障科学研究院发布的《中国劳动保障发展报告（2014）》显示，2013 年末，全国城镇职工基本养老保险参保人数为 3.22 亿人，城乡居民社会养老保险参保人数为 4.98 亿人，有 1.41 亿人参加城乡居民基本养老保险的老年人都已领取基本养老金；工伤、失业和生育保险分别覆盖了 1.99 亿职工、1.64 亿职工和 1.64 亿职工。截至 2013 年底，五项社保基金收、支和累计结余分别达到 3.52 万亿元、2.79 万亿元和 4.51 万亿元。此外，全国社会保障基金总额突破 1 万亿元。

1. 城乡基本养老保险制度全面建立

企业年金制度进一步发展，自 2000 年底，国务院《关于印发完善城镇社会保障体系试点方案的通知》中明确提出企业年金的概念后，相关部委先后出台了《企业年金试行办法》、《企业年金基金管理试行办法》、《企业年金基金管理机构资格认定暂行办法》、《关于做好原有企业年金移交工作的意见》、《企业年金基金管理办法》等，促进了由基本养老保险、企业年金和个人储蓄性养老保险等构成的多层次养老保险体系建设。居民基本养老保险城乡统筹的格局基本形成。2009 年，国务院开展新型农村社会养老保险试点，2011 年启动城镇居民社会养老保险试点，2012 年两项制度在全国全面实施，2014 年两项制度统一为城乡居民基本养老保险制度。2014 年，为做好不同养老保险制度的衔接，相关部门印发了《城乡养老保险制度衔接暂行办法》，对企业职工与城乡居民基本养老保险关系转移和待遇衔接做出了规定。2015 年，我国推进了机关事业单位工作人员养老保险制度改革，国务院颁布了《基本养老保险基金投资管理办法》。

2. 全民医疗保险制度体系逐步健全

1998 年开始建立职工基本医疗保险制度，2003 年建立了新型农村合作医疗制度，2007 年建立了城镇居民基本医疗保险制度，此外还建立了补充医疗保险

应用福利经济学

和城乡医疗救助制度。经过多年的探索，初步形成了适应社会主义市场经济体制、多层次的医疗保障体系框架，基本医疗保险制度已基本覆盖城乡全体居民。2013 年以来，我国大力推进城乡居民大病保险，解决困难群众的因病致贫、因病返贫问题，目前已在全国大部分地区实施。2015 年，国务院发布了《关于全面实施城乡居民大病保险的意见》。同时，积极推进医疗保险城乡统筹，不少地区已打破城乡界限，建立了统一的城乡居民基本医疗保险制度，开展了城乡一体化医保管理服务。

3. 社会救助制度体系建设加快推进

2011 年以来，我国建立了社会救助标准与物价上涨联动机制，缓解了价格变动对困难群体生活的影响。2012 年，国务院出台了《关于进一步加强和改进最低生活保障工作的意见》，对城乡低保制度进行了改进和规范。2013 年，有关部门印发了《城乡医疗救助基金管理办法》，将城市和农村医疗救助基金整合为统一的城乡医疗救助基金，积极推进重特大疾病医疗救助试点。2014 年，国务院颁布了《社会救助暂行办法》，进一步加强了低保制度的城乡统筹；印发了《关于全面建立临时救助制度的通知》，为遭遇突发性、紧迫性、临时性基本生活困难的群众提供应急性、过渡性的救助。

4. 社会福利制度体系不断完善

以保基本为原则，逐步健全了面向老年人、残疾人、孤儿等特殊困难群体的各项福利保障政策。2010 年，国务院办公厅印发了《关于加强孤儿保障工作的意见》，对孤儿的安置、基本生活、教育等方面的保障措施做了全面安排，探索建立适度普惠性儿童福利制度。2012 年，有关部门将艾滋病病毒感染儿童纳入基本生活保障范围。2013 年，国务院印发了《关于加快发展养老服务业的若干意见》，对我国养老服务业发展做出系统安排和全面部署。2014 年，国务院印发了《关于促进慈善事业健康发展的指导意见》，对大力发展慈善事业提出明确要求，鼓励支持社会各界开展慈善捐赠和志愿帮扶，近年来，每年捐赠近千亿元。2015 年，国务院决定全面建立残疾人两项福利补贴制度。

二、社会保障制度体系建设存在的不足

我国社会保障改革任务还未完成，还存在不少不足。

一是公平性不足，还没实现全覆盖。我国社会保障体系建设走的是一条先城镇后农村、分人群渐次推进的路径，再加上农村社保制度实施时间不长，而且实行自愿参保政策，目前全国还有 1 亿多人没有参加基本养老保险，主要是部分非公经济组织员工、城镇灵活就业人员、农民工以及部分农村居民等。也有部分群体没有参加基本医疗保险制度，建筑业等高危行业农民工参加工伤保险的比例比较低，这些人员还不能充分享受到社会保障权益。社会救助制度覆盖面还不够，特别是失能、半失能老人护理和事实上无人抚养儿童的基本生活保障问题比较突出。城乡居民基本养老、基本医疗保险起步晚，待遇水平仍不高。各地财政承受能力和基金结余分布不均，且统筹层次仍偏低，社会保障互济功能发挥不够，导致地区之间待遇差别较大。

二是跨地区、跨制度转移机制还没全面建立。在我国加速城镇化进程中，人口大规模流动的特点突出，特别是跨地区流动就业的农民工多达 2.6 亿人，而现行社会保障管理体制和方式对这一特征的适应性不足。养老保险关系跨地区、跨制度转移接续还存在不及时、不顺畅的问题，导致部分群体中断参保。异地劳务派遣人数较多，造成劳动关系和社保权益认定复杂化，农民工在流入地一旦发生职业风险或面临突发性、临时性困难，很难获得必要的保障和救助。医疗保险管理体制不顺，不同部门分别管理城乡医保，造成流动人员重复参保、重复补贴与漏保现象并存。异地就医结算不方便，由于各地医保报销水平不同和信息化未联通，使异地稳定居住的退休人员在常住地就医结算难以实施。

三是社会保障能力的可持续性还不强。社会保障筹资渠道仍偏窄。目前各项社会保险缴费比例已经较高，财政投入大幅度增加，但面对老龄化高峰的迫近，养老抚养比持续增高，医疗费用上涨，给社保基金长期收支平衡带来了很大压力，亟须进一步拓宽筹资渠道。社保制度的激励性不足。多缴多得、长缴多得的机制还不健全，职工退休年龄和领取基本养老金"门槛"偏低，致使一部分人参保积极性不高或选择较低档次缴费。基本养老保险正常调整机制尚未建立，养老金增长未能充分体现权利与义务对等的原则，不利于制度的良性循环和可持续发展。社保基金保值增值机制尚不健全。结余基金绝大多数存银行、买国债，投资渠道单一，收益率比较低。补充性社会保障推进缓慢。商业养老、健康保险发展滞后，尚未形成多层次保障体系，参保人员过多依赖政府的基本保障。

三、完善社会保障体系的重要工作

加快健全社会保障体系，应始终把握好如下原则：一是政府积极主导，并尽可能做到立法先行、于法有据；二是责任合理分担，真正形成共建共享格局，充分调动社会与市场主体及个人参与的积极性；三是坚持互助共济，筑牢以群体力量化解个体风险的基石；四是切实维护制度公平，努力提高制度运行效率，追求制度可持续发展。加快健全社会保障体系，应抓好以下几方面：首先，巩固普惠性，包括实施全民参保计划，实现社会保险、社会救助和其他法定保障对象应保尽保。其次，全面完善社会保险制度，包括推进制度整合、重塑筹资机制、提高统筹层次，真正实现多层次发展。再次，完善综合型社会救助制度，大力支持慈善事业发展，确保困难群众基本生活有保障。最后，全面推进社会福利事业发展，包括不断提升教育福利水平，构建以居家养老为基础的养老服务体系，大力发展面向残疾人、儿童的福利事业。①

1. 推进社会保障制度顶层设计

在这一点上，需要以党的十八大、十八届三中、五中全会提出相关部署有序推进。十八大提出，社会保障体系建设要坚持全覆盖、保基本、多层次、可持续的方针，以增强公平性、适应流动性、保证可持续性为重点；十八届三中全会提出，要以建立更加公平可持续的社会保障制度为目标，加强调查研究，科学制定方案，加快形成以社会保险、社会救助、社会福利为基础，以基本养老、基本医疗、最低生活保障制度为重点，以慈善事业、商业保险为补充的覆盖全民的社会保障制度体系。十八届五中全会强调，要建立更加公平更可持续的社会保障制度，实施全民参保计划，实现职工基础养老金全国统筹，划转部分国有资本充实社保基金，全面实施城乡居民大病保险制度。推进健康中国建设，深化医药卫生体制改革，理顺药品价格，实行医疗、医保、医药联动，建立覆盖城乡的基本医疗卫生制度和现代医院管理制度，实施食品安全战略。促进人口均衡发展，坚持计划生育的基本国策，完善人口发展战略，全面实施一对夫妇可生育两个孩子的政策，积极开展应对人口老龄化行动。

2. 完善社会保险体系

为实现"全面建成覆盖城乡居民的社会保障体系"的目标，须全面实施全民参保计划，大幅提升灵活就业人员、农民工等群体参加社会保险比例。完善统账结合的城镇职工基本养老保险制度，构建包括职业年金、企业年金和商业保险的多层次养老保险体系，持续扩大覆盖面。实现职工基础养老金全国统筹。完善职工养老保险个人账户制度，健全参保缴费激励约束机制，建立基本养老金合理调整机制。适当降低社会保险费率，推出税收递延型养老保险，建立更加便捷的社会保险转移接续机制，实施社会保障卡工程。划转部分国有资本充实社保基金，拓宽社会保险基金投资渠道。全面实施城乡居民大病保险，工伤、失业、生

---

① 郑功成：《加快健全社会保障体系　始终把握好四大原则》，http：//theory. people. com. cn。

育保险基本覆盖职业群体。

3. 健全社会救助体系

统筹推进城乡社会救助体系建设，加强城乡低保制度和户籍制度改革的衔接，完善最低生活保障制度。实施特困人员供养制度，统筹整合农村"五保"供养和城市"三无"人员救助制度。加强社会救助制度与其他社会保障制度、专项救助与低保救助统筹衔接。完善养老服务业发展各项政策措施，加快建立完善经济困难的高龄、失能等老年人补贴制度，加快建立困难残疾人生活补贴和重度残疾人护理补贴制度。开展"救急难"综合试点，加强基层流浪乞讨救助服务设施建设。

4. 推进社会福利和慈善事业发展

健全以扶老、助残、爱幼、济困为重点的社会福利制度。建立家庭养老支持政策，提增家庭养老扶幼功能。做好困境儿童福利保障工作，完善儿童收养制度。加快公办福利机构改革，加强福利设施建设，优化布局和资源共享。大力支持专业社会工作和慈善事业发展，健全经常性社会捐助机制。广泛动员社会力量开展社会救济和社会互助、志愿服务活动。

5. 统一规范制度和政策

在完善省级统筹的基础上，推进基础养老金全国统筹，合理划分中央和地方筹资与支付责任，统筹基金的使用和管理，增强基金的互济性和抗风险能力。城乡居民基本养老保险实行基金省级统一管理，化解基金管理分散化的风险。全面推进和完善基本医疗保险市级统筹，加快探索省级统筹，缩小地区间、人群间政策差别。

6. 扩大社保资金筹资和投资渠道

一是建立健全多缴多得、长缴多得的社会保险激励机制，引导和鼓励参保人员通过增加缴费年限和提高缴费基数获得较高的基本养老金。通过增加政府补贴等措施，引导城乡居民早参保、多缴费和长缴费。二是建立兼顾各类群体的社会保障待遇正常调整机制，根据经济发展、居民收入水平、物价变动和财政承受能力等情况，适时调整职工和城乡居民基本养老保险待遇，并将多缴多得的激励机制延伸到待遇调整政策之中。基本医疗保险要完善政府、单位和个人合理分担的筹资机制，深入推进付费方式改革，使医疗费用实现合理可控的增长。三是综合考虑人力资源供需、教育水平、人均预期寿命、基金收支等因素，研究制定渐进式延迟退休年龄政策，改善职工基本养老保险抚养比。四是进一步调整财政支出结构，加大对社会保障的投入，完善社会保险基金预算制度。五是制定基本养老保险基金投资运营办法，在确保基金安全的前提下扩大投资渠道，实现保值增值，增强基金支付能力。六是加快构建多层次保障体系，发挥补充养老保险、补充医疗保险的作用，推动商业保险发展。

7. 健全社会保障管理体制

理顺医疗保险管理体制，有序推进城镇职工医疗保险、城镇居民医疗保险、新农合等各项医疗保险工作的统一管理。完善社保基金安全监督制度，形成行政监督与社会监督相结合的监督体系。加快建立全国统一的信息网络，做好跨地区、跨制度社会保险关系转移衔接、异地就医费用结算等工作。加强社保经办机构建设，推进各项社保统一征收管理，提高管理服务的质量和效率，以此实现精确管理和便捷服务。

8. 依法推进社会保障体系建设

按照党的十八届四中全会全面推进依法治国的要求，加快完善社会保险、社会救助、社会福利、慈善和老年人、残疾人权益保障等方面的法律法规，抓紧制定基本医疗保险条例、全国社会保障基金管理条例，修订失业保险条例，尽快形成比较完善的社会保障法治体系。把社会保障法律法规贯彻落实情况列为政府绩效评价的重要内容，强化执法手段，落实执法责任，强化执法监督，切实做到严格执法①。

[小结]

社会保障应当包括社会保险、社会福利、社会救助、社会优抚等方面。

社会保障的性质主要包括政府之责、权利性、再分配性、部分项目的投资性、不可逆性、预防性等。

社会保障的类型有传统型、福利型、储备金型、国家型等。

社会保障有多方面的作用。

社会保障的原则有与经济发展水平相适应原则、权利与义务对应原则、兼顾效率与公平的原则、普遍原则等。

社会保险与社会保障及商业保险不同。社会保险和社会保障二者在客观上都具有对基本生活需要的保障功能，都是国民收入再分配的手段。但二者在保障范围、对象、职责等方面又有不同。社会保险作为现代社会的一种保险形式，它与商业保险一样都是为人们提供保险服务。但它们又是两种完全不同的保险形式，

---

① 参见《中华人民共和国国民经济和社会发展第十三个五年规划纲要》、《中国社会保障发展报告2016》、国务院副总理马凯《关于统筹推进城乡社会保障体系建设工作情况的报告》等资料。

必须加以区别：一是性质不同；二是对象不同；三是费用负担不同；四是作用不同。总之，社会保障是一项福利保障事业，而商业保险是一项商业经济活动。它们从本质上来说，是两种截然不同的事物。

我国社会保险制度改革包括养老、失业、医疗、工伤、生育等改革。

社会保险基金是国家为举办社会保险事业而筹集的，用于支付劳动者因暂时或永久丧失劳动能力或劳动机会时所享受的养老保险、工伤保险、失业保险、生育保险等各项保险待遇的资金。社会保险基金筹集的原则，就是"以支定收，收付平衡"，即一定时期内社会保险基金的筹集总额，应以同期预计需要支付的社会保险费用总额为依据来确定，并使二者始终保持大体上的平衡关系，否则就会使社会保险制度失去物质保证而无法维持。社会保险基金的筹集方式，有现收现付式、预筹积累式、部分积累式等。

社会福利是专指在社会保障体系中除社会保险、社会救助和社会优抚之外用于改善人们物质文化生活的事业和措施。社会福利作为一种社会保障形式不同于社会保险，作为一种分配形式不同于工资。

社会救助是根据居民因自然灾害、意外事故和个人原因（年老、生理、残病等原因）出现生活困难时，由社会或政府提供一定资助的社会保障制度。主要项目包括救灾、扶贫、建立救助设施（养老院、孤儿院等）等。

社会优抚是社会保障体系中一种带有褒扬、优待和抚恤性质的特殊制度。

"建立具有中国特色的新型社会保障制度，一要推进社会保障制度顶层设计；二要完善社会保险体系；三要健全社会救助体系；四要推进社会福利和慈善事业发展；五要统一规范制度和政策；六要扩大社保资金筹资和投渠道；七要健全社会保障管理体制；八要依法推进社会保障体系建设。"

[思考题]

1. 怎样理解社会保障的性质与原则？
2. 社会保障、社会保险、商业保险有何不同？
3. 怎样理解社会保险基金的概念、筹集的原则与方式？
4. 建立具有中国特色的社会保障制度有哪些要求？

参考文献

［1］黄有光：《福利经济学》，中国友谊出版社 1991 年版。

［2］肯尼思·阿罗：《社会选择与个人价值》，四川人民出版社 1987 年版。

［3］尼古拉·阿克塞拉：《经济政策原理：价值与技术》，郭庆旺等译，中国人民大学出版社 2001 年版。

［4］萨缪尔森、诺德豪斯：《经济学》，麦格鲁—希尔公司（纽约），第十六版。

［5］詹姆斯·E. 米德：《效率、公平与产权》，北京经济学院出版社 1992 年版。

［6］罗尔斯：《正义论》，中国社会科学出版社 1988 年版。

［7］哈耶克：《通往奴役之路》，中国社会科学出版社 1997 年版。

［8］诺斯：《经济史中的结构与变迁》中译本，上海三联书店 1991 年版。

［9］库兹涅茨：《现代经济增长》，北京经济学院出版社 1989 年版。

［10］约翰·穆勒：《穆勒经济学原理》，世界书局 1936 年版。

［11］N. 巴尔等主编：《福利经济学前沿问题》，中国税务出版社 2000 年版。

［12］萨缪尔森等：《经济学》（第十版），上册，商务印书馆 1979 年版。

［13］科尔：《再作表述的社会主义》，1956 年英文版。

［14］汉森：《20 世纪 60 年代的经济问题》，商务印书馆 1964 年版。

［15］加尔布雷思：《经济学和社会目标》，商务印书馆 1980 年版。

［16］索维著：《人口通论（上、下册）》，商务印书馆 1983 年版。

［17］郑功成等：《中国社会保障制度变迁与评估》，中国人民大学出版社 2002 年版。

［18］穆怀中主编：《社会保障国际比较》，中国劳动社会保障出版社 2002

年版。

　　［19］王东进主编：《中国社会保障制度》，企业管理出版社1998年版。

　　［20］陈佳贵主编：《中国社会保障发展报告》，社会科学文献出版社2001年版。

　　［21］姜守明，耿亮：《西方社会保障制度概论》，科学出版社2002年版。

　　［22］徐滇庆主编：《中国社会保障体制改革》，经济科学出版社1999年版。

　　［23］宋晓梧：《中国社会保障制度改革》，清华大学出版社2001年版。

　　［24］孙月平：《社会主义市场经济理论与实践》，黑龙江人民出版社2002年版。

　　［25］李竞能：《人口理论新编》，中国人口出版社2001年版。

　　［26］邬沧萍：《漫谈人口老化》，辽宁人民出版社1986年版。

　　［27］高鸿业：《研究生用西方经济学》（微观部分），经济科学出版社2000年版。

　　［28］方福前：《福利经济学》，人民出版社1994年版。

　　［29］孙炳耀主编：《当代英国，瑞典社会保障制度》，法律出版社2000年版。

　　［30］陈银娥：《现代社会的福利制度》，经济科学出版社2000年版。

　　［31］周弘：《福利的解析——来自欧美的启示》，上海远东出版社1998年版。

　　［32］谢德仁：《实证经济学与规范经济学相互排斥吗?》《经济学家》，1997年第4期。

　　［33］姚明霞：《西方福利经济学的沉浮》，《当代经济研究》，2001年第4期。

　　［34］吴汉洪：《次优理论述评》，《学术论坛》，2002年第1期。

　　［35］吴汉洪：《次优理论在国际贸易政策中的应用》，《中国人民大学学报》，2001年第5期。

　　［36］郑秉文：《经济理论中的福利国家》，《中国社会科学》，2003年第1期。

　　［37］陶一桃：《庇古与福利经济学的产生》，《特区经济》，2000年第8期。

　　［38］刘继同：《社会福利：中国社会的建构与制度创新路向》，《哈尔滨工业大学学报（社会科学版）》，2003年第3期。

　　［39］杭行：《关于社会福利制度的深层次思考》，《复旦学报（社会科学

版）》，2003 年第 4 期。

　　［40］何大昌：《西方经济学关于公平与效率关系理论研究》，《现代管理科学》，2002 年第 6 期。

　　［41］李实：《中国个人收入分配研究回顾与展望》，国家发展与改革委员会宏观经济研究院网，2004 年 3 月 9 日。

　　［42］白景明、周雪飞：《我国居民收入分配状况及财税调节政策》，《财经论丛》，2003 年第 3 期。

　　［43］杭行：《中国居民收入分配差距扩大的原因及对策分析》，《复旦学报（社会科学版）》，2002 年第 2 期。

　　［44］毛锋等：《论中国的人口控制与可持续发展》，《北京大学学报（哲学社会科学版）》，2001 年第 5 期。

　　［45］罗淳：《人口转变进程中的人口老龄化———兼以中国为例》，《人口与经济》，2002 年第 2 期。

　　［46］《我国人口老龄化宏观对策研究》课题组：《我国人口老龄化宏观对策研究》，《宏观经济研究》，2003 年第 6 期。

　　［47］张再生：《中国人口老龄化的特征及其社会和经济后果》，《南开学报》，2000 年第 1 期。

后　　记

福利经济学产生于 20 世纪初期的英国，其奠基人是庇古。经过近一个世纪的发展演进，福利经济学走过了旧福利经济学和新福利经济学两个阶段，成为现代经济学的一个重要分支。

福利经济学被介绍到我国历史并不长，著述也不多，但近几年进展是很快的。摆在读者面前的这本《应用福利经济学》，就是我们学习借鉴西方福利经济学的基本原理，紧密结合我国改革开放的实际情况，以寻求"最大化的社会经济福利"作为目标，运用规范研究与实证研究相结合的方法，对我国市场经济运行中的一些有关民生的问题进行分析评价的成果。本书可作为高等院校、各级党（干）校的教师、学生，以及经济学爱好者学习研究福利经济学的参考书。

本书由孙月平撰写第一章、第十一章，刘俊撰写第五章、第六章、第七章、第九章、第十章，谭军撰写第二章、第三章、第四章、第八章，最后由孙月平统稿。近些年来，我国高度重视社会事业，致力于改善民生，努力让老百姓共享经济社会发展成果，社会福利事业取得了重大成就。2004 年出版《应用福利经济学》第一版后，该书得到读者广泛好评，但书中不少内容已与我国经济社会发展现状不相符。受经济管理出版社之邀，由谭军对相关章节做了修订。

在本书写作过程中，参考借鉴了很多已出版的专著、教材和公开发表的各类文献，大多在脚注和书后的"参考文献"中列出，在此向这些专著、教材和文献的作者们致以衷心的感谢！如有疏漏，谨表歉意并致谢！

中共江苏省委党校应用经济研究中心主任、教授范金博士为本书的写作出版提供了帮助，审阅了全部书稿，并给予了多方支持，在此我们表示由衷的感激！

孙月平

2016 年 6 月